E-Coaching und Online-Beratung

Harald Geißler • Maren Metz (Hrsg.)

E-Coaching
und Online-Beratung

Formate, Konzepte, Diskussionen

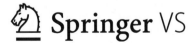 Springer VS

Herausgeber
Dr. Harald Geißler,
Dr. Maren Metz,
Helmut-Schmidt-Universität/
Universität der Bundeswehr Hamburg,
Deutschland

ISBN 978-3-531-18634-4   ISBN 978-3-531-19155-3 (eBook)
DOI 10.1007/978-3-531-19155-3

Die Deutsche Nationalbibliothek verzeichnet diese Publikation in der Deutschen National-
bibliografie; detaillierte bibliografische Daten sind im Internet über http://dnb.d-nb.de
abrufbar.

Springer VS
© VS Verlag für Sozialwissenschaften | Springer Fachmedien Wiesbaden 2012

Lektorat: Eva Brechtel-Wahl
Einbandentwurf: KünkelLopka GmbH, Heidelberg

Gedruckt auf säurefreiem und chlorfrei gebleichtem Papier

Springer VS ist eine Marke von Springer DE. Springer DE ist Teil der Fachverlagsgruppe
Springer Science+Business Media.
www.springer-vs.de

Inhalt

Vorwort.. 9

Einleitung 11

Teil 1: **Nutzung moderner Medien für Coaching und psychosoziale
Beratung – Überblick über die verschiedenen Formate**

**1.1 Fernmündliche Basiskommunikation ohne webbasierte Zusatz-
tools**

Ruth Belzner
Das besondere Gespräch: Anonyme Seelsorge und Beratung am
Telefon der TelefonSeelsorge 25

Herbert Asselmeyer, Juliane Delkeskamp
Coaching ohne Blickkontakt – Coaching für Führungskräfte als
Begleitmaßnahme in einem berufsbegleitenden
Weiterbildungsstudiengang.. 41

**1.2 Webbasiert-textliche Basiskommunikation ohne webbasierte
Zusatztools**

Kirsten Schellack
Online-Beratung in der verbandlichen Caritas....................... 61

Birgit Knatz
Coaching per Internet – wie es geht und wie es wirkt 71

Brigitte Koch
‚onlineCoaching': ein geschriebener Dialog unabhängig von Zeit
und Raum 87

**1.3 Fernmündliche Basiskommunikation mit webbasierten Zusatz-
tools**

Christine Grabow
Virtuelle Strategie-Simulation im Telefoncoaching mit
LPScocoon® – Ein Coachingkonzept für alle Sinne...................... 103

Klaus Bredl, Barbara Bräutigam, Daniel Herz
Avatarbasierte Beratung und Coaching in 3D............................... 121

Harald Geißler
Virtuelles Coaching – programmgeleitetes Telefoncoaching mit
Internet-Support.. 137

Jürgen Kauschke
Implementierung von Virtuellem Coaching zur Steigerung der
Trainings- und Beratungseffizienz.. 165

Trutz Lenzinger, Christian Rodust
Evaluation des Virtuellen Transfercoachings (VTC) bei einer
Trainerqualifizierung 181

Ute Ebel, Christiane Thiele
Virtuelles Transfercoaching (VTC) 199

Martina Held, Harald Korsten, Horst-W. Reckert
Der Einsatz Virtuellen Transfercoachings in einem
Baumarktunternehmen und in einer Bank................................... 209

1.4 Webbasiert-textliche Basiskommunikation mit webbasierten Zusatztools

Peter Zezula, Ragnar Beer
Theratalk: Ein Online-Portal für Paar und Partnerschaft.............. 227

1.5 Multimediale Basiskommunikation

Elke Berninger-Schäfer
Die virtuelle Kollegiale Coaching Konferenz®............................... 247

Nadine Ojstersek, Mandy Schiefner-Rohs
Textuelle und audio-visuelle Lernberatung im Kontext von
E-Learning 261

Rolf Arnold, Christian Bogner, Thomas Prescher
Peer-E-Coaching: Gestaltung und Analyse asynchroner
kollegialer Fallarbeit.. 277

Teil 2: Beratung und Coaching mit modernen Medien – Formatübergreifende Analysen und Reflexionen

Peter Dreyer
Dienstleistung aus der Distanz: E-Coaching in Japan 301

Peter-Paul Gross, Michael Stephan
Die Entwicklung des deutschen Coaching-Marktes und das
Marktpotential von Coaching mit neuen Medien – eine
ökonomische Analyse 319

Richard Reindl, Marina Hergenreider, Julia Hünniger
Schriftlichkeit in virtuellen Beratungssettings................................. 339

Harald Geißler, Charlotte Kurzmann, Maren Metz
Coaching und Beratung mit und ohne moderne Medien –
ein empirischer Vergleich... 359

Verzeichnis der Autorinnen und Autoren 381

Vorwort

Der vorliegende Sammelband ist das sichtbare Ergebnis eines intensiven Arbeits- und vor allem auch Lerndialogs der Autorinnen und Autoren, ohne den dieser Band nicht hätte entstehen können. Wir selbst haben in diesem Dialog viel gelernt, und zwar nicht nur, wie unterschiedlich und facettenreich die Möglichkeiten der modernen Medien im Coaching und in der psychosozialen Beratung genutzt werden, sondern auch, wie unterschiedlich bisher die Kulturen sind, in denen sich zum einen diese Praxisentwicklung und zum anderen der theoretische Diskurs über sie vollzieht. So war es für uns gar nicht so leicht, eine gewisse Einheitlichkeit in der Sprache und vor allem in der Begrifflichkeit zu finden bzw. zu entwickeln, mit der die zentralen Phänomene dieser neuen und sich rasant entwickelnden Praxisfelder angemessen erfasst werden können. Das Ergebnis dieses Diskurses drückt sich in dem Titel des vorliegenden Sammelbandes aus, der anzeigt, dass sich inzwischen die Neigung verfestigt hat, ein und dasselbe Phänomen, nämlich die − im Einzelnen sehr unterschiedliche Nutzung der modernen Medien − im Bereich von Coaching und psychosozialer Beratung unterschiedlich zu bezeichnen, nämlich zum einen als E-Coaching und zum anderen als Online-Beratung.

Aber auch die Frage, wie die Akteure dieser Praxis zu bezeichnen sind, war Anlass für Diskussionen. Sie haben zu dem Ergebnis geführt, eine gewisse begriffliche Pluralität zuzulassen und von Coaches und Beratern auf der einen Seite und von Klienten, Kunden, Ratsuchenden oder Coaching-Partnern auf der anderen Seite zu sprechen. Im Interesse einer besseren Lesbarkeit haben wir uns dabei Mühe gegeben, auf sprachliche Doppelungen der weiblichen und männlichen Form zu verzichten. D.h., wenn zum Beispiel von Beratern und Klienten die Rede ist, sind dabei selbstverständlich immer beide Geschlechter gemeint.

Zum Abschluss unseres Buchprojekts möchten wir allen Autorinnen und Autoren für ihr Engagement in der Zusammenarbeit mit uns herzlich danken. Unser ganz besonderer Dank gilt aber auch Renate Voß-Schubin, Diana Fischer und Meike Veit, ohne deren schreibtechnische, wissenschaftliche, organisatorische und redaktionelle Unterstützung dieser Band nicht zustande gekommen wäre.

Hamburg, im März 2012   Harald Geißler und Maren Metz

Einleitung

Das Thema dieses Sammelbandes, Coaching und psychosoziale Beratung mit modernen Medien (vgl. Anthony/Nagel 2012; Borlinghaus 2010; Geißler 2008), impliziert eine doppelte Problematik, die einer einleitenden Klärung bedarf. So ist zunächst einmal unklar, was einerseits Coaching und andererseits psychosoziale Beratung genau meint, in welcher Beziehung sie zueinander stehen und welche Gründe es gibt, beide thematisch eng zusammenzubinden. Die zweite Problematik, die einer einleitenden Klärung bedarf, besteht darin, dass es unterschiedlichste Möglichkeiten gibt, wie psychosoziale Beratung und Coaching die modernen Medien nutzen können oder sollten, und dass angesichts dieser Unübersichtlichkeit die Frage nach einem übergeordneten Strukturierungsprinzip entsteht.

Je länger und intensiver man sich mit der Frage auseinandersetzt, was Coaching und psychosoziale Beratung ist und welche Gründe es gibt, beides thematisch eng zusammenzubinden, um so mehr verdichtet sich der vielleicht zunächst nur spontane Eindruck, dass Coaching und psychosoziale Beratung oft wie zwei Geschwister auftreten, die sich recht ähnlich sind und sich deshalb viel Mühe geben, sich gegeneinander abzugrenzen. Eine solche Abgrenzung fiel in der Startphase des Coachings noch relativ leicht. Dem kritischen Hinweis, dass Coaching umfangreich auf Methoden zurückgreift, die sich in psychosozialer Beratung und insbesondere in der Psychotherapie bewährt haben, wurde zweierlei entgegengehalten, nämlich erstens dass sich Coaching an psychisch Gesunde wendet und zweitens dass es thematisch um Business-Fragen geht.

Der Erfolg, den Coaching im letzten Jahrzehnt erlebte, hat diese Abgrenzung schwieriger gemacht. Denn die Tatsache, dass es heute eine

Vielzahl unterschiedlichster *Bindestrich-Coachings*, wie z.B. Familien-Coaching, Beziehungs-Coaching, Gesundheits-Coaching u.ä. gibt und dass der Begriff *Beratung* weithin problemlos durch den Begriff *Coaching* ersetzt werden kann und aus Marketinggründen auch tatsächlich häufig ersetzt wird, macht deutlich, dass Coaching sich heute nicht mehr nur an Führungskräfte wendet und sich keineswegs mehr nur auf Business-Themen beschränkt. Die Entwicklung der letzten Jahre zeigt vielmehr: Coaching und psychosoziale Beratung sind dabei zusammenzuwachsen.

Dieses konzeptionelle und praktische Zusammenwachsen darf allerdings nicht über eines hinweg täuschen, nämlich dass vor allem Coaching aufgrund der oben erwähnten Erfolgsgeschichte zu einem *profillosen Container-Begriff* geworden ist. Es ist deshalb geboten, dass die konzeptionelle Ausweitung von Coaching mit einer korrespondierenden Diversifizierung einhergeht, die auf unterschiedliche Dimensionen Bezug nimmt.

Eine der aktuellsten – und mit Blick auf die Zukunft höchst wichtigen – Diversifizierungen bezieht sich auf die Nutzungsmöglichkeiten der modernen Medien (vgl. Geißler 2008). Diese Diversifizierungsdimension steht im Mittelpunkt dieses Sammelbandes. Sie wird im Folgenden mit einer zweiten Diversifizierungsdimension systematisch verbunden, die gewissermaßen zum Altbestand des Diskurses über Coaching und psychosoziale Beratung zählt und vielleicht deshalb in ihrer Bedeutung oft unterschätzt wird: nämlich die Unterscheidung von *Experten- und Prozessberatung*.

Die konzeptionell-idealtypische Unterscheidung in Experten- und Prozessberatung geht auf Edgar Schein (2000) zurück, der *Expertenberatung* an das Kriterium einer professionellen Wissens- und Kompetenzvermittlung bindet und dabei zwei Modelle unterscheidet, nämlich das *Telling-and-Selling-Modell* (ebd., S. 25ff) und das *Arzt-Patient-Modell* (ebd., S. 30ff). Ersteres zeichnet sich dadurch aus, dass der Kunde einen bestimmten Informationsbedarf hat, ihn auch genau kennt und auf dieser Grundlage einen Experten einkauft, der ihm die gewünschten Informationen liefert. Von diesem Telling-and-Selling-Modell unterscheidet sich das Arzt-Patient-Modell dadurch, dass der Kunde einen Bedarf hat, den er nur vage kennt und deshalb einen Experten beauftragt, der ihm zweierlei zu liefern, nämlich erstens die Erstellung einer professionellen Diagnose, d.h. die genaue Ermittlung des Bedarfs, den er hat, und zweitens die Durchführung einer entsprechenden Therapie, d.h. bedarfsgerechter Maßnahmen.

Diese beiden Modelle haben nicht nur für psychosoziale Beratung, sondern genauso für Business-Coaching eine große Bedeutung, und zwar nicht zuletzt in Verbindung mit der Nutzung der modernen Medien. Denn sie bieten neue Möglichkeiten einer vor allem dem Telling-and-Selling-Modell folgenden Informationsvermittlung.

Die konzeptionelle Alternative zu den beiden Modellen der Expertenberatung ist die *Prozessberatung* als professionelle Hilfe zur Selbsthilfe. Denn in ihrem Mittelpunkt steht nach Schein (2000, S. 39) „der Aufbau einer Beziehung mit dem Klienten, die es diesem erlaubt, die in seinem internen und externen Umfeld auftretenden Prozessereignisse wahrzunehmen, zu verstehen und darauf zu reagieren, um die Situation, so wie er sie definiert, zu verbessern." Im Gegensatz zum Arzt-Patient-Modell ist es hier also die Aufgabe des Beraters, den Klienten anzuleiten, in einem ersten Schritt seinen Bedarf selbst zu ermitteln, um ihm dann in einem zweiten Schritt zu helfen, entsprechend bedarfsgerechte Lösungsmaßnahmen zu identifizieren und umzusetzen.

Im Gegensatz zur Expertenberatung erscheint Prozessberatung in der Praxis selten in Reinkultur. Aus diesem Grunde arbeiten wir in diesem Band mit dem Begriff der *subsidiären Beratung* und meinen damit eine Beratung, die durch Prozessberatung dominiert wird und dabei nicht notwendigerweise, aber oft auch eine gewisse Beimischung von Expertenberatung aufweist. Für den vorliegenden Sammelband, der sich mit der Nutzung bzw. den Nutzungsmöglichkeiten der modernen Medien in den Bereichen von Coaching und psychosozialer Beratung befasst, bedeutet das, dass wir uns ausschließlich auf das Gebiet der subsidären Beratung beschränken und nicht die Möglichkeiten der modernen Medien für Expertenberatung – im Gewand von Coaching oder psychosozialer Beratung – thematisieren werden.

Die zweite Frage, die einleitend geklärt werden muss, bezieht sich auf die Unübersichtlichkeit der Möglichkeiten, wie subsidiäre Beratung die modernen Medien faktisch nutzt bzw. sinnvoll nutzen könnte (vgl. Anthony/Nagel 2012). Diese zweite Frage lässt sich mit Hilfe des Begriffs des *Kommunikations-* bzw. *Beratungsformats* beantworten; d.h. mit Bezug auf grundlegende kommunikations*technische* Merkmale, die die Dreiecksbeziehung zwischen Berater/Coach, Klient und der zu behandelnden Thematik, d.h. der zu lösenden Problematik bzw. Herausforderung des Klienten bestimmen und damit ein übersichtliches Ordnungsschema für die verschiedenen Erscheinungsformen subsidiärer Beratung mit modernen Medien anbieten.

In diesem Sinne gehen wir davon aus, dass subsidiäre Beratung als eine Kommunikation zwischen Berater/Coach und Klient verstanden werden kann, bei der ein bestimmtes Kommunikationsmedium im Mittelpunkt steht und sozusagen die *Kommunikationsbasis* bildet. Dieses Medium kann die Face-to-Face-Kommunikation sein oder die Kommunikation mit modernen Medien, wobei sich hier die Möglichkeiten fernmündlicher Kommunikation (Voice-Chat), Videokommunikation oder webbasiert-textlicher Kommunikation anbieten. Bezüglich letzterer wird häufig zwischen synchroner und asynchroner Kommunikation unterschieden. Diese Dichotomie relativiert sich allerdings etwas angesichts der Einsatzmöglichkeit, über die Beer und Zezula in ihrem Beitrag berichten, nämlich dass der Produzent von Texten diese abschnittsweise, also zum Beispiel Satz für Satz, sendet, so dass nicht mehr klar ist, ob man diese besondere Form der Kommunikation als synchron oder als asynchron bezeichnen soll.

Die jeweils gewählte Basiskommunikation, d.h. Face-to-Face-Kommunikation, fernmündliche Kommunikation, Videokommunikation oder webbasiert-textliche Kommunikation, kann – muss aber nicht – durch textliche, gegenständliche und gegebenenfalls auch körpergebundene Zusatztools angereichert werden, die raum-zeitlich eingesetzt bzw. gestaltet werden. Sie dienen der Erfassung und Bearbeitung des Kommunikationsinhalts und können den Umgang der Kommunikationspartner mit dem Kommunikationsinhalt unterschiedlich stark vorprogrammieren.

Als Träger der Zusatztools bieten sich traditionelle und moderne Medien an. Blickt man zunächst auf den Bereich der Face-to-Face-Basiskommunikation, fällt auf, dass dieser durch Zusatztools dominiert wird, die traditionelle, also nicht moderne Medien nutzen. Zu denken ist hier zum Beispiel an das *Beziehungsbrett*. Es ist ein gegenständliches nichttextliches Tool, das den Kommunikationsinhalt auf die Rekonstruktion und Analyse von Beziehungen festlegt. Im Vergleich hierzu ist die sogenannte *Time-Line-Arbeit* ein textliches und gegenständliches Tool, das den Kommunikationsinhalt thematisch sehr viel weniger festlegt, denn es dient der Klärung der Zukunftsvorstellungen und zukunftserschließenden Problemlösungsschritte des Klienten. Zu diesem Zweck bietet der Berater/Coach ihm Papierblätter an, auf die er zentrale Merkmale schreibt, die zu einem bestimmten zukünftigen Zeitpunkt sein Leben bestimmen. Anschließend bittet der Berater/Coach den Klienten, diese Karten vor sich so auf den Boden zu legen, dass eine Zukunftslinie (*Time-Line*) entsteht. Das gegenständliche Tool der Papierblätter wird also nicht nur textlich bearbeitet, sondern auch räumlich positioniert. Der nächste Arbeitsschritt besteht darin, dass der Berater/Coach den Klienten auffordert, sich auf dasjenige Blatt zu stellen, das zeitlich am weitesten entfernt ist, und dabei nicht zuletzt auch körperlich zu sich selbst hinzufühlen, wie es sich anfühlt, diese Zukunft als Gegenwart zu erleben. An dieser Stelle verbindet sich das Tool also mit Körperarbeit, d.h. der Körper des Klienten wird zum zentralen Medium der gemeinsamen Klärungsarbeit. Der letzte Schritt besteht darin, ausgehend von dem gewählten Zukunftszeitpunkt zurückzublicken, und zwar auf zeitlich benachbarten Karten und die Kausalität bzw. Entwicklungsdynamik, die sich in den ausgelegten Karten dokumentiert, zu reflektieren.

Zusätzlich zu solchen Tools bieten sich der Face-to-Face-Kommunikation auch Tools an, die die Möglichkeiten der modernen Medien nutzen. Zu denken ist hier zum Beispiel daran, dass Berater/Coaches von der Face-to-Face-Kommunikation Audioaufnahmen anfertigen, um sie dem Klienten nach der Sitzung zur Nachbereitung per E-Mail zuzusen-

den, oder dass Berater/Coaches ihre Klienten auffordern, zur Vorbereitung der Face-to-Face-Sitzung einen webbasierten Fragebogen auszufüllen, dessen Bearbeitung der Berater/Coach online einsehen kann, um
sich so auf die Sitzung vorzubereiten - Diese Beispiele kann man als typisch betrachten. Sie machen deutlich, dass die modernen Medien, die
für die Face-to-Face-Kommunikation subsidiärer Beratung genutzt werden, vorrangig die Möglichkeiten webbasierter Textlichkeit nutzen. Mit
deutlichem Abstand folgen auditive und visuelle moderne Medien. Vor
allem die webbasiert-textlichen Medien übernehmen dabei die Funktion,
die Auseinandersetzung mit der Klientenproblematik bzw. -herausfor-
derung, d.h. den Kommunikationsinhalt der Beratung vorzustrukturie-
ren und werden damit tendenziell zu Selbstcoaching-Tools.

Blickt man nach diesen Vorüberlegungen auf subsidiären Beratung
mit *webbasierter Basiskommunikation*, lassen sich folgende fünf Formate
rekonstruieren:

- fernmündliche Basiskommunikation ohne Zusatztools (Kap. 1.1)
- webbasiert-textliche Basiskommunikation ohne Zusatztools
  (Kap. 1.2)
- fernmündliche Basiskommunikation mit webbasierten Zusatztools
  (Kap. 1.3)
- webbasiert-textliche Basiskommunikation mit webbasierten Zusatztools (Kap. 1.4)
- multimediale Basiskommunikation (Kap. 1.5)

Diese im ersten Teil dieses Sammelbandes vorgestellten und diskutierten Formate subsidiärer Beratung mit modernen Medien werden im
zweiten Teil unter verschiedenen Aspekten und Fragestellungen formatübergreifend reflektiert und analysiert.

Literatur

Anthony, Kate/Nagel, DeeAnna (2012): A brave new world: coaching online. In: Coaching today 33, Jan. 2012, S. 33-37

Borlinghaus, Ralf (2010): Coaching 2.0 – Handbuch Telecoaching. Lulu Pr. Canada

Geißler, Harald (Hrsg.; 2008): E-Coaching. Baltmannsweiler

Schein, Edgar (2000): Prozessberatung für die Organisation der Zukunft. Köln

Teil 1: Nutzung moderner Medien für Coaching und psychosoziale Beratung – Überblick über die verschiedenen Formate

1.1 Fernmündliche Basiskommunikation ohne webbasierte Zusatztools

Mit seiner weit mehr als 100-jährigen Geschichte mag man geneigt sein, das Telefon nicht zu den modernen Kommunikationsmedien zu zählen. Auf der anderen Seite hingegen hat sich die Technik der fernmündlichen Kommunikation in den letzten beiden Jahrzehnten weiterentwickelt und hat sich, wie z.B. die Erfindung und Verbreitung von sogenannten Smartphones belegt, eng mit anderen modernen Kommunikations- und Informationsmedien verbunden.

Beratung per Telefon ist also nicht eine Innovation der letzten Jahrzehnte. Das macht Ruth Belzner mit Blick auf die flächendeckende anonyme und kostenlose Beratung durch TelefonSeelsorge deutlich, die 1956 als eine private Initiative gegründet wurde und heute mit einer Organisation verbunden ist, die aus einem Netzwerk von 105 Telefon-Seelsorgestellen in ganz Deutschland besteht. Mit Blick auf diese Erfolgsgeschichte kann nicht überraschen, dass das Telefon inzwischen – vor allem in Flächenstaaten wie den USA und Australien und etwas zurückhaltend auch in Deutschland bzw. Europa – auch für Coaching genutzt wird. Trotz seines auf den ersten Blick sofort einleuchtenden Vorteils räumlicher Unabhängigkeit und des so bedingten oft erheblichen geldwerten Vorteils, dass keinerlei zeitliche und finanzielle Reisekosten anfallen, wird vor allem Telefoncoaching heute weithin immer noch als eine *Notlösung* betrachtet, die nur schwer den Qualitätsvergleich mit *richtigem* Coaching, d.h. Präsenzcoaching bestehen kann.

Diese Auffassung wird in den Beiträgen dieses Sammelbandes nicht geteilt. Denn wie Belzner und Asselmeyer/Delkeskamp in ihren Artikeln deutlich machen, ist Telefonberatung und -coaching ein eigenständiges Format, das im Vergleich mit Präsenzberatung und -coaching ein signifikant anderes Profil aufweist. Seine wesentliche Besonderheit ist die Beschränkung auf das gesprochene Wort. Berater und Coachs, die ihre Klienten telefonisch beraten, brauchen deshalb eine umfangreiche professionelle Ausbildung und ständige Supervision, die in ihrem Kern darauf abzielt, das *Hörvermögen* zu schulen. Der Kerngedanke, den Belzner und Asselmeyer/Delkeskamp in ihren Aufsätzen herausstreichen, ist dabei, dass die Beschränkung der Kommunikation auf das gesprochene bzw. erhörte Wort nicht nur ein Defizit, sondern gleichzeitig auch eine besondere Stärke dieses Formats ist. Sie wird erkennbar, wenn man sich verdeutlicht, dass der Telefonkontakt mit einer hohen menschlichen Nähe und Sensibilität verbunden ist, weil – akustisch gesehen – das Ohr des Hörers nur wenige Zentimeter vom Mund des Sprechers entfernt ist. Aufgrund dieser Nähe werden – gewollt oder meist nicht gewollt – ständig Informationen vermittelt, die in normaler Face-to-Face-Kommunikation nicht oder nur schlecht wahrnehmbar sind. Es sind subtile Botschaften, die der Sprecher durch die Körperlichkeit seines Sprechens dem Hörer mitteilt, und zwar mit der Betonung und Intonation seiner Worte, mit seiner Satzmelodie, mit der Modulierung seiner Stimme, mit seinem Sprechtempo, mit den Pausen und nicht zuletzt mit dem – telefonisch *hörbaren!* – Fluss seiner Atmung. Wenn auch teilweise deutlich schwächer, werden alle diese Informationen natürlich auch in der Alltagskommunikation vermittelt. Aber sie werden dort durch die Sinnesdaten der Visualität überdeckt bzw. überstrahlt und werden deshalb geringer geschätzt, d.h. sie werden intuitiv als eher irrelevant oder redundant bewertet und deshalb wenig oder gar nicht wahrgenommen.

Die Aufgabe des Beraters bzw. Coachs ist es, diese subtilen körperlichen Zeichen des Klienten differenziert wahrzunehmen. Und das bedeutet vor allem, sie körperlich, d.h. als Reaktion des eigenen Körpers und der so ausgelösten eigenen emotionalen Befindlichkeiten und unwillkürlichen Impulse differenziert wahrzunehmen. Diese Wahrnehmung des Klienten qua Selbstwahrnehmung dessen, was sein Sprechen im Berater/Coach auslöst, ist eine wertvolle *diagnostische Quelle.* Die Aufgabe des Beraters bzw. Coachs ist, sie zu nutzen, um dem Klienten nicht nur bei sachbezogenen, sondern vor allem bei persönlichkeitsnahen Themen und Problematiken wirksam zu helfen bzw. hinter sachbezogenen Themen, die häufig Einstieg ins Coaching sind, die eigentliche und das heißt meistens emotionale bzw. persönlichkeitsnahe Problematik zu erkennen und sensibel anzusprechen.

Eine der großen Herausforderungen ist dabei, mit zwei strukturellen Problemen umzugehen. Das erste ist die verringerte soziale Verbindlichkeit fernmündlicher Kommunikation. So ist es leichter, einen Telefontermin kurzfristig zu verschieben oder abzusagen als ein Face-to-Face-Treffen. Der Berater/Coach muss deshalb sorgfältig auf ein klar und verbindlich *kommuniziertes Contracting* achten. Die zweite Herausforderung ist die höhere *interaktionelle Fragilität* fernmündlicher Kommunikation. Denn die Tatsache, dass der Berater/Coach den Klienten nicht sehen kann, verleitet zu der Verführung, während des Gesprächs mit ihm themenfremde Aktivitäten auszuführen, also zum Beispiel neu hereingekommene E-Mails zu lesen. Professionell qualifizierte Berater/Coaches können derartige Störungen sicher bemerken und gekonnt ansprechen. Darüber hinaus werden sie sehr viel stärker als in der Face-to-Face-Kommunikation dem Gespräch eine klare verbindliche Struktur geben und diese mit dem Klienten immer wieder kleinschrittig überprüfen und nachbessern.

Zusammenfassend kann deshalb gesagt werden: Telefonberatung und -coaching ist ein *eigenständiges Format*, das den Vergleich mit Präsenzformaten nicht zu scheuen braucht.

Das besondere Gespräch: Anonyme Seelsorge und Beratung am Telefon der TelefonSeelsorge

Ruth Belzner

1. Hintergrund

Das Telefon der TelefonSeelsorge ist de facto ein Netzwerk von 105 *Telefonseelsorgestellen* in ganz Deutschland, die unter den bundesweit einheitlichen gebührenfreien Sonderrufnummern 0800 111 0 111 und 0800 111 0 222 rund um die Uhr von jedem Ort und auch aus jedem Mobilfunknetz erreichbar sind. Und ausschließlich Einrichtungen, die in diesem Netzwerk arbeiten, tragen den geschützten Markennamen *TelefonSeelsorge*. Sie arbeiten mit einem bestimmten Ziel, mit einer bestimmten Organisationstruktur und in einer bestimmten Art und Weise.

2. Die Organisation

Die Telefonseelsorgestellen in Deutschland entstanden jeweils durch private und/oder kirchliche Initiativen vor Ort, und je nach örtlicher Gegebenheit auch mit unterschiedlichen Rechtsformen – als Einrichtung der verfassten Kirche oder eines kirchlichen Wohlfahrtsverbandes oder auch als Verein mit kirchlicher Beteiligung. Die TelefonSeelsorge hat mit ihren beiden Dachverbänden *Evangelische Konferenz für TelefonSeelsorge und Offene Tür* und *Katholische Konferenz für TelefonSeelsorge und Offene Tür* eine übergeordnete Struktur, in die jede Stelle eingebunden ist. Die beiden Konferenzen mit ihren Vorständen arbeiten eng zusammen und tragen Sorge für ein gemeinsames Selbstverständnis und für verbindliche Richtlinien. Sie sind die Kooperationspartner für die Deutsche Telekom, die das Freecall-System zur Verfügung stellt und technisch sichert. Die beiden Konferenzen sind auch Dienstleister für die Stellen vor Ort, indem sie für den Informationsfluss sorgen, Maßnahmen für die kontinuierliche Weiterqualifizierung der Hauptamtlichen entwickeln und vorhalten sowie TelefonSeelsorge konzeptionell weiterentwickeln (z.b. die Erweiterung des Angebots durch die Mail- und Chatberatung) und ein Corporate Design zur Verfügung stellen. Und nicht zuletzt sind die beiden Konferenzen die Eigentümerinnen des Markennamens und der Sonderrufnummern und entscheiden über deren Vergabe.

3. Das Selbstverständnis

Die erste deutsche TelefonSeelsorge wurde vor 55 Jahren in Berlin als Privatinitiative nach dem Vorbild der englischen Samaritans gegründet. Ihr vorrangiges Ziel war die Suizidprävention: Menschen mit Suizidgedanken sollten sich anonym und zu jeder Zeit telefonisch an einen Berater und Seelsorger wenden können und durch das Gespräch eine erste Hilfe in einer subjektiv ausweglosen Lebenssituation bekommen. Schon bald wurde diese Möglichkeit eines anonymen Gesprächs bei der TelefonSeelsorge von den Anrufenden nicht nur für die akute Krisenintervention, sondern auch für jedes denkbare Anliegen genutzt, wie Entlastung und Trost, Ermutigung und Bestärkung, Informationen, aber auch einfach der Kontakt zu einem aufmerksam zuhörenden Gegenüber. Und selbstverständlich nahm und nimmt die TelefonSeelsorge alle diese unterschiedlichen Anliegen auf und formulierte 1972 ihr Selbstverständnis entsprechend:

> „TelefonSeelsorge (…) bietet allen Ratsuchenden die Möglichkeit, befähigte und verschwiegene Gesprächspartner zu finden, die sie in ihrer jeweiligen Situation ernst nehmen, ihnen im Krisenfall beistehen und ihre Anonymität achten. Die Telefonseelsorgestellen nehmen diesen Dienst bei Tag und Nacht wahr (…). Die Mitarbeiter versuchen, den anderen in vorurteilsfreier und unbedingter Offenheit anzunehmen. Das Angebot besteht im Zuhören und im Klären, im Ermutigen und Mittragen, im Hin-

führen zu eigener Entscheidung und im Hinweis auf geeignete Fachleute." (Leitlinien für den Dienst in der Telefonseelsorge 1994)

Dass ein so offenes und seit Juli 1997 für die Anrufenden kostenfreies Angebot von manchen Menschen auch anders genutzt wird als als TelefonSeelsorge, überrascht nicht. Provokationen, gruselige Inszenierungen, Sexanrufe und an sich harmlose bis witzige, aber in der Masse entnervende und die Leitungen blockierende Scherze von Kindern und Jugendlichen gehören auch zu dem, womit Telefonseelsorger in ihren Diensten rechnen müssen. Aber auch kaum zu begrenzende sehr bedürftige, sehr regelmäßig Anrufende veranlassen dazu, sich mit dem Thema Grenzziehung auseinanderzusetzen. Das führte dazu, dass im Jahr 2003 die *Konferenz der Leiterinnen und Leiter* in einer Standortbestimmung feststellte:

> „Die TelefonSeelsorge sieht sich als Angebot für jeden Menschen, aber nicht für jedes Anliegen in jeder Situation. (...) Sie richtet sich besonders an Menschen in Leid und Krisensituationen sowie an alle, die Seelsorge und Beratung suchen. TelefonSeelsorge hat den Anspruch, die Anrufenden und sich selbst wertzuschätzen. Voraussetzung für ein Gespräch ist, dass die Anrufenden dieses Angebot annehmen. TelefonSeelsorge beendet das Gespräch, wenn Begegnen, Klären, Halt geben oder Begleiten nicht möglich sind oder wenn Grenzen und Würde der Mitarbeitenden verletzt werden." (TelefonSeelsorge auf dem Weg in die Zukunft –Vergewisserung und Ausblick 2003).

Diese Abgrenzung nicht nur zu dulden, sondern sie direkt als geboten zu konstatieren, war damals ein Paradigmenwechsel.

Mit dieser aus der Erfahrung notwendig gewordenen Grenzziehung wird das Angebot der TelefonSeelsorge nicht eingeschränkt, sondern geschützt. Dass es einen hohen Wert hat und eine einzigartige Möglichkeit für Menschen in unterschiedlichsten schweren Lebenssituationen bietet, das zeigt die Praxis.

4. Die Praxis

Konkrete Aussagen über die Praxis der TelefonSeelsorge lassen sich nur bedingt machen. Es gibt verbindliche Festlegungen z.b. über Inhalt und Umfang der Ausbildung, über Supervision, und es gibt ein gemeinsam formuliertes Selbstverständnis. Aber wie das Selbstverständnis im täglichen Tun zum Tragen kommt, und vor allem, was dann konkret am Telefon im Gespräch geschieht, ist schwer zu fassen.

Jede Stelle erhebt eine Statistik, in der neben Zeitpunkt und Dauer des Anrufs auch, soweit bekannt oder zu vermuten, Geschlecht, Alter, Lebensform und Berufstätigkeit des Anrufenden sowie Angaben zum Anliegen und Thema des Gesprächs erfasst werden. Dadurch ergibt sich zwar, vor allem wenn eine Auswertung sich nicht auf Aussagen über die Häufigkeit der einzelnen Items beschränkt, sondern Korrelationen zwischen einzelnen Items herstellt (für die Statistik auf Bundesebene wird das erst ab dem Jahr 2012 möglich sein), ein recht genaues Bild darüber, womit Mitarbeitende am Telefon befasst sind. Beispielsweise wie häufig, zu welcher Zeit und mit welchem Alter sowie in welcher Lebenssituation Suizid thematisiert wird. Die Statistik erlaubt allerdings keine Rückschlüsse auf die Anzahl der Menschen, die diese Anrufe tätigen. Insofern machen wir mit ihr genau genommen immer Aussagen über Anrufe und nicht über Anrufende.

4.1 Die Essentials

Anonym. Kompetent. Rund um die Uhr. Diese drei Begriffe sind Bestandteil des TelefonSeelsorge-Logos, und sie machen drei zentrale Aussagen über die Praxis:

Anonymität gilt in der TelefonSeelsorge für beide Seiten des Telefons: Anrufende müssen keine Angaben zu ihrer Person machen. Sie werden nur das gefragt, was zum Verstehen ihrer Situation und ihres Anliegens wichtig sein könnte. Fragen zum Zweck einer Statistik verbieten sich. Aber auch der Telefonseelsorger bleibt anonym. D.h., ein Anrufer weiß nicht, wer den Anruf entgegennehmen wird. Und auch für den Fall, dass jemand einem Anrufenden die Fortsetzung eines Gesprächs in der nächsten Dienstschicht anbietet (was in manchen Telefonseelsorgestellen möglich ist), erfährt der Anrufende allenfalls einen fiktiven Decknamen. Und so wie Telefonseelsorger zurückhaltend sind mit Fragen, so sind sie auch zurückhaltend mit direkten Aussagen zu ihrem eigenen Leben und ihren Erfahrungen. Die sind zwar wichtig, aber als reflektierter Hintergrund und nicht als Thema eines Gesprächs.

Die *Kompetenz* der TelefonSeelsorge liegt besonders auch darin, dass die große Mehrheit der ehrenamtlich Mitarbeitenden nicht aus einem pastoralen oder psychosozialen Beruf kommt. Hier begegnen sich Menschen aus ganz unterschiedlichen handwerklichen, technischen, natur- und geisteswissenschaftlichen Berufen, aus sozialen oder Dienstleistungsberufen. Und hier treffen ganz unterschiedliche Lebensformen und Lebensalter aufeinander, von Mitte zwanzig bis über siebzig, allein und in Partnerschaft Lebende, Kinderlose und Eltern und Großeltern.

> In der TelefonSeelsorge ist (...) die Realisierung ihres Angebots durch ehrenamtliche Mitarbeiterinnen und Mitarbeiter kennzeichnend (...) und die Vielfalt der Lebenskompetenzen der qualifizierten Ehrenamtlichen eine Garantin für die Wirksamkeit des Angebots." (TelefonSeelsorge auf dem Weg in die Zukunft -Vergewisserung und Ausblick 2003)

Anrufende erleben daher, wenn sie mehr als einmal anrufen (und das tun sicher mehr als die Hälfte) unterschiedliche Mitarbeitende und deren spezifische Kompetenzen und jeweilige Persönlichkeit. Zum anderen lernen Mitarbeitende in der Ausbildung, in den Fortbildungen und Supervisionen auch sehr viel voneinander und von ihren unterschiedlichen Erfahrungen. Die Vielfalt ist dennoch keineswegs beliebig. Und die eigene Lebenserfahrung ist notwendig, aber nicht hinreichend für eine Mitarbeit am Telefon. Eine sorgfältige Auswahl und eine umfangreiche, qualifizierte Ausbildung sind unerlässlicher Standard.

Die Rund-um-die-Uhr-*Erreichbarkeit* korrespondiert unmittelbar mit dem Gründungsimpuls und ist auch heute ein zentrales Merkmal der TelefonSeelsorge. Eine gefährliche Zuspitzung von Krisen orientiert sich nicht an Öffnungszeiten. Nachts und an Wochenenden, wenn Beratungsstellen üblicherweise geschlossen sind, ist dann auf alle Fälle die TelefonSeelsorge erreichbar. Viele Einrichtungen der psychosozialen Versorgung und niedergelassene Therapeuten verweisen auch auf ihren Anrufbeantwortern auf die TelefonSeelsorge. Die Nacht in der Telefon-Seelsorge ist allerdings nicht einfach die Ausdehnung des Tages. Der Nachtdienst erfordert von den Diensttuenden noch einmal eine besondere Differenzierung, wie z.b.: Wie viel Klärung und Entlastung braucht ein Mensch jetzt, um gut durch den Rest der Nacht zu kommen, und was kann und sollte besser ‚vertagt' werden? Das ist nötig, weil problemlösende, analytische Fähigkeiten bei den meisten Menschen nachts eingeschränkt sind, aber auch, weil der Diensttuende in einer Nachtschicht mit den eigenen Kräften haushalten muss. Manche Anrufende allerdings, vor allem Menschen, die nicht durch Familie und/oder Beruf in eine einigermaßen feste Tagesstruktur eingebunden sind, vollziehen diese Differenzierung nicht so ohne Weiteres mit. Es ist deshalb nicht immer einfach, beides zu vermitteln: die TelefonSeelsorge kann selbstverständlich auch nachts angerufen werden, aber ein Nachtgespräch hat andere Schwerpunkte und Grenzen als ein Taggespräch.

4.2 Die Anrufe

Für das Gesamtsystem lassen sich bisher seit mehreren Jahrzehnten die absoluten Anrufzahlen und Summen der erfassten Items (wie Datum und Uhrzeit, Gesprächsdauer, Geschlecht, Alter und Lebensform der Anrufenden und Themen des Gesprächs) nennen. Damit lassen sich zwar Aussagen über die Bedarfsentwicklung und über zentrale Themen machen, aber für beobachtete Veränderungen lassen sich keine statistisch belegbaren Ursachen und Zusammenhänge benennen.

4.2.1 Die Auslastung

Die Anrufzahlen sind nach der Einführung des *Freecall-Systems* im Juli 1997 sprunghaft gestiegen. Von 863.000 Gesprächen im Jahr 1997 auf inzwischen über 2.000.000 pro Jahr, dazu kommen etwa 500.000 Aufleger. Es ist zu vermuten, dass damit unser System an seine Kapazitätsgrenzen gekommen ist, denn diesen Gesprächen steht ein Mehrfaches an erfolglosen Anrufversuchen (weil die Leitungen besetzt sind) gegenüber. Wie viele Stunden pro Tag pro Telefonseelsorgetelefon in Deutschland gesprochen wird, das lässt sich bisher nicht bundesweit ermitteln. Für Würzburg kann man schätzen, dass für 2011 voraussichtlich gut 11 Std. reine Gesprächszeit pro Tag auf einer Leitung liegen.

4.2.2 Die Anrufenden und ihre Themen

Abgesehen davon, dass Jugendliche in den Jahren vor 1997 in der TelefonSeelsorge kaum anriefen und seitdem relativ konstant etwa 25% der Anrufe tätigen (wobei bei der TelefonSeelsorge Würzburg Jugendliche nicht einmal 10% der Gesprächszeit in Anspruch nehmen), haben sich mit der Zunahme der Zahlen auch in anderen Altersstufen nur wenige prägnante statistische Verschiebungen ergeben.

Beziehungsthemen (vor allem Partner und Familie, aber auch Freunde und Einsamkeit) waren und sind in knapp 40% der Gespräche von Bedeutung. Suizid war 1997 in 17.260 Gesprächen ein zentrales Thema, im Jahr 2010 in 22.462 Gesprächen. Das ist absolut gesehen eine hohe Zahl sehr belastender Gespräche, die lange in Erinnerung bleiben. Insgesamt sind sie mit 1,48% aller Gespräche jedoch die Ausnahme.

Auffällig ist die Zunahme der Gespräche, in denen eine psychische Erkrankung thematisiert wird: Von 12,5% der Gespräche im Jahr 1997 auf 17,03% im Jahr 2010. In absoluten Zahlen heißt das: 1997 wurden 107.875 Gespräche geführt, in denen die psychische Erkrankung ein zentrales Thema war, im Jahr 2010 waren es 258.455, also mehr als doppelt so viele. Und diese Anrufe stellen oft hohe Anforderungen an den

Telefonseelsorger, nämlich die Kommunikationsmuster psychisch kranker Menschen so gut wie möglich zu verstehen; die Menschen mit ihren Ängsten und ihrer Bedürftigkeit wahr- und ernst zu nehmen; es auszuhalten, dass scheinbar nahe liegende und umsetzbare Vorschläge, was jemand zur Erleichterung der eigenen Situation tun könnte, nicht angenommen werden; dieselben Klagen immer wieder zu hören und dabei dennoch aufmerksam und offen zu bleiben; aber den Anrufenden auch Grenzen zuzumuten und Gespräche zu beenden, auch wenn deren Kontaktbedürfnis noch größer wäre.

Wichtig ist, dass Telefonseelsorger, die helfen und verändern wollen und die sich hier hilflos einer wahrgenommenen Nichtveränderung gegenüber sehen, den Wert ihrer Gespräche aus der Perspektive der betroffenen psychisch kranken Anrufenden sehen. Wer sonst ist so zuverlässig und bedingungslos da und gesprächsbereit wie die TelefonSeelsorge?

4.3 Die Mitarbeitenden

Im Jahr 2010 wurden zum ersten Mal ehrenamtlich Mitarbeitende der TelefonSeelsorge auf breiter Basis und umfassend zu ihrem Engagement befragt. 2145 Personen hatten, (etwa 25% aller in den 105 deutschen TelefonSeelsorgestellen aktiven Ehrenamtlichen) teilgenommen. Durch diese Befragung konnte die TelefonSeelsorge zum ersten Mal stellenübergreifend Aussagen über Alter, berufliche Qualifikation und bisherige Dauer der Mitarbeit sowie Engagement und Zufriedenheit bei ehrenamtlich Mitarbeitenden der TelefonSeelsorge Deutschland machen (vgl. Evangelische Konferenz für TelefonSeelsorge und Offene Tür und Katholische Konferenz für TelefonSeelsorge und Offene Tür 2011)

Ehrenamtliche in der Telefonseelsorge sind formal überdurchschnittlich hoch gebildet, 70% leben in Beziehungen, 95% sind älter als Vierzig, Männer sind mit 20 - 25% deutlich in der Minderheit. Und die meisten Mitarbeitenden leben in sozial und ökonomisch sehr stabilen Verhältnissen (bisher zumindest). Besonderes Gewicht für die eigene Motivation hat die Tatsache, dass Mitarbeitende in der TelefonSeelsorge eine verantwortungsvolle, sinnvolle, herausfordernde Arbeit tun, in der es auf sie ankommt und die auch Freude macht. Die Anforderungen dieser Aufgabe machen es aber unerlässlich, Interessenten nach den für die Ausbildung und Mitarbeit nötigen Kriterien auszuwählen.

4.3.1 Die Kriterien für die Zulassung zur Ausbildung

Psychische Belastbarkeit, aber auch die Fähigkeit, die eigenen Belastungsgrenzen wahrzunehmen und sie zu wahren; die Fähigkeit und Bereitschaft zur Selbstreflexion; das Interesse, in einer Gruppe zu lernen und die Bereitschaft, sich mit anderen Menschen offen, achtsam und kritisch auseinanderzusetzen; die eigene Werteorientierung und ein besonnener Umgang mit Wertungen; die Fähigkeit zu sprachlicher Differenzierung bzw. die Kapazität, diese zu lernen; und die Bereitschaft, einen Seelsorge- und Beratungsauftrag in einer kirchlich getragenen Institution zu übernehmen, sind die entscheidenden Auswahlkriterien.

Der Richtwert für das Mindestalter wurde in der Rahmenordnung für die Ausbildung von 1986 bei 25 Jahren festgesetzt, und das hat sich bis heute als sinnvoll erwiesen. Die damals festgesetzte Obergrenze von 60 Jahren für den Beginn der Ausbildung gilt nicht mehr. Es hat sich gezeigt, dass eine starre Altersgrenze nach oben weder für die Ausbildung noch für die Mitarbeit sinnvoll ist. Entscheidend ist, inwieweit ein Bewerber die oben genannten *weichen* Kriterien erfüllt, und ob er voraussichtlich für einige Jahre (die Verpflichtung ist in der Regel zwei Jahre ab Abschluss der einjährigen Ausbildung) mitarbeiten können wird.

4.3.2 Die Ausbildung

Bei aller Vielfalt in der konkreten Ausgestaltung ist für die Ausbildung folgendes verbindlich: sie umfasst mindestens 120 Stunden, findet in einer Gruppe von etwa 10-12 Personen statt und wird geleitet von einem fachlich verantwortlichen Hauptamtlichen zusammen mit einer professionellen Co-Leitung. Ausbildungsinhalte sind das Erlernen und Einüben der beratenden und seelsorgerischen Gesprächsführung, psychosoziales Basiswissen und Ausbildungseinheiten mit Selbsterfahrungsschwerpunkt. Begleitend hospitieren die Auszubildenden am Telefon. Bewerber sind oft überrascht vom Umfang der Ausbildung, aber in der Praxis wird ihnen deren Wert recht schnell deutlich.

4.3.3 Die Supervision und Fortbildung

Keine Mitarbeit ohne eine durch die Dienststelle organisierte und verantwortete supervisorische Begleitung, das gehört zu den Standards. In der Regel findet die Supervision in festen Gruppen von etwa zehn Personen unter Leitung einer Fachkraft statt. In der Supervision wird schwerpunktmäßig das eigene Gesprächsverhalten reflektiert, aber sie dient auch dem vertieften Verstehen von Anrufenden, besonders, wenn diese eine längere Geschichte mit der TelefonSeelsorge haben.

Fortbildungen werden in den einzelnen Stellen sehr unterschiedlich gehandhabt. Sie haben jeweils das Ziel, Mitarbeitende inhaltlich und methodisch weiter zu qualifizieren und orientieren sich deshalb überwiegenden an den aktuellen Themen und Erfahrungen am Telefon.

5. Die besonderen Möglichkeiten dieses Formats

5.1 Der geschützte Raum

Ein Telefonseelsorgegespräch findet in einem besonderen *geschützten Raum* statt, und zwar in mehrfacher Hinsicht. Das Gespräch wird von der TelefonSeelsorge in einem nur für diese Aufgabe bestimmten Dienstzimmer geführt, für den Mitarbeitenden also weitgehend ablenkungsfrei. Für die Anrufenden gilt die Ablenkungsfreiheit allerdings nicht zwangsläufig. Das Gespräch ist datengeschützt – es wird von der

TelefonSeelsorge unter keinen Umständen aufgezeichnet. Der Anruf taucht – weil gebührenfrei – auch nicht auf dem Einzelverbindungs-nachweis einer Telefonrechnung auf.

Ob und wie häufig und mit welchem Anliegen ein bestimmter Mensch die TelefonSeelsorge anruft, das kann niemand wissen, außer der Betreffende selber. Und auch wenn innerhalb einer Dienststelle re-gelmäßig Anrufende oft auch als solche erkannt werden und sich mit der Zeit ein recht differenziertes ,verbales Phantombild' zeichnen lässt, so bleibt es eben ein Phantombild ohne Bezug zu einer realen Person. Dieser Schutz reduziert für Anrufende die Schwelle zur Kontaktauf-nahme möglichst weit. Der Anrufende muss sich auch nicht als Person zeigen und sieht sein Gegenüber auch nicht. Das macht es einfacher, auch peinliche, schambesetzte Themen anzusprechen. Und die gegen-seitige Unsichtbarkeit macht es für Telefonseelsorger auch leichter, auf solche Themen zu reagieren.

Nicht unerheblich ist in dem Zusammenhang auch, dass in diesem Raum Anrufende geschützt sind vor jedem durch sie nicht steuerbaren Eingreifen ihres Gegenübers. Als Telefonseelsorger kann man nur die Hilfe geben oder veranlassen, die der Anrufende zulässt. Man kann den Besuch eines Arztes oder einer helfenden Institution dringend anraten, aber man kann es weder erzwingen noch kontrollieren. Wenn der Anru-fende sich in einer akuten suizidalen Krise befindet oder wenn z.B. eine Jugendliche von Vernachlässigung oder sexueller Gewalt durch Ange-hörige berichtet, dann ist die fehlende Möglichkeit, direkt einzugreifen, für den Telefonseelsorger schmerzhaft. Aber diese Grenze veranlasst auch dazu, dem Gegenüber sehr genau zuzuhören und sich auf das im Gespräch Mögliche zu konzentrieren, anstatt eigene Handlungsoptionen zu erwägen. Genau diese Konzentration öffnet möglicherweise erst den Raum für die Handlungsbereitschaft des Gegenübers selber. Und diese Bereitschaft kann die TelefonSeelsorge dann mit Informationen und Er-mutigung unterstützen.

5.2 Die Reduktion auf die Stimme

Die Reduktion auf die Stimme wird zu Beginn der Ausbildung von zukünftigen Telefonseelsorgern in der Regel einfach als Erschwernis für
den Kontakt gesehen. Recht bald wird aber deutlich, dass der Wegfall
der anderen Wahrnehmungskanäle nicht nur ein Verlust sein muss. Man
kann sich auf die Stimme und deren Botschaften konzentrieren und stellt
fest, dass die Sprache und die Stimme auf beiden Seiten sehr wirksame
Instrumente sind. Anrufende teilen auch über die Modulation der
Stimme viel über ihre Befindlichkeit mit, oft so intensiv, dass Telefonseelsorger in der eigenen Körperhaltung ganz unmittelbar darauf reagieren: Anspannung, Niedergeschlagenheit, Unruhe des Anrufenden spiegeln sich bei dem Telefonseelsorger. Und mit der Aufmerksamkeit für
sich selber, die in der Ausbildung eingeübt und in der Supervision immer wieder gefördert wird, haben Telefonseelsorger dann auch in den
eigenen körperlichen Reaktionen einen Zugang zum emotionalen Verstehen des Gegenübers. Und sie können mit den eigenen Worten und
mit der Modulation ihrer Stimme eine intensive Nähe herstellen.

Gesten und Mimik fallen weg, und damit stehen Worte im Fokus der
Aufmerksamkeit. So gewinnt auch das Sprachmuster des Anrufenden an
Bedeutung, prägnante und ,verräterische' Aussagen, wie z.B. *immer* oder
nie oder Formulierungen, in denen der Sprecher in erster Linie ein Ob-
jekt oder Opfer anderer ist (*„das ist passiert", „das wurde mir angetan"*),
fallen leichter auf. Und umgekehrt sind Telefonseelsorger auch veranlasst, mit den eigenen Worten sehr achtsam umzugehen und das Ohr für
die eigenen Untertöne und Metabotschaften zu schärfen. Das schränkt
zugegebenermaßen die Spontanität vor allem für noch nicht so erfahrene
Telefonseelsorger ein, aber es widerspricht keinesfalls der Anforderung,
ehrlich und authentisch zu sein.

5.3 Vielfalt der Persönlichkeiten

Die vielen unterschiedlichen Telefonseelsorger mit ihren unterschiedlichen Persönlichkeiten sind ein Gewinn für Anrufende. Die Telefonseelsorger können und müssen sich in ihrer Ausbildung mit Menschen mit ganz anderen Lebensentwürfen und Erfahrungen intensiv auseinandersetzen und erweitern so ihre eigene Perspektive auf das Leben. Trotz der Tatsache, dass Männer in der TelefonSeelsorge eine deutliche Minderheit sind, wächst durch den intensiven Austausch von Männern und Frauen in den Ausbildungs- und Supervisionsgruppen auch das Genderbewusstsein. Dieser Kompetenzgewinn fließt in den Kontakt mit den Anrufenden ein.

Menschen, die nicht nur einmal, sondern immer wieder bei der TelefonSeelsorge anrufen, erleben die Vielfalt der Telefonseelsorger auch ganz unmittelbar und sehen das oft als interessant und bereichernd. Unterschiedliche Gesprächspartner bieten dem Anrufenden auch ganz unterschiedliche Perspektiven auf sich. Mit dem Wissen, dass es hier in Gesprächen nicht um einen stringenten Interventionsplan und erst recht nicht um eine therapeutische Beziehung gehen kann, ist es aber durchaus eine Chance zur Entlastung für Anrufende.

Jeder Telefonseelsorger muss sich allerdings bewusst sein und das auch so vermitteln, dass seine Perspektive immer nur ein Angebot an den Anrufer ist, sich und seine Situation neu zu verstehen. Wichtig ist auch, dass explizite Diagnosen ‚tabu' sind und dass implizite Annahmen über einen Anrufer in der Supervision thematisiert werden. Auch in diesem Kontext ist die Vielfalt der Persönlichkeiten wichtig, um die Selbstverständlichkeit mancher eigenen Annahmen in Frage stellen zu können.

6. Die Grenzen des Formats

Die Grenzen der Telefonseelsorge hängen eng mit den besonderen Möglichkeiten zusammen. Die TelefonSeelsorge ist kein therapeutisches Angebot und keine Fachberatungsstelle. Sie kann nicht von sich aus den Kontakt herstellen und nicht handelnd eingreifen. Denn Therapie setzt voraus, dass über einen bestimmten Zeitraum eine nach klaren Absprachen geregelte, zuverlässige Begegnung zwischen einem Therapeuten und dem Klienten stattfindet. Selbst wenn ausschließlich professionelle Therapeuten am Telefon der TelefonSeelsorge säßen, könnten sie in diesem Setting keine therapeutische Beziehung herstellen. Wer wann anruft, darauf hat die TelefonSeelsorge keinen Einfluss, daher kann sie auch keine Absprachen treffen. Sie kann auch ihrerseits nicht garantieren, ob der Anrufer beim nächsten Anrufversuch durchkommt. Insofern ist auch bei regelmäßig Anrufenden streng genommen jeder Kontakt ein isoliertes Ereignis und nicht ein Teil einer längerfristigen Intervention. Das schließt allerdings nicht aus, dass therapeutische Methoden (z.B. zirkuläres Fragen) in den einzelnen Gesprächen sinnvoll angewendet werden.

Da die Telefonseelsorger mit einer großen Breite an Problembereichen und Fragen konfrontiert sind, müssen sie sich oft darauf beschränken, für konkrete Antworten und weitergehende Klärungen und Hilfen an andere, spezialisierte Stellen zu verweisen. Welche Fachberatungsstellen es gibt, das müssen sie allerdings wissen. Dennoch erwarten Anrufende von der TelefonSeelsorge oft konkrete Antworten, z.B. auf rechtliche Fragen oder zu Diagnosen und Behandlungsmöglichkeiten. Dann muss ihnen vermittelt werden, dass TelefonSeelsorge nicht alles weiß, sondern allenfalls mitteilen kann, wer es wissen müsste. Dahingehend zu *enttäuschen*, das fällt Mitarbeitenden oft nicht leicht.

Die TelefonSeelsorge spricht immer wieder mit Menschen, bei denen ein Handlungsbedarf ganz offensichtlich ist, wie in akuten suizidalen Krisen; wenn Gewalt im Spiel ist; wenn zu vermuten ist, dass sich eine Psychose zuspitzt; wenn man sich um ein Kindeswohl sorgen muss, oder wenn jemand sich selber massiv vernachlässigt. Und diese Gespräche können durchaus so enden, dass Anrufende trotz allen Bemühens des Telefonseelsorgers nicht handlungsfähiger oder handlungswilliger geworden sind und möglicherweise sogar abrupt auflegen. Hier stoßen die Telefonseelsorger an eine sehr klare, oft schmerzhafte Grenze.

7. Fazit und Perspektiven

Angesichts des wachsenden Angebotes von Beratung und Selbsthilfe im Internet (auch die TelefonSeelsorge bietet als *TelefonSeelsorge im Internet* seit mehr als zehn Jahren Beratung und Seelsorge per Mail und Chat an) könnte man vermuten, dass die Arbeit am Telefon an Bedeutung verliert und die Nachfrage eher sinkt. Das Gegenteil ist der Fall. Die Möglichkeit, zwar medial vermittelt, aber doch sehr unmittelbar sprechen zu können, hat offensichtlich nach wie vor einen hohen Wert, der auch durch die neuen Medien nicht in Frage gestellt ist.

Zunehmend erlebt sich die TelefonSeelsorge auch als Lückenbüßer in einem dünner gewordenen Netz psychosozialer Versorgung. Es ist ein offensichtlich zunehmendes Problem, dass es einen höheren Bedarf gibt als die TelefonSeelsorge anbieten kann. Und gerade von diesen Anrufenden bekommen Mitarbeitende oft zu hören, wie gut es ist, dass es die TelefonSeelsorge gibt.

Literatur

Evangelische Konferenz für TelefonSeelsorge und Offene Tür und Katholische Konferenz für TelefonSeelsorge und Offene Tür 2011
Leitlinien für den Dienst in der Telefonseelsorge, angenommen auf der Mitglieder-Versammlung der Evang. Konferenz für TelefonSeelsorge und der Kath. Arbeitsgemeinschaft Telefonseelsorge und Offene Tür am 3. Juni 1978 in Königstein/Taunus, kommentierte Fassung vom 9.2.1994.)
TelefonSeelsorge auf dem Weg in die Zukunft –Vergewisserung und Ausblick. Konsenspapier auf Basis der Leitlinien für TelefonSeelsorge und Offene Tür, Vierzehnheiligen, 07.05.2003

Coaching ohne Blickkontakt – Coaching für Führungskräfte als Begleitmaßnahme in einem berufsbegleitenden Weiterbildungsstudiengang

Herbert Asselmeyer, Juliane Delkeskamp

Die Arbeitsstelle *organization studies* des Instituts für Sozial- und Organisationspädagogik der Universität Hildesheim bietet seit dem WS 2000 den gleichnamigen Masterstudiengang an. Ziel dieses im Rahmen eines BLK-Projekts entwickelten Studienganges ist es, Führungskräfte weiterzubilden, Management- und Entwicklungsprozesse in Organisationen zielgerichtet, systematisch und ressourcenorientiert zu planen, zu gestalten, zu begleiten und zu beraten. Die *anwendungsorientierte berufsbegleitende* Qualifizierung basiert auf transdisziplinären Beiträgen mit den Schwerpunkten Organisationsforschung, Organisationsmanagement, organisatorische Kommunikation und Organisationsberatung.

Das Studiengangskonzept, das den zeitlich begrenzten Möglichkeiten der berufstätigen, teilweise langjährig erfahrenen Führungskräften entgegenkommt, sieht eine zweijährige Studiendauer in Lerngruppen mit maximal zwanzig Studierenden vor, die sich monatlich einmal zu einer Wochenend-Pflichtpräsenzphase am Universitätsstandort Hildesheim treffen. Vorbereitet und nachbereitet werden die anspruchsvoll gestalteten Lehrveranstaltungen mit Hilfe moderner Informationstechnologien, denn im Rahmen universitärer Aus- und Weiterbildung geht es nicht – oder nur begrenzt – um selbstgenügende und abschließende Informationen im Sinne eines geschlossenen Curriculums, sondern vor allem um Anregungen für einen spannenden Wissenserwerb und um Unterstützung andauernder Reflexions- und Interpretationsprozesse, die zu überraschenden Einsichten, einem Perspektivenwechsel und schließlich auch zu innovativen Lösungen führen sollen. Um das Lehr-/Lernsystem für möglichst viele Lerner, und zwar insbesondere für ihre kognitiven Stile und Bedürfnisse, passend zu gestalten, soll das Studiensystem – so weit wie möglich – über die Lehrveranstaltungen hinaus Ergänzungen vorhalten, die von den Beteiligten zusätzlich genutzt und angepasst werden können. Diese wissenschaftliche Qualifizierung wird durch zwei besondere didaktische Akzente unterstützt:

> **Erstens**: Mit dem Plädoyer für eine *Didaktische Vielfalt* reagieren wir angesichts der häufig begegneten Monokultur des ‚seminaristischen Frontalunterrichts' mit vielfältigen didaktischen Modellen.

> **Zweitens**: Mit einer ‚Didaktik des Dazwischen' sprechen wir eine der zentralsten Ansprüche in der Lernkulturdebatte an: Mit Hilfe der Informationstechnologie ermöglichen wir neue und selbstbestimmte Formen des Umgangs mit Informationen, Daten und Wissensbeständen.

Das Blended Learning-Konzept zielt aber nicht nur auf die Realisierung unterschiedlicher Vermittlungsformen von Lehre und Kommunikation der Studierenden untereinander, sondern auch auf Unterstützung, Beratung und Coaching. Der Erfolg wird daran gemessen, inwieweit Handlungsspielräume für Lerner erhöht werden, genauer: Inwieweit sie zwischen den Präsenzphasen einen Zugang zum personellen Unterstützungssystem erhalten. Dazu gehören nicht nur der zeitnahe Kontakt zu Mitarbeitern der Studiengangs-Geschäftsstelle, der Studienberatung und zu internen und externen Dozenten, sondern auch die Möglichkeit eines externen Coachings.

1. Ziele des Coachings

Mit dem Angebot des externen Coachings verfolgt *organization studies* folgende Ziele:

1. Die Studierenden sollen die Möglichkeit haben, ein Coaching in Anspruch
    zu nehmen, um über diesen Weg in ihrer persönlichen Entwicklung beglei-
    tet und beraten zu werden. Es geht um
    - die persönliche Standortbestimmung im Kontext Studium-Beruf,
    - die Klärung konkreter Fragen aus dem beruflichen Alltag vor dem Hin-
      tergrund der Lerninhalte aus dem Studium,
    - die Unterstützung einer systematischen Erarbeitung persönlicher Ziele
    - sowie um die Erhöhung der Passung des Studiums mit den beruflichen
      Aufgaben.
2. Die Studierenden sollen durch die Selbsterfahrung das Instrument des Tele-
    foncoachings kennen und in seiner Nutzbarkeit einschätzen lernen.
3. Das Erkenntnisinteresse besteht sodann darin herauszufinden, inwieweit
    das Coaching eine sinnvolle Begleitung für die Ausbildung in einem Füh-
    rungskräftestudiengang darstellt.

2. Erfahrungen und Anmerkungen zu zwei Telefon-Coaching-Projekten

Einzel-Coaching bedeutet kooperatives Arbeiten zwischen Coach und
Klient an kritischen Fragestellungen aus beruflichen Kontexten. Die Zusammenarbeit geschieht auf gleicher Augenhöhe und ist von Seiten des
Coachs getragen von einer empathischen, konstruktiv-kritischen Haltung, die den Klienten einen Spiel- und Erkundungsraum für Erkennt-
nisgewinn, Neuorientierung und Aktivierung ermöglichen soll.

Im Einzel-Coaching stehen hierfür eine Vielzahl von mehr oder weniger raumgreifenden Interventionen und Methoden zur Verfügung, die
es ermöglichen, die Erlebniswelt der Klienten zu inszenieren, eventuelle
Antagonismen und Fokussierungen erkennbar sowie Ist-Soll-Differen-
zen kreativ zugänglich zu machen und das Deutungswissen von Klient
und Coach transparent abzugleichen. Ziel ist es, die Klienten dabei zu
unterstützen, eine bewusste Anpassungsleistung zu initiieren oder sich
konkret auf einen dritten, vierten, fünften – auf jeden Fall auf einen für
sie, in ihrer Rolle und Funktion angemessenen – Weg der Veränderung
zu begeben. Flipchart, Videokamera, Moderationskarten und vieles
mehr sind stetige Begleiter und Visualisierungshilfen in der Zusammen-

arbeit mit den Klienten. Alles dies geschieht mit einer ‚systemischen Demut', wie Gunther Schmidt (2010) die Verfasstheit des Coach umschreibt, in der Stimmigkeit von Interventionen und Gültigkeit von Deutungen schlussendlich durch den Klienten bestimmt werden.

Vor diesem Grundverständnis stellte der Auftrag von *organization studies*, der wissenschaftlichen Arbeitsstelle der Universität Hildesheim, an einem Telefon-Coaching-Projekt teilzunehmen, in dem der persönliche Kontakt zu Klienten ausschließlich über das Telefon läuft, eine Herausforderung dar. Coaching ohne Blickkontakt, also räumlich getrennt voneinander, erschien zunächst als eine Variante der Zusammenarbeit, in der etwas Entscheidendes fehlt, nämlich die persönliche Begegnung. Der Reiz jedoch, genau diese Variable in der Zusammenarbeit auszuklammern und somit ein Kennenlernen und Kooperieren im Coaching-Prozess ausschließlich über Hören und Sprechen zu erfahren, war ausschlaggebend für die Zusammenarbeit und die Durchführung aller Coachings in den Projekten im Spätsommer 2010 und im Spätsommer 2011.

In einem ersten Durchgang 2010 nahmen über zwanzig Studierende von *organization studies*, alle berufstätig und in bzw. kurz vor der Übernahme von Führungspositionen, an dem Projekt teil. Die Coachings umfassten drei Telefonate, bei denen die Teilnehmenden parallel zum Gespräch auf einer Internetplattform Fragen schriftlich beantworteten. Diese Fragen bildeten in den 60 - 90-minütigen Telefonaten einen unterstützenden Gesprächsleitfaden, da sie auf konkrete Veränderungsplanungen abzielen. Je nach Gesprächssituation wurde flexibel mit diesem unterstützenden Instrument umgegangen. In 2011 wurden dreizehn Telefon-Coachings mit weiteren Studierenden von *organization studies* durchgeführt. In diesem Durchgang wurden vier einstündige Telefonate angeboten, und sie wurden ohne die parallele Bearbeitung auf einer Internetplattform durchgeführt. Für die Vorbereitung, Begleitung und Auswertung des Coachings wurde den Teilnehmenden im Vorfeld ein Lerntagebuch an die Hand gegeben, welches für die persönliche Bearbeitung erkenntnisleitende Fragen aufführt. Dieser *Coaching-Begleiter* verblieb bei den Coachees und wurde nicht vom Coach eingesehen.

2.1 Erfahrungen aus dem Projekt: Zuhören und Hören statt Sehen und Erkennen

Der Auftakt der gemeinsamen Arbeit via Telefon bietet keinen Rahmen wie in herkömmlichen Coachings, etwa ein hergerichteter Raum oder die persönliche Begrüßung mittels Handschlag und Augenkontakt – hier bilden Stimme, Atmung und Hintergrundgeräusche des Telefon-Umfeldes den ersten Begegnungsraum zwischen Coach und Klient.

Für die gelingende Zusammenarbeit im Coaching ist guter Kontakt und Vertrauen eine wesentliche Grundlage. Da die visuelle Kontaktebene verschlossen bleibt, kann die gemeinsame Arbeitsbasis ausschließlich über das Medium Sprache, über die paraverbalen Äußerungen und über das miteinander Sprechen hergestellt und gesichert werden. So vermitteln sich Kennenlernen und Aufbau des Kontaktes über andere Kanäle, als dieses sonst geschieht. Dies gilt sowohl für den Coach, als auch für die Klienten. Auf beiden Seiten gibt es eine hohe Konzentration auf die auditiv wahrnehmbaren Eigenschaften des Gegenübers, da wir uns nur so ein *Bild* unseres Gesprächspartners machen können.

Mit allen Teilnehmenden an den Telefon-Coaching-Projekten gelang es gut, den Kontakt herzustellen und in eine gelingende Kooperation zu überführen. Nur einer Person fehlte trotz einer guten Arbeitsbasis der Face-to-Face-Kontakt.

Bezüglich der bearbeitbaren Themen unterscheidet sich Telefon-Coaching kaum von anderen Settings. *Intrapersonale* Klärungen, wie z.B. Umgang mit und Aushalten von Konkurrenz, können ebenso Thema sein wie *interpersonale* Klärungen, wie z.B. Umgang mit als schwierig erlebten KollegInnen etc. Einzig in Bezug auf die Bearbeitungstiefe in personennahen Fragestellungen sollte unseres Erachtens nach der fehlenden persönlichen Begegnungssituation insoweit Rechnung getragen werden, dass mögliche Vertiefungen zwar benannt, aber nicht per Telefon durchgeführt werden sollten. Die unten stehende Tabelle führt beispielhaft einige Themen auf, die im Verlauf der Projekte bearbeitet wurden.

2.2 Bearbeitete Fragestellungen in Telefon-Coachings

In den beiden oben genannten Projekten kristallisierten sich bei den Telefon-Coachings folgende Themen bzw. Themenfelder heraus:

Intrapersonale Klärungen

- Rollenklärung Führungskraft
- Umgang mit und Aushalten von Konkurrenz
- Umgang mit nicht zu ändernden Situationen
- Eigene Leistungsüberforderung erkennen / eigene Grenzen anerkennen
- „Auf dem Weg zu sich selbst" - Arbeit mit dem Inneren Team
- Achtsamkeit mit sich selbst einüben
- Entlastungs-Strategien (Pausen, Erholung, Sport, Austoben, Reflexionszei-
  ten etc.) akzeptieren, planen und terminieren
- Gelassenheit erhöhen
- Umgang mit inneren Treibern
- Umgang mit inneren Widerständen

Kommunikation

- Eindeutigkeit/Transparenz nach Außen erhöhen
- Eigene als störend wahrgenommene Kommunikationsmuster bearbeiten
- Angemessen Kritik geben, kritische Gespräche führen

Interpersonale Klärungen

- Zusammenarbeit im eigenen Team verbessern
- persönliches Feedback im eigenen Arbeitsumfeld organisieren
- Feedback einholen von Coach
- Teufelskreise erkennen und bearbeiten
- Abgrenzung erhöhen, Abgrenzungsstrategien entwickeln
- Achtsamkeit erhöhen
- Die Menschen sind verschieden: Erkennen und Akzeptieren von sowie Um-
  gang mit subjektiv als schwierig wahrgenommenen KollegInnen/Chefs

Führungsfragen

- Führungsinstrumente (z.B. Delegieren, Mitarbeitergespräch, Konfliktmoderation) einsetzen, auch wenn sie gegen eigene Bedürfnisse (Kontrollfreude, Distanzliebe, HarmomiefreudInnen etc.) steuern
- Einfluss-Sphären klären
- Zeitmanagement / 5–7 Hüte-Strategie / Meilenstein-Planungen
- Umwelt und Umfeld integrieren: nach TZI moderieren und führen
- Die Menschen sind verschieden: Erkennen und Akzeptieren von sowie der Umgang mit dem im Persönlichkeitsprofil diametral entgegengesetzt ausgerichteten Anderen
- Team-Entwicklung
- Mitarbeiter-Motivation erhöhen

Arbeitsorganisation

- Meilenstein-Planung
- Selbst gesteckte Ziele in Projektvorhaben angemessen eingrenzen
- Arbeit takten, Pausen planen und terminieren, sinnvolle Arbeitspakete schnüren
- Instrumente des Selbstmarketings

Bleibt die Frage, wie diese Themen via Telefon bearbeitet werden können: Die fehlende direkte Kontaktsituation engt das Repertoire der anwendbaren Interventionen ein – allerdings nicht so stark, wie es zunächst erscheinen mag. Zu Beginn der Telefon-Coachings gingen wir davon aus, dass das herkömmliche Methoden-Repertoire, welches wir im Coaching nutzen, hier nur sehr eingeschränkt Anwendung finden kann. Ein Coaching ohne Flipchart und Moderationskarten erschien zumindest beeinträchtigt und ausschließlich auf Gesprächsführungstechniken beschränkt. Die Erfahrungen zeigen, dass dies nicht der Fall sein muss. Mit dem unten aufgeführten vorläufigen Methoden-Inventar soll deutlich werden, wie vielfältig auch im Telefon-Kontakt gearbeitet werden kann. Alle dort aufgeführten Vorgehensweisen fanden in den erwähnten Telefon-Coachings Anwendung.

Das vorläufige Inventar ist der Übersicht halber gemäß dem Ablauf
eines Coachings aufgebaut und die möglichen Vorgehensweisen diesen
Schritten zugeordnet: vom allerersten Wahrnehmen des Gegenübers,
über das Bemühen, deren Weltsichten zu verstehen, hin zur Bearbeitung
der Fragestellung und zur Erarbeitung von Lösungen bzw. Zwischenlö-
sungen, die in folgenden Sitzungen weiter bearbeitet werden. Selbstverständlich ist mit diesen Ausführungen nicht gemeint, dass die aufgeführten Vorgehensweisen chronologisch *abgearbeitet* werden sollen. Ziel
dieser tabellarischen Aufführung ist es, die Vielfalt möglicher Vorgehensweisen deutlich zu machen.

Das erste Kennenlernen des Coachee ist im Telefon-Kontakt auf das
rein Auditive beschränkt. Daher gilt: je mehr Augenmerk (besser
‚Ohrenmerk') der Coach auf die persönlichen Ausdrucksformen des
Klienten legen kann, desto besser. Die in der Tabelle unter der Rubrik
Kennenlernen aufgeführten beachtenswerten Merkmale können als
Schlüssel für die Wahrnehmung des Klienten und seiner Situation ange-
sehen werden. Zudem fördert die Konzentration hierauf das Sich-Ein-
schwingen des Coachs auf die Zusammenarbeit mit dem Gegenüber.

Dem Aktiven Zuhören kommt im Telefon-Coaching eine besondere
Rolle zu: Intensives Paraphrasieren und Verbalisieren in allen Phasen
der Zusammenarbeit unterstützt den Kontakt trotz der scheinbar unper-
sönlichen Telefon-Situation. Es sichert und vertieft fortlaufend das Verstehen des Anliegens sowohl auf Seiten des Coachs, als auch auf Seiten
der Klienten. Hier scheint ausnahmsweise mal der Merksatz zu gelten:
Viel hilft viel.

Weiterhin sind systemische und lösungsorientierte Fragen in allen
Phasen der Zusammenarbeit Basiselemente für das gelingende Heraus-
arbeiten und Bearbeiten der konkreten Fragestellungen der Klienten.
Hierin unterscheidet sich dieses Setting also in keiner Weise von anderen Coaching-Situationen.

Eine besondere Rolle im Telefon-Kontakt kommt jedoch der metakommunikativen Arbeit zu. Unserer Erfahrung nach spielt insbesondere
der Umgang mit den eigenen unwillkürlichen Impulsen und aktivierten
Gefühlen eine wesentliche Rolle. Wenn der Coach *mitschwingt,* die eige-

nen inneren Reaktionen angemessen wahrnimmt und sie den Klienten als Feedback zu einem angemessenen Zeitpunkt in Form von Ich-Botschaften mitteilt, trägt dies entscheidend zu Offenheit, Nähe und der Vertiefung der gemeinsamen Arbeitsbasis bei.

Aktives Zuhören, lösungsorientiertes Vorgehen, Feedback geben – all dies sind Methoden, die ohne weiteren Aufwand im Telefon-Coaching Anwendung finden können. Andere Vorgehensweisen bedürfen eines erhöhten Erklärungsaufwandes. Dies gilt im Besonderen, da nicht mit Visualisierungshilfen wie Moderationskarten, Flipchart etc., gearbeitet werden kann, sondern die Klienten in einigen Fällen nun selbst visualisieren müssen. Hierüber wiederum müssen sich Coach und Klient parallel verständigen, um sich zeitgleich *vor Augen* führen zu können, wie die Visualisierungen nun aussehen. Als Beispiel sei hier die Arbeit mit dem *Wertequadrat* angeführt. Auf Moderationskarten entwickelt lässt sich im Face-to-Face-Kontext schnell deutlich machen, wie eine *Wippe* der Werte zu Verzerrungen, Fehlwahrnehmungen und Vorwürfen führen kann. Dies nicht nur zu zeigen, sondern zu erläutern und den Klienten parallel die Hilfestellung der Visualisierung durch Erklärung zu ermöglichen, ist ein durchaus komplexes Vorgehen. Voraussetzung für das Gelingen ist ein sehr guter Kontakt zwischen Klient und Coach sowie eine gewisse Gelassenheit in der Zusammenarbeit. In der Tabelle 1 sind diese erklärungsintensiveren Vorgehensweisen mit hellgrau hinterlegt.

Es ist nur eingeschränkt möglich, erlebnis-aktivierend kritische Prozesse aus dem Alltag der Klienten tatsächlich in den Raum zu holen und zu inszenieren. Der fehlende Blickkontakt und die fehlende räumliche Nähe setzen hier eindeutige Grenzen, beispielsweise in der Arbeit mit dem *Inneren Team*. Bis zu einem bestimmten Grad kann mit den erhobenen inneren Team-Mitgliedern erhellend gearbeitet werden. Die Inszenierung einer bewegten *Team-Konferenz* oder der Arbeit mit verschiedenen Aufstellungen auf der Bühne des *Inneren Teams* allerdings erscheint via Telefon kaum möglich.

Coaching-schritt:	Klärungsziel	Beispiele für mögliches Vorgehen im Telefon-Coaching	Spezifik im rein auditiven Kontakt
Gegenüber wahrnehmen	Mit wem arbeiten wir zusammen und wie geht es der Person?	Achten auf Vokabular, Aktiv-Passiv-Nutzung	konzentriert
		Achten auf Farbe der Stimme	konzentriert
		Achten auf Atmung	konzentriert
		Achten auf Tempo des Sprechens	konzentriert
		Achten auf Pausensetzung	konzentriert
		Achten auf Geradlinigkeit und ‚Volten' in der Argumentation	konzentriert
		Achten auf Nutzung von Metaphern	
Weltsichten verstehen	Orientierung und Anliegenerhebung	Paraphrasieren und verbalisieren	intensiv
		Metakommunikation	intensiv
		Systemische Fragen	
		Lösungsorientierte Fragen	
		Biographie der Problematik erstellen lassen	erhöhter Beschreibungsaufwand
		Arbeit mit Metaphern	
		Skalierungsfragen	
		Kritischer Gesprächspartner sein	
Bearbeitung der Fragestellung	Fokussieren und Anliegen spezifizieren	Paraphrasieren und verbalisieren	intensiv
		Metakommunikation	intensiv
		Lösungsorientierte und systemische Fragen	
		Intensive Vorklärung nach Ch. Thomann	
		Situation ins Hier und Jetzt holen	
		Kritischer Gesprächspartner sein	
		Paraphrasieren und verbalisieren	intensiv
		Metakommunikation	intensiv

Coaching-schritt:	Klärungsziel	Beispiele für mögliches Vorgehen im Telefon-Coaching	Spezifik im rein auditiven Kontakt
	Fokus differen-zieren – Per-spektiv-Wech-sel initiieren	Lösungsorientierte und systemische Fragen	
		Arbeit mit dem Wertequadrat	erhöhter Be-schreibungs-aufwand, zum Teil nur einge-schränkt nutz-bar
		Arbeit mit dem Inneren Team	
		Arbeit mit Positionsstühlen	
		Arbeit mit dem Einfluss-Sphären-Modell	
		Arbeit mit Bodenankern/Time-Line	
		Rollenspiel mit und ohne Rollentausch	
		Coach als *Gegenspieler*	
		Reflecting Coach	
		Kritischer Gesprächspartner sein	
		Kurzvorträge: Angebote theoretischer Einord-nung der Problematik	
Lösungen / Zwischenlösungen erarbeiten	Aktivierung ermöglichen	Paraphrasieren und verbalisieren	intensiv
		Lösungsorientierte Fragen	
		Metakommunikation	intensiv
		Kritischer Gesprächspartner sein	
		Lösungsbrainstorming	
		Kopfstand-Technik	
		Lösungen visualisieren lassen	
		SMART-Check/Ökologie - Check von Lösun-gen	
		Lösungen mit Leverage-Matrix (realisierbar / wichtig) überprüfen	erhöhter Be-schreibungs-aufwand
		Experiment vereinbaren	

Tab. 1: Übersicht der in 2010 und 2011 genutzten Vorgehensweisen
         bzw. Coachingschritte

Aber es gibt auch im Bereich erlebnisaktivierender Vorgehensweisen Ausnahmen: Für einen Klienten war es beispielsweise möglich, während des Telefonats im eigenen Büro eine auf die Zukunft ausgerichtete Zeitlinie mit Bodenankern auszulegen. Und es gelang per Telefon, quasi gemeinsam mit dem Klienten diese Zeitlinie zu beschreiten und in aller Ruhe Veränderungswünschen und -hindernissen auf die Spur zu kommen. Eine echte Ausnahme, aber es war möglich!

2.3 Zwischenfazit aus Sicht des Coaches zum Telefon-Coaching im Rahmen von ,organization studies'

Die Teilnehmenden an den zwei Coaching-Projekten waren mit den Ergebnissen ihrer Coaching-Gespräche sehr zufrieden und von der Möglichkeit, im Rahmen des Studiums dieses in Anspruch zu nehmen, sehr angetan.

Das Telefon-Coaching bietet für die Studierenden einen im Alltag sonst nur selten zur Verfügung stehenden Rahmen für vertiefende Reflexion und Austausch über zentrale Fragen der eigenen Zielorientierung, des eigenen Führungsverständnisses und Führungsverhaltens. Weiterhin unterstützt es sowohl die Umsetzung von Studieninhalten in die Praxis als auch die Reflexion über die persönlichen Anforderungen, die diese Umsetzungsleistung mit sich bringen.

Wie in klassischen Face-to-Face-Settings können auch im Telefon-Coaching eine Vielzahl von Fragestellungen bearbeitet werden, wobei die Bearbeitungstiefe, wie oben aufgeführt, stärker beachtet werden muss. Die Herausforderungen des Telefon-Coachings liegen für Coachs darin, den fehlenden Sichtkontakt durch *die übrigen* Wahrnehmungsmöglichkeiten auszugleichen. Dieser scheinbare Mangel hat den Vorteil, über den gesamten Zeitraum der Zusammenarbeit hinweg frei zu bleiben von unbewusst gefassten Urteilen, etwa durch das Erscheinungsbild des Klienten, und somit auch von unvermittelt sich einstellenden Übertragungen, die wahrnehmungslenkend und -fokussierend wirken können. Einzig Sprachfärbungen und Dialekte der Klienten sollten bewusst zur Kenntnis genommen und auf ihre mögliche Eintrübung der Wahrnehmung auf Seiten des Coachs überprüft werden. Coach und Klient kommen gut in Kontakt miteinander, wenn es gelingt, konzentriert und gelassen die anstehenden Fragen zur gemeinsamen Sache zu machen und mit dem Klienten ein enges Band in der Bearbeitung zu knüpfen. Entgegen der anfänglichen Erwartungen gibt es hierfür vielfältige Möglichkeiten, kreativ und aktivierend zu arbeiten.

3. Abschlussfazit aus Sicht des Studiengangs ‚organization studies'

In einer Reflexionssitzung mit allen Beteiligten wurden die Erfahrungen aus dem Coaching Angebot reflektiert. Dabei wurde zunächst deutlich, dass eine Motivation zur Teilnahme an diesem Angebot darin bestand, das Thema Coaching, welches im Curriculum des Studiengangs nicht so stark verankert ist, im Rahmen einer aktiven eigenen Beteiligung an einem selbstbezogenen Coachingprozess nicht nur kennen zu lernen, sondern zu erleben, um es ggf. weiter, dann mit einer Professionsperspektive zu vertiefen. Im Blick auf die Lerngewinne lässt sich festhalten, dass das Coaching den Studierenden geholfen hat, ihre Probleme zu strukturieren. Insbesondere der Fragebogen auf der eingesetzten Coachingplattform habe hierzu einen wichtigen Beitrag leisten können.

Der Entscheidungsprozess, an diesem für die Teilnehmer bis dahin unbekannten und neuartigen Coaching Angebot teilzunehmen, war von den meisten zunächst als *Sich-Einlassen-Wollen* eingestuft worden. Die meisten Teilnehmenden haben sich sodann – durchaus mit einer gehörigen Portion Skepsis, gleichwohl im Vertrauen wegen der bis dahin guten Erfahrungen im Studium – an dieses Experiment gewagt mit durchweg positivem Ausgang. Die Stärken des Angebots wurden wie folgt zusammengefasst:

- Unterstützungsaspekt: Das Coaching wurde als individuelle Unterstützung für den eigenen Studienprozess eingeschätzt.

- Entwicklungsaspekt: Der Coachingprozess hat den Teilnehmern geholfen, die eigene Entwicklung auf einer Meta-Ebene zu reflektieren, das Spiegeln wurde als wichtiger Zugewinn erlebt.
- Zielorientiertheit: Die Strukturiertheit im Vorgehen (Fragebogen, feste Telefontermine, Rückkopplung) wurde als gewinnbringend bewertet.
- Zeit & Ort: Das zweite Semester wurde als idealer Zeitpunkt im Studium bestätigt, weil zu der Halbzeit des Studiums die Entwicklungsgewinne noch für den Studienprozess fruchtbar gemacht werden können. Ebenso positiv wurde eingeschätzt, dass das Coaching Angebot von zu Hause aus wahrgenommen werden konnte.
- Medium: Die Kommunikation über das Telefon wurde als positiv eingeschätzt, denn die Konzentration auf Sprache ermöglichte einen Schutz vor Beobachtung eines Gegenübers, was als ablenkend oder mental belastend befürchtet wurde; auch seien dadurch Fehlinterpretationen, z. B. ausgelöst durch Mimik o.a., vermieden worden. Vor diesem Hintergrund wurde der niedrigschwellige Zugang positiv erwähnt.

Kritisch wurde angemerkt:

- Coaching brauche letztlich immer ein Gegenüber und ein rein virtuelles Angebot ohne persönlichen Coach sei nicht realistisch.
- Der Fragebogen biete zu geringe Anpassungsmöglichkeiten für den individuellen Kontext.

Abschließende Anregungen an die Organisatoren des Studiengangs waren:

- Das Angebot sollte nachhaltig im Weiterbildungs-Studium verankert werden, denn konkrete Coachingerfahrungen steigerten nicht nur die Qualität einer Weiterbildung, sondern bildeten auch ein Kompetenzkriterium in der (künftigen) Führungsrolle.
- Das Coaching sollte durch theoretische Vertiefung vorbereitet werden und über einen längeren Zeitraum als studien-begleitende Intervention angeboten werden, idealerweise auch mit einem Rollentausch, in dem sich Studierende als Coach ,ausprobieren' könnten.

Literatur

Schmidt, Gunther (2010): Liebesaffären zwischen Problem und Lösung. Hypnosystemisches Arbeiten in schwierigen Kontexten. 3. Aufl. Heidelberg: C. Auer

1.2 Webbasiert-textliche Basiskommunikation ohne webbasierte Zusatztools

Neben Fernmündlichkeit kann subsidiäre Beratung auch *webbasierte Textlichkeit* als Basiskommunikation wählen, – und zwar als asynchrone Kommunikation, bei der zwischen der Versendung eines produzierten Textes und seiner Rezeption durch den Empfänger größere Zeiträume, also mehrere Stunden oder sogar Tage liegen, oder als synchrone Kommunikation, bei der die Textversendung und Textrezeption zeitgleich erfolgt.

Webbasiert-textliche subsidiäre Beratung bildet den Gegenpol zur fernmündlichen subsidiären Beratung. Denn wie in der Einleitung zum Kapitel 1.1 ausgeführt, richtet letztere den Hörsinn des Hörers, d.h. die Sinnlichkeit seines Hörens ganz auf das gesprochene Wort des Kommunikationspartners und die Körperlichkeit seines Sprechens, und zwar ohne Ablenkung durch irrelevante visuelle Kommunikationsdaten. Einer solchen Körperlichkeit und Sinnlichkeit ist subsidiäre Beratung im Medium webbasierter Textlichkeit völlig entkleidet. Es ist eine Kommunikation, die allein durch die Geistigkeit bzw. Immaterialität des in Schriftzeichen transformierten und fixierten Gedankens bestimmt ist. Diese Besonderheit macht webbasierte Textlichkeit für subsidiäre Beratung in einem bestimmten Sinne attraktiv. Denn die eigenen Gedanken, Gefühle, Überlegungen, Vermutungen, Wünsche, Hoffnungen, Sorgen und Ängste nicht in dem alltagspraktisch üblichen und persönlich gewohnten Medium des gesprochenen Wortes mitzuteilen, sondern sie im Medium eines geschriebenen Textes zu kommunizieren, geht einher mit einer *Entschleunigung der Kommunikationsproduktion*, die diametral entgegengesetzt ist zu der *Schnelligkeit webbasierter – synchroner und asynchroner – Textübermittlung*. Diese Entschleunigung bietet Raum für mentale Distanzierung und Reflexion, die Produktion webbasierter Texte zumindest ansatzweise zu einer Art *Selbstcoaching* macht.

Eine solche Kommunikation kann auf Altbekanntes zurückgreifen, nämlich auf die Tradition bzw. Kultur brieflicher Korrespondenz. Ihr besonderes Merkmal ist, dass sie die Flüchtigkeit des gesprochenen

Wortes durch Verschriftlichung überwindet. So ist es möglich, dass der Leser eines Textes bei einem Wort oder Satz innehält, um *nachzudenken* und sich Zeit zu nehmen, zu dem, war er gerade gelesen hat, *feinnervig hinzufühlen* und die gerade gelesene Stelle bzw. Passage noch einmal oder gar mehrmals zu lesen. Weiterhin wird es möglich, einen Text auch nach Tagen, Wochen, Monaten und Jahren noch einmal zu lesen und dabei gegebenenfalls die wertvolle Erfahrung zu machen, Bedeutungen und *Sinnschichten* zu erkennen, die beim ersten Lesen verschlossen geblieben sind.

Die oben genannten Besonderheiten des Lesens von Texten wirken auf den Produzenten und damit auf den jeweiligen Text zurück, und zwar dergestalt, dass er zumindest tendenziell darauf achtet, bei der Textproduktion sich genügend Zeit zu nehmen und gegebenenfalls auch einmal etwas länger innezuhalten, um die richtigen Worte zu finden, und vor dem Verschicken des Textes diesen noch einmal sorgfältig zu lesen und auf mögliche Quellen für Missverständnisse zu prüfen.

Eine weitere Besonderheit textbasierter Kommunikation ist, dass es im Gegensatz zur Face-to-Face-Kommunikation leicht – und im Gegensatz zur fernmündlichen Kommunikation noch leichter – möglich ist, dass zumindest ein Kommunikationspartner *anonym* bleibt. Vor allem dieser Aspekt hat webbasierte Textlichkeit, wie Kirsten Schellack in ihrem Beitrag am Beispiel der Caritas zeigt, zu einem wichtigen Medium psychosozialer Beratung gemacht, denn hier spielen schambesetzte Themen oft eine große Rolle.

Voraussetzung dafür ist jedoch eine *professionelle Schreib- und Lesekompetenz* des Beraters/Coachs. Darauf machen Birgit Knatz und Brigitte Koch in ihren Aufsätzen aufmerksam. Die besondere und oft recht schwierige Aufgabe des Beraters/Coachs ist es nämlich, Texte, deren Bedeutung und Botschaft oft auf den ersten Blick nicht leicht zu erkennen sind, systematisch zu entschlüsseln, und zwar vor allem dann, wenn die Textproduzenten nicht über eine hinreichend elaborierte Schreibkompetenz verfügen. Die zweite große Herausforderung des Beraters/Coachs ist, auf der Grundlage dessen, was er gelesen und verstanden hat, ein Antwortschreiben zu verfassen, das möglichst gute Chancen hat, den Empfänger ohne Missverständnisse zu erreichen und ihn zu zielführenden Reflexionen und Selbstreflexionen anzuregen. Gerade Letzteres ist in der Regel eine große Herausforderung, weil viele Klienten vom Berater/Coach hilfreiche Informationen und Tipps und am besten eine perfekte Problemlösung erhoffen oder sogar erwarten und enttäuscht sind, wenn sie stattdessen Fragen beantworten sollen und Hinweise bekommen, wie sie ihre Problematik noch einmal überdenken sollten.

Diese Schwierigkeiten können nicht überraschen. Denn die oben angesprochene Tradition und Kultur brieflicher Korrespondenz war niemals ein gesellschaftliches Allgemeingut, an dem alle gleichermaßen partizipierten. Und die Vertextung von Kommunikationsinhalten erfordert auch heute eine *Schreibkompetenz*, die nur wenige elaboriert beherrschen. Hierzu kommt, dass die Vertextung von Kommunikationsinhalten immer auch in der Gefahr steht, als eine Belastung wahrgenommen zu werden, die in der heute vorherrschenden Konsumkultur oft nur schwer Akzeptanz findet. Das ist wohl auch der Grund für die Tatsache, dass subsidiäre Beratung, die sich ausschließlich im Medium webbasierter Textlichkeit vollzieht, bisher vor allem im Bereich der kostenlosen psychosozialen Beratung Fuß fassen konnte und im Bereich des honorarpflichtigen Coachings bisher nur schwach vertreten ist.

Online-Beratung in der verbandlichen Caritas

Kirsten Schellack

1. Hintergrund

Der Deutsche Caritasverband e. V. (DCV) ist die institutionelle Zusammenfassung und Vertretung der katholischen Caritas in Deutschland. Die verbandliche Caritas verfügt über 20.000 Beratungsstellen, Dienste und Einrichtungen, die in selbstständiger Trägerschaft von Diözesan-, Regional- und Orts-Caritasverbänden, Personal- und Einrichtungsfachverbänden liegen. Die Zentrale des DCV hat ihren Sitz in Freiburg/Breisgau.

2. Ausgangssituation

Bereits Anfang der 90er Jahre des letzten Jahrhunderts zeigten einige Träger von Beratungsstellen der verbandlichen Caritas Präsenz im Internet. Neben Leitbild und Hilfespektrum wurden die Kontaktadressen der Einrichtungen ausgewiesen und von Ratsuchenden als Möglichkeit zur Beratung und Information entdeckt. Auf die Idee der Beratungsanfrage per Internetadresse reagierten die Beratungsstellen bzw. deren Träger unterschiedlich. Je nach Häufigkeit der Anfragen, der technischen Ausstattung der Beratungsstellen, der Affinität der Träger bzw. deren Mitarbeiter(innen) zum Medium PC wurden die Beratungsmöglichkeiten über das Internet forciert und standardisiert.

Aufgrund zahlreicher Diskurse zum Thema Beratung im Internet wurde 2004 in der Zentrale des Deutsche Caritasverbandes ein siebenmonatiges Vorprojekt durchgeführt. Zielsetzung des Vorprojektes war es, die innerhalb des Verbandes bestehenden Online-Beratungsaktivitäten zu analysieren und aufgrund der Ergebnisse eine Empfehlung für bzw. gegen den Ausbau der Beratung im Internet abzugeben.

Es zeigte sich, dass die Beratung im Internet überwiegend von den klassischen Beratungsbereichen, wie Eltern- und Jugendberatung, Schwangerschafts- oder Suchtberatung durchgeführt wurde. In der Schwangerschaftsberatung gab es bereits ein auf Bundesebene angesiedeltes Angebot zur Beratung im Internet. Die Eltern- und Jugendberatung verfügte über die meisten regional bzw. diözesanweit aktiven Beratungsstellen. Während die Diözese Köln über ein SSL-verschlüsseltes Beratungsangebot verfügte, es in der Suchtberatung vereinzelt spezielle technische Lösungen für einzelne Beratungsstellen gab, wurde die Beratung in den meisten Beratungsstellen aller Arbeitsfelder per E-Mailprogramm und damit nicht datensicher durchgeführt.

Heterogene Entwicklungen der Beratung im Internet, fehlende Sicherheit, das weitgehende Nichtvorhandensein von Qualitätsstandards und die nur geringfügige Nutzung von Synergieeffekten machten den Handlungsbedarf in Bezug auf diese neue Form der Beratung deutlich. Der Deutsche Caritasverband führte daher von 2005 bis 2010 zwei mehrjährige Projekte zum Thema Online-Beratung durch.

3. Einführung eines verbandszentralen Beratungsportals

Das gravierendste Ergebnis des Vorprojekts, nämlich dass die psychosoziale Beratung auf der Grundlage einer ungeschützten Datenübertragung durchgeführt wurde, veranlasste den DCV dazu, das erste Projekt *Portal Online-Beratung* zu beginnen.

3.1 Intention und Zielsetzungen für das Portal

Unter einem Portal im Internet wurde zu Beginn der Aktivitäten im Internet eine Einstiegsseite in eine Internetpräsenz verstanden. Nach Thorsten Gurzki (2004) veränderte sich die „Interpretation der Portaldefinition (...) von der einfachen Einstiegsseite einer Internetsuchmaschine hin zur multiplen Unternehmensanwendung, in welcher Inhalte, Dienste und Funktionen integriert und zudem benutzerspezifisch angepasst werden". Die Idee des DCV-Beratungsportals lehnt sich an diese Ausführung an und versteht ihr Beratungsportal als Unternehmensanwendung eines Wohlfahrtsverbandes, in deren konzeptionellem Mittelpunkt eine zentrale übersichtliche Bündelung von Arbeitsfeldern als unkompliziertem Zugang zu verschiedenen Formen der psychosozialen Beratung und Information steht. Gleichzeitig gedacht als zentraler Login für Berater und als Informationsplattform für die Beteiligten. Eckpunkte für das Portal und die Online-Beratung sind:

- Gliederung des Portals in Beratungs- und Informationsangebot
- Berücksichtigung der spezifischen Strukturen der Arbeitsfelder
- Einführung der Online-Beratung in den Arbeitsfeldern, die eine bundesweite Bearbeitung der Beratungsanfragen garantieren können
- Beratung durch die Berater/innen in den Beratungsstellen, Diensten und Einrichtungen vor Ort
- Nutzerfreundlichkeit
- Transparenz in Bezug auf den DCV und Durchführende der Beratung
- Formulierung von Qualitätsstandards
- Nutzung von Synergieeffekten durch Netzwerkbildung.

3.2 Fünf Perspektiven auf das Vorhaben

Das Beratungsportal und die Online-Beratung eckpunktegemäß umzusetzen, hieß, fünf Perspektiven Raum zu geben, die damit verbundenen Bedarfe und Interessen abzuwägen und miteinander zu verbinden.

3.2.1 Die verbandliche Perspektive

Die Projekte zur Online-Beratung bedeuteten, die als zukunftsweisend erkannte Beratungsform innerhalb des Verbandes strukturell verankern und damit datensichere Beratung im Internet offiziell einführen zu können. Ein Portal für die Online-Beratung zu schaffen, finanzielle und personelle Ressourcen zur Verfügung zu stellen, bedeutete einerseits, dem noch neuen Beratungsinstrument Geltung zu verleihen. Andererseits wurde damit ein innerverbandliches Signal gesetzt, die Nutzung neuer Medien nicht zu verpassen.

Die Bündelung der Beratungsangebote auf dem Portal schuf eine neue Möglichkeit der Öffentlichkeitsarbeit und ermöglichte gleichzeitig Synergieeffekte. Das *Kölner Modell* bildete die technische und konzeptionelle Grundlage für das Beratungsportal des DCV. Eine Entwicklung des Diözesan-Caritasverbandes Köln, das in der datensicheren Beratung von Eltern, Kindern und Jugendlichen eingesetzt wurde und dessen Nutzung den Start des *Projekts Portal Online-Beratung* des DCV erleichterte.

Die verbandliche Perspektive bedeutete aber auch die Einführung gemeinsamer Sprachregelungen, die Beachtung des Corporate Designs bei Gestaltung des Portals und des Logos sowie die Erarbeitung diverser Orientierungshilfen zu Themen wie Datenschutz oder Qualität der Online-Beratung.

3.2.2 Die Arbeitsfeldperspektive

Die zahlreichen Organisationsformen und Trägerkonstrukte, die sich im DCV bündeln, in die Planung des virtuellen Formats *Beratungsportal* einzubeziehen, wäre nicht möglich gewesen. Deshalb wurde auf die in der Zentrale vorhandenen Strukturen zurückgegriffen und arbeitsfeldbezogen gedacht und gearbeitet.

In Zusammenarbeit mit den Referenten aus den Arbeitsfeldern Eltern- und Jugendberatung, Schwangerschafts- und Suchtberatung entstand das speziell auf diese Arbeitsfelder und damit auch auf die

Strukturen der verbandlichen Caritas zugeschnittene Online-Beratungs-portal. Dabei musste das über die Jahrzehnte gewachsene Selbstver-ständnis der Arbeitsfelder ebenso berücksichtigt werden, wie unter-schiedliche Arbeitsstrukturen und die Beratungsstellenkapazitäten im Bundesgebiet.

3.2.3 Die Nutzerperspektive

Was macht die Nutzerperspektive aus? Welche Bedarfe haben Ratsu-chende an ein neues virtuelles Format, das Beratung anbieten und ar-beitsfeldübergreifend ausgerichtet sein soll, auf dem also nicht zu einer speziellen Thematik beraten wird? Mit welcher Form des Portals wird der Ratsuchende erreicht? Fragen, auf die es im Jahr 2005 kaum gesi-cherte Erkenntnisse in Form von Erhebungen oder Fachartikeln oder Vorschriften gab.

Die Expertise wurde durch Recherchen in Bezug auf bestehende An-gebote, durch die Fachkompetenz der Bonner Technikagentur, die mit dem DCV zusammenarbeitete, und durch die Einbeziehung der Erfah-rungen der beteiligten Projektverantwortlichen und Berater vor Ort er-stellt.

Dank der wenigen zwingenden Vorgaben konnten Gestaltungsspiel-räume genutzt werden, die auch die Möglichkeit boten, Neues auszu-probieren.

3.2.4 Die technische Perspektive

Die zahlreichen Beteiligten mit ihren Anforderungen und Wünschen, die Nutzerfreundlichkeit und die technische Umsetzbarkeit bildeten den Rahmen für die Arbeit der Bonner Agentur, die auch das bereits ge-nannte Kölner Modell entwickelt hatte.

Um Technik und Gestaltung den Erfordernissen eines bundesweit konzipierten Beratungsportals anzupassen, wurden arbeitsfeldspezifische Lösungen gefunden, die mittlerweile auch arbeitsfeldübergreifend von Nutzen sind. So verfügt die Online-Beratung heute über eine Vielzahl an Beratungsstellen-Organisationsmodellen, die die Träger nutzen können, um die für sie passende Online-Beratung über das Portal anbieten zu können.

Die technische Perspektive zeichnet sich durch das Erfassen von Problemstellungen und durch die Entwicklung passgenauer Lösungen aus. Dabei ist die Technik immer auf die Zuarbeit der Beteiligten angewiesen. Die Meldung von Bedarfen und aufgespürten Mängeln im System an die Verantwortlichen ist unentbehrlich für die ständige Weiterentwicklung des Beratungsportals.

3.2.5 *Die finanzielle Perspektive*

Die Projekte des DCV wurden mithilfe der *Lotterie GlücksSpirale* und aus Eigenmitteln des DCV finanziert. Neben den notwendigen Personalressourcen konnten so der Portalaufbau und die kostengünstige Eingliederung von insgesamt neun Arbeitsfeldern in die Online-Beratung finanziert werden. Die finanzielle Perspektive bedeutete hauptsächlich, die arbeitsfeldbezogenen Interessen gegen arbeitsfeldübergreifende Interessen abzuwägen und Umsetzungen kostengünstig zu gestalten.

3.3 Merkmale des Beratungsportals

Unter Zusammenführung der Perspektiven wurden folgende Merkmale für das Beratungsportal erarbeitet und in das Beratungsportal installiert:

1. Freie Wahl der Beratungsmodule: die Arbeitsfelder entscheiden sich aufgrund eigener Strukturen und Bedarfe für die Mail- und/ oder Chatberatung, Foren;
2. Individuell auf den jeweiligen Bereich zugeschnittene Beratungsmöglichkeiten: Die Beratungsstellen oder Träger haben die Möglichkeit, ortsgebunden, regional, diözesan- oder bundesweit zu beraten. Beratungsstellen können im Zusammenschluss agieren oder allein;

3. Adresssuche mit Visitenkarten der Online-Beratungsstellen;
4. Informationsmöglichkeiten der Arbeitsfelder zu fachspezifischen Fragen, z.B. in Form von häufig gestellten Fragen, Gesetzestexten, Fachartikeln;
5. Individuell nutzbare Instrumente für die Berater/innen und Ratsuchende, zum Beispiel Monitoring-Funktion, Geokodierung;
6. Erreichbarkeit des Beratungsportals durch verschiedene Zugänge, beispielsweise über die Internetauftritte der Diözesancaritasverbände und Trägerportale.;
7. Informationen zu Datenschutz und zu Struktur und Funktionsweise der Online-Beratung;
8. Extraseiten mit zielgruppenspezifischer Gestaltung;
9. Informationsbereich für Berater;
10. Verlinkung zu weiteren Unterstützungsangeboten.

4. Erfahrungen mit dem Angebot Online-Beratung – Fazit und Perspektiven

Die Installierung des Portals hat die Beratungslandschaft innerhalb der verbandlichen Caritas verändert. Es wurde ein innerverbandliches Verständnis dafür erreicht, dass Online-Beratung eine sinnvolle Ergänzung der traditionellen Beratungsinfrastruktur sein kann.

Für viele Beratungsstellen der verbandlichen Caritas ist die Online-Beratung daher zum selbstverständlichen Bestandteil des Beratungsspektrums geworden. Die mit dem Portal verbundene Einführung datensicherer Beratungsaktivitäten ließ aus der zum Teil noch unbekannten Beratung im Internet die Online-Beratung des DCV werden. Seit Juli 2011 ist die Online-Beratung Regelaufgabe in der Zentrale des Deutschen Caritasverbandes.

Im Laufe der vergangenen sechs Jahre konnten arbeitsfeldübergreifend Beratungsstellen aus allen 27 Diözesen eingebunden werden. Insgesamt sind es heute über 900 Beratungsstellen, die an der Online-Beratung beteiligt sind. Seit Juli 2011 ist die Online-Beratung Regelaufgabe in der Zentrale des Deutschen Caritasverbandes. Zurzeit gibt es über 2000 in der Online-Beratung tätige Berater und Beraterinnen. Sie führen die

Beratung gemäß den Grundsätzen des fachlichen Handelns des jeweiligen Arbeitsfeldes und den speziell erstellten *Leitlinien zur Qualität der Beratung im Internet* des DCV durch. Grundvoraussetzungen für die Online-Beratung sind die allgemeinen professionellen Kompetenzen für Beratung in dem jeweiligen Arbeitsfeld. Vor Aufnahme ihrer Tätigkeit erhalten die Berater eine Fortbildung oder Einweisung hinsichtlich der technischen und fachlichen Aspekte der Beratung im Internet. Wichtig ist dabei das Eingebundensein in die Teamstrukturen und die Prozesse der jeweiligen Einrichtung. Die Berater haben so die Möglichkeit, bei Bedarf kollegiale Beratung und Supervision in Bezug auf die Online-Beratung in Anspruch nehmen zu können.

Die höchsten Zugriffszahlen haben die Eltern- und Jugendberatung, die Schwangerschaftsberatung und die Sozialberatung für Schuldner, gefolgt von der Suchtberatung, der Allgemeinen sozialen Beratung, der Engagementberatung, der Kurberatung für Mütter, der Beratung bei Behinderung und psychischer Erkrankung und der Beratung zum Übergang von Schule in den Beruf (*Mein PlanB*).

In den Erhebungen, die während der Projektphasen durchgeführt wurden, beurteilten die Ratsuchenden die Online-Beratung des DCV durchweg positiv (Erhebung *Projekt Portal Online-Beratung*, DCV, 2007, *Sozialberatung für Schuldner online*, 2010). Gute Rankingpositionen in den Suchmaschinen und stetig wachsende Beratungszahlen zeigen, dass das Beratungsportal bedarfsgerecht ist. Dem widerspricht nicht, dass immer wieder Ergänzungen und Verbesserungen in das Portal oder das Beratungsmodul implementiert werden. Im Gegenteil: Bedarfe ändern sich, durch das Hinzukommen weiterer Arbeitsfelder ergeben sich bisher unbekannte Fragestellungen, technische Entwicklungen machen Neues möglich. Das Beratungsportal muss Entwicklungen aufnehmen, nur so kann es beim Ratsuchenden und im Verband bestehen.

Literatur

Gurzki, Thorsten/Kirchhof, Anja/Hinderer, Henning/Vlachakis Joannis (2004): "Was ist ein Portal? – Definition und Einsatz von Unternehmensportalen", Fraunhofer IAO, Stand. S. 3. URL: http://www.e-business.iao.fraunhofer.de/Images/Was_ist_ein_Portal_tcm462-31434.pdf (Abruf: 22.02.2012)

Coaching per Internet – wie es geht und wie es wirkt

Birgit Knatz

1. Einleitung

Immer mehr Coaches bieten ihre Leistungen auch als E-Coaching an, da *Mailen* und *Chatten* ein zeitgemäßer Weg geworden ist, zu kommunizieren und in Kontakt zu kommen. Gerade Führungskräften und im Ausland tätige Mitarbeiter kommt das Coaching per Internet entgegen, denn eine für diese Form der Beratung relevante Eigenschaft ist die äußere Niedrigschwelligkeit. Öffnungszeiten spielen keine Rolle, der Zugang zum Internet ist ohne großen Zeitaufwand und von jedem Ort möglich. Diese *Ad-hoc-Verfügbarkeit* und die Tatsache, dass die reale Präsenz oft mit einem sehr viel höheren Zeit- und Kostenaufwand verbunden ist, spricht für sich und kommt ihrer Zielgruppe entgegen. Zum *Online-Boom* im Coaching beigetragen haben nicht zuletzt die Online-Beratungsangebote im psychosozialen Bereich, wie etwa die TelefonSeelsorge oder die Aidshilfe. Hier ist die Beratung via Internet seit 16 Jahren etabliert.

Neben der äußeren Niedrigschwelligkeit bietet das E-Coaching auch eine innere Zutrittsbarriere. Die Kanalreduktion der virtuellen Kommunikation ermöglicht ein hohes Maß an Kontrolle in der Selbstdarstellung und der Selbstenthüllung (vgl. Knatz 2011, S. 2). So können sich z.B. Führungskräfte in diesem Medium freier äußern, da sie kein sichtbares Gegenüber haben, und werden durch Mimik oder Gestik des Anderen nicht beeinflusst. Beim Mailen oder Chatten können sie sich freier über ihre Gefühle äußern, da sie alleine vor ihrem Bildschirm sitzen. Emotionen können dosiert werden und so Peinlichkeiten vermieden werden.

Beim Schreiben kann man nachdenken, sortieren, reflektieren, Druck loswerden und ist so stärker geschützt. Wer schreibt, kann die Dinge in eine selbstgewählte Ordnung bringen und die Intensität der Beschäftigung selber bestimmen. Demzufolge wird die Hemmschwelle der Kontaktaufnahme gesenkt.

2. Eigenschaften der schriftlichen Kommunikation

Die schriftliche Kommunikation hat ihre Besonderheiten und Gesetzmäßigkeiten (vgl. Knatz 2008), so stehen nicht mehr alle verfügbaren akustischen, visuellen, kinestethischen und olfaktorischen Sinneswahrnehmungen zur Verfügung und die örtliche körperliche *Kopräsenz* ist aufgegeben. Die Kommunikation ist auf den Text und dessen Wirkung fokussiert. Genau genommen ist es nicht einmal der Text, sondern ein innerer Dialog, der mit sich selbst geführt wird. Schreiben schafft auch Distanz und hilft bei der Problemstrukturierung: Durch die Notwendigkeit, das eigene Erleben darzustellen, begeben sich die Kundinnen in eine Erzähl- oder Berichtsposition, die in sich schon eine Distanz zum aktuellen Geschehen voraussetzt. Sie erzählen oder berichten über sich aus der Perspektive einer anderen Innenperson. Dieses kann von dem Vorgefallenen emotional distanzieren. Die Kundinnen wählen aus, was wichtig und aufschreibenswert ist und was weggelassen wird. Sie entscheiden, welchen Gedanken oder Auslegungssträngen sie nachgehen und welche sie vernachlässigen, um ein Problem zu beschreiben.

3. Eigenschaften der digitalen Kommunikation

Online-Kommunikation lässt sich in eine asynchrone (E-Mailen) und eine synchrone (Chatten, Bloggen) Kommunikation einteilen. E-Mailen bietet eine zeitliche Flexibilität verbunden mit Unabhängigkeit von Geschäftszeiten und eine *Entschleunigung,* die einen Raum zum Nachdenken und zur Reflexion eröffnet. Die asynchrone Kommunikation schafft einen Rahmen, in dem sowohl der Coach als auch die Kundin nicht unmittelbar und schnell reagieren müssen. So hat der zeitversetzte Austausch den Vorteil, dass die Kommunizierenden Pausen einlegen und den Zeitpunkt des Schreibens, Lesens und Antwortens weitgehend selbst bestimmen können.

4. Nähe durch Distanz

Beim E-Mailen entsteht eine paradoxe Situation einer Nähe durch Distanz. Diese Distanz bewirkt, dass gerade dann, wenn die Scham hoch ist und man im Gespräch von Angesicht zu Angesicht Angst vor einem Gesichtsverlust hat, die virtuelle Beratung ein Weg ist, sich Unterstützung zu holen. Und so können tabuisierte, schmerzvolle und schambesetzte Themen leichter benannt werden (vgl. Knatz 2009, S. 64).

5. Konsequenzen für das E-Coaching

5.1 Datenschutz

„Seriöses Online-Coaching vollzieht sich webbasiert und SSL verschlüsselt, da das Versenden von E-Mails nicht sicher ist und nicht unter das Briefgeheimnis, sowohl in Deutschland, Österreich und der Schweiz fällt" (Knatz 2009, S. 67). Zudem sind Berater, und hier zählen auch die Coaches dazu, in Deutschland gemäß § 208 verpflichtet, mit personenbezogenen Daten sorgfältig umzugehen. In einer Coachinganfrage übermitteln die Kundinnen in der Regel persönliche Daten. Eine unverschlüsselte E-Mail ist dazu kein geeigneter Weg. Daneben verletzt das ungeschützte E-Coaching auch den Grundschutz der IT-Sicherheit wie Vertraulichkeit und Verschwiegenheit. Vertrauliche Informationen sind vor unbefugter Preisgabe zu schützen. Anbieter von E-Coaching müssen Maßnahmen zum Schutz der Privatsphäre ihrer Kundinnen ergreifen. Dafür bieten sich Lösungen an, bei denen die komplette Kommunikation

auf einem geschützten Server bleibt und nach den gesetzlichen Vorgaben gesichert wird. Das Einstellen von Fragen und der Abruf von Antworten finden über eine SSL-verschlüsselte Verbindung statt. Jede On-
line-Anfrage muss vertraulich behandelt werden und unterliegt der
Verschwiegenheit hinsichtlich der Inhalte gegenüber allen Dritten. Die
Kundinnen können davon ausgehen, dass kein Dritter vom Inhalt des
Coachings Kenntnis bekommt. Coaches sind verantwortlich für die Vertraulichkeit als auch für die Verschwiegenheit der Coachinginhalte und
somit für die Sicherheit des eigenen Rechners, womit sowohl die Datensicherheit als auch die Datensicherung, also die Speicherung von Bera-
tungsinhalten, gemeint ist. Ein fahrlässiger Umgang mit Informations-
technik gehört zum Straftatbestand.

5.2 Speicherung und Transfer von sensiblen Daten

Coachinginhalte können bei Bedarf auf einen externen Datenträger gespeichert werden und dieser muss dann in einem Safe oder abschließ-
baren Stahlschrank aufbewahrt werden. Ausgedruckte Daten sind unter
Verschluss zu halten. Sie sind vor dem unbefugten Zugriff und Einblick
Dritter zu schützen.

5.3 Vertraulichkeit durch Verschlüsselung

SSL-Verschlüsselung heißt, alle persönlichen Daten müssen über gesi-
cherte SSL-Verbindungen übertragen werden. Um das Mitlesen von E-
Mails zu vermeiden und einen geschützten *Online-Verkehr* sicherzustellen, wird ganz auf das Versenden von E-Mails verzichtet. Der Coach
bietet, wie auch eine seriöse Beratungsstelle, webbasierte Beratungs-
lösungen an, bei denen die Nachrichten auf einem gesicherten Server
verbleibten und nicht an den unsicheren Mailclient des Ratsuchenden
bzw. des Beraters zugestellt wird. Coachingkundinnen legen sich auf
dem vom Coach zur Verfügung gestellten Server einen *Coaching-Account*

an. Dieser Account bietet ihnen den Zugriff auf ihren eigenen Coaching-verlauf. Wenn die Verbindung mit dem Rechner aufgebaut wird, befindet sich dieser Kontakt automatisch in einem gesicherten Verschlüsselungsmodus. Dazu bedarf es keiner detaillierten technischen Kenntnisse, und die Daten sind auf dem Server gesichert. Der gesamte Kontakt verbleibt auf dem Server, wo die Daten in besonderer Weise vor Zugriff und Angriffen von außen gesichert werden. Die gesamte Kommunikation wird dabei automatisch verschlüsselt. Bei der Verschlüsselung muss es sich um ein offizielles SSL-Zertifikat nach dem Signaturgesetz handeln. Die Verwendung von SSL -Technik wird daran erkannt, dass die Adresse einer Web-Seite nicht mit ‚http://' sondern mit ‚https://' beginnt. Gleichzeitig ist das Vorhängeschloss am unteren Fensterrand des Browsers geschlossen. Weitere Informationen finden sich unter www.dg-online-beratung.de der Deutschen Gesellschaft für Online-Beratung.

5.4 Persönliche Voraussetzungen

Menschen sind unterschiedlich hinsichtlich ihrer Ausprägung und Präferenz ihrer Sinneswahrnehmungen. Die einen haben ihre Stärken in der akustischen Wahrnehmung, die anderen sind eher auf optische Reize ansprechbar. Für das E-Coaching gilt, sich als Coach die Frage zu stellen, ob der Coach eine Affinität zum Lesen und Schreiben besteht. Der Erfolg einer Tätigkeit im Bereich des E-Coachings hängt neben einer Beratungskompetenz auch davon ab, ob man sowohl eine Lese- als auch eine Schreibkompetenz besitzt.

Erfassen und Verstehen der textbezogenen Lesekompetenz beinhaltet die Fähigkeit, geschriebene Texte in ihren Aussagen, ihren Absichten, ihrem Sinnzusammenhang und ihrer formalen Struktur zu verstehen und in einen größeren Zusammenhang einzuordnen, sowie die Befähigung, Texte für unterschiedliche Belange sachgerecht zu nutzen. Lesekompetenz meint, die geschriebenen Worte aufzunehmen, zu erfassen und daraus ein Verständnis dessen zu erlangen, was der Verfasser erzählen wollte. Da es sich bei der Online-Kommunikation um eine *zer-*

dehnte Kommunikation handelt, d.h. um eine Verständigung über Raum und Zeit hinweg, braucht es auch eine Schreibkompetenz, um mit einem abwesenden und unter Umständen unbekannten Gegenüber zu kommunizieren. Das Produzieren eines Textes geschieht in einem eigenen Prozess, der sich über eine gewisse Zeit erstreckt und an dem unterschiedliche Teilhandlungen wie das Planen, das Formulieren, das Niederschreiben sowie das Überarbeiten beteiligt sind. Das Schreiben erfordert wegen der besonderen Rahmenbedingungen besondere kognitive Fertigkeiten, da der Text eine Wirkung erzeugen soll.

Das Handwerkzeug des E-Coachings ist der Computer und das Internet. Der praktische Umgang mit diesem Handwerkzeug sollte dem Coach keine größeren Beschränkungen auferlegen, wenn er die notwendige Internetkompetenz, d.h. sozusagen einen *Internetführerschein* hat (siehe dazu www.neuste-info.de/internet-fuehrerschein/internet-fuehrerschein.htm).

E-Coaching erfordert, neben der abgeschlossenen Beratungsausbildung und einer Schreib- und Lesekompetenz sowie einer Internetkompetenz auch die Kenntnisse von theoretischen und praktischen Grundlagen der Kommunikationspsychologie und mediengerechter Beratungsansätze, wie zum Beispiel das Vier-Folien-Konzept (vgl. Knatz/ Dodier 2003).

6. Methodische Ansätze – Das Vier Folien-Konzept

Das *Vier-Folien-Konzept* ist ein erprobtes Konzept, welches aufzeigt, wie eine Erstanfrage per E-Mail, beantwortet werden kann. Im E-Coaching bemühen sich zwei Menschen mittels der geschriebenen Worte um Verständigung. Kenntnisse und Erfahrungen aus mündlichen Coachinggesprächen lassen sich nicht *eins zu eins* auf die schriftliche Form übertragen. Das Fehlen der Sinnesmodalitäten bedarf der besondere Fähigkeit *zwischen den Zeilen Lesens* zu können. So geht es um Schreiben statt Sprechen und um Lesen statt Hören. Es ist ein Zeichen von emotionaler und medialer Kompetenz, hinter vordergründiger Information noch andere Dimensionen zu erkennen und darauf zu reagieren. Das Vier-Folien-Konzept bietet eine praxisnahe schrittweise Anleitung, Online-Anfragen inhaltlich zu erfassen und zu verstehen.

Das Anliegen der ersten Antworten des Coaches ist es, Kontakt mit dem Fragenden aufzunehmen, um so inhaltlich eine erste Antwort an den Ratsuchenden zu formulieren. Ziel ist es, einen Kontakt zu gestalten, der zugleich Anliegen und Probleme benennt und einladend für weitere Kontakte ist (vgl. Knatz/Dodier 2003, S. 142).

Bevor Coaches in das E-Coaching einsteigen, sollten sie das Setting, d.h. den zeitlichen Rahmen und das Honorar klären. Eine Antwort auf eine Coachinganfrage könnte zum Beispiel folgendermaßen aussehen:

„Meine erste Antwort erhalten Sie innerhalb von 3 Werktagen. Für die nächsten Mails schlage ich Ihnen einen 10 - 14tägigen Zeitabstand vor, um in einen Prozess zu kommen. Passt das für Sie? Danach würden wir gemeinsam überlegen, welcher zeitliche Abstand sinnvoll ist. Mein Stundensatz liegt bei xxx Euro. Mit der Antwort schicke ich Ihnen meine Rechnung, meine nächste Antwort erhalten Sie innerhalb des abgesprochenen Zeitraumes, unter der Voraussetzung, dass Sie die Rechnung bezahlt haben."

Sinnvoll ist es, die Coachinganfrage auszudrucken, da Lesen am Bildschirm stärker ermüdet, der Monitor nur eine begrenzte Darstellungsfläche hat und es so schwierig ist, die visuellen Elemente dem menschlichen Auge ansprechend zu präsentieren. *Scrollen* verlangt immer mehr Konzentration als Seiten zu lesen. Die schlechte Aufnahmefähigkeit am Bildschirm resultiert aus der schlechteren Konzentration bei längeren Texten durch das zusätzliche Scrollen. Texte werden eher überflogen, gescannt, und dies muss beim E-Coaching vermieden werden.

6.1 Die 1. Folie – Der eigene Resonanzboden

Auf der ersten Interpretationsfolie beim ersten Lesen, geht es darum, welche Gefühle und welche Resonanzen beim Coach ausgelöst werden. Fragen wie:

„Was ist mein erstes Gefühl, welche Bilder und Fantasien sind in mir entstanden?"
und haben nun Bedeutung, denn sie sind wichtig für die Antwort, die der Coach zu
geben hat. Weitere Fragen sind: „Halten Sie das Problem für lösbar, auch per E-Mail?
Was würden Sie der Schreiberin, dem Schreiber spontan wünschen? Können Sie sich
vorstellen, mit diesem Menschen in Kontakt/Beziehung zu treten?" (Knatz/Dodier
2003, S. 142)

6.2 Die 2. Folie – Das Thema und der psychosoziale Hintergrund

Auf der zweiten Folie geht es um den Inhalt und das Thema der E-Mail.
Die Frage nach dem Thema der E-Mail ist wichtig. Meine Empfehlung
ist: Unterstreichen Sie sich als Coach wichtige Schlüsselwörter. Die Frage
dabei ist:

> „Bekommen Sie ein Bild von der Kundin und dem sozialen Kontext in, dem
> sie sich befindet? Bekommen Sie genügend Fakten? Wo sehen Sie Stärken
> und Schwächen der Fragenden?" (Knatz/Dodier 2003, S. 142)

6.3 Die 3. Folie – Diagnose

Die 3. Folie behandelt das Thema der Kundin und erfordert die weitere
Aufmerksamkeit des Coaches:

> Was sind die Fragen, Wünsche, Hoffnungen, Erwartungen an das Coa-
> ching? Ist der Auftrag klar? Welche Fragen sind offen? Was sagt die Kundin
> über sich selber aus, was ist die Selbstoffenbarung?

Kommunikationstheoretisch (vgl. Schulz von Thun 1981) enthält jede
Nachricht vier Seiten. Die Idee ist einfach: Jeder Text ist quadratisch:

1. Die Seite, über die die Kundin informieren will (Sachebene oder das Thema
    der E-Mail).
2. Die Seite, über die die Kundin etwas von sich zeigt, preisgibt (Selbstoffenba-
    rung).

3. Die Seite, auf der die Kundin direkt oder indirekt einen Wunsch, einen Auftrag, einen Kontakt äußert (Beziehungsebene).
4. Die Seite, die auffordert, zum Handeln anregt (Appellebene).

Diese vier Betrachtungsweisen einer Nachricht finden sich auch in der Online-Kommunikation wieder. Es ist daher wichtig, dass gerade in einer ersten Coachinganfrage der Verfasser auf die Darstellung des Problems (Sachinhalt), auf die persönliche Betroffenheit (Selbstoffenbarung) und auf die Nachfrage oder Bitte um Hilfe (Appell) besondere Aufmerksamkeit legt.

Es geht um das Thema der Kundinnen (nicht um das Thema der E-Mail), die Fragen oder Wünsche an den Coach:

Ist das Ziel der Kundinnen klar? Was sind die Hypothesen des Coaches? Welche Fragen hat er bzw. sie noch?

6.4 Die 4. Folie – Ihre Antwort

Die vierte und letzte Folie ist dann die Intervention, die Antwort des Coaches an die Kundinnen (vgl. Knatz/Dodier 2003, S. 142).

6.4.1 Begrüßung

In der Regel entscheidet der erste Eindruck über die Kompetenz des Online-Coaches.

Die Begrüßung in der E-Mail beginnt mit der Anrede, die sich möglichst an den Stil der Kundinnen anpasst. Die Anpassung des Ausdrucksverhaltens an den anderen bedeutet, Menschen auf ihrem Niveau anzusprechen und deren Sprache zu verwenden, um ihnen zu zeigen, dass sie wahrgenommen und auch verstanden werden und sie *abgeholt werden*.

Der Name gehört mit zur Identität. Wer andere Menschen mit ihrem Namen anspricht, schafft ein vertrauliches und angenehmes Klima, wird

als freundlich, zuvorkommend und höflich erlebt. Im Internet herrscht
ein *salopper* Umgangsstil, dies bedeutet eine herabgesetzte Hemmschwelle, für die Kundinnen und auch für den Coach. Die Empfehlung
ist:

> „Bitte beachten Sie, dass Sie in der Rolle des Coach antworten und nicht als
> jemand, den frau oder mann im Forum trifft. So können Sie auf ein Hi mit
> einem Hallo antworten. Als nächstes stellen Sie sich mit Vor- und Nach-
> name vor sowie Ihrer beruflichen Qualifikation (lieber spitz als breit, genau
> für diese Kundinnen passend)."

Damit wird Sicherheit und Orientierung gegeben, es entsteht eine persönliche und freundliche Atmosphäre und der Coach zeigt eine gewisse
Verbindlichkeit. Zudem ist es notwenig, auf generelle Fragen der Kundinnen einzugehen, also bei Fragen nach der Verschwiegenheit, der
Schweigepflicht, der Anonymität:

> *„...Unser Kontakt ist vertraulich..."*
> *„Die Anonymität ist im Rahmen der Standards des Internet gewährleistet..."*

6.4.2 Siezen oder duzen?

"Das können Sie halten, wie du willst" antwortete Herbert Wehner vor Erfindung des Internets einem Genossen. In der digitalen Kommunikation
ist es oft selbstverständlich, sich zu *duzen*. Es herrscht meist ein legerer
Umgangsstil und dies bedeutet eine herabgesetzte Hemmschwelle für
alle Beteiligten. Wer *siezt* hat es inzwischen nicht immer leicht. Ob man
duzt oder siezt ist eine Frage der Branche. Die *Du-Form* kann Nähe und
Vertraulichkeit ausdrücken. Die *Sie-Form* kann Distanz, Förmlichkeit
und Respekt signalisieren. Das *Du* unterstellt eine Gleichheit, die eher
für Selbsthilfegruppen typisch ist.

6.4.3   Positive Wertschätzung ausdrücken

Wertschätzung ausdrücken, dass die Kundin sich dem Problem stellt und eine Problemlösung anstrebt, aber Achtung: bitte nicht loben. Häufig wird positive Wertschätzung mit Loben verwechselt. Wer einen Anderen lobt, stellt sich ein Stück über diesen. Als Lobender weiß man, worauf es ankommt, und man urteilt aus einer Position oberhalb. Die Blickrichtung ist beim Lob von oben nach unten. Die Wertschätzung dagegen zeichnet sich dadurch aus, nie von oben herab zu funktionieren, sie ist Anerkennung unter Gleichwertigen. Der Platz der Wertschätzung ist von *Gleich zu Gleich*: auf gleicher Augenhöhe, was nicht heißt, dass der Coach seine Rolle damit verlassen soll:

> *„...schön, dass Sie den Mut gefunden haben, mir zu schreiben. Wie ich lesen kann, ist es Ihnen nicht leicht gefallen..."*

6.4.4   Feedback: was haben Sie sachlich und emotional verstanden und auch nicht

Das Feedback orientiert sich an dem 4 Ebenen-Kommunikationsmodell von Schulz von Thun; jede Nachricht enthält vier Aussagen (Sachinformation, Beziehungsebene, Selbstaussage und den Appellaspekt). In der Rückmeldung an die Schreibenden sollten diese Ebenen mit berücksichtigt werden:

> *„Aus ihren Zeilen konnte ich deutlich Ihre Sorgen, oder Ihre Aufregung...lesen...und ich kann mir vorstellen..."*
> *„Mir ist nicht ganz klargeworden..."*
> *„Ich habe nicht verstanden..."*
> *„Ich kann Ihnen anbieten..."*

6.4.5 Die Auftragsklärung

Jedes Angebot hat seine Grenzen. Diese müssen vom Coach kommuniziert werden. Seitens der Kundinnen gibt es viele Wünsche, Anfragen, Bedürfnisse, klare und unklare Fragestellungen. Oft ist es sinnvoll, eine Vereinbarung oder verbindliche Absprache zu treffen. Diese beziehen sich auf genau formulierte Inhalte und Aufgaben und haben für eine festgelegte Zeit Gültigkeit. Für die Kundinnen bieten sie einen sicheren Rahmen und ermöglichen den Aufbau von Vertrauen. Auf der anderen Seite schaffen sie Klarheit über den Auftrag und beugen so Enttäuschungen vor. Kontraktvereinbarungen sollten in den ersten E-Mails formuliert werden und müssen im weiteren Beratungsverlauf immer wieder auf Aktualität überprüft und gegebenenfalls neu angepasst werden! Kontrakte helfen, den Prozessverlauf zu steuern.

6.4.6 Hypothesen und Vermutungen in Fragen kleiden

Hypothesen sind vorläufige, nicht gesicherte Annahmen des Coaches, die aus dem Lesen der Anfragemail und/oder logischem Schließen hervorgehen. Eine Hypothese wird im Rahmen einer Hypothesenbildung gewonnen und dient der Erklärung und Klärung bestimmter Fragen und Problemstellungen. Die Hypothesenbildung ist ein kreativer Akt des Coaches und sollte sich im weiteren Beratungsprozess bewähren. Das heißt, es muss dem Schreiber die Möglichkeit gegeben werden, die Hypothese zu verifizieren. Sie ist eine Aussage und enthält mindestens zwei semantisch relevante Begriffe. Die Aussage ist nicht tautologisch. Ein Begriff darf den anderen weder völlig noch teilweise abdecken. Diese Begriffe sind durch einen logischen Operator (wenn/dann) verbunden. Die Aussage ist widerspruchsfrei. Die Beobachtungen werden deutlich gemacht:

„Könnte es möglich sein, dass...?"
„Ich vermute mal, dass...Liege ich damit richtig?"
„Wenn ich davon ausgehe, dass...Dann würde das bedeuten, dass..."

„Trifft das vielleicht zu?"
„Kann es sein, dass...? Könnten Sie mir da zustimmen?"

6.4.7 Problemlösungswege aufzeigen und begründen, dabei Alternativen offen lassen

Wenn Sie einen Vorschlag machen oder einen Lösungsweg anbieten, muss dieser begründet werden, um so zum Nachdenken anzuregen:

„Vielleicht sollten Sie mal versuchen..., denn ich glaube, sollten Sie es schaffen ...,dann...
...aber vielleicht wäre für Sie auch eine Möglichkeit, es zunächst mal.....,denn..."

6.4.8 Nachfragen, ob dieser vorgestellte Weg gangbar ist

Einen Wunsch für die Kundinnen formulieren, z.B.:

„Können Sie sich vorstellen, dies einmal zu versuchen?"
„Ich wünsche Ihnen, dass Sie es schaffen, Ihren PC an diesem Wochenende nicht mit nach Hause zu nehmen."

6.4.9 Angebot und Grenzen deutlich machen

„Ich bin bereit, mit Ihnen zusammen herauszuarbeiten, wie Sie bezüglich Ihrer Zukunftspläne zu einer Entscheidung kommen können..."
„Was ich nicht leisten kann, ist, Ihre Panikattacken zu behandeln, dies erfordert sicherlich eine Behandlung durch einen Therapeuten vor Ort."

6.4.10 Abschluss

„Mit freundlichen (lieben) Grüßen"

6.5 No goes in der Online-Kommunikation

No goes sind Fragen nach dem Warum und Wieso. Sie fördern eher ein Verkleben mit dem Problematischen, als dass sie die Ressourcen der Kundinnen verstärken würden. Ähnliches gilt für Ratschläge. Hilfreicher ist es, durch offene Fragen herauszufinden, wie jemand die Situation beurteilt und erlebt. Die Formen des E-Coachings sind *Informieren* und *Begleiten*. Das Beschreiben der Gefühle der Kundinnen ist anmaßend, ebenso das ,Wegtrösten'. Damit werden die Gefühle, Ängste und Sorgen der Kundinnen nicht anerkannt. Die schnelle Empfehlung einer Therapie ist nicht förderlich. Oftmals hilft das Schreiben selbst. Und Ironie erzeugt Missverständnisse und ist auch nicht geeignet.

6.6 Und was machen Sie im Urlaub?

Eine Besonderheit der Online-Kommunikation liegt in ihrer zeitlichen Erreichbarkeit, die keinerlei Beschränkung unterliegt. Die Gelegenheit, von jedem Ort der Welt Zugriff auf den Account zu haben, bietet die Handhabe, im Urlaub *mal eben nachzusehen,* was die Kundin schreibt, oder der Coach fühlt sich durch diese Gegebenheiten unter Druck, zu antworten. In der Verführung dieser permanenten Verfügbarkeit liegt eine große Herausforderung und ein klarer Umgang damit. Es ist die Aufgabe des Coaches, die Kundinnen darüber zu informieren, von wann bis wann Urlaub gemacht wird. Nur so nebenbei: Der Urlaub dient auch zur Erholung; den Kopf frei zu machen, mal abzuschalten, kreativ zu werden, sich auf *den Tisch zu stellen* und die Dinge mal aus einer anderen Perspektive zu sehen. Man hat Zeit zu merken, wie viele Dinge sonst noch wichtig sind.

7. Zusammenfassende Handlungsempfehlungen

Zur effektiven Beantwortung einer Erstanfrage, für den Beziehungsaufbau und die Einladung in einen Dialog zu gehen, empfehlen sich folgende Leitlinien:

- Sie wissen nicht, ob der Inhalt der E-Mail authentisch ist, doch gehen Sie bitte einfach davon aus.
- Die Bilder, die entstehen, sind Ihre Bilder, nicht die der Kundinnen. Dies bedeutet, dass digitale Kommunikation projektionsfördernd ist.
- Zweifeln Sie nicht an dem, was da geschrieben steht. Es ist die Wahrheit der Kundinnen. Auch die komischste, irrealste, verrückteste und unglaubhafteste E-Mail kann wahr sein. Es gibt nichts, was es nicht gibt.
- Sie haben nur den Text und sich selbst als Resonanzboden, geben Sie dem Raum.
- Es ist das gültig, wahrhaft und wichtig, was in Ihnen durch die Mail als Wirkung entstanden ist, nicht das, was Sie denken, dass entstanden sein sollte.
- Es ist notwendig, dass Sie beim Lesen der E-Mail dem Vorrat Ihrer Bilder und Anschauungen Raum geben.
- Im Internet herrscht meist ein salopper Umgangsstil, dies bedeutet auch eine herabgesetzte Hemmschwelle, für die Kundinnen als auch für Sie! Denken Sie daran, dass Sie immer in der Rolle des Coaches antworten.
- Scheuen Sie sich nicht, Fragen zu stellen. Sie sind für beide Seiten wichtig, und geben Sicherheit.
- Sie schreiben zeitversetzt. Die Stimmung, in der Ihre Kundin war, wenn Sie die E-Mail lesen, war gestern oder vorgestern. Heute kann es ihr schon anders gehen.
- E-Mails zu beantworten, ist ein kreativer Prozess auf der Grundlage der eigenen Professionalität. Sie dürfen sich auch mal was trauen (vgl. Knatz/Dodier 2003, S. 212f).

Literatur

Knatz, Birgit (2008): Zwischen den Zeilen. In: e-beratungsjournal.net , Heft 1, 4. Jg. URL: http://www.e-beratungsjournal.net/onlineberatung/arch_0108.html (Abruf: 27.01.2012)

Knatz, Birgit (2011): Wertschätzende Konfrontation in der Online-Beratung. In: e-beratungsjournal.net, 7. Jahrgang, Heft 1, Artikel 7, April 2011, S. 2. URL: http://www.e-beratungsjournal.net/onlineberatung/arch_0111.html (Abruf: 27.01.2012)

Knatz, Birgit/Dodier, Bernhard (2003): Hilfe aus dem Netz. Theorie und Praxis der Beratung per E-Mail. Stuttgart: Klett-Cotta

Knatz, Birgit (2009): Die webbasierte Mailberatung. In Kühne, Stefan/ Hinterberger, Gerhard (Hrsg.): Handbuch Online-Beratung, Göttingen: Vandenhoeck & Ruprecht

Schulz von Thun, Friedemann (1981): Miteinander reden. Reinbek bei Hamburg: Rowohlt-Taschenbuch

‚onlineCoaching': ein geschriebener Dialog unabhängig von Zeit und Raum

Brigitte Koch

Während die Online-Beratung im psychosozialen Bereich inzwischen nicht nur etabliert ist, sondern sich auch zunehmend professionalisiert (vgl. Hintenberger/Kühne 2011), wird diese Entwicklung im Businessbereich nach wie vor ignoriert. Online-Beratung von Führungskräften wird sogar dezidiert abgelehnt (vgl. Rauen 2008; Albrecht 2009). E-Mail-Beratung wird eher als Ergänzung des Präsenzcoachings verstanden.

Nicht nur *Coaching* ist zum Containerbegriff verkommen (vgl. Greif 2008), auch das, was unter ‚online' zu verstehen ist, wird zunehmend unklarer. Zudem können sich viele nicht vorstellen, wie eine personenbezogene Beratung ablaufen kann, wenn sich die Beteiligten nur im virtuellen Raum begegnen.

1. Das Angebot

Um mein Coaching von anderen sich auf dem Markt befindlichen, sehr unterschiedlichen Angeboten zu unterscheiden, wähle ich die Schreibweise ‚onlineCoaching'. ‚onlineCoaching' ist eine personenbezogene Beratung zur Klärung beruflicher Anliegen, die computervermittelt sowie schriftlich und zeitlich versetzt abläuft.

Es ist ein kostenpflichtiges Angebot und wendet sich an Menschen, die Selbstzahler sind. Der Rahmen, den ich für das ‚onlineCoaching' setze, unterscheidet sich von anderen Möglichkeiten des Austausches im digitalen Medium. Dadurch, dass mein Angebot nicht kostenlos ist und ich Rechnungen an konkrete Menschen stelle, sind diese nicht anonym oder arbeiten unter einem Pseudonym mit mir. Die Menschen, die mich für das Coaching bezahlen, wollen für ihre beruflichen Anliegen etwas erreichen. So macht es für sie keinen Sinn, eine andere Identität anzunehmen.

Die Beziehungsgestaltung fängt auf der Website an, und darum bemühe ich mich dort um größtmögliche Transparenz meines Angebotes (siehe Abb. 1) und um die entsprechende Vermittlung eines Bildes von mir. Es geht nicht nur darum, dass man sich über mich, den Ablauf des Coaching und die Bedingungen informieren sowie sich ein Beispiel ansehen kann, sondern dass sich hier die Interessentinnen und Interessenten entscheiden können, ob sie mit mir Kontakt aufnehmen wollen.

2. Die Technik

Das *Hauptbetriebsmittel* des Coaches ist die eigene Person. Man kann auf dem Boden arbeiten oder bei einem Spaziergang. Falls notwendig, finden sich Hilfsmittel im Raum oder in der Natur. Ganz anders ist die Situation des Online-Coaches. Das Coachen im virtuellen Raum geht nur mit Hilfe von Computern und einer funktionierenden Internetverbindung. Die Technik bestimmt und beeinflusst dieses Coaching. Für den Online-Coach bedeutet dies, dass er sich in eine ungewohnte Abhängigkeit begibt. Möglicherweise lässt sich damit erklären, dass ein Teil der Online-Coaches die Technik und ihre Implikationen zu ignorieren scheint, während sich andere ihre Beratungssoftware selbst programmieren oder programmieren lassen.

Computervermittelte asynchrone Kommunikation im Rahmen von Coaching bedeutet die Übertragung sensibler Daten und ihre Speicherung. Professionelle Beratung im virtuellen Raum muss in besonderer Weise den Datenschutz und die Datensicherheit berücksichtigen.

Es lässt sich auch vermuten, dass nicht nur das Kommunikationsmedium Computer den Coachingprozess beeinflusst, sondern auch das Kommunikationsmedium Software. So wird eine E-Mail-Beratung (mit wiederkehrenden Re: Re: Re: Re:) möglicherweise einen anderen Verlauf nehmen, als eine Beratung in einem Forum, das mehrere Diskussionsstränge parallel zulässt.

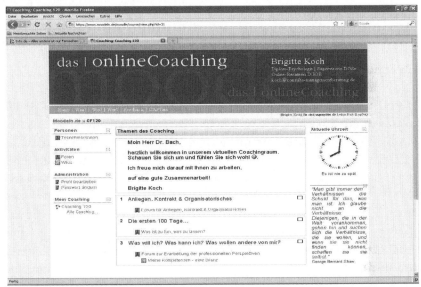

Abb. 1: Beispiel eines virtuellen Coachingraums auf Moodle

Vor allem aus Datenschutzüberlegungen habe ich mich für eine Kommunikation auf einer *SSL* (Secure Socket Layer) verschlüsselten und web-basierten Plattform entschieden. Das heißt, ich kommuniziere mit meinem Kunden in einem gemeinsamen virtuellen und sicheren Raum, der sich nicht auf dem heimischen oder betrieblichen PC befindet und zu dem nur wir beide den ‚Schlüssel' haben. Damit Technik nicht im Mittelpunkt steht, wollte ich eine Software, die nicht nur stabil läuft, sondern auch ohne Erklärungsbedarf intuitiv bedienbar ist. Außerdem schätze ich es, einen Coachingprozess strukturieren zu können, um – auch mir – Orientierung zu bieten. Dies bot die Lernplattform *Moodle* (Modular Object-Oriented Dynamic Learning Environment), eine kostenlose freie Software. Diese Lösung bietet den Vorteil, dass Dateien hochgeladen werden können und Tools wie Chat und Wiki zur Verfügung stehen.

Es wäre auch problemlos möglich, mein Angebot für Organisationen zu erweitern, d.h. einen gesonderten virtuellen Raum zur Gestaltung des Dreieckkontraktes einzurichten.

3. Wer nutzt das Angebot?

Es sind meist ganz praktische Erwägungen, damit sich meine Kunden für das ‚onlineCoaching' entscheiden. Weniger der Zeitmangel, als die terminliche Freiheit und räumliche Unabhängigkeit bringt sie dazu, aber auch die Neugier, die Möglichkeit, Erfahrungen mit diesem Verfahren zu sammeln. Inzwischen habe ich deutlich mehr Kundinnen als Kunden. Das Verhältnis liegt ungefähr bei 2:1. Sie kommen vor allem aus Deutschland, aber auch aus dem deutschsprachigen Ausland sowie aus Übersee. Alle haben studiert, und die meisten sind zwischen Mitte dreißig und Mitte vierzig. Der größere Teil ist Führungskraft, die anderen sind selbständig.

Bei den Anliegen handelt es sich vor allem um Klärungsprozesse oder Begleitprozesse. Fragestellungen der Klärungsprozesse sind: *„Bleibe oder gehe ich?" „Wie positioniere ich mich nach einer Fusion?", „Was will ich beruflich machen?", „Wie kann ich mein Potential nutzen?", „Wie gewinne ich beruflich wie privat mehr Freiheiten und Gestaltungsmöglichkeiten?"* Fragestellungen der Begleitprozesse sind: *„Die ersten hundert Tage in der neuen Position", „Existenzgründung", „Veränderung der beruflichen Situation".* Seltener sind problemorientierte Anliegen wie *„Schwierigkeiten mit einem Mitarbeiter", „Wie schaffe ich es, meine Bedürfnisse genauso wichtig zu nehmen, wie die der anderen?", „Wie schütze ich mich vor Burnout?", „Schwierigkeiten in der (beruflichen) Partnerschaft".*

4. Der ‚onlineCoaching'-Prozess

Ich gestalte den ‚onlineCoaching'-Prozess wie das Präsenzcoaching in vier Phasen:

1. Vorbereitungsphase: Kontaktaufnahme
2. Kontraktphase: Formaler und psychologischer Vertrag, Zielformulierung
3. Arbeitsphase: Ergebnisorientierte Bearbeitung der Themen und
4. Abschluss- und Evaluationsphase: Beendigung des Prozesses, Evaluation

Allerdings ist dieser Ablauf idealtypisch. Da sich Anliegen verändern bzw. neu ergeben können, muss dann auch der Kontrakt neu geklärt werden.

4.1 Die Vorbereitungsphase

In dieser Phase wird ein Unterschied zwischen Face-to-Face-Coaching und ‚onlineCoaching' deutlich: Die Interessierten klären und entscheiden für sich, ohne dass ich involviert bin oder die Prozesse mitverfolgen kann. Meine Versuche, zu Beginn meiner Tätigkeit als Online-Coach per E-Mail ein *Erstgespräch* zu führen, stießen auf keine Resonanz. Ein Äquivalent zu dem im Präsenzcoaching als wichtig erachteten Erstgespräch, meist kostenlos angeboten, zum gegenseitigen Kennenlernen, zum Abschätzen, ob eine gemeinsame Basis zur Zusammenarbeit vorhanden ist, also ob die Chemie stimmt und als Ausgangspunkt für die Entwicklung von Vertrauen, scheint mir für das ‚onlineCoaching' nicht notwendig zu sein. Möglicherweise profitiere ich hier von der besonderen Personenwahrnehmung im Netz, bei der fehlende Informationen einen Konstruktionsprozess in Gang setzen,

> „der in besonders starkem Maße von Imagination bzw. Projektion geprägt ist und der – je nach Beziehungs- und Situationskontext sowie aktueller Motivation – das Bild der wahrgenommenen Person oftmals in positiver Richtung (entsprechend individuellen Wünschen und Präferenzen), (...) überspitzt." (Döring, 2003, S. 169)

Die im Weiteren nur computervermittelte und damit kanalreduzierte Kommunikation erleichtert es, dass dieses Bild beibehalten werden kann und nicht durch ein Kennenlernen im realen Raum zerstört wird.

Es scheint so, als hätten die Interessierten bereits einen Kontrakt mit mir geschlossen, wenn sie sich per E-Mail melden. Hier zur Verdeutlichung das Beispiel einer Anfrage:

> *„Sehr geehrte Frau Koch,*
> *ich bin beim Googlen auf Ihre Homepage und Links gestoßen. Ich wende mich an Sie, da ich Unterstützung bei der Lösung meiner Sorgen mit meinem Partner benötige. (…) Infos über unser Büro sehen Sie unter www.xyz.com. Vorab einige Themen aus meiner Sicht (…) sie sehen - nicht einfach und ich habe häufiger Bauchschmerzen ob dieser Situation. Bin in manchen Gesprächssituationen mit ihm kurz vor einem Tränenausbruch (...) was mich wiederum total irritiert. (…) Denke, eine Reflektion mit Ihrem Feedback/ Rückmeldung/ Hinweisen würde mir eine Hilfe sein. (…)"*

Darum enthält die Antwortmail schon die Zugangsdaten zu einem virtuellen Coachingraum, damit die weitere Kommunikation, die brisante Firmendetails oder sehr private Offenbarungen enthalten kann, maximal vor neugierigen Augen aus dem beruflichen oder privaten Bereich, geschützt ist.

Es wird immer wieder die Frage gestellt, welches Anliegen oder welcher Personenkreis sich nicht für das ‚onlineCoaching' eignen. Ich überlasse die Entscheidung den Interessierten, ob ich und mein Angebot für sie eine Unterstützung sein können.

4.2 Kontraktphase: Formaler und psychologischer Vertrag, Zielformulierung

Die Online-Arbeit lehrt einen, nichts als klar und selbstverständlich vorauszusetzen. Missverständnisse und Unklarheiten in einer schriftlichen zeitversetzten Kommunikation zu klären, ist ausgesprochen mühsam, darum erläutere ich, was meine Kunden von mir erwarten bzw. nicht erwarten können und erkläre, warum es bei meinem Moodle keine automatische E-Mail-Benachrichtung gibt. Außerdem vereinbare ich folgendes:

Formaler Kontrakt und Spielregeln

1. Wir werden den Prozess online beginnen, auf Wunsch kann jederzeit eine Sitzung im realen Raum stattfinden, bzw. ein Telefonat.
2. Ich sichere Ihnen zu, mindestens einmal in 48 Stunden hier vorbeizusehen, außer ich habe etwas anderes mit Ihnen vereinbart.
3. Wenn Sie länger als 7 Tage nicht hier vorbeischauen, bitte ich Sie, mir in diesem Forum Bescheid zu geben.
4. Falls Sie sich nicht melden, werde ich bei Ihnen per SMS nachfragen.
5. (...)

Möglicherweise fallen Ihnen die Punkte 3 und 4 besonders auf? Diese Regeln habe ich für mich eingeführt, damit ich mir nicht unnötige Gedanken mache über das *Fernbleiben*. Denn wir haben keinen verabredeten Termin, bei dessen Absage man die Gründe dafür erfährt.

Der nächste wichtige Punkt in der Kontraktphase ist die Klärung des Anliegens. Es hat sich gezeigt, dass meine Kunden eher nicht Anliegen haben, die sich problemlos in eine SMARTe, d.h. eine spezifische, messbare, akzeptierte, realisierbare und terminierbare Zielformulierung einfügen. Oft wird erst durch die Bearbeitung das Ziel klarer. Allerdings bleibe ich so lange hartnäckig bei der Klärung des Anliegens, bis wir gemeinsam entscheiden können, wie wir weiter vorgehen. Und es sollte möglich sein, den Erfolg des Coachings zu überprüfen, auch wenn die Formulierung nicht allen Anforderungen einer guten Zielformulierung genügt. Ein Kunde beschreibt das für seinen Prozess so:

> *„(...) Die allgemein formulierten Fragen wurden immer konkreter. Und genau das ist doch die Aufgabe bzw. der Sinn des Coachings. Wüsste man alles schon vorher bzw. könnte man seine eigenen Fragen schon sehr klar formulieren, wäre man ja schon fast am Ende. Bei mir wurden aus einer Frage viele Fragen, die aber präziser wurden. Daher konnte ich (begleitet durch den Coach) – zumindest in den meisten Fällen – meine Fragen dann selbst beantworten."*

In dieser Phase ist es durchaus möglich, dass das ‚onlineCoaching' auch schon beendet sein kann, denn meine Intervention:

„Ich bin mir sicher, dass Sie alles haben, was Sie brauchen. Vielleicht sollten wir eher herausfinden, warum Sie es in dieser Situation nicht zur Verfügung haben?"

auf den Schlusssatz der Anliegenpräsentation:

„Wir müssen herausfinden, was mir fehlt, damit ich dieses Problem lösen kann."

hat das Problem aufgelöst.

4.3 Arbeitsphase: ergebnisorientierte Bearbeitung der Themen

Selten haben meine Kunden nur ein Anliegen oder es bleibt nicht dabei. Auf der Plattform habe ich einerseits die Möglichkeit, nach den Anliegen zu strukturieren und andererseits dann im Prozess neue Threads, Diskussionsfäden mit aussagefähiger Betreffzeile zu eröffnen (siehe Abb. 2). Dies ermöglicht, parallel Themen zu besprechen, ohne die Orientierung zu verlieren, und erleichtert das Anknüpfen an einen älteren Diskussionsfaden, da der Prozess nicht linear verläuft.

,onlineCoaching' versucht nicht, dem Ideal einer digitalen ‚Abbildung' des Präsenzcoachings nahezukommen, sondern die Möglichkeiten des Mediums zu nutzen. Ein bestimmender Faktor ist die Ungleichzeitigkeit der Kommunikation. Im Präsenzcoaching können Sitzungen von einer Stunde bis zu einem ganzen Tag dauern und die Intervalle liegen zwischen einer und mehreren Wochen. Im ‚onlineCoaching' gibt es keine entsprechenden Sitzungen, sondern es findet ein fortlaufender Dialog bis zum Ende des Coachings statt. Man könnte auch sagen, im ‚onlineCoaching' gibt es nur eine Sitzung. Das führt natürlich zu einem ganz anderen Prozess. So bestimmt die Kundin bzw. der Kunde die Geschwindigkeit und Frequenz durch die Häufigkeit des Schreibens. Wahrscheinlich führt die Verlangsamung des Dialogs zu einer Fokussierung, einer Verdichtung. Die Zeit, die zur Verfügung steht, bedeutet, wie eine Kundin es ausdrückt:

„... keinen Druck, etwas produzieren zu müssen. Die Fragen können Kinder kriegen, und es ist Raum da, dass sich die Antwort entwickeln kann."

Abb. 2: Diskussionsfäden

Die Postings sind in der Regel nicht spontane Reaktionen auf meine Interventionen, sondern das Ergebnis eines Reflexionsprozesses.

Ein weiterer wesentlicher Unterschied zum Präsenzcoaching und aus meiner Sicht der größte Mehrwert des ‚onlineCoachings' liegt in der schriftlichen Kommunikation. Meine Kundinnen und Kunden beschreiben es so:

„Ich habe erkannt, dass ich im Schreiben schon reflektiere und die Dinge klarer sehe.", „So war ich gezwungen, meine Gedanken, Überlegungen auf den Punkt zu bringen. Ich konnte nicht, wie es leicht in einem Gespräch passiert, um den ‚heißen Brei herumreden' oder auch eben gemachte Aussagen schnell wieder relativieren oder sonstige Tricks anwenden. Es war

immer die Essenz." „Ein Satz ist schnell gesprochen, aber man braucht ein Vielfaches an Zeit, um ihn zu schreiben – und um diesen Zeitfaktor länger beschäftigt man sich auch damit!"

Das Schreiben an sich regt zur Selbstreflexion an und übt das Ausdrücken von Gedanken und Gefühlen. Das Lesen des eigenen Textes kann zu Erschrecken, aber auch zu Erkenntnissen und Einsichten führen. Das Schreiben schafft eine Distanz, die einen Rollenwechsel möglich macht. So übernehmen die Gecoachten zum Beispiel im Verlauf des Prozesses die Rolle des Coaches: *„Sie werden mich jetzt sicher fragen..."*.

Weitere Vorteile der Schriftlichkeit sind, dass meine Texte dauerhaft verfügbar sind und mehrfach hintereinander oder später wieder gelesen werden können. Meine Kunden schätzen aber auch die Verfügbarkeit ihrer eigenen Texte:

„Ich persönlich finde auch immer toll später wieder meine Texte zu lesen, es macht u.a. die persönlichen Entwicklungsschritte deutlicher, man hat es schwarz auf weiß. Das ‚Gesagte' ist nicht vergessen."

Das Medium scheint auch in besonderer Weise die Offenheit der schreibenden Personen zu erleichtern, es zeigt sich der Effekt der sogenannten „psychologischen Anonymität" (Schultze 2007, S. 2f). Ein Kunde beschreibt das so:

„Es ist ja nur ein Medium und keine Person. (...) Zum einen kann man ohne Schamgefühl und unter dem Beichtgeheimnis alles ansprechen und artikulieren. Man muss sich vor nichts und niemanden schämen – und schon gar nicht fürchten. (...) Auf der einen Seite haben sie eine sehr persönliche Bindung zum Coach, auf der anderen Seite gibt es aber keine persönlichen Hemmschwellen, weil man sich ja persönlich nicht kennt."

Auch meine Haltung und Arbeitsweise als Coach ist durch das Medium stark beeinflusst worden. Die Ungleichzeitigkeit der Kommunikation bedeutet, dass ich nie weiß, in welcher Situation mein Gegenüber meine Antwort liest. Ich kann meine Kommunikation nicht nachbessern, weil ich die Reaktion darauf nicht sehe. Auch kann niemand sehen, wenn ich zum Beispiel dem Bildschirm bestätigend zunicke. Alles, was ich vermitteln möchte, muss schriftlich kommuniziert werden.

Die Besonderheiten der asynchronen computervermittelten Kommunikation fördert bei mir nicht nur ein lösungsorientiertes Vorgehen, sondern auch eine konsequente Betonung der Ressourcen der Gecoachten. Während des Prozesses tauchen bei mir natürlich immer wieder Fragen auf. Wegen der Langsamkeit des Dialogs und den Besonderheiten schriftlicher Kommunikation verwerfe ich jedoch die Fragen, die nur für mich interessant sind, die zwar möglicherweise meinem Verständnis dienen, aber deren Beantwortung mir für den Fortschritt des Prozesses wenig bedeutungsvoll erscheint. Ich stelle meist nur Fragen, um das Nachdenken anzuregen und nicht um Antworten zu erhalten:

> *„Ihre Fragen haben z.T. so gut auf den Punkt getroffen, dass sie mich über Wochen beschäftigt haben - dabei waren für mich am besten die provokativen, frechen Fragestellungen - die mich erst mal völlig aus dem Konzept gebracht haben. Ja es war manchmal so, dass Sie mir einen Knochen hingeschmissen haben und ich hatte erst mal daran zu kauen. Sobald dann aber der Moment des Erkennens kam, freute ich mich umso mehr... denn ich selbst kam - ausgelöst durch Ihre Frage/oder Impuls auf den Punkt. Im Präsenzcoaching hilft der Berater mehr mit. (…) Die dadurch gewonnenen Erkenntnisse sind für mich sehr nachhaltig.“*

Als Supervisorin habe ich gelernt meine Resonanz als diagnostisches Instrument zu nutzen. Auch Texte lösen eine Resonanz in mir aus, erzeugen Empfindungen und Bilder.

> *„Obwohl geschriebene Texte im Gegensatz zum gesprochenen Wort weit größere Möglichkeiten zur bewussten Auswahl und zur Reflexion dessen bergen, was jemand äußern möchte, sagt der Text dem Leser trotzdem mehr und anderes, als sein Schreiber bei aller Sorgfalt der Wortwahl schreiben und ausdrücken wollte.“ (Brunner, 2006, S. 5)*

Nach Brunner lese ich zum einen psychoanalytisch: ich erfasse die latenten Inhalte des Textes und arbeite mit den Gegenübertragungen, die der Text in mir auslöst. Andererseits lese ich auch dialogisch: ich höre den Text und rede mit ihm. Die Kanalreduzierung führt so nicht dazu, dass ich von meinem Gegenüber zu wenig *weiß*. Die Herausforderung liegt darin, wie ich mein *Wissen* förderlich zur Verfügung stellen kann. Manchmal kann ich die Bilder, die in mir auftauchen, direkt nutzen (*„Wenn ich Ihren Text lese, taucht bei mir folgendes Bild auf...“*). Und manchmal ist es nicht so einfach eine förderliche positive Übersetzung zu finden.

Als wirksam hat sich aus meiner Sicht das Arbeiten mit Metaphern erwiesen. Es ist ein Impuls, der das Denken anregt und eine andere Sichtweise ermöglicht sowie Handlungsanleitung bieten kann. Und es spielt dabei keine Rolle, ob man mich *richtig* versteht.

Ich schätze die Zeit beim ‚onlineCoaching', um prägnante Formulierungen zu finden und eine Qualität zu liefern, auf die gerne gewartet wird, auch wenn ich keine Antworten liefere:

> *„Es gab manchmal Zeiten, da habe ich bereits nach einer Stunde in den Coaching-Raum hineingeschaut, ob sie schon geantwortet hat. (...) Aber es ist schon immer so, als ob man auf einen tollen Brief warten würde und guckt, ob der Postbote gleich kommt und einem das Geburtstagspaket vorbeibringt. Manchmal war ich auch enttäuscht, wenn nicht ganz so schnell eine Nachricht kam."*

4.4 Abschluss- und Evaluationsphase: Beendigung des Prozesses, Evaluation

Im ‚onlineCoaching' ist zu Beginn des Prozesses, wenn der emotionale Druck hoch ist, die Frequenz auf der Plattform ebenfalls sehr hoch. Mit zunehmender Klärung lässt auch die Aktivität nach. Aber meine Kunden haben es bisher mir überlassen, über einen Abgleich mit dem formulierten Anliegen den Prozess zu beenden. Nachdem ich mit ihnen gemeinsam festgestellt habe, dass das Anliegen ausreichend bearbeitet ist, dass es dazu nichts mehr zu ‚besprechen' gibt, bleibt der Coachingraum zunächst für drei weitere Monate geöffnet. In diesem Zeitraum können sie nachlesen, alles was ihnen wichtig ist, für sich speichern oder mir auch eine Nachricht hinterlassen. Letzteres hat bisher noch niemand genutzt, was für mich bedeutet, dass sich das berufliche Leid wirklich gebessert hat.

Nach diesem Zeitraum erkundige ich mich, was sich inzwischen verändert hat, was geblieben ist oder was sich getan hat. Neuerdings nutze ich nach Anregung durch Greif/Franke/Seeberg (2006/2007) eine angepasste Kurzform des *Change Explorer-Interview-Leitfadens* und erhoffe mir dadurch nicht nur mehr Informationen, was aus Sicht der Gecoachten wirksam oder bedeutsam im Prozess war, sondern auch, dass die Reflexion des Prozesses die Nachhaltigkeit fördert. Bisher war damit der Prozess zum Anliegen immer beendet und ich lösche dann vereinbarungsgemäß die Inhalte des Coachingsraums. Es wird gezögert, die ‚Nabelschnur' zu durchschneiden. Aber die Erkenntnis, drei Monate ohne Coachkontakte gut gelebt zu haben, macht dann das Beenden schließlich leicht.

In zwei Fällen wurde nach der Beendigung ein neuer Kontrakt vereinbart. Hier bin ich in der Rolle einer Sparringspartnerin, von der ein kritischer Blick, ein Spiegeln, Feedback, anregende Fragen und *„auffangende Beratung in turbulenten Zeiten"* erwartet werden. Die Frequenz richtet sich ganz nach dem Bedarf und so kann es vorkommen, dass es Pausen von mehreren Monaten gibt.

5. Abschließende Überlegungen

Wenn ich davon ausgehe, dass für die zwischenmenschliche Kommunikation die „Leibdimension" (Rothe 2004, S. 371ff) unentbehrlich und nicht kompensierbar ist, dann werde ich die neuen Medien immer nur als eine ergänzende Möglichkeit wahrnehmen können. Im sogenannten Blended Coaching wird das Vis-à-vis-Coaching ergänzt durch interaktive Medien wie Telefon, E-Mail, Chat. Das Präsenzcoaching wird erweitert auf virtuelle Räume und hat damit neue oder andere Möglichkeiten und wird zeitlich und örtlich flexibilisiert.

Mit dem ‚onlineCoaching' biete ich einen Raum, in dem man sich eine neue Konstruktion seiner Wirklichkeit machen kann, die das berufliche Leben – wie auch immer – erleichtert. Um das zu leisten, ist für mich der „Aspekt des Unmittelbaren" (Rauen 2008) nicht notwendig. Entscheidend scheint mir die wertschätzende und respektvolle Haltung des Coachs verbunden mit einer virtuellen Präsenz. Dann kann ‚onlineCoaching' nicht nur die für den Umbauprozess nötigen Impulse in passenden Tempi liefern, sondern auch die Sicherheit geben und die Zeit einräumen, die jeder Schritt braucht.

Literatur

Albrecht, Evelyn (2009): Online-Coaching – gewogen und für zu leicht befunden. Coaching-Magazin, 2, 43. URL; http://www.coaching-magazin. de /archiv/2009/coaching-magazin_2009-02.pdf (Abruf 16.09.2011)

Döring, Nicola (2003): Sozialpsychologie des Internet. Göttingen: Hogrefe

Brunner, Alexander (2006).: Methoden des digitalen Lesens und Schreibens in der Online-Beratung. E-beratungsjournal.net, 2, 4. URL: http://www.e-beratungsjournal.net/ausgabe_0206/brunner.pdf (Abruf: 16.09.2011)

Greif, Siegfried (2008): Coaching und ergebnisorientierte Selbstreflexion. Göttingen: Hogrefe

Greif, Siegfried/Franke, Karen/Seeberg Ilka (2006/2007): Studienprojekt Coaching WS, unveröffentlichtes Manuskript

Hintenberger, Gerhard/Kühne, Stefan (2011). Psychosoziale Online-Beratung im Überblick. Psychotherapie im Dialog, 2, S. 113-117

Rauen, Christopher (2008): Die Coaching-Beziehung – mehr als eine Ratschlägerei? URL: http://www.coaching-newsletter.de/archiv/2008/2008 _08.htm (Abruf: 16.09.2011)

Rothe, Friederike (2004): Face-to-face-Kommunikation und computervermittelte Kommunikation: Kritik eines Vergleichs. Journal für Psychologie, 12, 4, 370-385. URL: http://elearn.jku.at/wiki/images/6/68/ Rothe.pdf (Abruf: 16.09.2011).

Schultze, Nils Günter (2007): Erfolgsfaktoren des virtuellen Settings in der psychologischen Internetberatung. E-beratungsjournal.net, 1, 5. URL: http://www.e-beratungsjournal.net/ausgabe_0107/schultze.pdf (Abruf: 16.09.2011).

1.3 Fernmündliche Basiskommunikation mit webbasierten Zusatztools

In der Einleitung zum Kapitel 1.1 wurde deutlich, dass subsidiäre Beratung durch fernmündliche Basiskommunikation im Vergleich zu Face-to-Face-Formaten sich durch einige markante Besonderheiten auszeichnet. So ermöglicht die größere akustische Nähe zwischen Sprecher und Hörer in Verbindung mit der Tatsache, dass einer den anderen nicht sieht und so sein Gesicht geschützt ist, eine differenzierte und tief greifende Diagnostik und Bearbeitung der im Hintergrund liegenden bzw. mitschwingenden emotionalen Dimension der Kommunikationsinhalte. Auf der anderen Seite hingegen musste als einer der größten Schwachpunkte aber auch festgestellt werden, dass fernmündliche Kommunikation fragiler ist als Face-to-Face-Kommunikation und dass der Berater/Coach deshalb auf eine klare, verbindliche und kleinschrittig immer wieder überprüfte und gegebenenfalls nachgebesserte Strukturierung des Gesprächsprozesses achten muss.

Wie die Beiträge dieses Kapitels verdeutlichen, können den Berater/Coach bei dieser *prozessstrukturierenden* Aufgabe *webbasierte Zusatztools* unterstützen. Als ein erstes Beispiel hierfür wird das von Christiane Grabow entwickelte Konzept einer virtuellen Aufstellungsarbeit vorgestellt. Der Grundgedanke ist, die Problematik bzw. Herausforderung des Klienten thematisch in einer bestimmten Weise aufzuschlüsseln bzw. zu rekonstruieren, nämlich als ein bisher noch nicht hinreichend geklärtes Beziehungsgefüge verschiedener Entitäten. Hierbei kann es sich um Personen, Organisationseinheiten oder aber auch Ideen, Gedanken bzw. Persönlichkeitsanteile des Klienten handeln. Das fernmündliche Gespräch mit dem Klienten wird deshalb als ein Aufklärungsprozess konzipiert, der sich durch folgende Struktur auszeichnet: In einem ersten Arbeitsschritt muss der Klient alle wesentlichen Elemente identifizieren, die seine Beratungs- bzw. Coachingthematik ausmachen, und für jedes dieser Elemente aus einem vorgegebenen Angebot künstlerisch gestalteter virtueller Steine denjenigen Stein auswählen, der das betreffende Element am besten symbolisiert. Bei dieser Entscheidung lässt sich der

Klient in der Regel durch Kräfte leiten, die ihm weithin unbewusst sind und dem Berater/Coach wertvolle diagnostische Einblicke in die nicht zuletzt auch emotionalen Zusammenhänge und Hintergründe der vorliegenden Klientenproblematik geben. Ähnliches trifft auch für den anschließenden zweiten Arbeitsschritt zu. Er besteht darin, dass der Klient das von ihm ausgewählte visuelle Symbol auf einem virtuellen Tisch positionieren und dabei prüfen muss, in welcher Beziehung es zu den anderen Elementen steht bzw. stehen sollte.

Ebenfalls, aber in ganz anderer Weise setzen auch Klaus Bredl, Barbara Bräutigam und Daniel Herz auf die Anreicherung fernmündlicher Basiskommunikation durch webbasierte Visualität. Sie explorieren deshalb Möglichkeiten, wie der Einsatz von Avataren für subsidiäre Beratung genutzt werden kann. Der konzeptionell zugrunde liegende Gedanke ist dabei derselbe wie bei Christine Grabow, nämlich Zugang zu der *unbewussten Tiefendimension* der Problematik zu bekommen, die nicht oder nur schwer im Medium der Sprache vermittelt werden kann.

Während Grabow und Bredl/Bräutigam/Herz vorschlagen, die fernmündliche Basiskommunikation zwischen Berater/Coach und Klient durch Tools webbasierter Visualität anzureichern, beruht das von Harald Geißler entwickelte Zusatztool des Virtuellen Coachings (VC) auf webbasierter Textlichkeit. Sie besteht aus Coachingfragen, die das fernmündliche Gespräch zwischen Berater/Coach und Klient inhaltlich strukturieren und dem Klienten vor und nach dem Gespräch die Möglichkeit geben, es als Selbstcoachingtool zu nutzen. Die bisher vorliegenden praktischen Erfahrungen mit diesem Format sowie wissenschaftliche Untersuchungen ihres Praxiseinsatzes, belegen seine Praxistauglichkeit, Wirksamkeit und Wirtschaftlichkeit. Das machen die Beiträge von Jürgen Kauschke und von Trutz Lenzinger und Christian Rodust, die über den Einsatz und die wissenschaftlich untersuchte Wirkung dieses Formates in einem Unternehmen der Automobilindustrie berichten, ebenso deutlich wie die Praxiserfahrungen, die Martina Held, Harald Korsten und Horst Reckert in einem Baumarktunternehmen und in einer Bank gemacht haben bzw. die Christiane Thiele in einem Trainings- und Beratungsunternehmen gesammelt hat.

Virtuelle Strategie-Simulation im Telefoncoaching mit LPScocoon® – ein Coachingkonzept für alle Sinne

Christiane Grabow

1. Das virtuelle Strategie-Simulation-Tool

LPScocoon® ist ein Coaching-Tool, mit dem Klienten ihre Gedanken visualisieren und Entwicklungsprozesse simulieren können. Es ist konzipiert für den Einsatz im Business-Kontext und seit 2007 als physische Variante auf dem Markt, seit 2008 als interaktive 3-D-Software. Kern des Tools sind dreizehn verschiedene, symbolhafte Skulpturen aus Lavastein. Ihre abstrakten und archaisch anmutenden Formen unterstützen den Klienten in einem intuitiven Umgang mit seiner Fragestellung. Der Klient folgt seinen Assoziationen und belegt die Skulpturen mit seiner individuellen Deutung, aus der sich ihm bereits erste Erkenntnisse erschließen können. Anschließend stellt er die von ihm interpretierten Skulpturen als Stellvertreter der Einflussfaktoren seiner Frage zueinander in Beziehung (siehe Abb. 1). Dies ist dann das Abbild seiner aktuell erlebten Ist-Situation und die Ausgangskonstellation für unterschiedliche Prozessabläufe.

Konzipiert wurden die Steine als businessadäquate Alternative zu den am Markt angebotenen, meist menschlichen Figuren für eine systemische Aufstellung in der Einzelberatung. Die Methode, im Wirtschaftsumfeld als *Organisationsaufstellung* bezeichnet, ist unstrittig effizient, der Einsatz in Unternehmen aber dennoch verhalten. Ein Grund dafür ist, dass viele diese Methode noch immer mit Therapie verknüpfen, was die bisher am Markt befindlichen Materialien leider unterstützen. Im therapeutischen Umfeld fühlen sich Führungskräfte falsch platziert und unsicher. Sie wollen die Kontrolle über sich behalten und sich sicher, selbstbewusst und kompetent fühlen.

Abb. 1: Der Klient positioniert die Skulpturen und entscheidet über Standortwechsel

Der Lavastein sowie die abgestuften Grautöne und die Gestalt der Skulpturen von LPScocoon® signalisieren Ernsthaftigkeit und Wert und spiegeln das Selbstverständnis des Klienten hinsichtlich Eigenwert und Wichtigkeit wider. Im Einzelcoaching und in der Beratung mit LPScocoon® agiert ausschließlich der Klient mit den Steinen. Und er allein gibt ihnen eine individuelle Interpretation oder Bedeutung. Der Klient ist es auch, der die Tiefe des Prozesses bestimmt und der entscheidet, in welchem Umfang er seine Erkenntnisse verbalisiert und diese damit dem Coach oder Berater zugänglich macht.

Selbstverständlich bleibt im Coaching der gesamte Prozess vertraulich. Selbstkontrolle des Klienten, Wertschätzung und Vertraulichkeit sind Bedingungen, die LPScocoon® erfüllt.

In der Praxis hat sich das Tool inzwischen nicht nur im *Coaching*, sondern auch in der *Unternehmensberatung* bewährt. Es unterstützt emotionale Persönlichkeitsentwicklung ebenso wie sachliche strategische Entwicklungsprozesse. Der Klient kann mit wenig Zeitaufwand mit dem Tool Standortanalysen durchführen oder in längeren Sitzungen Lösungsstrategien simulieren und Erfolgsaussichten prüfen. Sein Anliegen kann dabei ebenso ein Beziehungssystem betreffen, wie sein strukturelles oder technisches Umfeld oder Abläufe in der Organisation. LPScocoon® dient in äußerster Verknappung seiner Möglichkeiten mindestens der Visualisierung von Standpunkten und kann, reduziert auf diesen Level, auch zur Unterstützung der Kommunikation in Teams eingesetzt werden.

Die Software mit der virtuellen 3-D-Variante erfüllt die Forderung nach globalem Einsatz von Coaching und Beratung. Wie ein Jahr zuvor, als die physische Variante von der Initiative Mittelstand als Innovation für Beratung und Consulting ausgezeichnet wurde, begleitete den Marktauftritt der Software eine Auszeichnung als Innovation für Human Resources. Die Software überträgt den bildhaften Entwicklungsprozess aus der physischen Ebene in eine dreidimensionale digitale. Analog zur Arbeit auf dem Systembrett benutzt der User am PC Tastatur und Maus für die Bewegung der Skulpturen wie auch für seine eigenen Standortwechsel im virtuellen Raum.

Das Coaching-Tool LPScocoon® hat seine Stärken in der Visualisierung konflikt- oder problembehafteter Fragestellungen und in der Klärung komplexer Zusammenhänge. Wenngleich es für eine systemische Simulation kaum Themenbeschränkungen gibt, findet die Software vorzugsweise Anwendung in Fragen, die nach einer strategischen Lösung suchen und den Klienten mit neuen Handlungsoptionen ausstatten sollen. Das sind in der Praxis oft Themen zu Karriere und Berufswegplanung, Entscheidungsklärungen in laufenden Geschäftsprozessen, Vorbereitung auf Meetings oder Konfliktgespräche, Analysen von Team- und Führungskonstellationen oder Fragen rund um die Unternehmensorganisation, um hier nur einige zu nennen.

Die Vorgehensweise bis zur Visualisierung der Ausgangskonstellation sowie der Ablauf der Analyse oder einer Simulation sind in der physischen Variante wie über die Software im Prinzip gleich.

2. Einstieg in den Coachingprozess

Mit Unterstützung des Coachs arbeitet der Klient sein konkretes Anliegen heraus und formuliert dazu eine lösungsfokussierte Frage. Dazu einige Beispiele aus unterschiedlichen Themenfeldern:

„Wie überwinde ich meine Ängste und schaffe es, mich anderweitig zu bewerben?" oder *„Wie bringe ich mein Team dazu konstruktiv zusammenzuarbeiten?"* oder *„Wie können wir unsere Produktionsabläufe verschlanken, ohne Qualität einzubüßen?"* oder *„Wie komme ich zuverlässig und rechtzeitig an die Informationen, die ich brauche?"*

Der Klient findet seine Antwort, wenn er seine Frage offen und aktiv formuliert und wenn er sich selbst in die Frage als Fragesteller einbezieht (ich, mir, mich, ...). Ist die Frage auf die beschriebene Weise lösungsfokussiert formuliert, ist sie am Ende des Prozesses erste Grundlage für die Qualitätsmessung: Antwort gefunden? Ja/Nein. Bis hier ist methodenübergreifende Coach-Kompetenz gefragt. Erst jetzt beginnt die spezifische Arbeit mit LPScocoon®.

Der Klient listet nun die an seiner Frage beteiligten Einflussfaktoren auf. Das können Personen sein, aber auch Werte, Strukturen oder jede andere Art von Phänomenen. Eben alles, was in irgendeiner Weise beeinflusst. Gegebenenfalls reduziert und konzentriert er die Faktoren auf eine überschaubare Menge. Erfahrungsgemäß lassen sich nicht mehr als zehn Elemente mit ihren Einflüssen und Ansprüchen in den Fokus nehmen und ausführlich bearbeiten. Natürlich ist das einflussnehmende System größer. Hier gilt es aber – und da ist wieder der Coach gefordert – den Klienten dabei zu unterstützen, die wichtigsten Elemente herauszulösen und andere gegebenenfalls als Gruppen zusammenzufassen, damit das System eine beobachtbare Größe erhält. Für jedes der abschließend definierten Elemente wählt der Klient dann eine Skulptur aus als Stellvertreter und erklärt seine Wahl, indem er seine Interpretationen oder Assoziationen zu dem Stein benennt. Da die Steine nichts Bekanntes nachbilden, nutzt der Klient unwillkürlich seine Intuition und beschreibt, wie der jeweilige Stein auf ihn wirkt oder was er bei ihm auslöst.

Nachdem er für alle Faktoren Stellvertreter ausgewählt und beschrieben hat, stellt er, mit dem Stellvertreter seiner eigenen Person beginnend, die Steine auf dem Brett zueinander in Beziehung und richtet deren Blickrichtungen aus. Damit Letzteres möglich ist, sind alle Skulpturen mit Formelementen versehen, die ein Vorne erkennen lassen. Am Ende steht das Anliegen des Klienten als räumliches Beziehungsgefüge vor ihm – seine ganz persönliche Sicht auf die Dinge. Gemeinsam mit seinem Coach ist er nun Beobachter seines visualisierten inneren Bildes. Aus dieser Außensicht gewinnt der Klient erste Erkenntnisse aus den systemischen Zusammenhängen. Der Coach versteht nun frei von Missverständnissen, welche Wahrnehmung der Klient im Kopf hat, und bewegt sich gedanklich mit ihm gemeinsam in dessen Bild.

Steht die Ausgangskonstellation, unterscheidet sich das weitere Vorgehen. Es ist abhängig davon, welches Anliegen der Klient hat, wie viel Zeit in den Prozess investiert werden soll oder kann und ob es sich um eine Analyse, eine Beratung oder um Coaching handelt. Bei Letzterem ist noch zu unterscheiden, ob eine einmalige Sitzung geplant ist oder ob die Sitzung Teil eines längeren Prozesses ist. Möglich sind drei grundsätzlich verschiedene Abläufe: *die Standort-Analyse, die Strategie-Simulation und die Visualisierung verschiedener Standpunkte.*

2.1 Die Standort-Analyse

Steht das System, formuliert der Klient seine Eindrücke, Erkenntnisse und erste Lösungsideen. Er ist dabei in der Beobachterperspektive, genau wie der Coach oder Berater. Mit Erlaubnis seines Klienten darf der

Coach anschließend eigene Eindrücke formulieren. Je strategischer und sachbezogener die Frage, desto mehr rückt der Berater in eine partnerschaftliche Position zum Klienten. Er verlässt schleichend seine originäre Rolle als Coach und wird zum Berater oder Sparringspartner. Dies gilt es für den Klienten transparent zu machen.

Der gemeinsamen Analyse der Ist-Konstellation folgen Ideen und Vorschläge zur Lösungsfindung, die Klient und Berater im Gespräch entwickeln. Hierzu verändern Klient und Berater im Austausch ihrer Ideen die Position einzelner Elemente des Gefüges. Sie können auch neue Elemente hinzufügen oder vorhandene entfernen. Dieses von außen gesteuerte *Ich-konstruiere-mir-meine-Welt* ist in der weiter unten beschriebenen Strategie-Simulation streng verboten. In der Analyse dient dieser gemeinsame Prozess erst einmal der Visualisierung veränderter Bedingungen, beschleunigt das Verstehen zwischen den Kommunikationspartnern und schließt Missverständnisse unter ihnen aus.

Glauben die Beteiligten, eine Erfolg versprechende Konstellation gefunden zu haben, können Klient und Berater, vorzugsweise aber der Klient, die Konstellation aus der Perspektive der verschiedenen Einflussfaktoren betrachten. Auf diese Weise kann der Klient ein Gefühl dafür bekommen, ob die veränderte Konstellation bei den beteiligten Elementen Zustimmung finden kann. Gelingt es dem Klienten, sich in die unterschiedlichen Positionen der Beteiligten einzufühlen, verstärkt sich für ihn die Sicherheit dieser Prognose.

Eine solche Analyse kann in der Einzelberatung ebenso eingesetzt werden wie im Team. Mit Beamer übertragen und für alle gut sichtbar können mehrere Personen den Entwicklungsprozess verfolgen und sogar aktiv an der Analyse teilnehmen. Je nach Fragestellung wäre das dann das Setting für ein Führungskräfte-Meeting, eine Team-Beratung oder ein Team-Coaching. Bei einem Team-Coaching sollte sich der Coach zurückhalten, sich auf eine Moderatorenrolle beschränken und die Aktionen den Anwesenden überlassen. Der Leser merkt, dass die Rolle des Beraters/Coachs bei der Analyse verschwimmt. Umso wichtiger ist im Vorfeld eine sorgfältige Auftragsklärung.

Der Zeitaufwand für eine Analyse variiert je nach Anzahl der Anwesenden von einer halben Stunde bis zu zwei Stunden. Da die Visualisierung jeden Einzelnen über den gesamten Zeitraum in die Aufmerksamkeit zwingt, bricht nach spätestens zwei Stunden die Konzentration ein. Was länger dauert, bringt erfahrungsgemäß wenig neue und weniger wertvolle Ergebnisse.

Für diese Art der Analyse eignen sich besonders strategische Fragestellungen. Sie können personelle wie organisatorische Strukturen betreffen. Ausgehend von einer als unliebsam empfundenen Situation gilt es dann, Ideen zu sammeln für mögliche Vorgehensweisen und einen ersten Eindruck zu bekommen, mit welchen Hindernissen bei der Umsetzung zu rechnen ist.

2.2 Die Strategie-Simulation

Die Simulation bietet dem Klienten das Echterlebnis von Veränderungsprozessen und beginnt, wo die Analyse aufhört. Sie dauert daher, je nach Vorerfahrung des Klienten, zwei bis vier Stunden, manchmal sogar länger. Der Aufbau des Systems erfolgt wie oben beschrieben. Der Kern und herausragende Wert der Simulation liegt darin, dass der Klient die Position eines jeden Elements einnimmt und dessen Gefühlswelt erlebt. Aus den unterschiedlichen Perspektiven gewinnt er Eindrücke, sammelt Erfahrungen und stößt Veränderungen an. Letzteres bringt Bewegung in das aufgestellte System. Es handelt sich um eine systemimmanente Dynamik, der nun Raum gegeben wird und die den Regeln der Systemtheorie folgt.

Das Einfühlen in immer wieder andere Einflussfaktoren ist für die meisten Klienten ungewohnt und fällt manchem anfangs schwer. Auf Seiten des Anleitenden braucht es daher eine Person mit Coach-Kompetenzen und gleichzeitig mit Erfahrung im Anleiten systemischer Aufstellungen. Im Unterschied zur Analyse leitet der Coach jetzt den Ablauf hauptsächlich methodisch, moderiert den Prozess, setzt Impulse, stellt Fragen und fungiert als ‚Denk-Katalysator', ohne sich in den Prozess persönlich einzubringen. Die vornehmste Aufgabe des Coachs während einer Simulation ist es, zu schweigen und den Klienten auf seiner Entdeckungsreise über offene Fragen in Aktion zu halten. Ein wesentlicher Unterschied zur Analyse ist der, dass in der Simulation ausschließlich der Klient agiert.

Unterstützt durch den Coach, wechselt der Ratsuchende immer wieder Positionen und Rollen und ist selbst Akteur in seinem dargestellten System. Zuerst besetzt er den Stellvertreter seines eigenen *Ichs*, danach schlüpft er in Positionen anderer Elemente und gewinnt über fortgesetzte Perspektivwechsel neue Erfahrungen und tiefe Einsichten in Beziehungen und Abhängigkeiten. Standorte, die bei ihm Unbehagen auslösen, darf der Klient ändern, so lange er das Element verkörpert und ‚in ihm lebt'. Eine Veränderung von Positionen aus der Sicht eines Gegenübers oder aus der Beobachterperspektive wie in der Analyse, ist nicht erlaubt. In der Simulation wirkt es übergriffig und widerspricht den Systemregeln. Da der Klient nach und nach alle Positionen mindestens einmal besetzt, erlebt er das Wohl und Wehe dieses Entwicklungsprozesses in allen Facetten.

Die Schlusskonstellation des Systems empfindet er daher als organisch *richtig* und fast immer als Erleichterung. Dieses Empfinden gibt dem Klienten die Sicherheit, seine Eindrücke und neu gewonnenen Handlungsoptionen überzeugt in den Arbeitsalltag zu übertragen. Kurz gesagt: Der Klient nutzt die systemimmanente Dynamik zur Entwicklung neuer Lösungsmuster und leitet daraus Strategien für sein Anliegen ab, die er als *Handlungswissen* unmittelbar in die Praxis umsetzen kann.

2.3 Die Visualisierung von Standpunkten

Um die Software von LPScocoon® in einem Team einzusetzen, sollten in einer Online-Sitzung nicht mehr als drei Personen beteiligt sein. Für den Coach, der sich am Telefon nur an Stimmen orientieren kann, ist es sonst schwierig, den Prozess zu moderieren. Technische Erweiterungen unter Einsatz einer Webcam sind zwar möglich, haben aber nur den Sinn, dem

Coach die Zuordnung der Personen zu erleichtern. Das Team sollte durch eingeblendete Bilder nicht abgelenkt werden, weil sie für den Prozess keine Relevanz haben. Face-to-Face können bis zu fünf Personen teilnehmen. Bis zu den genannten Gruppengrößen kann jeder aktiv an dem Prozess teilnehmen und seinen eigenen Standpunkt für die Gruppe visualisieren, bzw. sich aktiv in die Veränderung der Ausgangskonstellation einbringen. Es muss gewährleistet sein, dass jede Darstellung von allen gewürdigt werden kann und dass zur Diskussion jedes Veränderungsvorschlags Zeit und Raum ist.

Ein solcher Teamprozess hat nach dieser Arbeitsweise immer eine gemeinsame Frage zum Anlass und erstreckt sich idealerweise über einen halben Tag. Da die Gruppe ohne Ablenkung auf das gemeinsam erstellte Bild fokussiert ist, ist die Arbeit mit LPScocoon® sehr konzentriert und somit gleichermaßen effektiv wie anstrengend. Der Ablauf ist ähnlich dem der oben beschriebenen Analyse, mit dem Unterschied, dass der Coach die Rolle eines Moderators einnimmt und die Aktionen und Denkanstöße aus der Gruppe kommen. Der Coach gleitet daher nicht in die Beraterrolle, sondern moderiert das Meeting eines Expertenteams.

3. Wie läuft eine Online-Sitzung ab?

Der Klient lädt sich kostenlos das Programm von der Webseite LPScocoon.de herunter und installiert es auf seinem PC. Die Datenbank, die die Zugangsdaten und die Datenkommunikation koordiniert, liegt auf einem zentralen Server. Der Vorteil dieser sogenannten *Client-Server-Applikation* ist vor allem der minimierte Datentransfer. So zeigt das Programm trotz der fotorealistischen 3-D-Programmierung weiche, fließende Bewegungen und überträgt sie ohne Zeitverzug auf den Rechner des anderen. Das Programm kann an schlechte Bedingungen, wie langsames Internet oder eine schwache Rechnerperformance, angepasst werden. Der Klient kann beliebig oft fünfzehnminütige Sequenzen offline starten und sich mit dem Handling der Software vertraut machen.

Dabei hilft ihm das Handbuch, das ebenfalls auf der Webseite zum Download bereit steht.

Unabhängig vom Partner kann jeder zwischen einer deutschen oder englischen Menüführung wählen, Darstellung und Tastensteuerung dem individuellen Bedarf anpassen und zwischen Fenster- und Vollbildmodus wählen. Letzteres lässt sich auch während einer Sitzung ändern. Für Online-Sitzungen in Firmennetzwerken nutzen Klient und Coach einen frei wählbaren Firmen-Port. Die Klienten-Software ist kostenlos. Der Berater oder Coach bekommt in Verbindung mit seiner Lizenz eine Beraterversion.

So vorbereitet, ruft der Klient dann zum vereinbarten Zeitpunkt seinen Online-Coach an und lässt sich von diesem einen Zugangscode geben, mit dem beide die Verbindung zu einem Server herstellen. Von nun an sind die Programme auf beiden PCs miteinander verbunden und das Bild des einen wird jeweils simultan auf den PC des anderen Gesprächspartners übertragen. Technisch handelt es sich hier um eine sogenannte Client-Server-Lösung. Das bedeutet, dass beide Kommunikationspartner über einen externen Server Impulse austauschen, die auf beiden Rechnern zeitgleich dasselbe Bild entstehen lassen. Beide Partner können dieses Bild verändern, ohne Zugriff oder Einblick auf den PC des anderen zu haben.

Eine Online-Sitzung dauert im Schnitt zwei Stunden. Falls kein Headset benutzt werden kann, sollten Telefone verwendet werden, die sich laut stellen lassen. So hat der Klient beide Hände frei für Tastatur und Maus und der Coach kann auf Wunsch mitprotokollieren.

Inhaltlich gleicht das Face-to-Face-Verfahren einer Online-Sitzung. In dieser schauen Coach und Klient allerdings gemeinsam in den virtuellen Raum und sehen dort die dreizehn Steine von LPScocoon® auf einem Tisch stehen (siehe Abb.2). Die Steine sind zum Start so positioniert, dass der Betrachter jeden Stein genau von vorne sieht, ihm also quasi ins Gesicht schaut. Dahinter liegt das Systembrett. Steine und Raum sind in 3-D naturgetreu nachgebildet. So kann der Klient, wenn er seine Position am Tisch verändert, die Steine von unterschiedlichen Seiten sehen und Lichteinfall und Schatten neu beurteilen.

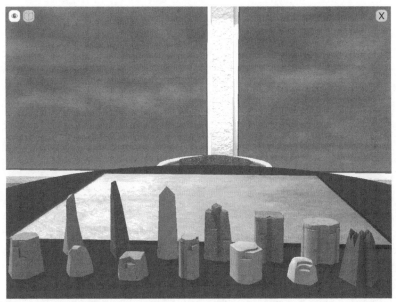

Abb. 2: Startposition einer Online-Sitzung mit LPScocoon®

Ein Stein kann beispielsweise im Schatten eines anderen stehen oder sich bedeckt halten, im Rampenlicht stehen oder auf der Sonnenseite. Die Interpretation liefert immer der Klient.

Wie im Face-to-Face-Format wählt der Klient auch in der Online-Anwendung Steine als Stellvertreter aus und interpretiert sie. Er weist jedem – wieder mit dem Stellvertreter seiner eigenen Person beginnend – eine Position zu und richtet die Steine nach Blickrichtungen aus (siehe Abb. 3). Dazu klickt er den Stein an und schiebt ihn mit gedrückter linker Maustaste an den ihm richtig erscheinenden Platz auf dem Systembrett. Mit gedrückter rechter Maustaste dreht er ihn um seine eigene Achse, bis die jeweilige Blickrichtung stimmt. Der Coach verfolgt alle Bewegungen zeitgleich am eigenen Bildschirm. Nachdem das System vollständig steht, blendet der Klient über einen Button in der linken oberen Bildecke nicht verwendete Steine auf dem Tisch aus. Auf die gleiche Weise kann er sie bei Bedarf wieder einblenden.

In der Online-Anwendung bewegt sich der Klient mit Hilfe der Pfeil-Tasten rechts → und links ← selbst um den Tisch herum, bis er zum Beispiel hinter seinem eigenen Stellvertreter steht. Über die Pfeil-Tasten ↑ und ↓ verändert er seinen Blickwinkel auf das Brett. Mit dem Scrollrad der Maus oder über die Tastatur zoomt sich der Klient selbst an Bildausschnitte heran oder weiter weg. Um das Einfühlen[1] in eine Position zu erleichtern, klickt er auf den Stein und anschließend auf den *Auge*-Button in der oberen linken Bildecke. Auf diese Weise schlüpft er direkt in den Stein hinein und sieht nun alles aus dessen Position in echter Ich-Perspektive. In dieser Einstellung kann er über die Pfeiltasten den Kopf heben und senken oder sich nach rechts und links umschauen.

Aus der so erlebten Ich-Perspektive jedes Stellvertreters äußert der Klient nun seine Empfindungen, formuliert Wünsche, sendet Botschaften an andere Elemente im System oder wählt für den aktuell *erlebten* Stellvertreter einen angenehmeren Platz. Danach wechselt der Klient zu einem anderen Stellvertreter, zum Beispiel zu einem, den er angesprochen hat und dessen Reaktion er nun erfahren möchte. Er positioniert sich auf die oben beschriebene Weise hinter dieser Skulptur, schlüpft in die Ich-Perspektive und äußert erst einmal, wie sein Befinden an diesem Standort ist. Erst danach beantwortet er die an ihn gerichtete Frage. Dieses Vorgehen setzt sich von Stellvertreter zu Stellvertreter fort.
Der Coach bringt sich mit kurzen Impulsfragen ein, die ausschließlich dazu dienen, den Prozess anzustoßen oder voran zu treiben. Es sind offene Fragen wie beispielsweise: *Wie geht es Ihnen dort? Wem möchten Sie etwas sagen? An welchem Platz würden Sie lieber stehen?* Dadurch nutzt der Klient ausschließlich eigene Ressourcen und ist nicht versucht, einem Rat zu folgen.

Da immer nur genau ein Stellvertreter agieren darf, nämlich der, den der Klienten gerade besetzt und *mit Leben füllt*, ist das ein langsamer Prozess. Die Qualität der Langsamkeit liegt darin, dass der Klient die

---

[1] Das Empfinden, das ein Standort auslöst, ist auch in der Systemtheorie erklärt. In unserem Sprachgebrauch ist dieses Phänomen verankert in Aussagen wie beispielsweise: „Ich möchte nicht in deiner Haut stecken" oder „Wenn ich an deiner Stelle wäre ...".

unmittelbare Auswirkung jeder Veränderung und jeder Aussage erlebt. Anders als im realen Leben, wird hier nichts übersehen oder überhört. Der Prozess ist zu Ende, wenn alle Elemente mindestens einmal zu Wort gekommen sind und nachdem alle Stellvertreter der – meist veränderten – Konstellation zugestimmt haben.

Idealerweise protokolliert der Coach die Originalformulierungen des Klienten mit. Die Start- und die Schlusskonstellation wird jeweils als Screenshot festgehalten. Von jeder auf dem Bildschirm dargestellten Konstellation können Klient und Coach unabhängig voneinander Screenshots machen, ohne den Prozess zu unterbrechen oder zu stören. Die Bilder werden im Hintergrund in einem programmeigenen Ordner archiviert. Aus den Bildern und den protokollierten Wortbeiträgen des Klienten stellt der Coach ein Wort-Bild-Protokoll zusammen. Das Protokoll steigert die Qualität des Coachings, weil es Erkenntnisse, Lösungswege und Nebenschauplätze festhält. Darüber hinaus unterstützt es den Klienten, seine entwickelten Strategien über einen längeren Zeitraum im Blick zu behalten und eigenverantwortlich umzusetzen.

4. Welchen Vorteil bringt die Visualisierung von Gedanken und insbesondere warum in 3-D?

Die Visualisierung von Gedanken macht in mehrerlei Hinsicht Sinn. Zum einen produziert unser Gehirn ohnehin fortgesetzt Bilder aus dem Erlebten. Was liegt da näher, als Zeit und Energie zu sparen und ihm direkt ein Bild anzubieten? Es bleibt, wie jedes andere Bild auch, im Gehirn verankert – je emotionaler verknüpft, desto länger. Erinnern Sie sich an Ihren ersten Kuss oder an die letzten Minuten, bevor Sie zur Abschlussprüfung hereingebeten wurden. Vor Ihrem geistigen Auge tauchen über Jahre die gleichen Bilder auf. Wie lange sie abrufbar sind, hängt von der Intensität der damaligen Emotionen ab, gleichgültig ob positive oder negative. Ein weiterer für das Coaching sehr entscheidender Vorteil eines visualisierten Gedankens liegt darin, dass der Coach das Gedankenkonstrukt des Ratsuchenden direkt vor Augen hat und

sich somit an diesem und nicht an seiner eigenen Bildkonstruktion orientiert. Fehlinterpretationen und Missverständnisse sind somit nahezu
auszuschließen. Für die Praxis bedeutet das, dass sich Coachingprozesse
erheblich verkürzen.

Die dreidimensionale Darstellung eines Systems erlaubt echte Perspektivwechsel und ein Raumerlebnis nahe der Realität. Je weniger unser Gehirn daran arbeiten muss, das Gesehene zu transformieren, desto
mehr Ressourcen hat es frei für andere zielführende Prozesse wie zum
Beispiel die Verschaltung vorhandener mit neuer Erfahrung oder den
Zugang zu Emotionen.

Abb. 3: Das aufgestellte System mit LPScocoon® zeigt unterschiedliche
        Entfernungen und Blickrichtungen

Warum und wie ein Mensch lernt, und daraus abgeleitet der didaktisch-
methodische Ansatz von LPScocoon®, erklärt sich ebenfalls aus der
Funktionsweise unseres Gehirns. Hirnphysiologisch gesehen lernt der

Mensch – und nichts anderes ist das Sammeln neuer Eindrücke und Erfahrungen – am nachhaltigsten, wenn Erlebnis und Emotionen daran einen hohen Anteil haben. Erlebnisse mit Klienten und Rückmeldungen von Coaches geben Zeugnis, dass LPScocoon® dieses Anliegen erfüllt.

4.1 Visualisierte Kommunikation Face-to-Face versus online via PC

Mancher Coach mag einräumen, dass Coaching Einbußen erleidet, wenn der Coach Mimik und Gestik des Klienten nicht erlebt. Im Einzelfall kann das richtig sein und ließe sich über den Einsatz einer Webcam leicht lösen. Jedes Mehr an Technik lenkt jedoch ab und kann den Prozess der Themenbearbeitung beeinträchtigen. In Verbindung mit dem aufgestellten System, das mir der Klient online präsentiert und über das ich mich in seinem *Film* bewege, bekommen Stimmlage, Lautstärke, schnelles und langsames Sprechen, Zögern oder Schweigen eine neue Aussagekraft: *„Woran haben Sie gemerkt, dass mich das stört?"* fragt dann schon einmal ein Klient. Die Antwort könnte dann zum Beispiel lauten: *„Sie haben zu lange gezögert, als dass es Ihnen hätte gefallen können."* Jeder kennt das Phänomen, dass fehlende Sinne kompensiert werden und jeder, der sensibel ist in der Kommunikation mit Menschen, verfügt über diese Fähigkeit. Weder Coaches noch Klienten haben bisher geäußert, dass sie in Online-Sitzungen das persönliche Gegenüber vermisst haben. Die Konzentration ausschließlich auf das Gedankenbild wurde sogar von einigen als Vorteil herausgestellt. Noch immer herrscht die Ansicht vor, dass sich Coach und Klient persönlich gegenüber sitzen müssen. Das macht es schwer, Coaching-Kunden spontan für das Online-Tool zu gewinnen. Die Kostenersparnis wird gesehen, die Befürchtung, dafür nur Coaching zweiter Klasse zu bekommen, steht aber im Raum.

Wer sich von Kundenseite darauf einlässt, ist am Ende überzeugt. Das bestätigen Coaches, die mit der Software von LPScocoon® arbeiten. In der Mehrzahl rekrutieren sich Online-Kunden aus Klienten, zu denen bereits ein persönlicher Kontakt besteht oder die bereits Face-to-Face mit den Steinen gearbeitet haben. Dann sind räumliche Entfernung oder der

Wunsch nach stringenter Terminfolge oft Auslöser für Online-Sitzungen. Es gibt aber auch Klienten, die in einer spontanen Einzelsitzung schnell eine Entscheidungshilfe oder einen Handlungsanstoß suchen. Klienten, die einen Vergleich ziehen können, bestätigen, dass die Online-Sitzung einer Sitzung Face-to-Face in puncto Effizienz und Nachhaltigkeit in nichts nachstehe.

4.2. Effizienzsteigerung im Coaching

Die Beschreibung von Coaching-Sitzungen mit LPScocoon® Face-to-Face beziehungsweise im virtuellen Raum macht deutlich, warum diese Methode im Coaching schneller zu Ergebnissen führt. Emotionales Erleben an Stelle von rationalem Bearbeiten der Probleme beschleunigt Erkenntnisse und macht so Coaching preiswerter. Außerdem wird verständlich, warum Ergebnisse nachhaltiger wirken. Denn Lernen über eigenes Erleben ist spannend und emotional und somit im Gehirn tief verankert. Außerdem ist der Klient motiviert zur individuellen Nacharbeit, weil seine eigenen Formulierungen in dem Wort-Bild-Protokoll Erlebnisse wachrufen.

Personalentwicklungen kalkulieren im Schnitt zwanzig Stunden für einen Coachingprozess. Unter Einsatz von LPScocoon® lassen sich mit zehn Stunden nachweisbar gute Ergebnisse generieren. Die zeitliche Reduktion des Coachingprozesses mindert notwendigerweise die Kosten für das Unternehmen. Der Einsatz der Software tut ein Übriges durch den Wegfall von Reisekosten, Zeitersparnis und eine günstigere Preiskalkulation von Seiten des Coachs. Mit dem Einsatz des Online-Verfahrens kann das Unternehmen Coaching auf ein Viertel der üblichen Kosten senken. Denn zusätzlich zu den fünfzig Prozent Einsparung durch verkürztes Coaching über systemische Organisationsaufstellungen, spart das Unternehmen bei Online-Sitzungen Reisezeiten, -kosten, Raummiete und auch beim Honorar, da der Coach Online-Coaching deutlich günstiger kalkulieren kann als Präsenzcoaching.

Auch die Nachhaltigkeit von Coaching ist gleichermaßen häufig gefordert, aber schwierig nachweisbar. Mitarbeitergespräche oder 360-Grad-Feedbacks sind der übliche Weg, um ein Gefühl für Verbesserung und Fortschritt zu bekommen. Diese Instrumente der Personalentwicklung werden weiterhin eine wichtige Funktion haben. Leider beziehen sie ihre Informationen aus personellen Strukturen, die oft nach kurzer Zeit durch Personal- oder Aufgabenwechsel schon wieder andere sind. Selbst entwicklungsbereite und reflektierende Mitarbeiter sind dann unsicher, ob nicht doch die äußeren Faktoren ausschlaggebend waren für offenkundig gewordene Missstände. Coaching muss daher den Auftrag erfüllen, den Klienten in die Eigenverantwortung zu nehmen und ihm Instrumente an die Hand zu geben, sich in klar definierten Bereichen kontinuierlich verbessern zu können. Ein noch so eindrucksvoller Coachingprozess versandet, wenn der Klient wieder in seine alten Strukturen zurückfällt. Zugegeben, das fällt nicht in die Verantwortung des Coachs, denn an dieser Stelle beginnt die Eigenverantwortung des Klienten. Aber genau deshalb braucht es Instrumente oder Strukturen, die es dem Klienten erleichtern, die Arbeit an sich selbst fortzusetzen. Leider ist ein fest installiertes Follow-up im Coaching selten. Deshalb stellen ausführliche Wort-Bild-Protokolle mit ihren Wortbeiträgen im ‚wording' des Klienten auch nach langer Zeit noch etwas sehr Intimes und Spannendes dar. Sie müssen ansprechend aufbereitet sein, damit der Klient auch optisch Freude daran hat und sie gerne zur Hand nimmt. Erst dann generieren sie ihren hohen Wert.

Zu guter Letzt sei noch ein wichtiger Vorteil erwähnt, den technischer Fortschritt und neue Medien möglich machen. Die Programmierung in 3-D und die Kommunikation über das Internet erlauben den mobilen Einsatz dieses effizienten Coachingverfahrens. Damit können Unternehmen ihren Mitarbeitern global Coaching-Unterstützung on demand anbieten.

5. Fazit

Mit seiner physischen Variante und der Software hält LPScocoon® ein
Angebot für nahezu jede Vorliebe bereit. Die Online-Version ist eindeutig zukunftsweisend, was Einsatz und Medium betrifft und besticht
durch die Effizienzsteigerung auf verschiedenen Ebenen. Auch wenn die
deutsche Mentalität virtuelle Formate nur zögerlich annimmt, ist zu erwarten, dass die nachwachsende Generation in den Führungsetagen sich
hier offener zeigt und Online-Formate auch im Coaching als Selbstverständlichkeit annimmt.

Avatarbasierte Beratung und Coaching in 3D

Klaus Bredl, Barbara Bräutigam, Daniel Herz

Virtuellen Welten kommt eine wachsende Bedeutung zu, und sie werden mehr und mehr Teil der allgemeinen Mediennutzung. Das Konzept, über einen Repräsentanten in Form eines Avatars im Netz zu interagieren, findet zunehmend Verbreitung. Kzero (2011) zu Folge existieren bereits 1,2 Milliarden *avatarbasierter Accounts* weltweit. Somit stellt sich auch im Umfeld von Online-Beratung und E-Coaching die Frage nach der Relevanz und den Möglichkeiten *avatarbasierter Unterstützung* von Klienten. Netzbasierte Kommunikation über Avatare kann neue Formen der Arbeit mit Klienten durch z.b. interaktive Rollenspiele in spezifischen Situationen ermöglichen. Die zentralen Forschungskonzepte für virtuelle Welten sind *Vertrauen, soziale Präsenz, Repräsentation* und darauf aufbauend der Faktor der *Immersion*. Zusätzlich zum Stand der Forschung wird in diesem Beitrag auch auf die Konstruktion des *Berater-Avatars* eingegangen, um so spezifische Voraussetzungen für die Gestaltung und Bewertung von dreidimensionalen Beratungs- und Coaching-Umgebungen zu verdeutlichen.

1. Einleitung

Die Bedeutung des Internets als Unterstützungsmedium für die Lösung von Problemlagen in den klassischen Beratungsfeldern (wie Umgang mit Problemen, Konflikten und Orientierungsfragen) gewinnt zunehmend an Bedeutung. Hierzu werden bereits textbasierte Beratungs- und Coachingformen (wie Foren, Chat, E-Mail) im Internet angeboten (vgl.

Geißler 2008), die jedoch ein gutes Textverständnis und hohe Schreibkompetenzen voraussetzen. Dies ermöglicht zwar einerseits ein zusätzliches Hilfsangebot für eine eher bildungsaffine Zielgruppe, andererseits führt es jedoch zu einer Benachteiligung bzw. Ausschluss von bestimmten eher bildungsferneren Nutzergruppen (vgl. Klein 2007). Daher besteht für Beratungseinrichtungen die Notwendigkeit, mediale Formate mit synchronen Kommunikationsmöglichkeiten wie Voice-Chat und stärker handlungsorientierten Formen zu entwickeln und zu nutzen, wie etwa das gemeinsame Agieren innerhalb eines dreidimensionalen virtuellen Raumes. Die Interaktion über einen Repräsentanten, einen sogenannten *Avatar*, ist vielen Usern insbesondere aus dem Gaming-Bereich (Sims, World of Warcraft etc.) durchaus vertraut, einschließlich der Interaktion in einem virtuellen dreidimensionalen Raum.

Avatare zeichnen sich dadurch aus, dass sie durch einen menschlichen Nutzer in einer computergenerierten Umgebung kontrolliert bzw. gesteuert werden (vgl. Bailenson/Blascovich 2004). Wie genau Beratungsformen in virtuellen Welten aussehen könnten, sind u.a. auch Hintenberger und Kühne (2009) nachgegangen. Sie haben in diesem Zusammenhang darauf hingewiesen, dass Virtualität und Realität nicht unbedingt als Gegensatzpaare zu verstehen seien und dass „die Wirklichkeitsakzeptanz neuer Phänomene auch etwas damit zu tun hat, wie lange sie bereits in unserem Alltag einen Platz gefunden haben" (S. 13). Die Nutzung des Internets ist von weiten Teilen der Gesellschaft bereits in die täglichen Lebensläufe integriert und im beruflichen wie auch privaten Alltag fest verankert (vgl. Eichenberg 2011). So sind mehr als sechzig Prozent aller Deutschen mehrmals täglich im Internet (vgl. Statista 2012). Neben dieser *Mediatisierung* des Alltags lässt sich zudem eine hohe Selbstoffenbarungsbereitschaft in der virtuellen Kommunikation feststellen (vgl. Taddicken 2011). Hierbei dient das Netz bei psychosozialen Problemen nicht nur der Informationssuche, sondern immer häufiger wird auch die direkte Unterstützung durch professionelle Helfer gesucht (vgl. Eichenberg 2011). Das Konzept der *avatarbasierten Beratung* in drei-dimensionalen Räumen könnte somit in Beratungs- und Coa-

chingprozessen eine sinnvolle und nutzerbezogene Erweiterung darstellen.

2. Differenzierung Coaching, Beratung und Therapie

Coaching, Beratung und Therapie stellen sich in der Praxis oft als über-
lappende Tätigkeiten dar; je nach Kontext ist es eher von Interesse, ihre
Gemeinsamkeiten darzustellen oder sie in ihren unterschiedlichen Zielsetzungen scharf voneinander abzugrenzen.

Gemeinsam ist diesen drei Interventionsformen sicherlich, dass sie
von Menschen in Problem- oder Notlagen in Anspruch genommen werden. Psychotherapie hat den Anspruch, körperliche und/oder psychische
Symptome zu heilen oder zu lindern Beratung ist in der Regel ein be-
grenzterer und kürzerer Prozess, der auf die Lösung von Problemen, die
einzelne Lebensbereiche betreffend, abzielt. Coaching hingegen meint
eine explizit lösungs- und zielorientierte „partnerschaftliche Beratung
und Begleitung von Klienten unter Berücksichtigung ihrer Ressourcen
und Fähigkeiten" (Spitczok von Brisinski 2011, S. 2). Für alle drei Interventionsformen gewinnen virtuelle Interaktionsmöglichkeiten zunehmend an Bedeutung. Im psychotherapeutischen Bereich weisen Baur
und Kordy (2008) beispielsweise auf die positiven Ergebnisse hinsichtlich der therapeutischen Allianz im Bereich der internetbasierten Nach-
sorge und dabei speziell auf die posttraumatische Belastungsstörung
hin; auch empirische Befunde zu krankheitsbezogenen Internetforen
zeigen überwiegend positive Aspekte (vgl. Berger 2011). Christian
Roesler (2011) kritisiert jedoch eine vor allem im deutschsprachigen
Raum vorzufindende einseitig optimistische Haltung hinsichtlich der
Möglichkeiten virtueller therapeutischer Beziehungen, was sich auch auf
den Bereich von Coaching und Beratung übertragen lässt. Durch die
Möglichkeit, jederzeit die Kommunikation abzubrechen, und dem
Wechselspiel zwischen Erreichbarkeit des Therapeuten oder Beraters bei
gleichzeitiger Anonymität der eigenen Person könnten demnach Flüch-
tigkeit und Unverbindlichkeit in der Beziehung entstehen (vgl. Roesler

2011, S. 108). Es ist jedoch auch zu beachten, dass sich die User gemeinsam einen neuen öffentlichen Raum, eine virtuelle Community erschaffen. Auf der Suche nach individueller Sinngebung werden diese virtuellen Orte jeglicher Art zu Ersatz- und Ergänzungsräumen der Identitätsbildung. Die mit diesem Prozess verbundene Kommunikation und die Unterstützung durch soziale Lernerfahrung innerhalb der Community sind zwar anfangs immer mit einem hohen Maß an Anonymität und Distanz verbunden; jedoch bewirken virtuelle *Spielräume* durch den intensiven Beziehungsaufbau der Nutzer untereinander einen Aktivierungsprozess, im Zuge dessen sie immer häufiger Themen aus dem *Real Life* in die Community einbringen und dort bearbeiten (vgl. Benke 2007, S. 104).

Eine ausschließlich internet- oder gar avatarbasierte Psychotherapie ist gemäß des ausschließlichen Fernbehandlungsverbots untersagt, da man davon ausgeht, dass der persönliche Kontakt entscheidend dafür ist, psychotherapeutische Standards einzuhalten, wie z. B. Symptome nicht zu übersehen oder adäquat einzuschätzen (vgl. Almer 2008; Wenzel 2011). Beratung und Coaching hingegen unterliegen keinen gesetzlichen Anforderungen, da es sich bei ihnen nicht um *Krankenbehandlung* handelt, sondern lediglich um eine Art *Lebenshilfe*. Es handelt sich dabei um niedrigschwellige Angebote, die auch in ihrer Ausgestaltung einen wesentlich größeren Spielraum haben.

3. Das avatarbasierte Beratungsprojekt

Um das Beratungsangebot zu vergrößern und um den virtuellen Spielraum für internetbasierte Beratungsangebote zu nutzen, hat die Hochschule Neubrandenburg vor zwei Jahren eine virtuelle Beratungsambulanz in der anwendererzeugten virtuellen 3D-Welt des Internets, Second Life (SL; vgl. http://secondlife.com) eröffnet (vgl. Bräutigam/Herz/Bredl 2011; siehe Abb.1).

Abb. 1: Screenshots der Psychologischen Beratungsambulanz der Hoch
schule Neubrandenburg

Um Erkenntnisse über die Nutzerakzeptanz gegenüber virtuellen Beratungsangeboten zu bekommen, wurde eine Vorabstudie zu den Ansprüchen und der Kritik der User an bisherigen Angeboten angestellt. Diese ersten Ergebnisse mündeten in der Fragestellung, wie avatarbasierte Beratungsangebote in SL wahrgenommen werden. Aus den Resultaten lassen sich ähnliche Ansprüche wie bei Beratungsangeboten des Real Life (RL) vermuten (vgl. Lüngen/Rienitz 2010). Es wurde deutlich, dass den Nutzern ein formal korrektes, transparentes und am realen Leben (RL) überprüfbares Auftreten der Forscher und Berater sehr wichtig ist. Sie legten Wert auf die Identifizierbarkeit des Ansprechpartners und auf seine nachweislichen Qualifikationen. Weiterhin erwarteten die User, dass der Forscher ein angemessenes Interesse an SL hat, über einen SL-Account verfügt und über längere Zeit *inworld* präsent war. Neben Offenheit und Wertschätzung auf Seiten des Beraters (und Forschers) wird von den Usern ein besonderer Wert auf den sensiblen Umgang mit Daten gelegt. „Als Voraussetzung für die Gewährleistung eines produktiven Kontaktes sehen wir das Verständnis für die (negativen) Erfahrungen der User und empfehlen diese zu beachten." (Lüngen/Rienitz 2010 S. 28)

Aus dieser Vorstudie wird ersichtlich, dass man von einer recht anspruchsvollen potentiellen Nutzergruppe von virtuellen Beratungsangeboten ausgehen darf und es Sinn macht, das neue Format des Beratungsangebotes einmal genauer in den Blick zu nehmen und nicht zuletzt Unterschiede zum RL aufzuzeigen.

4. Merkmale avatarbasierter Beratung

In der Entwicklungs- und klinischen Psychologie werden oftmals spezielle Phantasieprodukte von Kindern beschrieben, wie z. B. der *imaginäre Gefährte*, die eine entwicklungsfördernde Funktion besitzen, Selbstheilungskräfte aktivieren und der Kompensation von Defiziten im Beziehungsbereich, der Impulskontrolle und der Abwehr narzisstischer Kränkungen dienen (vgl. z. B. Seiffge-Krenke 2004). Offensichtlich gewinnt die Erschaffung eines imaginären Gefährten – des Avatars – mit der Weiterentwicklung virtueller Welten wie z.B. in den zahlreichen Online-Computer-Spielen, MMORPGs bzw. MUVEs[1] zunehmend an Bedeutung. MMORPGs können ähnlich wie der Konsum von Fantasy-Literatur zum einen die Realitätsflucht begünstigen und zum anderen die weitere Ausformung von Symbolisierungsfähigkeit unterstützen. Die Förderung der Symbolisierungsfähigkeit bzw. der Fähigkeit, Symbol-

---

[1] MMORPG: Massive Multiplayer Online Role Game
MUVE: Multi User Virtual Environment

und Rollenspiele zu inszenieren, bedeutet dabei, einen Möglichkeits-
raum zu erschaffen und eine genuine Verbindung zwischen innerer und
äußerer Realität herzustellen. Dabei besteht die Möglichkeit, den Audiokanal (Voice-Chat) zu benutzen und damit eine erweiterte Sprachlichkeit in den Beratungs- und
Coaching-Prozess zu integrieren. Die Körperlichkeit wird über den
Avatar, den eigenen Repräsentanten, hergestellt, was dazu führt, dass
der Klient äußert, dass er sich dort in dieser virtuellen Welt befindet.
Obwohl es dem Nutzer möglich ist, für den körperlichen Ausdruck seines Avatars aus einer Reihe von vordefinierten Gesten auszuwählen,
darf man hier natürlich keine Vergleiche gegenüber einer realen Prä-
senzsitzung herstellen, denn letztlich müssen alle körpergebundenen
Signale im Gegensatz zum Real Life bewusst gesendet werden. Die Gegenüberstellung sollte immer in Relation mit anderen Settings der Online-Beratung und des E-Coachings erfolgen.

Nach Stenzel (2006) stärkt insbesondere phantastische Kinderlitera-
tur die kindliche Entwicklung durch die Verarbeitung emotionaler Erlebnisse und die Spiegelung des eigenen Selbst, sowie die Auseinandersetzung mit dem fremdartig erscheinenden Anderen. Sie ermöglicht den
Lesern, zwischen zwei Welten hin und her zu pendeln, eröffnet den
Blick darauf, dass das Phantastische – das Nicht-Mögliche – als Element
bzw. als Symbol für etwas Dahinterliegendes angesehen wird und fördert insofern die Symbolisierungsfähigkeit (vgl. Bräutigam 2009). Die
Erschaffung eines eigenen Avatars, der mit gewünschten Eigenschaften
versehen werden kann, kann u. a. auch die Vitalisierung von bestimmten Persönlichkeitsanteilen befördern, die im realen Leben, aus welchen
Gründen auch immer, wenig zum Zuge kommen. Das müssen nicht nur
negative Eigenschaften, wie eine erhöhtes Aggressionspotential sein,
sondern es können durchaus auch bestimmte persönliche und soziale
Kompetenzen wie Mut, Hilfsbereitschaft, Kommunikationsfähigkeit sein
– von der Kreation äußerer attraktiver Merkmale mal ganz abgesehen.

> „Virtuelle Räume geben die Möglichkeit, geschützt an sich selbst und der
> eigenen Persönlichkeit zu arbeiten, sich ständig neu zu erfinden und im
> Rahmen von Virtualität zu erproben. Diese Räume dienen also nicht nur als

Kommunikationsorte und/oder als Beratungsräume, in denen man Erfahrungen sammeln und sich informieren kann. Sie gelten auch als Spielräume,
in denen neue Beziehungen erprobt und aufgebaut werden können."
(Huth-Hildebrandt 2011, S. 5)

Entscheidend hierbei ist, inwieweit eine Identitätsbildung einschließlich
der Vitalisierung von Persönlichkeitsanteilen durch die Gestaltung des
Avatars ermöglicht wird und vor allem in welcher Intensität die Identi-
fizierung mit der virtuellen Erscheinung stattfindet. Zur Beschreibung
dieses Gradmaßes eignet sich der Begriff der *Repräsentation*. So lassen
sich in der Virtualität vier Identifikationsgrade mit dem digitalen Repräsentanten erkennen, die mit zunehmender Komplexität und Gestaltbar-
keit auch eine zunehmende Erfahrung ermöglichen: der *Player*, der *Avatar*, der *Character* und die *Persona*. Diese Unterteilung lässt sich daher im
Zusammenhang mit Repräsentation auch als primäre Differenzierungs-
möglichkeit begreifen (vgl. Bartle 2003). Der *Avatar* als Repräsentant des
Nutzers, lässt bereits einen großen Gestaltungsspielraum zu. Insbesondere durch einen wesentlich höheren Grad an technisch bedingten und
gestaltbaren Individualisierungsoptionen, wie Aussehen, Kleidung, Geschlecht, Größe, etc. Als solches ist der Avatar also eher eine technisch
weiterentwickelte Form des Players und beinhaltet ein größeres Repertoire an Individualisierungsoptionen, woraus sich durch den größeren
Gestaltungsspielraum auch eine höhere Identifikation mit der Kunstfi-
gur ableiten lässt. Der *Character* ist dadurch gekennzeichnet, dass über
ihn erstmals in der Ich-Form kommuniziert wird und ein hohes Maß an
Identifikation mit dem virtuellen Repräsentanten besteht. So gesehen ist
dieser Zustand also eher eine innerpsychische *Aufwertung* des Avatars,
weniger eine Frage der technischen Realisierung. Als Höchstform der
Identifikation und damit auch immersiver Erfahrung gilt die *Persona*.
Dabei ist der virtuelle Repräsentant Teil der Identität des Nutzers. Der
Nutzer empfindet nicht mehr das Vorhandensein eines Repräsentanten,
sondern ist selbst virtuell präsent. Auch dieser Zustand scheint eher ein
Wahrnehmungsphänomen auf der Beziehungsebene des Nutzers zu
seinem virtuellen Repräsentanten zu sein, wenngleich ein Höchstmaß an
technischen Individualisierungsoptionen zur Ausgestaltung des virtu-

ellen *Ichs* unterstützend sein dürfte (Bredl/Herz 2010). Dabei sorgen die kulturell geprägten und internalisierten Grundbilder ästhetischen Empfindens dafür, dass gerade durch die technischen Möglichkeiten der Virtualität individuelle idealisierte Selbstbilder als gesellschaftliche Abbilder entstehen (vgl. Benke 2007).

Immersion kann im Zusammenhang mit Virtuellen Welten häufig als *Ich-Beteiligung* oder *Miteinbezogenheit* verstanden werden (vgl. Pietschmann 2009). Pietschmann (2009) gibt demnach folgende Definition an:

> „Immersion ist ein psychischer Zustand, der sich dadurch charakterisiert, wie stark ein Nutzer den Eindruck hat, Bestandteil einer Umgebung zu sein, die kontinuierliche Stimuli und Erlebnisse liefert." (S. 44)

Dies macht deutlich, dass unter Immersion ein „Vorgang oder Zustand des Ein- oder Untertauchens" (ebd., S. 70) verstanden wird.

Eng mit dem immersiven Erleben geht die Erfahrung der Präsenz einher, wobei die Wahrnehmung gemeint ist, sich innerhalb einer virtuellen Umgebung anwesend, d.h. präsent, zu fühlen" (Heers 2005, S. 49). Um ein besseres Verständnis für diese Verkörperung zu erhalten, ist es hilfreich, der Unterscheidung von Heeter (1992) innerhalb des Phänomens Präsenz zu folgen. Er unterscheidet drei Arten von Präsenz in virtuellen Welten: Die umweltbedingte Präsenz, die im Zusammenhang mit den interaktionistischen Möglichkeiten steht, welche die virtuelle Welt bietet. Die personengebundene Präsenz, die das individuelle Gefühl des *sense of being there* beschreibt, also das Erleben des realen Vor-Ort-Seins und drittens die soziale Präsenz, die sich auf das Vorhandensein anderer Personen in der virtuellen Umgebung bezieht. Insbesondere die letztgenannte Form beschreibt das Phänomen, die virtuelle Umgebung als sozialen Kontext, als Setting für Beratung und Coaching wahrzunehmen, in dem die eigene Anwesenheit innerhalb des virtuellen Raumes auf die Anwesenheit des Beraters oder Coachs trifft und das eigene Verhalten dahingehend ausgerichtet wird, als würde man einem *echten* Menschen begegnen (Bredl/Herz 2010).

Immersion bzw. Präsenz ist auch mit den vielfältigen Möglichkeiten der Navigation über den Avatar in der dreidimensionalen Welt, die auch vor der Möglichkeit des Fliegens und des Teleportierens nicht halt macht, verbunden. Für fortgeschrittene Nutzer ist auch die Gestaltung dieser dreidimensionalen Welt kein Problem. Relativ einfach lassen sich in Second Life oder OpenSim (siehe http://opensimulator.org) dreidimensionale Objekte bauen und diesen dann über entsprechende Skripte Eigenschaften zuweisen, die eine erweiterte Interaktion ermöglichen (vgl. Abb. 2).

Abb. 2: Avatare in Interaktion in einem der Beratungsräume

Besonders interessant für Therapie-, Beratungs- und Coachingprozesse dürfte zudem sein, dass sich erkennbare Tendenzen höherer Selbstoffenbarungsbereitschaft aufzeigen lassen (vgl. Weisband/Kiesler 1996; Joinson 2001). Dies wird einerseits durch die physische Isolation am PC und andererseits durch die Abwesenheit sozialer und kontextueller Hinweise in der Kommunikation erreicht. Die sich daraus ergebende geringere Identifizierbarkeit wirkt sich in der Folge positiv auf die Offenheit und Bereitschaft aus, persönliche und vertrauliche Inhalte Preis zu geben.

Ohnehin entsteht bei der Betrachtung der Online-Kommunikation die These, dass aufgrund von Idealisierungsprozessen, selektiver Selbstdarstellung und Wechselseitigkeit der Kommunikation, diese sozialer und intimer stattfindet als in der Face-to-Face-Situation (vgl. Walther, 1996). Grund dafür ist neben der Selbstidealisierung auch die Idealisierung des Gegenübers durch das Ausfüllen von Informationslücken mit positiven und idealisierten Inhalten. Ursächlich dafür sind nach Walther (1996) die überwiegend positiven Projektionen, die bei der selektiven Selbstdarstellung im Netz erzeugt werden.

5. Thema Prototypenbildung/Soziale Präsenz

Der Avatar verkörpert immer bestimmte psychische Repräsentanzen und Identitätsanteile, die sich in der virtuellen Welt in Interaktionen manifestieren und in der realen Welt ihren Besitzer möglicherweise mental beschäftigen.

Ähnlich wie der imaginäre Gefährte ist der Avatar potentiell in der Lage, Defizite im Beziehungsbereich des realen Lebens zu kompensieren und z. B. sozial kompetent um Hilfe oder Beratung zu bitten. Dabei findet Beratung, Coaching oder Therapie, gleichgültig ob virtuell oder real, immer in einem intersubjektiv definierten Raum statt:

> „So bewegt sich keine Therapie in einem fiktiv abgeschlossenen, monadischen Raum, sondern stets in einer gemeinsam erarbeiteten Wirklichkeit. Im intersubjektiven Feld treffen sich zwei Welten, die sich ‚fortlaufend enthüllen und voreinander verbergen‘ [...] Das gemeinsame intersubjektive Dritte ist der Stoff, aus dem sich zunehmend das Kohärenz- und Kontinuitätsgefühl bildet." (Bürgin 2004, 118f)

Bei der avatarbasierten Beratung wird dieses Aufeinandertreffen zweier Figuren, die sich *fortlaufend enthüllen und voreinander verbergen* nochmal um einiges deutlicher. In diesem Zusammenhang erscheint es lohnenswert, einen Blick auf die individuelle Entstehung der Repräsentanten am Beispiel des Berater-Avatars zu werfen.

6. Reflexionen über die Geburt des Berater-Avatars

Nachfolgend reflektiert die in der oben beschriebenen Beratungsambulanz prototypisch tätige psychologische Beraterin über die ersten Erfahrungen mit ihrem Avatar in der virtuellen Welt:

> *Die Geburt meines Avatars verlief schnell, schmerzfrei, wenn auch nicht ohne das eine oder andere Schamerlebnis. Bereits die Auswahl des Namens erschien mir ähnlich wie auch im realen Leben eine Mischung aus Fremd- und Selbstbestimmung. Den Vornamen durfte ich selbst aussuchen, beim Nachnamen hatte ich mich zwischen einigen vorgegebenen Möglichkeiten zu entscheiden. Die Entscheidung für Olga erfolgte spontan und erst als ich darüber nachdachte, wurde die Beziehung des russischen Namens zu meiner russischen Teilidentität deutlich, die ich sehr mag, aber in der Realität wenig lebe. Die freie Wahl bei der Ausgestaltung äußerlicher Merkmale aktivierte, wie bereits angedeutet, einige Schamaffekte: So fiel es mir beispielsweise schwer, zu entscheiden, welche Brustgröße Olga haben sollte. Wie konstruiere ich eine Brustgröße so, dass sie möglichst wenig Assoziationen in die eine oder andere Richtung weckt, also weder entsexualisiert noch sexuell übermäßig aufgeladen ist, also den Beratungsprozess möglichst wenig stört? Verlockend schien bei der Entstehung von Olga weiterhin, dass sie ohne größere Anstrengung zu etwas in der Lage war, was mir bei Beratungen oder Therapien im RL durchweg nicht gelingt, das Aufsetzen eines neutral freundlichen Gesichtsausdrucks. Olga kann Pokerface, eine durchaus nützliche Fähigkeit in Coaching, Beratung und Therapie. Dennoch war klar, dass Olga zumindest von ihrer Ausstattung und ihrer Lenkung durch mich auch einiges nicht zwingend konnte, wie z. B. authentische Reaktionen produzieren.*

7. Zusammenfassung

Die Erschaffung eines Avatars scheint zunächst daran orientiert, möglichst als ideal empfundene Eigenschaften miteinander zu kombinieren und persönliche Unzulänglichkeiten zu eliminieren. Aber ist das auch die richtige Herangehensweise an die Erschaffung eines Berater-Avatars? Aus der klientenzentrierten Beratung nach Carl Rogers (1993) muss der Berater insbesondere drei Anforderungen erfüllen. Er muss empathisch, wertschätzend und authentisch sein. Der systemisch orientierte Coach muss darüber hinaus lösungs- und ressourcenorientiert agieren. Inwiefern kann der Berater-Avatar diesen Anforderungen nachkommen und welche anderen braucht er eventuell noch? Ist es vielleicht sogar zwingend, dass er ein wenig Versehrtheit und *Imperfektion* in seine Figur hineinkomponiert, um die Atmosphäre von Omnipotenz, die den Avataren in den Virtuellen Welten eigen zu sein scheint, ein wenig zu durchbrechen?

> „Das klischeehafte Idealbild eines Psychotherapeuten ist der allseits freundliche, wohlwollende und vor allem verstehende Mensch, der sein eigenes Ich hintan hält und keine Fehler macht [...]. Nur leider ist der so verstandene Psychotherapeut kein Mensch mehr, sondern nur mehr eine Projektionsfläche, wie in den Anfängen der Psychotherapie gefordert." (Bienenstein/Rother 2009 xii)

Der Berater-Avatar ist in der Tat kein Mensch, sondern scheint die geforderte ideale Projektionsfläche zu sein. Von Forschungsinteresse erscheint aber nun, inwiefern gerade diese ideale Projektionsfläche aktiv die Illusion brechen muss, um dem *Gegenüber-Avatar* eine Bedürfnisartikulation mit Brüchen zu ermöglichen, um somit eine Brücke zu dem im RL verhafteten Besitzer des Avatars herzustellen und somit auch real wirksam werden zu können.

Literatur

Almer, Sebastian (2008): Das Fernbehandlungsverbot als rechtliche Grenze im Einsatz Neuer Medien in der psychosozialen Versorgung. In: Kordy, Hans/Bauer, Stephanie (Hrsg.): E-Mental-Health. Neue Medien in der psychosozialen Versorgung. Heidelberg: Springer. S. 13-18

Bailenson, Jeremy N./Blascovich, Jim (2004): Avatars. In: Bainbridge, William S. (Ed.), Encyclopedia of human-computer interaction. Great Barrington, MA: Berkshire. pp. 64-68

Bartle, Richard A. (2003): Designing Virtual Worlds. Indianapolis: New Riders

Bauer, Stephanie/Kordy, Hans (2008): Computervermittelte Kommunikation in der psychosozialen Versorgung. In: Kordy, Hans/Bauer, Stephanie (Hrsg.): E-Mental-Health. Neue Medien in der psychosozialen Versorgung. Heidelberg: Springer. S. 3-12

Benke, Karlheinz (2007): Online-Beratung und das Ich – Bild, Bilder und Abbilder im virtuellen Raum. Duisburg: WIKU

Berger, Thomas (2011): Web 2.0 – Soziale Netzwerke und Psychotherapie. In: Psychotherapie im Dialog, 12(2). S. 118-122

Bredl, Klaus/Herz, Daniel (2010): Immersion in virtuellen Wissenswelten. In: Hug, Theo/Maier, Ronald (Hrsg.): Medien - Wissen - Bildung: Explorationen visualisierter und kollaborativer Wissensräume. Innsbruck: innsbruck university press (IUP)

Bienenstein, Stefan/Rother, Mathias (2009): Fehler in der Psychotherapie. Heidelberg: Springer

Bräutigam, Barbara (2009): Realitätsflucht oder Resilienzfaktor? Die Bedeutung der Imaginationsfähigkeit in der Psychotherapie mit Kindern und Jugendlichen. In: Praxis der Kinderpsychologie und Kinderpsychiatrie, 58(5). S. 321-29

Bräutigam, Barbara/Herz, Daniel/Bredl, Klaus (2011): Von Avatar zu Avatar. Systemisch orientierte Beratung in virtuellen Welten. Familiendynamik. In: Interdisziplinäre Zeitschrift für systemorientierte Praxis und Forschung. 36(1). S. 14-21

Bürgin, Dieter (2004): Dreiecksgeschichten in der Kindertherapie. Die Rahmenerzählung zu den Märchen aus Tausendundeine Nacht als klinische Veranschaulichung. In: Metzmacher, Bruno/Wetzorke, Friederike (Hrsg.): Entwicklungsprozesse und die Beteiligten. Perspektive einer schulenübergreifenden Kinder- und Jugendlichenpsychotherapie. Göttingen: Vandenhoeck & Ruprecht. S. 111-133

Eichenberg, Christiane (2011): Zur Rolle moderner Medien in der Psychotherapie. Stand und Perspektiven. In: Psychotherapie im Dialog, 12(2). S. 102-106

Geißler, Harald (Hrsg.; 2008): E-Coaching. Baltmannsweiler: Schneider Hohengehren

Heers, Rainer (2005): Being There – Untersuchungen zum Wissenserwerb in virtuellen Umgebungen. Dissertation an der Fakultät für Informations- und Kognitionswissenschaften, Eberhard-Karls-Universität Tübingen. URL: http://deposit.ddb.de/cgi-bin/dokserv?idn=974321-664 (Abruf: 04.03.2012)

Heeter, Carrie (1992): Being There: The Subjective Experience of Presence. URL: http://commtechlab.msu.edu/randd/research/beingthere.html> (Abruf: 04.03.2012)

Hintenberger, Gerhard/Kühne, Stefan (2009): Veränderte mediale Lebenswelten und Implikationen für die Beratung. In: Kühne, Stefan/Hintenberger, Gerhard (Hrsg.): Handbuch Online-Beratung. Göttingen: Vandenhoeck & Ruprecht. S. 13-26

Huth-Hildebrandt, Christine (2011): Vom antwortenden Tagebuch zur Nutzung virtueller Räume. In: Familiendynamik, 36 (1), S. 4-13

Joinson, Adam N. (2001): Self-disclosure in computer-mediated communication: The role of self-awareness and visual anonymity. In: European Journal of Social Psychology, 31. S. 177-192

Klein, Alexandra (2007): ‚Soziales Kapital Online'. Soziale Unterstützung im Internet. Eine Rekonstruktion virtualisierter Formen sozialer Ungleichheit. Dissertation. URL: http://bieson.ub.uni-bielefeld.de/volltexte/2008/1260/pdf/Klein_Alexandra_Dissertation.pdf (Abruf: 04.03.2012)

Kzero (2011): Virtual Worlds: Industry & User Data. Universe Chart for Q2 2011. Slideshare Presentation. URL: http://www.slideshare.net/nicmitham/kzero-radar-q2-2011 (Abruf: 04.03.2012)

Lüngen, Sarah/Rienitz, Constanze (2010): Empfehlung zur Gestaltung eines Fragebogens für SL-User auf der Grundlage einer Forenanalyse. Neubrandenburg: Unveröffentlichter Forschungsbericht

Pietschmann, Daniel (2009): Das Erleben virtueller Welten. Involvierung, Immersion und Engagement in Computerspielen. Boizenburg: Verlag Werner Hülsbusch

Roesler, Christian (2011): Die virtuelle therapeutische Beziehung. Eine Reflexion über Möglichkeiten und Grenzen. In: Psychotherapie im Dialog, 12(2). S. 107-112

Rogers, Carl (1993): Die klientenzentrierte Gesprächspsychotherapie. Frankfurt/M.: Fischer

Seiffge-Krenke, Inge (2004): Psychotherapie und Entwicklungspsychologie. Heidelberg: Springer

Spitczok von Brisinski, Ingo (2011): Therapie, Beratung, Coaching. In: Forum der Kinder- und Jugendpsychiatrie und Psychotherapie. 21(2). S. 2-6

Statista (2011): Wie oft nutzen Sie das Internet? URL: http://de.statista.com/statistik/daten/studie/171399/umfrage/nutzungshaeufikeit-des-stationaeren-internets/ (Abruf: 04.03.2012)

Stenzel, Gudrun (2006): Fantastische Kinder- und Jugendliteratur zwischen entwicklungspsychologischen und literarischen Funktionen – Anmerkungen zu Wolfgang Meißner. In: Knoblauch, Jörg/Stenzel, Gudrun (Hrsg.): Zauberland und Tintenwelt. Fantastik in der Kinder- und Jugendliteratur. Beiträge Jugendliteratur und Medien, 17. Beiheft. S. 173-191

Taddicken, Monika (2011): Selbstoffenbarung im Social Web. Ergebnisse einer Internet-repräsentativen Analyse des Nutzerverhaltens in Deutschland. In: Publizistik, 56(3), 281-303. DOI: 10.1007/s11616-011-0123-8

Walther, Joseph B. (1996): Computer-mediated communication: Impersonal, interpersonal and hyperpersonal interaction. In: Communication Research, 23(1). S. 3-43

Weisband, Suzanne/Kiesler, Sara (1996): Self Disclosure on Computer Forms: Meta-Analysis and Implications. URL: http://old.sigchi.org/chi96/proceedings/papers/Weisband/sw_txt.htm (Abruf: 04.03.2012).

Wenzel, Joachim (2011) Internetdatenschutz – Vertrauliche Psychotherapie in der vernetzten Praxis. In: Psychotherapie im Dialog, 12(2). S. 158-161

Virtuelles Coaching – programmgeleitetes Telefoncoaching mit Internet-Support

Harald Geißler

Coaching hat sich in den letzten zwei Jahrzehnten nicht nur sehr erfolgreich, sondern auch äußerst variantenreich entwickelt. In der *Startphase*, d.h. bis Ende der 90er Jahre definierte es sich im Wesentlichen durch sieben Merkmale, nämlich (1) dass es sich um eine *situationssensibel-prozessoffene Beratung* handelt, die (2) *vertraulich unter vier Augen* stattfindet, die (3) von einem *Professional* geleitet wird, die sich (4) auf *Business-Themen* bezieht und die sich (5) an die Zielgruppe der *oberen und obersten Führungskräfte* wendet. Als Selbstverständlichkeit wurde dabei weiterhin davon ausgegangen, dass (6) Coaching ein *Präsenz-Format* ist, bei dem (7) das *gesprochene Wort* im Mittelpunkt steht (vgl. Looss 1991).

Nicht zuletzt aufgrund des großen Erfolgs wurden diese sieben Definitionsmerkmale in der seit der Jahrhundertwende einsetzenden *Diversifizierungsphase* zunehmend als einengende Marktbeschränkungen wahrgenommen und mit einem vierfachen Erweiterungsimpuls beantwortet, (1) indem Coaching sich zunehmend auch an mittlere und untere Führungskräfte, ausgewählte Fachkräfte und schließlich auch an Personen wandte, die nicht in der Wirtschaft arbeiten (z.B. Esders 2011), (2) indem Coaching sich für Themen öffnete, die mit Business nichts zu tun haben (z.B. Birgmeier 2006), (3) indem zu dem klassischen 1:1-Format neue Formate wie Team-Coaching (z.B. Schmid 2005), Gruppen-Coaching (z.B. Rückle 2005) und Organisationscoaching (z.B. Höher 2007) hinzukamen und (4) indem Coaching als Alltagsaufgabe des Vorgesetzten (z.B. Neges/Neges 2008) entdeckt wurde.

Diesem ersten folgt zurzeit ein *zweiter Diversifizierungsschub* mit drei weiteren Diversifizierungsimpulsen: Der erste besteht darin, Coaching durch die Nutzung der modernen Medien zu *virtualisieren* und damit vom klassischen Format des Präsenz-Coaching unabhängig zu machen. Besonders nahe liegend ist dabei die Nutzung des Telefons (siehe dazu die Beiträge von Belzner und Asselmeyer/Delkeskamp in diesem Band). Aber auch die Möglichkeiten der Videokommunikation und der internetbasierten Schriftlichkeit werden erprobt (siehe dazu die Beiträge von Knatz, Koch und Ojstersek/Schiefner-Rohs in diesem Band). Damit stellt sich die Frage, ob Coaching, wie ursprünglich konzipiert, an das gesprochene Wort gebunden ist bzw. welche Bedeutung *internetbasierte Schriftlichkeit* haben kann (siehe dazu den Beitrag von Hergenreider/Hüniger/Reindl in diesem Band). Dieser zweite neuerliche Diversifizierungsimpuls verbindet sich schließlich mit einem dritten: Er besteht darin, *Coaching-Programme* zu entwickeln und damit die für die Ausgangskonzeption charakteristische Selbstverständlichkeit zu relativieren, Coachingprozesse müssten inhaltlich radikal situationssensibel offen sein und sich so von inhaltlichen Prozessstrukturierungen, wie sie zum Beispiel für Trainings typisch sind, abgrenzen. Von diesem letztgenannten Diversifizierungsimpuls geht mit Blick auf die Zukunft vermutlich eine große Innovationskraft aus.

1. Coaching als erwachsenenpädagogisches Konzept selbstgesteuerten Lernens

Eine der sowohl für die Theorie wie auch Praxis wichtigsten Fragen, denen sich Coaching seit seinen Anfängen stellen muss, ist die Frage, ob bzw. wie es sich von *Psychotherapie* unterscheidet (z.B. Schmidt-Lellek 2007). Mit Blick auf die Vermarktung von Coaching ist diese Frage von höchster Bedeutung und hat zu heftigen Abwehrreaktionen geführt. Denn Psychotherapie hat den für die Vermarktung von Business Coaching ungünstigen Beigeschmack psychischer Erkrankung oder Störung.

Das in diesem Zusammenhang wichtigste Argument ist, dass Psychotherapie im Gegensatz zu Coaching auf die *Heilung psychischer Störungen* zielt (vgl. z.B. Greif 2008, S. 63). Damit stellt sich die Frage der Grenze, die Personen mit und ohne Psychotherapiebedarf trennt. Diese Frage lässt sich mit Bezug auf den Grad der Fähigkeiten beantworten, Probleme des privaten und beruflichen Lebens erfolgreich als Anlass und Herausforderung für *selbstgesteuertes Lernen* und in diesem Sinne für *Selbstcoaching* wahrnehmen zu können. Von diesem Standpunkt aus betrachtet, gibt sich Coaching als ein *Format der Erwachsenenbildung/ Weiterbildung* (vgl. Cox 2006) zu erkennen. Von Psychotherapie grenzt es sich dadurch ab, dass es ähnlich wie die kognitiv-behavioristische Verhaltenspsychotherapie kognitives Verhaltenstraining konzeptionell in den Mittelpunkt stellt, im Gegensatz zu dieser jedoch kognitives Verhaltenstraining in ein erwachsenenpädagogisches Konzept selbstgesteuerten Lernens integriert. Dieses Konzept zeichnet sich dadurch aus, dass es zwei für die Psychologie wesentliche Traditionen aufnimmt und weiterführt, nämlich zum einen die vor allem auf Carl Rogers (z.B. 1972) zurückgehende personenzentrierte Psychologie und zum anderen die durch Martin Seligman (z.B. 2002) begründete Positive Psychologie.

Diese Auffassung findet Unterstützung durch den wissenschaftlichen Diskurs über Coaching, der trotz der Pluralität unterschiedlicher konzeptioneller Begründungsvorschläge infolge konkurrierender Denk- und Wissenschaftsschulen (vgl. z.B. Cox/Bachkirova/Clutterbuck 2010; Palmer/Whybrow 2007; Passmore 2010; Stober/Grant 2006) sich durch den Konsens auszeichnet, dass das *konstitutive* Merkmal von Coaching in der spezifischen Verbindung zum einen der gezielten Ansprache und der Nutzung und zum anderen der Förderung der *Selbstständigkeit*, d.h. Selbsttätigkeit und Selbstverantwortung des Klienten besteht. Mit Bezug auf dieses konstitutive Merkmal lässt sich Coaching als *personenzentriertes kognitives Verhaltenstraining* rekonstruieren, dessen Besonderheit darin besteht, dass das anleitende Training streng genommen nicht von einem Einzelnen, sondern von zwei Personen durchgeführt wird, nämlich vom Coach und vom Klienten, und zwar dergestalt, dass nicht der Coach, sondern der Klient letztlich federführend ist. Denn er ist derjenige, der sich selbst trainieren muss, seine Kognitionen systematisch wahrzunehmen und zu managen. Dazu jedoch braucht er professionelle Anregung und Unterstützung durch einen Coach, der zweierlei miteinander verbinden muss, nämlich *vertrauenstiftende Zuwendung*, die sich in die Tradition zum einen der personzentrierten Psychologie (z.B. Stober 2006) und zum anderen der Positiven Psychologie (z.B. Kauffman 2006) stellt, verbunden mit einer *strukturierenden Anleitung*, die den Grundgedanken des kognitiven Behaviorismus (z.B. Palmer/Szymanska 2007) folgt und so kognitives Verhaltenstraining in den konzeptionell übergeordneten erwachsenenpädagogischen Rahmen selbstgesteuerten Lernens (z.B. Dietrich 2001) integriert. In diesem Sinne ist Coaching professionelle *Hilfe zur Selbsthilfe* (vgl. Rauen 2005, S.122) durch professionelle Anleitung zu wirkungsvollem *Selbstcoaching* (vgl. Dietz/Dietz 2007; von Elverfeld 2005; Grant/Greene 2001; Miedaner 2002; Winkler 2004) als spezieller Form selbstgesteuerten Lernens.

Mit Bezug auf eine solche Verbindung von personenzentriertem kognitivem Verhaltenstraining und Selbstmanagement, dessen Kern Selbstlernen durch Selbstcoaching ist, begründet sich Coaching als ein *Format der Erwachsenenbildung/Weiterbildung* und grenzt sich damit von Psychotherapie ab. Denn das konstitutive Merkmal des psychotherapeutischen Klienten ist, dass er zu einem solchen Selbstcoaching (noch) nicht in der Lage ist. Gleichwohl muss das letztliche Ziel jeder Psychotherapie sein, ihm zu helfen, ein solches Selbstcoaching, d.h. ein solches selbstgesteuertes Lernen im Umgang mit den Herausforderungen und Problemen seines (privaten und beruflichen) Lebens Schritt für Schritt zu erlernen bzw. zu verbessern.

Aus einer solchen konzeptionellen Vorstellung folgt, dass Coaching im Sinne von *double loop learning* (vgl. Greif 2008, S. 45ff) immer zwei Ziele im Auge haben muss, nämlich zunächst einmal zur Lösung der vorliegenden Klientenproblematik beizutragen, darüber hinaus aber immer auch das *Metaziel* zu verfolgen, die fallspezifische Problematik des Klienten als Lernmedium für die Vermittlung bzw. Förderung einer bestimmten fallübergreifenden Schlüsselqualifikation (vgl. Kaiser 1992) zu nutzen, nämlich der Fähigkeit, sich demnächst im Umgang mit ähnlichen Herausforderungen selbst coachen zu können.

2. Coachingprogramme

Die gerade entwickelten Vorstellungen stellen die eingangs angesprochene für die Startphase von Coaching charakteristische Forderung in Frage, dass Coaching im Gegensatz zu Trainings radikal prozessoffen sein müsse, um den Besonderheiten des Klientenanliegens und der vorliegenden Problemsituation gerecht zu werden. Eine solche Prozessoffenheit beschränkt Coaching auf die zu lösende Problematik als Einzelfall. Soll darüber hinaus, wie oben angesprochen, zusätzlich auch das *Metaziel* der Verbesserung der Selbstlernfähigkeit bzw. der Fähigkeit, sich selbst zu coachen, verfolgt werden, erscheint es notwendig, Coachingprozesse mit Hilfe von *Programmen didaktisch zu strukturieren* (vgl. Geißler 2008, S. 10).

Blickt man auf die vorliegende Coachingtheorie und -praxis, muss festgestellt werden, dass es in dieser Hinsicht bisher nur wenige Ansätze gibt (vgl. z.B. Dietz/Dietz 2007; Greene/Grant 2003) und dass dabei nur die Programme des ‚Virtuellen Coachings‘ (VC) die Möglichkeiten der modernen Medien nutzen (vgl. Geißler 2008, 2010a, 2010b, 2010c, 2011a, 2011b). Ganz unabhängig von der Frage, ob und wie die modernen Medien genutzt werden, scheint bei der Entwicklung von Coachingprogrammen folgender Drei-Schritt bzw. folgende dreigliedrige Grundstruktur sinnvoll zu sein:

- Zunächst muss auf die vorliegenden Coachingbedarfe geschaut und versucht werden, sie zu typisieren. Denn Coachingprogramme müssen passgenau auf typisierte Bedarfe zugeschnitten sein.
- Für jeden der so typisierten Coachingbedarfe muss eine Problemlösungsstrategie entwickelt werden, mit der das doppelte Ziel verfolgt wird, zum einen die vorliegende spezielle Klientenproblematik zu lösen und zum anderen dabei das Metaziel zu verfolgen, die Fähigkeit des Klienten zu

verbessern, sich demnächst in ähnlichen Fällen erfolgreich selbst coachen zu können.

▪ Diese Problemlösungsstrategie muss schließlich zu operativen Arbeitsschritten konkretisiert werden, und zwar mit Hilfe von Coachingfragen.

Diese Erkenntnis hat im Rahmen des VC zur Entwicklung themenspezifischer (2.1) und zielgruppenspezifischer (2.2) VC-Programme geführt.

2.1 Themenspezifische VC-Programme

Vier der neun im Folgenden vorzustellenden VC-Programme beinhalten Themen, die sich nicht aus typischen beruflichen Herausforderungen ableiten, sondern sich auf Coachingbedarfe beziehen, die individuell-einzelfallspezifisch ermittelt werden müssen, und zwar mit Hilfe eines internetbasierten Fragebogens und eines darauf aufbauenden Orientierungsgesprächs. Wie oben dargestellt, beschränken sich diese Programme nicht auf Einzelfallbetrachtungen, sondern haben darüber hinaus auch übergeordnete *Metaziele* bzw. *Schlüsselqualifikationen* im Auge (siehe Tab. 1).

VC-Programm	Metaziel – Schlüsselqualifikation
Virtuelles Problem-lösungscoaching (VPC)	*Probleme durch positive Imaginationen lösen –* In Auseinandersetzung mit bisher nicht oder nicht befriedigend lösbaren Problemen lernen, eine positive Zukunft so konkret zu imaginieren, dass sich daraus konkrete Schritte für die Lösung des aktuellen Problems ergeben.
Virtuelles Zieler-reichungscoaching (VZC)	*Zieloptimierung durch Lernen im Prozess der Arbeit –* Lernen, die auf die Zielerreichung ausgerichteten Arbeitsaktivitäten immer auch als Lern- und Entwicklungsaktivitäten wahrzunehmen, um so die Zielerreichung zu optimieren.

Virtuelles Selbstco-aching (VSC)	*Dem eigenen Denken eine klare Struktur geben –* Lernen, Aufgaben und Herausforderungen systematisch zu strukturieren, und zwar mit Blick auf Ziele, zielrelevante Bedingungen sowie Planung und Umsetzungskontrolle zielführender Aktivitäten
Virtuelles Entschei-dungscoaching (VEC)	*Entscheidungen systematisch reflektieren –* Lernen, konkurrierende Entscheidungsmöglichkeiten von unterschiedlichen Standpunkten aus zu betrachten und zu bewerten

Tab. 1: Metaziele bzw. Schlüsselqualifikationen der zielgruppenunspezifischen VC-Programme

2.1.1 Virtuelles Problemlösungscoaching (VPC)

Coachingbedarf:

- Eine Person hat im privaten oder beruflichen Bereich ein Problem, für das sie als Ziel nur angeben kann, dass sie es nicht mehr haben will. Es fällt schwer, dem negativ formulierten Vermeidungsziel (*Weg-von-Ziel*) ein positiv formuliertes Problemlösungsziel (*Hinzu-Ziel*) gegenüberzustellen, das festlegt, was positiv erreicht werden soll (vgl. Schein 1986, S. 174ff).

Lösungsstrategie:

- Eine der Grundideen der von Steve de Shazer entwickelten Kurztherapie (vgl. de Shazer/Berg/Nunnally/Molnar/Gingerich/Weiner-Davis 1986) ist, statt umfangreicher und tiefgreifender Problemanalysen die problemlösende Kraft positiver Imaginationen zu nutzen. Dabei ist entscheidend, dass der Klient eine für ihn positive Zukunft so intensiv imaginiert, dass er sie genauso betrachten und erleben kann wie Erfahrungen, die er in der Vergangenheit gemacht hat. Ausgehend von dieser positiven Zukunft wird in einem nächsten Schritt zurückgeblickt auf das eigene Verhalten, das diese positive Zukunft möglich gemacht hat. Der so veränderte zeitliche Betrachtungsstandpunkt eröffnet neue Sichtweisen und Lösungsmöglichkeiten. Denn vom Betrachtungsstandpunkt der Gegenwart aus ist dieser Rückblick ein Ausblick auf die nähere Zukunft.

Zielführende Handlungsschritte:

- Schritt 1: Der Coach leitet den Klienten an, sein Problem am Beispiel von Situationen zu beschreiben, in denen er es besonders intensiv erlebt. Dabei lenkt er seinen Blick vor allem auf den beobachtbaren Verhaltens- und emotionalen Erlebensaspekt.

- Schritt 2: Diese Problembetrachtung wird kontrastiert durch die Imagination einer positiven Zukunft, in der das Problem auf wundersame Weise verschwunden bzw. gelöst ist. Ebenso wie bei der Problembetrachtung blickt der Klient dabei genau auf sein beobachtbares Verhalten und emotionales Erleben.

- Schritt 3: Die nächste angeleitete Imagination besteht darin, dass der Klient ausgehend vom Betrachtungsstandpunkt dieser positiven Zukunft auf den Prozess bzw. Entwicklungsweg zurückblickt, der von der gegenwärtigen Problematik zu jener positiven Zukunft geführt hat. Er schaut dabei vor allem auf sich selbst und klärt, welche veränderten Verhaltensweisen bzw. emotionalen Reaktionen von ihm selbst die wichtigste Ursache für die imaginierte positive Entwicklung waren.

- Schritt 4: Nach diesen Imaginationen lenkt der Coach den Blick des Klienten wieder auf die aktuelle Gegenwart, indem er fragt, welche Erfolgswahrscheinlichkeit er für die Lösung seines Problems sieht, wenn die gerade imaginierten positiven Verhaltensweisen bzw. emotionalen Reaktionen in den nächsten Tagen und Wochen konsequent praktiziert werden. Wenn der Klient eine hohe Erfolgswahrscheinlichkeit sieht, werden diese Verhaltensweisen bzw. emotionalen Reaktionen als problemlösendes Verhaltensziel festgehalten.

- Schritt 5: Nachdem das problemlösende Verhaltensziel geklärt ist, werden mit Blick auf die nächsten ein, zwei oder drei Wochen die Aktivitäten detailliert bestimmt, mit denen der Klient ein positives Umfeld für die Umsetzung seines Verhaltensziels schaffen kann.

- Schritt 6: In den nächsten Wochen beobachtet der Klient die Umsetzung dieser Planung, um daraus Konsequenzen für die Aktivitäten der anschließenden zwei oder drei Wochen zu ziehen und so seiner Problemlösung einen weiteren Schritt näher zu kommen.

- Schritt 7: Dieser Prozess vollzieht sich so lange, bis das Problem hinreichend gelöst ist.

2.1.2 Virtuelles Zielerreichungscoaching (VZC)

Coachingbedarf:

- Ein Klient verfolgt in seinem beruflichen oder privaten Bereich ein Ziel, dessen Erreichung für ihn sehr wichtig ist. Das Problem ist, dass er sich nicht hinreichend sicher ist, ob er es in der von ihm gewünschten Qualität erreichten wird. Hierfür kann es zwei Ursachen geben: Die eine mögliche Ursache ist, dass einige seiner Fähigkeiten, die für die Zielerreichung wichtig sind, nicht gut genug entwickelt sind. Die zweite mögliche Ursache ist, dass die positiven Kräfte, die dem Klienten mit Blick auf sein Ziel viel Energie geben, durch eine weithin unbewusste und deshalb für den Klienten nicht greifbare Gegenkraft, d.h. durch einen unbewussten Widerstand geschwächt bzw. behindert wird. Diese beiden Ursachen schließen sich nicht gegenseitig aus, sondern können sich miteinander verbinden.

Lösungsstrategie:

- Der Klient muss erkennen, wie weitgehend seine Sorge einer nicht optimalen Zielerreichung durch die Möglichkeit bestimmter eigener Fähigkeitsdefizite und/oder durch die Möglichkeit eines unbewussten Widerstands begründet ist. Die Antwort auf diese Frage führt zu der Erkenntnis, dass es sinnvoll ist, neben dem intendierten Ziel zusätzlich auch ein bestimmtes Lern- und Entwicklungsziel vor Augen zu haben. Dieses sollte entweder darin bestehen, eine bestimmte bisher zu wenig ausgebildete Fähigkeit mehr zu fördern, und/oder darin, zu lernen, mit dem erkannten Widerstand besser umzugehen.

Zielführende Handlungsschritte:

- Schritt 1: Der Klient formuliert das Ziel, das er zu einem bestimmten Zeitpunkt in einer bestimmten Qualität erreicht haben will. Mit Bezug auf dieses Ziel, das als Ergebnisziel bezeichnet wird, klärt der Klient, welche seiner vorliegenden Fähigkeiten für seine Erreichung am wichtigsten sind.
- Schritt 2: Auf dieser Grundlage blickt er zum einen auf seine Fähigkeiten, die für die Erreichung des Ergebnisziels wichtig sind, und zum anderen setzt er sich mit möglichen widerständigen Kräften auseinander. Auf dieser

Grundlage formuliert er ein Lern- bzw. Entwicklungsziel, das ihm helfen wird, die Erreichung seines Ergebnisziels zu optimieren.

▪ Schritt 3: Der Klient identifiziert eine Verhaltensänderung, die er in den nächsten zwei oder drei Wochen beobachtbar umsetzen will, um damit zweierlei zu erreichen, nämlich, zum einen seinem Ergebnisziel und zum anderen seinem Lern- und Entwicklungsziel näher zu kommen. Diese geplante Verhaltensänderung ist sein erstes Etappen-Ziel.

▪ Schritt 4: Der Klient versucht, sein erstes Etappen-Ziel in den nächsten zwei oder drei Wochen praktisch umzusetzen und beobachtet sich dabei systematisch. Am Ende dieses Zeitraums prüft er, zu wie viel Prozent er zum einen sein Ergebnisziel und zum anderen sein Lern- und Entwicklungsziel erreicht hat.

▪ Schritt 5: Ausgehend von den Erkenntnissen, die sich im Zuge seiner Selbstbeobachtungen ergeben, entwickelt der Klient ein zweites Etappen-Ziel, das er in den anschließenden Wochen erreicht haben möchte.

▪ Schritt 6: Der Klient versucht, sein zweites Etappen-Ziel in den nächsten Wochen praktisch umzusetzen und beobachtet sich dabei wieder systematisch. Am Ende dieses Zeitraums prüft er erneut, zu wie viel Prozent er zum einen sein Ergebnisziel und zum anderen sein Lern- und Entwicklungsziel erreicht hat.

▪ Schritt 7 und 8 sind mit den Schritten 5 und 6 formal identisch. Der sich so wiederholende Prozess endet, wenn der Klient mit dem Grad seiner Zielerreichung zufrieden ist.

2.1.3 Virtuelles Selbstcoaching (VSC)

Coachingbedarf:

▪ Eine Person wird im privaten oder beruflichen Bereich mit einer Problematik bzw. Herausforderung konfrontiert, die sich lösen bzw. bewältigen lässt, wenn die Person ihre eigenen Gedanken und Überlegungen systematischer strukturiert.

Lösungsstrategie:

▪ Mit Hilfe ausgewählter Coachingfragen, die der Klient weithin alleine ohne Unterstützung durch einen Coach beantworten kann, wird er trainiert, in sein Denken eine übersichtliche Struktur zu bringen. Sie orientiert sich am Modell zielorientierter selbstgesteuerter Problemlösung (vgl. Grant 2006, S. 154).

Zielführende Handlungsschritte:

- Schritt 1: Der Klient identifiziert die Ziele, die er erreichen möchte, und die vorliegenden und zu erwartenden Bedingungen, die bei der Zielerreichung beachtet werden müssen. Mit Bezug auf diese beiden Referenzpunkte entwickelt er einen Plan, was er konkret tun oder unterlassen muss, um seine Ziele zu erreichen.
- Schritt 2: Dieser Plan muss in den nächsten Wochen praktisch umgesetzt werden. Dabei muss sich der Klient systematisch selbst beobachten und aus seinen Beobachtungen konstruktive Konsequenzen für sein weiteres Vorgehen ziehen.
- Schritt 3: Um das weitere Vorgehen optimal zu gestalten, exploriert der Klient systematisch seine vorliegenden Ressourcen. Zum anderen prüft er, ob bzw. wie er gegebenenfalls seine Ziele verändern kann und will.

(Vertiefende Literatur: Geißler/Helm/Nolze 2007)

2.1.4   Virtuelles Entscheidungscoaching (VEC)

Coachingbedarf:

- Ein Klient hat in seinem beruflichen oder privaten Bereich das Ambivalenzproblem, dass er sich zwischen zwei oder mehreren Alternativen nicht entscheiden kann.

Lösungsstrategie:

- Die innere Zerrissenheit von Ambivalenzproblemen lässt sich mit Hilfe des Modells des Inneren Teams (vgl. Schulz von Thun 1998) lösen. Sein Grundgedanke ist, die Persönlichkeitsanteile, die zum einen für und zum anderen gegen eine bestimmte Entscheidung sind, aufzuspüren, klar kenntlich zu machen und systematisch miteinander ins Gespräch zu bringen.

Zielführende Handlungsschritte:

- Schritt 1: Der Klient identifiziert die sich anbietenden Entscheidungsalternativen und bestimmt, wer und/oder was Einfluss auf die Entscheidung hat bzw. nehmen kann.
- Schritt 2: Der Coach leitet den Klienten an, mit seinen verschiedenen Persönlichkeitsanteilen ins Gespräch zu kommen und zu klären, was diese zu den jeweiligen Entscheidungsalternativen spontan sagen.
- Schritt 3: Der Klient klärt, welche Belastungen, Risiken und welche Vorteile mit der Realisierung der verschiedenen Alternativen jeweils verbunden sind.
- Schritt 4: Der Klient klärt, ob bzw. wie er seine Entscheidungsgrundlage bzw. Entscheidungsfindungsmethode noch weitergehend verbessern kann.

2.2 Zielgruppenspezifische VC-Programme

Die Besonderheit der folgenden VC-Programme (siehe Tab. 2) ist, dass sie sich auf Coachingbedarfe beziehen, die durch typische Berufsanforderungen spezieller Zielgruppen bestimmt sind. Auch hier zeichnet sich jedes Programm durch ein Metaziel aus, das über das aktuelle Coachinganliegen hinausweist.

	Päd. Akteur	Päd. Adressat	Coachingbedarf /-thematik	Metaziel – Schlüsselqualifikation
Virtuelles Transfercoaching (VTC)	Trainer	Trainee oder Coachingklient	Unterstützung bei der Aufgabe, das, was im Training bzw. Präsenz-Coaching gelernt worden ist, in der beruflichen und/oder privaten Alltagspraxis nachhaltig anzuwenden	*Den eigenen Lerntransfer besser managen* – Lernen, das im Training/Coaching Gelernte im Alltag anzuwenden und weiterzuentwickeln

Virtuelles Führungs- coaching (VFC)	Coach	Führungs- kraft	Unterstützung bei dem Ziel, das eigene Führungs- verhalten effekti- ver zu machen	*Erfolgskritische Füh- rungsaktivitäten opti- mieren* Erkenntnis eigener Aktivitäten mit höchster Hebelwir- kung und lernen, sie in der Praxis konsequent umzusetzen
Virtuelles Mitarbei- tercoaching (VMC)	Vorge- setzter	Mitarbeiter des Vorge- setzten	Unterstützung des Vorgesetzten bei dem Ziel, die Selbstständigkeit seiner Mitarbeiter zu steigern	*Selbstständigkeit der Mitarbeiter steigern* Als Vorgesetzter ler- nen, wie man die Selbstständigkeit an- derer Menschen sys- tematisch fördern kann
Virtuelles Berater/ Sales- Coaching (VBC)	Coach	Verkäufer	Unterstützung bei dem Ziel, das eigene Verkäufer- verhalten zu verbessern	*Mehr Erfolg im Verkauf* Lernen, die eigenen Verkaufs- und Bera- tungsgespräche sys- tematisch zu beo- bachten, um sie Schritt für Schritt zu verbes- sern
Virtuelle Coaching- Supervision (VC-S)	Supervi- sor	Coach	Unterstützung bei der Reflexion von Coachingprozes- sen zwecks Er- kenntnis und Entfaltung von Verbesserungs- möglichkeiten	*Professionalisierung von Coaching* Lernen, Verbesse- rungs- und das heißt immer auch Lernpo- tenzial in der eigenen Beratungspraxis zu erkennen und umzu- setzen

Tab. 2: Metaziele bzw. Schlüsselqualifikationen der zielgruppenspezifi- schen VC-Programme

2.2.1 Virtuelles Transfercoaching (VTC)

Coachingbedarf:

- Eine Person besucht im Rahmen ihrer beruflichen oder nicht-beruflichen Weiterbildung ein Training oder Coaching und möchte das dort Gelernte nachhaltig im beruflichen bzw. privaten Alltag anwenden.

Lösungsstrategie:

- Der Klient identifiziert ein wichtiges Ziel, das sich auf eine im Training/Coaching erlernte Veränderung seines Verhaltens bezieht und das er in 10 bis 12 Wochen beobachtbar erreicht haben möchte. Dieses Gesamtziel gliedert er in drei Etappenziele, deren Umsetzung er systematisch beobachtet, um jeweils konstruktive Konsequenzen zu entwickeln.

Zielführende Handlungsschritte:

- Schritt 1: Direkt nach dem Training identifiziert der Klient mit Unterstützung durch einen Coach sein Lerntransferziel, d.h. er identifiziert, welche Verhaltensweisen er aufgrund des erfahrenen Trainings in 10 bis 12 Wochen beobachtbar verändert haben möchte. Er klärt dabei auch, wie persönlich wichtig und wie schwierig die Erreichung dieses Ziels ist.
- Schritt 2: Mit Bezug auf sein Lerntransferziel formuliert der Klient mit Blick auf die nächsten zwei oder drei Wochen ein erstes Etappen-Ziel, d.h. er identifiziert, welche Verhaltensweisen er in zwei oder drei Wochen beobachtbar verändert haben möchte.
- Schritt 3: Der Klient versucht, sein erstes Etappen-Ziel in den nächsten zwei oder drei Wochen praktisch umzusetzen, und beobachtet sich dabei systematisch. Am Ende dieses Zeitraums prüft er, zu wie viel Prozent er sein Lerntransferziel erreicht hat.
- Schritt 4: Ausgehend von den Erkenntnissen, die sich im Zuge dieser Selbstbeobachtung ergeben, entwickelt der Klient ein zweites Etappen-Ziel, das er in den anschließenden drei bis vier Wochen erreicht haben möchte.
- Schritt 5: Der Klient versucht, sein zweites Etappen-Ziel in den nächsten drei bis vier Wochen praktisch umzusetzen, und beobachtet sich dabei wie-

der systematisch. Am Ende dieses Zeitraums prüft er erneut, zu wie viel Prozent er sein Lerntransferziel erreicht hat.

- Schritt 6: Ausgehend von den Erkenntnissen, die sich im Zuge dieser Selbstbeobachtung ergeben, entwickelt der Klient ein drittes Etappen-Ziel, das er in den anschließenden vier bis fünf Wochen erreicht haben möchte.
- Schritt 7: Der Klient versucht, sein drittes Etappen-Ziel in den nächsten vier bis fünf Wochen praktisch umzusetzen, und beobachtet sich dabei wieder systematisch. Am Ende dieses Zeitraums prüft er abschließend, zu wie viel Prozent er sein Lerntransferziel erreicht hat.

(Vertiefende Literatur: Geißler 2010a, 2010b; Kreggenfeld/Reckert 2008; vgl. auch die Beiträge von Ebel/Thiele, Held/Korsten/Reckert, Kauschke und Lenzinger/Rodust in diesem Band)

2.2.2 Virtuelles Führungscoaching (VFC)

Coachingbedarf:

- Eine Führungskraft möchte ihre Führungsleistung, d.h. die Leistung ihres Teams bzw. ihres Bereichs, für den sie verantwortlich ist, steigern, und zwar nicht dadurch, dass sie noch mehr arbeitet, sondern dadurch, dass sie ihr Führungsverhalten effektiver macht.

Lösungsstrategie:

- Zum einen mit Bezug auf die vorliegenden Ziele, die die Führungskraft länger-, mittel- und kurzfristig erreichen will, und zum anderen mit Blick auf die vorliegenden Bedingungen und vor allem Umsetzungsschwierigkeiten, die für die Erreichung dieser Ziele wichtig sind, werden detailliert diejenigen drei Führungsaktivitäten der betreffenden Führungskraft identifiziert, die für die Zielerreichung die größte Hebelwirkung haben. Diese Aktivitäten werden als erfolgskritische Aktivitäten bezeichnet. Es wird davon ausgegangen, dass die – gegebenenfalls auch nur geringe – Qualitätsverbesserung dieser erfolgskritischen Aktivitäten zu einem überproportionalen Führungserfolg führt.

Zielführende Handlungsschritte:

- Schritt 1: Der Klient identifiziert die drei wichtigsten erfolgskritischen Aktivitäten, die seine momentane berufliche Situation kennzeichnen.
- Schritt 2: Der Klient beurteilt mit Hilfe einer 0-10-Skala die aktuelle Qualität seiner drei wichtigsten erfolgskritischen Aktivitäten.
- Schritt 3: Der Klient entwickelt eine szenisch-konkrete Vorstellung, was er in den nächsten Tagen und Wochen anders machen kann, damit es zu einer minimalen Qualitätsverbesserung seiner erfolgskritischen Aktivitäten kommt.
- Schritt 4: Der Klient versucht, diese Vorstellung in den nächsten Tagen und Wochen praktisch umzusetzen und beobachtet sich dabei systematisch.
- Schritt 5: Ausgehend von den Erkenntnissen, die sich im Zuge dieser Selbstbeobachtung ergeben, entwickelt der Klient erneut eine szenisch-konkrete Vorstellung, wie er die Qualität seiner erfolgskritischen Aktivitäten weiter verbessern kann.
- Schritt 6 und Schritt 7 sind formal identisch mit Schritt 4 und 5. Der sich so wiederholende Prozess endet, wenn der Klient mit seiner Führungsleistung zufrieden ist.

(Vertiefende Literatur: Naumann 2008; vgl. auch den Beitrag von Kauschke in diesem Band)

2.2.3 Virtuelles Mitarbeitercoaching (VMC)

Coachingbedarf:

- Ein Vorgesetzter will seine Mitarbeitenden, die möglicherweise auch selbst Führungskräfte sind, anleiten und unterstützen, ihre Selbstorganisationsfähigkeit im Rahmen der von der Organisation vorgegebenen Rahmenziele zu verbessern, um so ihre Leistungsfähigkeit besser auszuschöpfen, d.h. ihre Leistungen zu verbessern.

Lösungsstrategie:

- Der Vorgesetzte lernt, durch Fragen – statt durch Anweisungen und anschließende Kontrollen – zu führen. Das heißt: Der Vorgesetzte lernt, dass, wenn er in regelmäßigen ca. monatlichen Abständen dem Mitarbeiter bestimmte Coaching-Fragen stellt, diese bei dem Mitarbeiter Selbstreflexions- und Lernprozesse auslösen, die seine Selbstständigkeit, d.h. Selbstorganisationsfähigkeit und Selbstverantwortung positiv entwickeln.

Zielführende Handlungsschritte (siehe dazu auch die Coaching-Fragen in Tab. 3):

- Schritt 1: Der Vorgesetzte fragt den Mitarbeitenden regelmäßig alle 4 bis 6 Wochen,
  - o was das wichtigste Ziel war, das er in den letzten 4 bis 6 Wochen faktisch verfolgt hat,
  - o was die größte Problematik bei der Umsetzung dieses Ziels in diesem Zeitraum war,
  - o was in diesem Zeitraum seine wichtigste Aktivität war, um dieses Ziel zu erreichen bzw. diese Umsetzungsproblematik zu bewältigen,
  - o wie er auf einer Skala von 0-10 die Qualität dieser wichtigsten Aktivität einschätzen würde
  - o und was er ganz konkret hätte tun können, damit die Qualität dieser Aktivität jetzt einen Punktwert auf jener Skala höher wäre.

  Weiterhin fragt der Vorgesetzte in diesem Gespräch den Mitarbeitenden mit Blick auf die nächsten 6 bis 8 Wochen,
  - o was sein wichtigstes Ziel,
  - o was die größte Umsetzungsproblematik,
  - o was seine wichtigste zielführende bzw. problemlösende Aktivität sein wird
  - o und welche Unterstützung er sich von ihm, d.h. dem Vorgesetzten, wünscht.
- Nach jeweils 4 bis 6 Wochen wird der obige Schritt wiederholt.

(Vertiefende Literatur: Geißler 2011b)

2.2.4 Virtuelles Berater-/Salescoaching (VBC)

Coachingbedarf:

- Ein Berater/Verkäufer will seinen Verkaufserfolg verbessern, indem er sein Verkäuferverhalten verbessert.

Lösungsstrategie:

- Der Klient nutzt seine vorliegende Beratungs-/Verkäuferpraxis als ein Lernmedium, indem er sie regelmäßig systematisch reflektiert und dabei vor allem nach geringfügigen praktikablen Verbesserungsmöglichkeiten sucht.

Zielführende Handlungsschritte:

- Schritt 1: Der Berater/Verkäufer schildert dem Coach den Verlauf eines Verkaufsgesprächs der letzten Zeit, das nicht so gut gelaufen ist.
- Schritt 2: Dieses Verkaufsgespräch wird unter einem bestimmten thematischen Aspekt detailliert mit Blick auf Verbesserungspotenziale untersucht.
- Schritt 3: Der Klient versucht, die erarbeiteten Verbesserungsmöglichkeiten in den nächsten Wochen umzusetzen, und beobachtet sich dabei systematisch.
- Schritt 4 und folgende: Diese Schrittfolge wiederholt sich so lange, bis der Berater/Verkäufer mit seinem Verkaufserfolg zufrieden ist.

(Vertiefende Literatur: Lange 2008)

2.2.5 Virtuelle Coaching-Supervision (VC-S)

Coachingbedarf:

- Ein Coach, der seine Klienten face-to-face oder mit modernen Medien coacht, will die Qualität seiner Beratungen überprüfen, um sie zu verbessern.

Lösungsstrategie:

- Der Coach reflektiert seine Beratungspraxis systematisch und nutzt sie als ein Lernmedium für reflektiertes Erfahrungslernen.

Zielführende Handlungsschritte:

- Schritt 1: Der Coach rekonstruiert den Ablauf eines Beratungsgesprächs.
- Schritt 2: Der Coach bewertet jeweils auf einer Skala von 0 bis 10 die Qualität und den Schwierigkeitsgrad dieses Gesprächs.
- Schritt 3: Der Coach klärt, was das Gespräch leicht bzw. schwer gemacht hat und zu wie viel Prozent die positive bzw. negative Qualität der Beratung einerseits durch sein eigenes Beratungsverhalten und andererseits durch andere Faktoren bedingt ist.
- Schritt 4: Der Coach klärt, welche eigenen Fähigkeiten er in der Beratung wie genutzt hat und ob bzw. wie er in eine mögliche Falle getappt ist.
- Schritt 5: Der Coach klärt, was er konkret hätte tun können, damit die Beratung ein bisschen besser gewesen wäre und welche Konsequenzen er daraus für die Zukunft zieht.

(Vertiefende Literatur: Strikker/Strikker 2008)

3. Das Zusammenspiel von mündlicher und schriftlicher Kommunikation im Virtuellen Coaching (VC)

Für die oben aufgeführten Programme des VC ist charakteristisch, dass die zielführenden Handlungsschritte aus Coachingfragen bestehen, die schriftlich in einem Internetprogramm vorgegeben und vom Klienten schriftlich zu beantworten sind. Schriftlichkeit ist damit ein wesentliches Merkmal von VC. Im Gegensatz zum Online-Coaching, das ausschließlich auf schriftliche Dialoge setzt (vgl. Lipkowski 2011; siehe auch die Beiträge von Knatz und Koch in diesem Band), verbindet sich Schriftlichkeit im VC in spezifischer Weise mit telefonischer Kommunikation. Bei diesem Zusammenspiel, das, wie im Folgenden zu zeigen sein wird, in den verschiedenen Programmen jeweils etwas unterschiedlich ist, ist es letztlich von nachgeordneter Bedeutung, ob das Coaching face-to-face oder per Telefon durchgeführt wird.

3.1 Fernmündlichkeit als Grundlage internetbasierter Schriftlichkeit

Bei allen Programmen des VC beginnt der Coachingprozess damit, dass der Coach nach einer meist durch Small Talk bestimmten Kontaktaufnahme dem Klienten den Aufbau und die Funktion der Coachingfragen des jeweiligen Programms erklärt. Die Schriftlichkeit der vorliegenden Coachingfragen hat dabei die Funktion, dem Klienten vor dem eigentlichen Coaching eine grundlegende Orientierung und eine so vermittelte Sicherheit für den anschließenden Coachingprozess zu geben. Aus diesem Grund ist es wichtig,

- dass die Anzahl der Coachingfragen gut überschaubar ist,
- dass relativ selbstredend erkennbar ist, in welcher Beziehung sie untereinander stehen,
- und dass die allgemeine Lösungsstrategie, die dem Coachingprogramm zugrunde liegt, mit wenigen Worten erklärt werden kann.

Wie sich am Beispiel des Virtuellen Mitarbeitercoachings (VMC) zeigen lässt (siehe Tab. 3), kann dieser Anspruch mit einer Matrix eingelöst werden, die aus sechs Felder besteht, wobei jedes Feld eine thematische Überschrift hat, die die Zuordnung der insgesamt elf Coachingfragen bestimmt. Diese sind vom Mitarbeiter im Gespräch mit seinem Vorgesetzten in folgender Reihenfolge zu beantworten: 1A, 2A, 3A, 1B, 2B, 3B)

Wenn der Klient vor bzw. zu Beginn der ersten Coachingsitzung den Aufbau und die Funktion des Fragen-Sets des jeweils eingesetzten Programms verstanden hat, weiß er in jedem Moment des Coachinggesprächs, auf welche Frage sich der Coachs aktuell bezieht und in welchem Zusammenhang diese Frage mit den anderen Fragen steht, die den bisherigen Gesprächsverlauf strukturiert haben bzw. den weiteren Gesprächsverlauf anleiten werden. Weiterhin weiß er, dass die gerade zur Diskussion stehende Frage von ihm schriftlich beantwortet werden muss und dass die momentane mündliche Kommunikation die Funktion hat, ihm dabei zu helfen.

	A: Rückblick	B. Ausblick
1	*Wichtigstes Ziel und größte Umsetzungsproblematik im letzten Reviewzeitraum* • Wie viele Wochen umfasst der Reviewzeitraum, auf den in diesem Feld und den in den Nachbarfeldern 2A und 3A Bezug genommen wird? • Was war in diesem Zeitraum das wichtigste Ziel, das ich verfolgt habe? • Was war für mich die größte Umsetzungsproblematik?	*Wichtigstes Ziel und größte Umsetzungsproblematik im nächsten Reviewzeitraum* • Wie viele Wochen umfasst der nächste Reviewzeitraum, auf den in diesem Feld und den in den Nachbarfeldern 2B und 3B Bezug genommen wird? • Was ist mit Blick auf diesen Zeitraum mein wichtigstes Ziel? • Was wird die größte Umsetzungsproblematik sein?
2	*Wichtigste faktisch vollzogene erfolgskritische Aktivität* • Was war die wichtigste erfolgskritische Aktivität, die ich im Reviewzeitraum faktisch vollzogen habe? • Wie bewerte ich diese Aktivität auf einer Skala von 0-10? (0 = extrem schlecht, 10 = äußerst gut)	*Geplante wichtigste erfolgskritische Aktivität* • Was sollte mit Blick auf den nächsten Reviewzeitraum meine wichtigste erfolgskritische Aktivität sein?
3	*Was hätte ich besser machen können?* • Was hätte ich konkret tun können, damit die Bewertung dieser Aktivität jetzt einen Punkt höher wäre?	*Umsetzungsmöglichkeit* • Wie kann mich mein Vorgesetzter bei der Umsetzung der geplanten wichtigsten erfolgskritischen Aktivität unterstützen?

Tab. 3: Coachingfragen des Virtuellen Mitarbeitercoachings (VMC)

Die Aufgabe des Coachs besteht entsprechend darin, den Gesprächsverlauf in Orientierung an den Coachingfragen übersichtlich in Abschnitte zu gliedern. Das geschieht dadurch, dass er immer dann, wenn er den Eindruck hat, dass eine Erkenntnis hinreichend erarbeitet worden ist, er den Klienten bittet, sie zusammenfassend aufzuschreiben und damit die Coachingfrage, die den Gesprächsabschnitt strukturiert, schriftlich zu beantworten. Auf diese Weise gliedert der Coach das Coachinggespräch in Abschnitte (siehe Tab. 3), sodass jede Coachingfrage einen Gesprächsabschnitt generiert, der hinreichend Raum gibt, die ihm thematisch zugrunde liegende Frage im mündlichen Dialog zwischen Coach und Klient systematisch zu entfalten und zu reflektieren, um abschließend vom Klienten schriftlich beantwortet zu werden.

Eine solche Gesprächsstrukturierung erleichtert es dem Coach, sich Raum und Zeit zu nehmen, sensibel hinzuhören bzw. hinzuhorchen, nicht nur, was der Klient sagt, sondern vor allem auch, wie er es sagt, und dabei insbesondere auch die feinen emotionalen Schwingungen des Klienten aufzunehmen, die wertvolle diagnostische Einblicke geben und den Coach zu einer Resonanz einlädt, die dem Gespräch persönliche Tiefe und Verbindlichkeit gibt (vgl. dazu auch die Beiträge von Belzner und Asselmeyer/Delkeskamp in diesem Band). In dem Moment, in dem der Coach den Klienten auffordert, die mündlich erarbeitete Erkenntnis schriftlich als Beantwortung einer bestimmten Coachingfrage zu formulieren, weiß der Klient erstens, dass er sich jetzt schriftlich festlegen muss, zweitens, dass seine Formulierung aufgrund der Internetverbindung vom Coach online gesehen wird und drittens, dass seine Formulierung wichtig ist, weil sie die Grundlage für das weitere Gespräch ist. Dieser Zusammenhang löst in ihm einen Prozess aus, der nichts anderes ist als *Selbstcoaching*. Denn bevor der Klient seine Antwort schreibt, reflektiert er für sich noch einmal systematisch die im Fokus stehende Coachingfrage und die Ergebnisse der auf sie ausgerichteten gerade vollzogenen Besprechung. Die zentrale Aufgabe des Coachs im VC ist deshalb, den Klienten durch das oben beschriebene Zusammenspiel von Fernmündlichkeit und Schriftlichkeit zu einem systematischen Selbstcoaching anzuleiten bzw. ein solches Selbstcoaching zum Mittelpunkt des gesamten Coachings zu machen.

Auf diese Weise werden Schritt für Schritt alle Coachingfragen thematisiert und vom Klienten schriftlich beantwortet. Eine so gestaltete Coachingsitzung dauert in der Regel 60 bis 90 Minuten. Im Unterschied zum Virtuellen Entscheidungscoaching (VEC), das sich normalerweise auf eine Sitzung beschränkt, werden die anderen Programme des VC bedarfsabhängig mehrfach eingesetzt. Für das Virtuelle Mitarbeitercoaching (VMC) heißt das zum Beispiel, dass Vorgesetzte regelmäßig alle vier bis sechs Wochen mit jedem Mitarbeitenden ein entsprechendes

Beratungsgespräch durchführen. Bei virtuellen Teams wird dieses grundsätzlich per Telefon durchgeführt. Wenn die Arbeitsplätze des Vorgesetzten und seines Mitarbeiters räumlich nahe beieinander liegen, können diese Gespräche auch face-to-face durchgeführt werden. Aber auch dann ist es sinnvoll, mit dem Internetprogramm zu arbeiten, weil nur so die Vorteile des oben beschriebenen Zusammenspiels von Mündlichkeit und Schriftlichkeit wahrgenommen werden können.

3.2 Internetbasierte Schriftlichkeit als Grundlage für Fernmündlichkeit

Im Gegensatz zum Virtuellen Entscheidungscoaching (VEC), Virtuellen Mitarbeitercoaching (VMC) und zur Virtuellen Coaching-Supervision (VC-S), die nur aus einem Fragen-Set, d.h. nur aus einem Modul bestehen, haben die anderen VC-Programme zwei Module. Dadurch ergibt sich ein jeweils unterschiedliches Zusammenspiel von Fernmündlichkeit und Schriftlichkeit. Es soll am Beispiel des Virtuellen Zielerreichungscoachings (VZC) und des Virtuellen Führungscoachings (VFC) illustriert werden.

Die Arbeit mit dem ersten Modul bzw. Fragen-Set dieser beiden Programme ist zunächst identisch mit dem Prozess, der im letzten Abschnitt beschrieben worden ist. Ein Unterschied ist jedoch, dass die so angeleitete erste Coaching-Sitzung mit der Formulierung einer Hausaufgabe endet. Sie besteht darin, die in der ersten Sitzung erarbeiteten Erkenntnisse in den nächsten Wochen praktisch zu erproben und sich dabei mit Hilfe der Coachingfragen des zweiten Moduls systematisch selbst zu beobachten. Um die zweite Sitzung optimal vorzubereiten, wird der Klient gebeten, unmittelbar vor der zweiten Sitzung alle Fragen des zweitens Moduls schriftlich zu beantworten. Da der Coach diese Antworten online lesen kann, kann auch er sich auf die zweite Sitzung sorgfältig vorbereiten. Um sicherzustellen, dass der Klient seine Hausaufgabe richtig versteht, ist es deshalb notwendig, dass der Coach dieses Procedere und vor allem auch die Coachingfragen des zweiten Moduls am Ende der ersten Sitzung genauso sorgfältig erklärt, wie er zu Beginn der ersten Sitzung die Coachingfragen des ersten Moduls erklärt hat. Mit der Hausaufgabe ändert sich die Funktion der Schriftlichkeit. Denn zwischen der ersten und zweiten Sitzung ist der Klient bei der Reflexion und schließlich Beantwortung der Coachingfragen des zweiten Moduls ganz auf sich gestellt. In diesem Sinne ist die Hausarbeit, die er als Nachbereitung der ersten Sitzung bzw. Vorbereitung der zweiten Sitzung macht, *reines Selbstcoaching*. Seine Besonderheit im Vergleich zu Selbstcoachings, die durch Bücher angeleitet werden(vgl. Dietz/Dietz 2007; von Elverfeld 2005; Grant/Greene 2001; Miedaner 2002; Winkler 2004), besteht darin, dass der Coach die vom Klienten vorgenommenen schriftlichen Beantwortungen der Coaching-Fragen des zweiten Moduls online sehen kann und dass der Klient das auch weiß. Insofern ist die Schriftlichkeit bei der Nachbereitung der ersten Sitzung bzw. Vorbereitung der zweiten Sitzung nicht nur ein Hilfsmittel für den inneren, d.h. intrapsychischen Dialog des Klienten mit sich selbst, sondern diese Schriftlichkeit ist auch ein Medium, das den inneren Dialog mit dem sozialen Dialog verbindet, den der Klient mit dem Coach führt. An dieser Stelle rückt Virtuelles Coaching deshalb konzeptionell etwas in die Nähe des sich ausschließlich auf den schriftlichen Dialog beschränkenden Online-Coachings (vgl. die Beiträge von Knatz und Koch in diesem Bandes).

Diese Form und Funktion der Schriftlichkeit kennzeichnet auch die Arbeit mit dem *Virtuellen Transfercoaching* (VTC*)*. Wie im ersten Abschnitt dargestellt, dient es der Nachbetreuung verhaltensorientierter Trainings. Aus diesem Grund muss der Trainer, der mit dem VTC arbeitet, am Ende seines Präsenz-Trainings den Teilnehmenden das VTC-Tool sorgfältig vorstellen und ihnen ihre Hausaufgabe erklären, mit der sie das Training nachbereiten sollen. Sie besteht darin, angeleitet durch die Coachingfragen des ersten VTC-Moduls einen Plan zu entwickeln, wie sie das im Training Gelernte in ihrer Praxis umsetzen und vertiefen wollen. Die Erarbeitung dieses Plans vollzieht sich als Selbstcoaching.

Nach einer solchen Vorbereitung vollzieht sich die erste Sitzung des VTC so, dass Coach und Klienten die Coachingfragen und die vom

Klienten vorgenommenen Beantwortungen gemeinsam besprechen. Das Verhältnis von Schriftlichkeit und Fernmündlichkeit wird hier durch die schriftliche Vorbereitung des Klienten geprägt und der Sinn der Mündlichkeit besteht darin, die Tragfähigkeit der schriftlichen Antworten zu überprüfen und sie gegebenenfalls zu erweitern, zu differenzieren oder zu korrigieren.

Dieses Zusammenspiel von internetbasierter Schriftlichkeit und fernmündlicher Kommunikation charakterisiert auch die Folge-Sitzungen im VTC und ist auch das Modell für die Folgesitzungen aller anderen VC-Programme, die aus zwei Modulen bestehen.

Literatur:

Birgmeier, Bernd (2006): Coaching und soziale Arbeit. Weinheim: Beltz

Cox, Elaine (2006): An adult learning approach to coaching. In: Stober, Dianne R./Grant, Anthony M.(Eds.): Evidence based coaching. Hoboken: Wiley & Sons. pp. 193-218

Cox, Elaine/Bachkirova, Tatiana/Clutterbuck, David (Ed.; 2010): The complete handbook of coaching. London et al: Sage

de Shazer, Steve/Kim Berg, Insoo/Nunnally, Elam/Molnar, Alex/Gingerich, Wallace/Weiner-Davis, Michele (1986): Kurztherapie – Zielgerichtete Entwicklung von Lösungen. In: Familiendynamik 11 (3). S. 182-205

Dietrich, Stephan (Hrsg.; 2001): Selbstgesteuertes Lernen in der Weiterbildungspraxis, Bielefeld: Bertelsmann

Dietz, Ingeborg/Dietz, Thomas (2007): Selbst in Führung. Paderborn: Junfermann

Elverfeldt, Felicitas von (2005): Selbstcoaching für Manager. Zürich: orell füssli

Esders, Elke (2011): Coaching für Politiker. Göttingen: Vandenhoeck & Ruprecht

Geißler, Harald (2008): E-Coaching – eine konzeptionelle Grundlegung. In: Ders.: E-Coaching. Baltmannsweiler: Schneider Hohengehren. S. 3-23

Geißler, Harald (2010a): Gelerntes nachhaltig anwenden. In: Weiterbildung 1/2010. S. 24-26

Geißler, Harald (2010b): Erhöhung der Nachhaltigkeit von Trainings durch nachbetreuende internetbasierte Einzelcoachings. In: Grundlagen der Weiterbildung – Praxishilfen Mai 2010, Kap. 7.20.20. S. 1-15

Geißler, Harald (2010c): Die Führungskraft als Coach. In: Weiterbildung. Heft 5. S. 34-36

Geißler, Harald (2011a): Virtuelles Coaching: wie moderne Medien die Art der Beratung verändern. In: Wirtschaftspsychologie aktuell 3/2011a. S. 44-46

Geißler, Harald (2011b): Organisationslernen durch Führungskräfte-Coaching mit modernen Medien. Neoinstitutionalistische Grundlegung und empirische Erprobung. In: Göhlich, Michael/Weber, Susanne M./Schiersmann, Christiane/Schröer, Andreas (Hrsg.): Organisation und Führung. Wiesbaden: VS. S. 235-244

Geißler, Harald/Helm, Maren/Nolze, Annette (2007): Virtuelles Selbstcoaching – Konzept und erste Erfahrungen. In: Organisationsberatung – Supervision – Coaching (OSC), 01/2007, 14. Jg. Wiesbaden. S. 81-93

Grant, Anthony (2006): An integrative goal-focused approach to executive coaching. In: Stober, Dianne R./Grant, Anthony M.: Evidence based coaching. New Jersey: John Wiley & Sons. pp. 153-192

Grant, Anthony/Greene, Jane (2001): Coach yourself. Harlow: Pearson Education

Greif, Siegfried (2008): Coaching und ergebnisorientierte Selbstreflexion. Göttingen et al: Hogrefe

Höher, Peter (2007): Coaching als Methode des Organisationslernens. Bergisch Gladbach: EHP

Kaiser, Arnim (1992): Schlüsselqualifikationen in der Arbeitnehmer-Weiterbildung. Neuwied: Luchterhand

Kauffman, Carol (2006): Positive Psychology: the science at the heart of coaching. In: Stober, Dianne R./Grant, Anthony M. (Eds.): Evidence based coaching. Hoboken: Wiley & Sons. pp. 219-253

Kreggenfeld, Udo/Reckert, Horst-W. (2008): ‚Virtuelles Transfercoaching': Die Transferquote verdreifachen. In: Geißler, Harald (Hrsg.): E-Coaching. Baltmannsweiler: Schneider. S. 217-224

Lipkowski, S. (2011): E-Coaching – Coaching per Computer. In: Training aktuell Nr. 6. S. 18-20

Lange, Markus (2008): Das ‚Virtuelle Berater-/Sales-Coaching'. In: Geißler, Harald (Hrsg.): E-Coaching. Baltmannsweiler: Schneider. S. 225-231

Looss, Wolfgang (1991): Coaching für Manager. Problembewältigung unter vier Augen. Landsberg: Verlag Moderne Industrie

Miedaner, Talane (2002): Coach dich selbst, sonst coacht dich keiner. Heidelberg: mvg-Verlag

Naumann, Volker (2008): 'Virtuelles Führungscoaching' und Organisationslernen. In: Geißler, Harald (Hrsg.): E-Coaching. Baltmannsweiler: Schneider. S. 123-133

Neges, Gertrud/Neges, Richard (2008): Führungskraft und Coaching. Wien: Linde

Palmer, Stephen/Szymanka, Kasia (2007): Cognitive behavioural coaching: an integrative approach. In: Palmer, Stephen/Whybrow, Alison (Eds.): Handbook of coaching psychology. Hove: Routledge. pp. 86-117

Palmer, Stephen/Whybrow, Alison (Eds.; 2007): Handbook of coaching psychology. Hove: Routledge

Passmore, Jonathan (2010): Excellence in coaching: the industry guide. London et al: Kogan

Rauen, Christopher (2005): Varianten des Coachings im Personalentwicklungsbereich. In: Ders. (Hrsg.): Handbuch Coaching. Göttingen: Hogrefe. S. 111-136

Rogers, Carl R. (1972): Die klientenzentrierte Gesprächspsychotherapie. Frankfurt/M.: Fischer

Rückle, Horst (2005[3]): Gruppen-Coaching. In: Rauen, Christopher (Hrsg.): Handbuch Coaching. Göttingen u.a.: Hogrefe. S. 183-198

Schein, Edgar (1986): Organizational culture and leadership. San Francisco/London: Jossey Bass

Schmid, Bernd (2005): Coaching und Team-Coaching aus systemischer Perspektive. In: Rauen, Christopher (Hrsg.): Handbuch Coaching. Göttingen: Hogrefe. S. 199-121

Schmidt-Lellek, Christoph J. (2007): Coaching und Psychotherapie Differenz und Konvergenz. Beratung zwischen arbeits- und persönlichkeitsbezogenen Fragestellungen. In: Schreyögg, Astrid/Schmidt-Lellek, Christoph J. (Hrsg.): Konzept des Coaching. Wiesbaden: VS. S. 137-146

Schulz von Thun, Friedemann (1996): Miteinander Reden, Bd. 3: Das Innere Team und situationsgerechte Kommunikation. Reinbek bei Hamburg: Rowohlt

Seligman, M. (2002): Authentic happiness. New York: Basic Books

Stober, Dianne R. (2006): Coaching from the humanistic perspective. In: Stober, Dianne R./Grant, Anthony M. (Eds.): Evidence based coaching. Hoboken: Wiley & Sons. pp. 17-50

Stober, Dianne R./Grant, Anthony M. (Eds.; 2006): Evidence based coaching. Hoboken: Wiley & Sons

Strikker, Frank/Strikker, Heidrun (Hrsg.; 2008): Blended Learning und Virtuelle Coaching-Supervision in der Coachingausbildung - Überlegungen und erste Erfahrungen. In: Geißler, Harald (Hrsg.): E-Coaching. Baltmannsweiler: Schneider. S. 207-216

Von Elverfeldt, Felicitas (2005): Selbstcoaching für Manager. Zürich: orell füssli

Winkler, Werner (2004): Probleme schnell + einfach lösen. Frankfurt/M.: mvg-Verlag

Implementierung von Virtuellem Coaching zur Steigerung der Trainings- und Beratungseffizienz

Jürgen Kauschke

1. Vorbemerkung

Zur Steigerung der Nachhaltigkeit und der Effizienz durchgeführter Trainings- und Beratungsmaßnahmen innerhalb der Automobilbranche entstand eine Kooperation mit Prof. Dr. Harald Geißler, um als Ergänzung zu den angebotenen Trainings- und Beratungsdienstleistungen drei Programme des von ihm entwickelten Virtuellen Coachings (VC) einzusetzen, nämlich das Virtuelle Transfercoaching (VTC), das Virtuelle Führungscoaching (VFC) und das Virtuelle Mitarbeitercoaching (VMC) (siehe dazu den Beitrag von Geißler in diesem Band).

Im Folgenden werden der Implementierungsprozess dieser Coachingprogramme in der Vertriebsorganisation eines Automobilherstellers beschrieben und die dabei gewonnenen Erkenntnissen und Schlussfolgerungen dargelegt.

2. Implementierung

Anfangs war geplant, das Virtuelle Transfercoaching (VTC) im Rahmen einer vierstufigen seminarbasierten Ausbildung zu pilotieren. Parallel dazu sollte das Virtuelle Führungscoaching (VFC) bei Führungskräften im Automobilhandel angeboten werden, um die Wirksamkeit zu evaluieren und zugleich die organisatorische Umsetzbarkeit von Virtuellem

Coaching (VC) zu überprüfen und auf der Grundlage der Untersuchungsergebnisse ein Umsetzungs- und ein Marketingkonzept zu entwickeln.

2.1 Ausbildung von Coaches

Für die Implementierung des Virtuellen Coachings wurde zunächst ein Ausbildungsgang für neun Mitarbeiter des Unternehmens für die unterschiedlichen Einsatzgebiete (VTC, VFC und VMC) durchgeführt; von den neun Mitarbeitern konnten sechs die Ausbildung erfolgreich abschließen.

Im Rahmen der Ausbildung wurde deutlich, dass es wichtig ist, für eine Ausbildung zum Virtuellen Coach Mitarbeiter auszuwählen, die einen sozial- oder geisteswissenschaftlichen Hintergrund besitzen und bereits über ausreichend Erfahrung als Coach verfügen. Zudem ist es wichtig, dass die Coaches über ein hohes Maß an Selbstdisziplin (Vorbereitung von Coachinggesprächen und Zeitmanagement) verfügen und auch selbst bereit und in der Lage sind, sich im Rahmen des Peer-Coachings, das konzeptionelle im Mittelpunkt der VC-Fortbildung steht, als Coachee auf Coachingprozesse einzulassen. Weiterhin werden hohe Anforderungen an die Fähigkeit des Coaches gestellt, sich schnell auf seinen jeweiligen Coachee einzustellen und diesen mit Fragen in seiner Entwicklung zu unterstützen. Hier decken sich die Erkenntnisse mit den Erfahrungen von Kreggenfeld und Reckert (2008, S. 218ff). Diese Erfahrungen machen deutlich, dass die Implementierung von Virtuellem Coaching (VC) bereits mit der Auswahl geeigneter Coaches beginnen muss.

2.2 Pilotierung des Virtuellen Transfercoachings (VTC)

Die Pilotierung des VTC sollte zunächst in einer bestehenden Gruppe im Rahmen eines mehrstufigen Ausbildungsganges durchgeführt werden; die geplante Vorgehensweise musste jedoch nach dem ersten Anbieten des VTC abgewandelt werden. Der Optimierungsprozess für den Einsatz des VTC wird im folgenden Abschnitt skizziert.

2.2.1 Pilotierung ergänzend zu bestehenden Seminarkonzepten

Das VTC wurde zunächst bei einer Gruppe angehender Führungskräfte angeboten. Hierzu wurde der Ausbildungsgruppe das Konzept im Rahmen einer ca. 90-minütigen Präsentation zu Beginn der einwöchigen Präsenzveranstaltung vorgestellt. Die Gruppe hatte dann die Möglichkeit, im Verlauf des Seminars Fragen zu stellen und sich bis zum letzten Seminartag zu entscheiden, das VTC freiwillig zu nutzen.

Im nächsten Schritt wurde dann das VTC der Teilnehmergruppe einer fünftägigen Sonderveranstaltung (Seminarform) für Servicemitarbeiter angeboten. Hierzu wurde den Teilnehmern das VTC im Rahmen einer ca. 90-minütigen Präsentation, die auch eine kurze *Live-Coachingsequenz* unter Nutzung des Internettools beinhaltete, vorgestellt. Auch diese Gruppe hatte bis zum Ende der Veranstaltung Zeit, sich für eine freiwillige Nutzung des VTC zu entscheiden.

Aus beiden Gruppen hat sich kein Teilnehmer bereiterklärt, das VTC zu nutzen; die Hauptargumente der Teilnehmer waren folgende:

1. Der vermutete hohe Zeitaufwand, der dann für die Prüfungsvorbereitung fehlt; bzw. die Vermutung neben der „normalen" Arbeit keine Zeit für den Coachingprozess zu haben
2. Die Vermutung, doch nichts ändern zu können
3. Die Frage, ob das Coaching überhaupt „etwas bringt"
4. Die Feststellung, dass man dann „richtig an der Umsetzung arbeiten muss"
5. Keine Begründung (ca. 75 % der Gruppe)

Interessant ist, dass davon ausgegangen werden kann, dass die Nutzung des VTC für die erste Gruppe eine Unterstützung bei der Prüfungsvorbereitung gewesen wäre, da in der Prüfung unter anderem auch erwartet wird, dass die Prüflinge ihren Lerntransfer – im Rahmen einer Präsentation und durch Dokumentation in einem *Logbuch* – glaubhaft belegen. Die nicht erwartungskonforme Ablehnung des VTC lässt daher vermuten, dass nicht unbedingt davon ausgegangen werden kann, dass Teilnehmer (die zu Weiterbildungsveranstaltungen geschickt werden) auch tatsächlich Veränderungen in ihrem beruflichen Alltag erreichen wollen. Zusammenfassend konnten aus den Schilderungen der anbietenden Trainer die „Transferbarrieren", die Sabine Seufert (2008, S. 103) beschreibt, bestätigt werden.

Aus den beiden hier dargestellten Pilotierungsversuchen lassen sich wichtige Implikationen für die Implementierung des VTC ableiten:

1. Das VTC ist erklärungsbedürftig und muss bereits konzeptionell in eine Bildungsveranstaltung integriert werden, sodass die Teilnehmer Methoden und Potenziale des Konzepts auch tatsächlich verstehen können (vgl. Kauschke 2011b, S. 16; Rodust/Lenzinger 2011, A 20; Geißler 2011, S. 4)

2. Es kann nicht davon ausgegangen werden, dass die Teilnehmer einer Weiterbildungsveranstaltung von sich aus auch tatsächlich das Gelernte in die Praxis umsetzen wollen, wenn eine entsprechende Unterstützung durch ihre Führungskraft fehlt (vgl. auch Kauffeld 2010, S. 11ff; Seufert 2008, S. 102f).

Hier lässt sich erkennen, dass es notwendig ist, dass Teilnehmer verstehen, „dass Lernen und Transfer mit Anstrengung verbunden ist und durchaus unbequem sein kann" (Kauffeld 2010, S. 13). Daher kann an dieser Stelle bereits festgestellt werden, dass das VTC sinnvollerweise im Zusammenwirken mit speziell auf Lerntransfer hin konzipierten Weiterbildungsveranstaltungen genutzt werden sollte (vgl. Kauschke 2011a, S. 6ff). Hierfür sind detaillierte Bildungsbedarfsanalysen und die Einbeziehung der Führungskräfte eine notwendige Voraussetzung (vgl. auch Kauffeld 2011, S. 13; Kauschke 2011a, S. 6f). Veranstaltungen, zu denen Teilnehmer geschickt werden und die vorrangig der Wissensvermittlung dienen, scheinen hierfür weniger geeignet. Dies entspricht auch der Forderung Geißlers (2010), das VTC dort einzusetzen, wo es darum geht, Verhaltensänderungen zu erzielen.

2.2.2 Pilotierung durch Integration in ein bestehendes Seminarkonzept

Als Konsequenz aus den ersten Erfahrungen wurde im nächsten Schritt das VTC in eine Weiterbildungsveranstaltung konzeptionell integriert. Bei der Veranstaltung handelt es sich um ein Modul einer Ausbildung für Berater; die Veranstaltung dauert fünf Tage und ist das letzte Seminar einer 3-stufigen Ausbildungsreihe.

Das VTC wurde in das Seminar integriert, indem es den Teilnehmern anhand einer ca. 90-minütigen Präsentation vorgestellt wurde. Während des Seminarverlaufs wurden dann immer wieder Verknüpfungen zum VTC hergestellt. Durch die Trainer wurden dann wiederholt – und für die Teilnehmer offenkundig – Coachingtechniken eingesetzt, um der Gruppe die Methode des VTC näherzubringen. Zudem wurde der Gruppe das VTC im Rahmen von Übungen unter Nutzung des Online-Tools eingehend vorgestellt (Dauer: ca. 120 Minuten); die Trainer der Präsenzveranstaltung waren auch die späteren Coaches.

Aus beiden Gruppen mit insgesamt zwanzig Teilnehmern wollten sechs Teilnehmer das VTC nutzen. Von den sechs Teilnehmern haben dann fünf Teilnehmer das VTC bis zum Erreichen ihrer selbstgesetzten Ziele genutzt; der Abbruch des einen Teilnehmers war auf persönliche Gründe zurückzuführen (vgl. Rodust/Lenzinger 2011, S. 53). Die Virtuellen Coachings wurden dann im Rahmen einer Bachelorarbeit auf ihre Wirksamkeit hin evaluiert (vgl. Rodust/Lenzinger 2011).

Das zusammenfassende Ergebnis der Evaluation fiel sehr positiv aus, denn:

> „Alle Teilnehmer am VTC haben ihre definierten Ziele erreicht und führen das auf die Hilfe und Unterstützung durch das VTC zurück, die sie als sehr hilfreich einstufen. Darüber hinaus sind alle von der Methode des VTC so sehr überzeugt, dass sie es gerne wieder anwenden würden. Dieses Ergebnis der qualitativen Untersuchung deckt sich mit den Ergebnissen der quantitativen Untersuchung" (Rodust/Lenzinger 2011, S. 65).

Es lässt sich also belegen, dass die Nutzung des VTC eine Zielerreichung im Anschluss an eine Präsenzveranstaltung sicherstellen kann und sich sehr positiv auf den Lerntransfer auswirkt (vgl. Rodust/Lenzinger 2011,

S. 56ff) und dabei auch durch die Teilnehmer als sehr effizient und positiv empfunden wird.

Bezüglich der Implementierung des VTC zeigt sich, dass folgende Faktoren für ein erfolgreiches Anbieten des VTC notwendig sind:

1. Wenn die Nutzung des VTC freigestellt ist, dann müssen die Teilnehmer den persönlichen Nutzen des VTC erkennen und die Methode bereits im Rahmen der Präsenzveranstaltung kennengelernt haben; dann ist jedoch auch davon auszugehen, dass gerade die Teilnehmer sich für eine Nutzung des VTC entscheiden, die ohnehin über ein höheres Leistungsniveau verfügen (vgl. Rodust/Lenzinger 2011, S. 56ff).

2. Alternativ dazu kann das VTC durch Trainer und Vorgesetzte der Teilnehmer als elementarer und verpflichtender Bestandteil der Weiterbildungsveranstaltung implementiert werden. Dazu ist es dann notwendig, dass auch klar kommuniziert wird, dass Verhaltensänderungen am Arbeitsplatz das Ziel der Weiterbildungsveranstaltung sind (da dies anscheinend nicht immer auch das Ziel der Teilnehmer oder der entsendenden Führungskraft ist); hierzu bedarf es der Beteiligung der Führungskräfte (vgl. auch Seufert 2008, S. 105; Kauffeld 2010) und einer konzeptionellen Anpassung des Weiterbildungsprozesses. Hier zeigt sich auch die Möglichkeit eines Einsatzes von VTC als Teil von Personal- und Organisationsentwicklungsmaßnahmen (vgl. auch Geißler 2011, S. 5).

3. Das VTC stößt auf eine größere Akzeptanz, wenn es bereits konzeptionell in eine Weiterbildungsveranstaltung integriert wird; dadurch ist es dann möglich, die Präsenzveranstaltungen kürzer zu konzipieren und somit die Effizienz des Gesamtpakets zu steigern (vgl. Geißler 2010, S. 26).

2.2.3 Zusammenfassende Bewertung

Die Interpretationen zur freiwilligen Nutzung des VTC bzw. zur obligatorischen Nutzung (siehe oben) entsprechen zwei unterschiedlichen, von Geißler (2010, S. 24f) vorgeschlagenen, Vermarktungsstrategien für das VTC. Dabei ist die Vermarktung im „Hochpreissegment mit Topqualität" (ebd., S. 25) anscheinend besser geeignet, da bei einer Verpflichtung zur Teilnahme am VTC das Risiko besteht, dass Teilnehmer Widerstände entwickeln oder sozial erwünschte Eintragungen vornehmen – ohne ihr tatsächliches Verhalten zu ändern, was zu einer Übertragung der Problematik klassischer Weiterbildungsveranstaltungen auf das VTC führen könnte. Zudem stellt eine breit angelegte Nutzung des VTC im Rahmen von verpflichtenden Ausbildungsgängen einen Anbieter für Trainings- und Beratungsdienstleistungen vor eine organisatorische Herausforderung, da die Termine des nächsten Coachings jeweils erst zum Ende des aktuellen Coachings festgelegt werden. Weiterhin ist es sinnvoll, bestehende Qualifizierungskonzepte an die Methode des VTC anzupassen.

Allerdings überwiegt der Nutzen des VTC deutlich den anfallenden Aufwand bzw. anfallende Kosten, was an einer Beispielrechnung verdeutlicht werden soll: Geht man von einem Ausbildungsprogramm aus, dass aus vier fünftägigen Seminarstufen besteht, bei denen jeweils sechzehn Teilnehmer eine Gruppe bilden, dann ergibt sich – in Anlehnung an eine Beispielrechnung Geißlers (2010, S. 26f), die von einem Zeitansatz von 90 Minuten für 3 Coachings ausgeht – folgende Berechnung:

Beispielrechnung: Kostenvergleich – Veranstaltung ohne VTC und mit VTC		
	ohne VTC	**mit VTC**
Seminardauer je Stufe	5 Tage	3 Tage
Zeitaufwand für Coaching je Stufe	Keiner	1,5 Stunden je TN (gesamt 24 Stunden netto)
Seminardauer gesamt (= Ausfallzeit je TN)	20 Tage	12 Tage
Ausfallzeiten gesamt (bei 16 TN)	320 Tage (20 Tage x 16 TN)	192 Tage (12 Tage x 16 TN)
Trainereinsatztage (gesamt)	20 Tage (nur Präsenzveranstaltung)	24 Tage (12 Tage Präsenzveranstaltung + 4 x 1,5 Stunden Coaching je TN)
Kosten für TN-Ausfallzeiten (Basis: 8 Stundentag und 80 € je Stunde)	204.800 €	122.880 €
Trainerkosten (Basis: 8 Stundentag bei einem Stundensatz von 150 €)	24.000 €	28.800 €
GESAMTKOSTEN	228.800 €	151.680 €

Die Berechnung geht davon aus, dass es durch das VTC möglich wird, die Gruppe durch vier dreitägige Seminarstufen auszubilden, wobei jeder Teilnehmer durch das VTC begleitet wird. Für die Errechnung der Trainereinsatztage wird von einem 8-Stunden-Tag ausgegangen. Damit ergibt sich die Chance, die Ausfallzeiten der Teilnehmer – bei einer Verbesserung der Nachhaltigkeit (vgl. Rodust/Lenzinger 2011) – um 40 Prozent zu reduzieren, die Kosten können um ca. 33 Prozent reduziert werden, wobei die Spesen für Teilnehmer und Trainer, die ohne VTC deutlich höher sind, noch unberücksichtigt sind. Die 3 x 30 Minuten für das VTC nach jeder Stufe lassen sich in den Arbeitsalltag integrieren und können somit auf der Seite der Teilnehmer unberücksichtigt bleiben, da die Teilnehmer das Seminar auch ohne den Einsatz des VTC nachbereiten müssten; es ist vielmehr von einer weiteren Zeitersparnis auszugehen, da die Nachbereitung durch das VTC strukturiert wird und dadurch effizienter gestaltet werden kann. Hier wird deutlich, dass beim Einsatz des VTC eine Anpassung vorhandener Weiterbildungskonzepte sowohl unter Effizienz- (vgl. Kauschke 2010a), als auch aus Marketingaspekten (vgl. Geißler 2010, S. 26) sinnvoll und erforderlich ist. Als Ideallösung ist ein Einsatz bei solchen Weiterbildungsmaßnahmen denkbar, die die größte Hebelwirkung haben (z.B. Aus- und Weiterbildung von Führungskräften) oder VTC als mögliches Upgrade anzubieten, wobei das Upgrade auch durch die jeweilige Führungskraft initiiert und gefördert werden muss.

2.3 Pilotierung des Virtuellen Führungscoachings (VFC)

Parallel zum VTC wurde das VFC pilotiert. Dazu wurde Führungskräften (unterschiedliche Ebenen und Aufgabenbereiche im Automobilhandel) das VFC entweder im Anschluss an eine Face-to-Face-Beratung oder als zusätzliche Weiterentwicklungsmöglichkeit angeboten. Von 8 Führungskräften, denen das VFC angeboten wurde, haben sich alle dazu entschlossen, das VFC zu nutzen; alle Führungskräfte haben das VFC bis zum Abschluss des vereinbarten Coachingzeitraumes genutzt und ihre Ziele erreicht (vgl. Kauschke 2011b).

Gründe für die positive Einstellung dem Medium gegenüber war die Neugier auf die Nutzung neuer Medien im Coaching und vor allem auch die Möglichkeit, eine Unterstützung über einen längeren Zeitraum zu erhalten, bei der der Zeitansatz geringer ist als bei den bisher gewohnten Face-to-Face-Beratungen, bei denen es üblich ist, dass der jeweilige Berater immer einen vollen Tag im Betrieb verbringt.

Im Rahmen der Pilotierung wurden die acht Teilnehmer durch fünf Coaches begleitet; der durchschnittliche Begleitungszeitraum betrug 23,87 Wochen, bei durchschnittlich 4,62 Coachinggesprächen von einer durchschnittlichen Dauer von 42,85 Minuten (ebd., S. 4).

Auch diese Coachingmaßnahmen wurden im Anschluss evaluiert; dabei konnte die Wirksamkeit des VFC eindrucksvoll nachgewiesen werden (ebd., S. 23):

Übersicht *Wirksamkeit*:

- Auf einer Skala von –5 (überhaupt nicht hilfreich) bis +5 (äußerst hilfreich) wurde das VFC durchschnittlich mit +3.85 als sehr hilfreich eingeschätzt.
- Die Wichtigkeit der Unterstützung bei der Umsetzung der wichtigsten erfolgskritischen Aktivitäten wurde auf einer Skala von –5 (sehr unwichtig) bis +5 (sehr wichtig) durchschnittlich mit +4.07 eingeschätzt.
- Die Klarheit bzw. Strukturiertheit der Gedanken der Coachees hat sich im Verlauf des Coachingprozesses – auf einer Skala von –5 (sehr unklar/unstrukturiert) bis +5 (sehr klar/strukturiert) von durchschnittlich –1.00 auf durchschnittlich +2.43 gesteigert (entspricht einer Verbesserung um ca. 32 %).

Aus der Pilotierung des VFC lassen sich wiederum wichtige Erkenntnisse für eine Implementierung des VC ableiten:

1. Bei Führungskräften ist die Bereitschaft, sich auf Coachingprozesse einzulassen, deutlich höher, als bei Nicht-Führungskräften. Hierfür lassen sich unterschiedliche Ursachen vermuten:

- Höhere Reflexionsfähigkeit durch Vorbildung und Vorerfahrungen.
- Die Führungskräfte haben einen größeren Handlungsspielraum und können die Erkenntnisse aus dem Coachingprozess besser umsetzen.
- Führungskräfte sind häufig auf sich allein gestellt und nehmen gern die Unterstützung durch einen externen Coach wahr.
- Das Coaching bietet die Legitimation dafür, sich – neben dem Tagesgeschäft – mit strategischen Themen und Zielen auseinandersetzen zu können und damit – im Moment – *unproduktiv* zu sein.

2. Bei Führungskräften besteht deutlich geringerer Erklärungsbedarf bezüglich des VFC. Die angesprochenen Führungskräfte waren von sich aus neugierig darauf, neue Medien einzusetzen und zeigten keinerlei Bedenken bezüglich Datenschutz bzw. Vertraulichkeit der eingegebenen Daten. Sie waren nach den positiven Erfahrungen daran interessiert, bei der Einführung und Vermarktung des VFC aktiv zu unterstützen und es herrschte große Klarheit darüber, dass nachhaltige Veränderungen nur durch Arbeit und Anstrengung erreicht werden können.

3. Die Coachees gewöhnen sich sehr schnell an die Vorgehensweise des VFC (Technik, Coachingansatz, Terminfindung, Selbstdisziplin) und bewerten das VFC ausnahmslos als sehr positiv und hilfreich (vgl. Kauschke 2011b, S. 20).

2.4 Fazit

Abgeleitet aus Erfahrungen bei der Implementierung lassen sich die Hauptherausforderungen bei der Implementierung von Virtuellem Coaching (VC) ableiten, aus denen sich dann organisatorische und konzeptionelle Grundlagen für eine erfolgreiche Vermarktung und Umsetzung von Virtuellem Coaching (VC) ergeben.

2.4.1 Hauptherausforderungen bei der Implementierung von Virtuellem Coaching (VC)

Das Virtuelle Coaching (VC) ist eine Methode, die in der Durchführung sehr unkompliziert eingesetzt werden kann und an die sich die Coachees schnell gewöhnen (vgl. Kauschke 2011b); die technische Anwendung ist dabei ebenfalls gänzlich unproblematisch. Bei der Vorstellung des VC hat sich gezeigt, dass die Erklärung der Einfachheit für den Trainer oder Coach kompliziert sein kann. Dies lässt sich auf drei Hauptursachen zurückführen:

1. Es ist für viele Coachees ungewohnt, ihre Ziele und erfolgskritischen Aktivitäten zu verschriftlichen. Zudem war das synchrone Arbeiten mit Computer und Telefon allen Coachees neu, sodass es wichtig ist, die Vorgehensweise zu zeigen bzw. beim ersten Coaching gemeinsam mit dem Coachee das System und die Vorgehensweise zu explorieren.
2. Die Begriffe Virtuell und Coaching können von den Coachees nicht immer unmittelbar mit einer Bedeutung belegt werden bzw. werden z.T. auch aufgrund von Vorerfahrungen falsch interpretiert. Virtuell ist dabei nicht greifbar, wofür ausnahmsweise gerade WIKIPEDIA eine gute Erklärung liefert, indem dort Virtualität spezifiziert wird, als „eine gedachte oder über ihre Eigenschaften konkretisierte Entität, die zwar nicht physisch, aber doch in ihrer Funktionalität oder Wirkung vorhanden ist. Somit ist virtuell nicht das Gegenteil von real – obwohl es fälschlicherweise oft so verwendet wird – sondern von physisch" (vgl. Wikipedia 2011). Genau dieses Missverständnis tritt anscheinend bei der Vermarktung des VC auf, das eben nur nicht physisch, aber sehr real ist. Der Begriff Coaching wird häufig gleichbedeutend mit Expertenberatung oder Verhaltenstraining gesetzt, was auf die generell recht undifferenzierte Verwendung des Begriffs im Weiterbildungsmarkt zurückzuführen ist (vgl. Böning 2005, S. 28).
3. Die Vorgehensweise des Virtuellen Coachings (VC) wird durch die Coachees im Coachingprozess problemlos verstanden und angewandt. Nach einer Erklärung der Vorgehensweise hatten allerdings noch nicht alle Coachees das VTC bzw. das VFC (vgl. Rodust/Lenzinger 2011, S. 7ff; Kauschke 2011b, S. 16) verstanden. Bei der Evaluation des VTC hat sich auch gezeigt, dass es den Coachees nicht immer leicht fällt, den möglichen Aufwand und

den möglichen Nutzen des VC ohne Unterstützung eines Coaches realistisch einzuschätzen (Rodust/Lenzinger 2011, S. 51ff).

VC ist – wie oben dargestellt – ein Instrument, das am sinnvollsten dann eingesetzt werden kann, wenn es darum geht, konkrete Verhaltensänderungen zu erreichen. Als Ergänzung zu Seminaren, die im Wesentlichen auf reine Wissensvermittlung abzielen, ist das VTC daher weniger sinnvoll, weil die Teilnehmer Schwierigkeiten haben, Verhaltensziele aus der Veranstaltung abzuleiten. Daraus ergibt sich die Forderung nach speziell auf Lerntransfer hin ausgerichteten, schlanken Präsenzveranstaltungen (vgl. Kauschke 2011a, S. 4ff) mit integrierter Vorbereitung auf eine virtuelle Begleitung bei der anschließenden Umsetzung (Kreggenfeld/Reckert 2008, S. 19). Daher lässt sich vermuten, dass ein Einsatz des VC insgesamt zu einer Qualitätssteigerung in der Weiterbildung bzw. Personalentwicklung führen wird, da sich aus dem Einsatz des VC positive konzeptionelle Rückkoppelungseffekte auf das gesamte Weiterbildungsangebot ergeben.

2.4.2 Grundlagen für eine erfolgreiche Implementierung des Virtuellen Coa chings (VC)

Für eine erfolgreiche Implementierung des VC ist es aus organisatorischer Sicht wichtig, zu berücksichtigen, dass der Einsatz des VC für große Zielgruppen eine veränderte Planungsstruktur und organisatorischen Mehraufwand erforderlich macht. Um dabei den wesentlichen Erfolgsfaktor – nämlich die hohe Kosteneffizienz – des VC nutzen und argumentieren zu können, ist es erforderlich, die vorhandenen Strukturen (Planung, Seminardauer, Anteil der verhaltensrelevanten Anteile) an den Einsatz des VC anzupassen. Dies wirkt sich auch auf das Anbieten der Weiterbildungsveranstaltungen aus, wofür es zwei unterschiedliche Herangehensweisen gibt:

1. Vermarktung des Instruments über Entscheider; d.h. Führungskräfte werden überzeugt, das VC als Pflichtveranstaltung für ihre Mitarbeiter einzu-

setzen – mit allen damit verbundenen Gefahren (Entwicklung von Widerständen und sozial erwünschten Eintragungen). Bei einem Einsatz in der Breite besteht jedoch die Gefahr, dass das Instrument nach dem ‚Gießkannenprinzip' eingesetzt wird, sodass letztlich die großen Potenziale des VC ungenutzt blieben.

2. Vermarktung des Instruments als Angebot im „Hochpreissegment mit Topqualität" (Geißler 2010, S. 24f). Diese Vorgehensweise ist eindeutig zu bevorzugen. Hier besteht z.b. die Möglichkeit, das VFC als gesonderte Dienstleistung für Führungskräfte anzubieten. Bei dieser Zielgruppe hat sich das Angebot als gänzlich unproblematisch dargestellt, da die Führungskräfte bereits häufiger mit Coachingmaßnahmen zu tun hatten und dadurch die Effizienz des VFC sehr positiv einschätzten. Coaching ist hier über einen längeren Zeitraum kostengünstiger möglich, als es bei Face-to-Face Coachings möglich wäre. Zudem ist die Methode deutlich flexibler einsetzbar als klassisches Face-to-Face-Coaching. Weiterhin ist es hier denkbar, dass ganze Organisationseinheiten in Unternehmen mit unterschiedlichen Programmen des VC bei Veränderungsprozessen begleitet werden (z.b. im Anschluss einer in einem Unternehmen durchgeführten Präsenzveranstaltung). Ähnliches gilt für den Einsatz des VTC als Ergänzung zu Weiterbildungsveranstaltungen, bzw. als freiwilliges ‚Upgrade' zu Verhaltenstrainings.

Konzeptionell ist es wichtig, Weiterbildungskonzepte zu entwickeln, die speziell auf eine nachhaltige Verhaltensänderung abzielen. D.h. der größte Nutzen des VTC lässt sich dadurch erreichen, dass Präsenzveranstaltungen kürzer werden und durch VTC nachbegleitet werden, wie es das Konzept der Transferzentrierten Erwachsenenbildung vorsieht (vgl. Kauschke 2011a).

3. Zusammenfassung und Ausblick

Abschließend ist es sehr gut denkbar, dass das VC in ein ganzheitliches Personal- und Organisationsentwicklungskonzept integriert wird, indem Führungskräfte und Mitarbeiter gemeinsam – begleitet durch Virtuelles Coaching – an zielorientierten Veränderungsprozessen arbeiten. VC könnte damit eine wertvolle Brückenfunktion zwischen Präsenzveranstaltung und Praxis – und damit auch zwischen angestrebten und umgesetzten Veränderungen – einnehmen und die Grundlage für eine modernisierte Form der Personal- und Organisationsentwicklung bilden.

Grundlage dafür ist es, immer sowohl Führungskräfte, als auch Mitarbeiter gleichermaßen anzusprechen und zu fördern, da nur so eine nachhaltige Veränderung gefördert werden kann (Kauffeld 2010). Auch hierfür bietet das VC interessante Ansatzpunkte, indem das VC – etwa durch Einsatz des VMC – auch dazu geeignet ist, Führungskräfte bei der Entwicklung ihrer Coachingkompetenzen zu unterstützen und dadurch zur Implementierung einer modernen Interpretation von Mitarbeiterführung beizutragen (vgl. Kauschke 2010).

Abschließend ist es wichtig festzustellen, dass das VC nicht der Problematik klassischer Weiterbildungsveranstaltungen – einem ziellosen Einsatz nach dem ‚Gießkannenprinzip' – folgen darf. Grundlage für den Einsatz muss eine reflektierte Führungskraft sein, die den Bildungsbedarf ihrer Mitarbeiter und ihren eigenen Bildungsbedarf realistisch einschätzen kann und daraus sinnvolle Maßnahmen ableitet. Auch hierzu bietet das VC (etwa in Form des VMC oder des VFC) wertvolle Unterstützungsmöglichkeiten. Folglich kann das VC als ein wichtiger Schritt *weg von* Weiterbildung ‚von der Stange' und *hin zu* sinnvollen und zielorientierten Weiterbildungsmaßnahmen sein und ist damit ein wertvolles Instrument moderner Personal- und Organisationsentwicklung, das nicht nur zu einer Effektivitäts- und Effizienzsteigerung beiträgt, sondern auch dazu beitragen kann, eine Bereinigung des Weiterbildungsmarktes in Richtung sinnvoller und gezielter Maßnahmen zu forcieren, die nicht nur dem Weiterbildungsanbieter einen höheren Gewinn bescheren, sondern auch nachhaltige Veränderungen fördern.

Literatur

Böning, Uwe (2005): Coaching: Der Siegeszug eines Personalentwicklungs-Instruments – Eine 15-Jahres-Bilanz. In: Rauen, Christopher (Hrsg.): Handbuch Coaching. 3., überarb, und erw. Aufl. Göttingen: Hogrefe. S. 21-54

Geißler, Harald (2010): Gelerntes nachhaltig anwenden. In: Weiterbildung. Heft 1. S. 24-26

Geißler, Harald (2011): Virtuelles Coaching: wie moderne Medien die Art der Beratung verändern. In: Wirtschaftspsychologie aktuell. Heft 3, 11. Jg., S. 44-46

Kauffeld, Simone (2010): Nachhaltige Weiterbildung. Betriebliche Seminare und Trainings entwickeln, Erfolge messen, Transfer sichern. Berlin: Springer

Kauschke, Jürgen (2010): Reflexive Führung. Die Führungskraft als Coach? Frankfurt/M.: Peter Lang

Kauschke, Jürgen (2011a): TZE. Transferzentrierte Erwachsenenbildung. http://www.reflexive-fuehrung.com (Abruf: 14.12.2011)

Kauschke, Jürgen (2011b): Pilotierung des Virtuellen Führungscoachings. Auswertung und Abschlussbericht. Unveröffentlichtes Manuskript.

Kreggenfeld, Udo/Reckert, Horst-W. (2008): Virtuelles Transfercoaching: Die Transferquote verdreifachen. In: Geißler, Harald (Hrsg.): E-Coaching. Hohengehren: Schneider. S. 217-224

Rodust, Christian/Lenzinger, Trutz (2011): Virtuelles Transfercoaching – Eine empirische Untersuchung. Unveröffentlichte Bachelorabeit. Helmut-Schmidt-Universität: Hamburg

Seufert, Sabine (2008): Lerntransfer optimieren: Elemente eines systematischen Transfermanagements. In: Geißler, Harald. (Hrsg.): E-Coaching. Baltmannsweiler: Schneider Hohengehren. S. 101-110

Wikipedia (2011): Homepage Wikipedia, die freie Enzyklopädie. URL: http://de.wikipedia.org/wiki/Virtualit%C3%A4t (Abruf: 22.07.2011)

Evaluation des Virtuellen Transfercoachings (VTC) bei einer Trainerqualifizierung

Trutz Lenzinger, Christian Rodust

„Nichts scheint naheliegender zu sein, als die Erfolgsgeschichte von Coaching durch Nutzung der Möglichkeiten fortzuschreiben, die die modernen Medien anbieten"(Geißler 2008, S. 3) Dieser Forderung wird das Virtuelle Transfercoaching (VTC) vollends gerecht.

In einer Arbeitswirklichkeit, in der berufliche Weiterbildung für viele Unternehmen selbstverständlich geworden ist, scheint es naheliegend, die Umsetzung der Inhalte von Weiterbildungsmaßnahmen sichern zu wollen. Dies ist insbesondere dann nötig, wenn Weiterbildungsmaßnahmen herausgelöst aus dem Arbeitsalltag stattfinden. Kehren Teilnehmer einer Weiterbildungsmaßnahme nach deren Abschlussin ihren beruflichen Alltag zurück, verhindern unveränderte Strukturen vor Ort oft den Transfer des neu Gelernten. Hier setzt das Virtuelle Transfercoaching an. Es verbindet bereits bekannte Methoden für die Transferunterstützung (vgl. Geißler 2008) durch den Einsatz von modernen Medien, d.h. Internet und Telefon. Dabei sollen die Vorteile, die Einzelcoaching mit sich bringt, möglichst erschöpfend genutzt werden, während die eher hohen Kosten für eine derartige Betreuung der Lernenden durch die Abstützung auf eine Internetanwendung stark reduziert werden sollen.

Da das VTC ein noch neues Instrument ist, zu dem bisher nur wenige empirische Daten vorliegen, wurde die Wirksamkeit des VTC im Anschluss an eine Weiterbildungsmaßnahme evaluiert, und zwar anhand der Frage: *Lässt sich durch ein Virtuelles Transfercoaching im Anschluss an eine Weiterbildungsmaßnahme der Wirkungsgrad der durchgeführ-*

ten Maßnahme steigern? Als Wirkungsgrad wurde dabei der signifikante Unterschied in den Kompetenzniveaus zwischen den Teilnehmer einer Versuchsgruppe und einer Kontrollgruppe verstanden.[1]

Geißler (2010) geht davon aus, dass lediglich zehn bis zwanzig Prozent von dem, was im Training gelernt wurde, anschließend in der Praxis zur Anwendung kommt. Die Ursachen hierfür liegen hauptsächlich in einer *unzureichenden Unterstützung* der Lernenden in der Transferphase. Die Transferphase muss daher „als eigenständige Lernphase verstanden und betreut werden" (Geißler 2010, S. 24). Dieser Forderung wird mit dem Virtuellen Transfercoaching Rechnung getragen.

Das VTC hat zum Ziel, durch nachbetreuende internetbasierte Einzelcoachings die Nachhaltigkeit von Weiterbildungsmaßnahmen zu steigern. Dass das VTC diesen gewünschten Effekt hat, konnte mit der Untersuchung gezeigt werden. Dazu wurde sowohl mit qualitativen, als auch mit quantitativen Methoden gearbeitet.

Die Teilnehmer der begleiteten Weiterbildungsmaßnahme waren ausschließlich Trainer und Berater der *SCREEN GmbH*, die im Rahmen der Volkswagen Trainerqualifizierung ein einwöchiges Seminar im Jahr 2010 besucht haben. Die Trainer, Coaches sowie der Durchführungsort waren bei allen Teilnehmern der Untersuchung unverändert. Aufgrund ihrer Berufserfahrung und den bisher absolvierten Weiterbildungen, wurde von einem ähnlichen Wissensstand der untersuchten Personen ausgegangen.

1. Methodologische Vorüberlegungen

1.1 Aufbau der Untersuchung

Die Teilnehmer der Präsenzphase wurden in eine Versuchs- und eine Kontrollgruppe aufgeteilt. Für die Evaluation wurden sie vor und nach

---

[1] Beim Begriff Coaching wird sich auf die Definition des Deutschen Bundesverbandes Coaching e.V. (DBVC) aus dem Jahre 2004 bezogen, bei der Nutzung des Begriffs Coach auf die Definition der European Coaching Association (ECA).

der Präsenzphase des Trainings sowie nach dem Telefoncoaching des VTC befragt. Diejenigen Seminarteilnehmer, die an dem VTC teilnehmen wollten, wurden dadurch zur Versuchsgruppe für die quantitative und die qualitative Untersuchung. Alle übrigen Seminarteilnehmer bildeten die Kontrollgruppe der quantitativen Untersuchung, die im Anschluss an das Seminar nicht durch ein VTC begleitet wurde. Das bedeutet, dass die Aufteilung auf Versuchs- und Kontrollgruppe nicht zufällig geschehen ist, was im Sinne der „equal probability selection method" (vgl. Diekmann 2009) für eine hypothesenprüfende Untersuchung allerdings auch nicht nötig ist und somit der Aussagekraft der Ergebnisse keinen Abbruch tut.

Der Stichprobenumfang zu Beginn der Präsenzphase betrug 22 Personen. Davon entfielen fünf Personen auf die Versuchs- und 17 Personen auf die Kontrollgruppe. Die *Panelmortalität* betrug bis zum Ende der Evaluation drei Personen, was letztendlich zu einem Stichprobenumfang von 19 Personen (vier Personen in der Versuchs- und 15 Personen in der Kontrollgruppe) geführt hat. Die Gründe für die aufgetretene Mortalität lagen bei der Person aus der Versuchsgruppe darin, dass während des VTC festgestellt wurde, dass ein weitergehendes Einzelcoaching nötig ist und eine Fortsetzung des VTC für die Bedürfnisse dieser Person unzweckmäßig gewesen wäre. Zusätzlich konnte nach dem VTC eine Person nicht erneut interviewt werden, sodass für den Vergleich der Interviews vor und nach dem VTC nur drei Personen in Betracht kamen. Innerhalb der Kontrollgruppe ging die Mortalität zum einen auf Fluktuation zurück, da eine Person dieser Gruppe die SCREEN GmbH verlassen hat. In einem Fall wurde der Fragebogen nicht zurückgesendet. Alle Personen der Versuchsgruppe hatten bisher an keiner mit dem VTC vergleichbaren Maßnahme teilgenommen.

Da die Anzahl der untersuchten Personen kleiner als 30 war, konnte nach dem zentralen Grenzwerttheorem bei dieser Stichprobe nicht von einer Normalverteilung der Mittelwerte ausgegangen werden. An Stelle des arithmetischen Mittels empfiehlt Diekmann (2009) die Verwendung des Medians, auf den im quantitativen Teil der Untersuchung zurückgegriffen wurde.

Die Erhebung der Daten für die quantitative Untersuchung erfolgte mittels Fragebogen vor und nach der Präsenzphase des Trainings als *Gruppenbefragung* im Seminarrahmen unter Anwesenheit des Trainers, der das Seminar durchgeführt hat. Durch die Gruppenbefragung konnte zu diesen Zeitpunkten die Erhebungssituation kontrolliert werden. Die Kontrollgruppe erhielt dabei einen zweiseitigen Fragebogen mit dazugehöriger Einleitung und Erläuterung. Die Versuchsgruppe bekam zusätzlich eine Teilnehmerinformation ausgehändigt. Bei der Erhebung im Virtuellen Transfercoaching wurden zudem die Fragebögen im Anhang einer E-Mail an die gesamte Stichprobe versendet, und auch der Rücklauf erfolgte in diesem Fall per E-Mail. Trotz Panelmortalität wurde eine Rücklaufquote von 95,45% aller Fragebögen erreicht.

Der qualitative Teil der Untersuchung berücksichtigte die Kontrollgruppe nicht. Hier wurden die fünf Personen der Versuchsgruppe nach Abschluss der Präsenzphase jeweils in einem Telefoninterview befragt. Zur qualitativen Erfassung des Erfolgs des Coachings wurde nach Abschluss des VTC erneut ein Telefoninterview durchgeführt.

1.2 Fragestellung und Datenerhebung

Vor der Präsenzphase des Trainings wurden alle Teilnehmer gebeten, einen Fragebogen in Bezug auf die Selbsteinschätzung der eigenen Kompetenzen hinsichtlich verschiedener Themengebiete der *Volkswagen Trainerqualifizierung* auszufüllen. Derselbe Fragebogen wurde den Teilnehmern nach der Präsenzphase noch einmal vorgelegt, um eine Veränderung in der Selbsteinschätzung erfassen zu können. Zusätzlich wurde zu diesem Zeitpunkt das erste der zwei Interviews mit den Teilnehmern der Versuchsgruppe durchgeführt. Wie auch bei den Fragebögen ging es in den Interviews um die Selbsteinschätzung der eigenen Kompetenzen, und zwar fokussiert auf die im VTC zu bearbeitenden Themen des Seminars.

Nach Abschluss des VTC erfolgte die letzte Datenerhebung mittels Fragebogen und Interview. Der Fragebogen war dabei erneut unverändert und ging sowohl an die Versuchs- wie auch an die Personen der Kontrollgruppe, um die Veränderung der Selbsteinschätzung über die drei Zeitpunkte hinweg erfassen zu können. Auch in den Interviews ging es darum, die Veränderung der Selbsteinschätzung der Teilnehmer der Versuchsgruppe festzustellen. Die Fragen des zweiten Interviews wurden entsprechend formuliert.

Bei der Auswertung der erhobenen Daten wurden die folgenden Hypothesen überprüft:

Hypothese 1:
Durch ein Virtuelles Transfercoaching im Anschluss an ein verhaltensorientiertes Seminar schätzen die Teilnehmer an dessen Ende ihr Kompetenzniveau – in Bezug auf die Inhalte, die in der Weiterbildungsmaßnahme vermittelt wurden – höher ein, als die Personen, die in der Zwischenzeit kein VTC erhalten haben.

Hypothese 2:
Die Begleitung durch ein Virtuelles Transfercoaching wirkt positiv unterstützend auf die Lernenden und ihr Lernverhalten.

Hypothese 3:
Durch die Teilnahme am VTC wird die Bereitschaft und Fähigkeit zur selbstständigen Weiterentwicklung der Teilnehmer gesteigert.

Das durch die Evaluation erfasste *Kompetenzniveau* bezog sich auf die Kenntnisse und Fertigkeiten der Befragten in den verschiedenen Bereichen der Volkswagen Trainerqualifizierung. Quantitativ kann das jeweilige Kompetenzniveau durch die Auswertung der Skalenwerte der Befragten bezüglich der einzelnen Items des eingesetzten Fragebogens erfasst werden. Die Summe aller Skalenwerte ergibt schließlich das Kompetenzniveau der jeweils befragten Person. Qualitativ ist unter dem Konstrukt des Kompetenzniveaus die intensivere und effektivere Umsetzung der Seminarinhalte im Arbeitsalltag der Befragten zu verstehen.

Da im Fragebogen 18 Items jeweils mit zehnstufigen Skalen erfasst wurden, kann das Kompetenzniveau theoretisch zwischen 18 und 180 liegen. In Bezug auf das Kompetenzniveau wies die Stichprobe vor dem

Training, d.h. zum Zeitpunkt t1 einen Median von 103 bei einem Quantilabstand[2] von 39 auf. Betrachtet man Versuchs- und Kontrollgruppe separat, so unterscheiden sich die Mediane. In der Versuchsgruppe lag der Median bei 112, in der Kontrollgruppe bei 92. Mit Blick auf die Gefahr der Selbstselektion, die bereits angesprochen wurde, bedurfte es der Prüfung, ob dieser Unterschied signifikant oder rein zufällig ist. Bei einem Vergleich der zentralen Tendenzen des Kompetenzniveaus von Versuchs- und Kontrollgruppe konnte allerdings festgestellt werden, dass zu diesem Zeitpunkt kein signifikanter Unterschied zwischen beiden Gruppen bestand und die Validität der Ergebnisse somit nicht durch Selbstselektion beeinträchtigt ist.

Die gewonnenen Daten wurden mittels der Methode der *qualitativen Inhaltsanalyse* ausgewertet. Dabei wurde das Material aus den Interviews vor dem VTC unabhängig von dem Material aus den Interviews nach dem VTC analysiert. Für beide Analysen wurde die inhaltsanalytische Technik der Zusammenfassung gewählt. Der Ablauf der zusammenfassenden Inhaltsanalyse folgte dabei dem Ablaufmodell nach Mayring (2008). Eine Reduktion des Materials wurde durch die Anwendung von Makrooperatoren wie Auslassen, Generalisation, Konstruktion, Integration, Selektion und Bündelung erreicht. Mit Hilfe dieser qualitativen Methode war es möglich, die Ergebnisse der qualitativen Untersuchung zu *objektivieren*.

Der Aufbau des quantitativen Teils der im Auftrag der SCREEN GmbH durchgeführten Evaluation orientierte sich an den *fünf Phasen einer empirischen Untersuchung* nach Diekmann (2009), d.h. die Untersuchung wurde als Längsschnitterhebung (es gab drei Messzeitpunkte) durchgeführt. Um einen möglichst hohen Grad an Validität zu gewährleisten, wurde die Evaluation der Wirksamkeit des VTC als quasiexperimentelles Design (es gab eine Versuchs- und eine Kontrollgruppe) in

---

[2] Ein Quantil definiert einen bestimmten Teil einer Datenmenge, das heißt, ein Quantil legt fest, wie viele Werte einer Verteilung über oder unter einer bestimmten Grenze liegen. Der empirische Quantilabstand ist eine Kenngröße zur Beschreibung der Streuung der Werte (vgl. Diekmann 2009).

Form einer *Panelstudie* (zu allen drei Zeitpunkten wurden dieselben Personen befragt) durchgeführt.

3. Statistische Untersuchungsergebnisse – Hat das VTC gewirkt?

Bei der statistischen Auswertung der Fragebögen war für die Untersuchung der Wirksamkeit des Virtuellen Transfercoachings zunächst nicht von Bedeutung, wie die Seminarteilnehmer auf die einzelnen Fragen des Fragebogens geantwortet haben. Es war vielmehr von Interesse, auf welches Kompetenzniveau die Werte insgesamt schließen lassen.[3] Dazu wurden die Werte der einzelnen Variablen zu der neuen Variablen *Kompetenzniveau* addiert.

Für eine statistische Auswertung sind die Hypothesen eins und drei von Bedeutung. Dabei konnte für die Hypothese eins gezeigt werden, dass die Versuchsgruppe nach der Durchführung des VTC ihr Kompetenzniveau signifikant höher bewertete als die Kontrollgruppe und auch signifikant höher als vor dem VTC[4]. Dieses Ergebnis reichte allerdings noch nicht aus, um die Wirksamkeit des VTC mit ausreichender Sicherheit statistisch nachzuweisen. Es musste zusätzlich der *Nettoeffekt* (siehe Tab. 1) des Virtuellen Transfercoachings betrachtet werden. Hieraus ließ sich die Steigerung des Kompetenzniveaus der jeweiligen Gruppe zwischen den Zeitpunkten vor und nach dem VTC ablesen. Es zeigte sich, dass die Versuchsgruppe trotz bereits höherer Ausgangswerte größere Zuwächse im Kompetenzniveau aufwies als die Kontrollgruppe. Dieser

---

[3] siehe Hypothese H1

[4] Testet man das Kompetenzniveaus der Versuchsgruppe vor und nach dem VTC mit einem *Wilcoxon-Test für abhängige Stichproben* bezüglich ihrer zentralen Tendenzen, kann bei einer Irrtumswahrscheinlichkeit von $\beta = 5\%$ keine signifikante Steigerung des Kompetenzniveaus der Versuchsgruppe festgestellt werden. Dieses unerwartete Ergebnis ist allerdings vermutlich auf die für statistische Auswertungen sehr kleine Versuchsgruppe zurückzuführen. Aus diesem Grunde wurde das Signifikanzniveau auf $\alpha = 7\%$ gesenkt und der Wilcoxon-Test wiederholt. Bei dieser Irrtumswahrscheinlichkeit lässt sich eine signifikante Veränderung des Kompetenzniveaus der Versuchsgruppe feststellen.

deutlichere Anstieg ist auf die Teilnahme am VTC zurückzuführen, womit an dieser Stelle eine Wirksamkeit des VTC im Sinne der eingangs gestellten Frage konstatiert werden kann.

	vor VTC	nach VTC	Differenz
Versuchsgruppe	Md = 141,50	Md = 151,00	9,50
Kontrollgruppe	Md = 128,00	Md = 135,00	7,00
			Nettoeffekt = 2,50

Tab. 1: Nettoeffekt des VTC

Für die Hypothese drei konnte kein signifikanter Unterschied der Bereitschaft und Fähigkeit der Teilnehmer zur selbstständigen Weiterentwicklung zwischen Versuchs- und Kontrollgruppe gemessen werden.

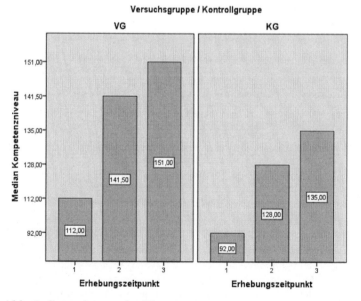

Abb. 1: Betrachtung des Kompetenzniveaus

4. Qualitative Untersuchungsergebnisse – Wie hat das VTC gewirkt?

4.1 Erwartungen vor dem Einsatz des VTC

Die Erwartungen, die die Teilnehmer an die Arbeit mit dem VTC zum Zeitpunkt t1 hatten, lassen sich in Kernaussagen zusammenfassen, wobei zur besseren Lesbarkeit lediglich die hier für die Interpretation der Ergebnisse wichtigen Ausschnitte des entwickelten Kategoriensystems[5] angeführt werden.

Das Konzept des VTC wird von allen als positiv wahrgenommen und als didaktisch spannend und zukunftsweisend angesehen (siehe Tab. 2).

Erwartung vor dem Einsatz des VTC	
K' 3: Vom VTC wird Hilfe erwartet in Form von: – Unterstützung – Konkreter, direkter Zielführung – Klarer Zielvereinbarung – Einem Entwicklungsgegenpol **K' 8:** Konzept des VTC ist – didaktisch spannend – zukunftsweisend, zukunfts orientiert – wird positiv wahrgenommen	**K' 19:** VTC stellt schnellen Lernerfolg sicher, da es – zielgerichtet, strukturiert und vertiefend ist – Durch Arbeit an Praxis Praxisbezug aufweist – Themen direkt im Alltag umsetzt – Inhaltstiefe bietet

Tab. 2: Die Erwartungen an das VTC

---

[5] Das Kategoriensystem (System der Kernaussagen) wurde aus den Befragungen der Teilnehmer am VTC vor Beginn (t2) und nach Abschluss (t3) des VTC mittels qualitativer Inhaltsanalyse (Kapitel 1.2) erstellt. Insgesamt besteht das Kategoriensystem aus 34 *Kernaussagen* der ersten Befragung und 30 *Kernaussagen* der zweiten Befragung, die zu den Untersuchungsdimensionen *Erwartungen, Befürchtungen, Umsetzung, Wirkweise, Unterstützung* zusammengefasst wurden.

Dementsprechend wurden die Erwartungen an die eigene berufliche Weiterentwicklung mittels VTC recht konkret formuliert. So wurde eine konkrete Zielführung und eine gute Strukturierung der Inhalte mit Hilfe der Eingabemaske erwartet.

Darüber hinaus gingen alle Personen davon aus, dass ihnen das VTC hilft, die zu bearbeitenden Themen tiefgehend und praxisbezogen zu bearbeiten und damit eine Art Gegenpol zur theoretischen Weiterbildungsmaßnahme aufzubauen, deren Inhalt scheinbar nicht optimal auf ihre Zielgruppe abgestimmt war.

Wurde auf der einen Seite eine bestimmte Strukturierung der nachbetreuenden Beratung durch das VTC erwartet, bestand vor der praktischen Anwendung des VTC die Sorge über zu viel Struktur und eine zu starre und starke Bindung an die durch das Internetprogramm vorgegebenen Coachingfragen. Weiterhin wurde ein zu hoher Arbeitsaufwand durch die Bearbeitung des Programms befürchtet. Es bestanden auch Bedenken darüber, dass der Coach sich nur durch schriftliche und fernmündliche Kommunikation ein Bild von der Situation des Coachees machen würde, dass es dadurch zu langen Erklärungsprozessen kommen könnte und dass Feedback durch den Coach sehr zeitverzögert erfolgen würde. Aus diesem Grund wurde von einigen Trainees zu diesem Zeitpunkt auch noch ein Coaching vor Ort bevorzugt (siehe Tab. 3).

Bedenken gegenüber dem VTC	Bedenken bezüglich des Coachings
K' 5: Eine zu starke Strukturierung und zu starre Bindung durch VTC befürchtet	K' 16: Begleitung durch Coach vor Ort wird bevorzugt
K' 6: Zu hoher Arbeitsaufwand, im Schwerpunkt am PC, befürchtet	K' 23: VTC gegenüber begleitendem Coaching vor Ort, mit Mehraufwand verbunden, da zunächst die Situation geschildert werden muss
K' 11: Zu hoher Zeitaufwand befürchtet	K' 24: Nur zeitlich verzögerte Rückmeldung durch Coach möglich

Tab. 3: Die Befürchtungen bezüglich des VTC

Aus den angeführten Erwartungen und Befürchtungen formulierten die untersuchten Personen die Forderung, dass das VTC, wenn schon mit höherem Aufwand verbunden, schnellere Hilfe als bisherige Coaching-Tools liefern sollte und generell Aufwand und Nutzen in einem *gesunden* Verhältnis stehen müssten, um am Ende von einem erfolgreichen VTC sprechen zu können. Dabei wurde das VTC als Instrument gesehen, mit dem sowohl eher allgemein gefasste Themen zur persönlichen Weiterentwicklung wie auch konkrete Themen aus dem Arbeitsalltag bearbeitet und Lösungen dafür gefunden werden können (siehe Tab. 4).

Forderungen der Teilnehmer an das VTC
K' 4: VTC sollte schnellere Hilfe bieten als bisher verwendete Coachingelemente
K' 31: Aufwand und Nutzen müssen verhältnismäßig sein
K' 21: Mit VTC konkret an Themen/ Problemen aus Arbeitsalltag arbeiten und Lösungen finden

Tab. 4:   Die abgeleiteten Forderungen an das VTC

4.2 Bewertungen nach der praktischen Arbeit mit dem VTC

Nach der praktischen Arbeit mit dem VTC wurde nur noch an eine der anfänglich formulierten Kernbefürchtungen erinnert, nämlich die Befürchtung an einen zu hohen Arbeitsaufwand (siehe Tab. 3). Alle sonstige Skepsis scheint vergessen, sobald mit dem VTC gearbeitet wird. Die Teilnehmer waren motiviert und *sofort begeistert* von der neuartigen Idee, dem Konzept und dem Ablauf des VTC. Generell wird die Erfahrung mit dem VTC von allen untersuchten Personen als durchweg positiv beschrieben, keine der Personen verbindet das VTC mit einem negativen Erlebnis.

Drei Personen der untersuchten Gruppe haben ihr VTC erfolgreich ab-geschlossen, was wohl mit ein Grund für die positive Bewertung ist. Diese drei Personen haben angegeben, ihre formulierten Ziele erreicht zu haben.

Wird die Umsetzung des VTC betrachtet, zeigt sich, dass eine mögliche Eingewöhnungsphase in das VTC individuell verschieden ist und mit den Worten *„nicht benötigt"* bis *„kurze Eingewöhnungsphase" zur Sprache gebracht wird.* Für alle untersuchten Personen war eine Eingewöhnungsphase, wenn vorhanden, jedoch problemlos. Als Grund dafür wurde die gute Vorbereitung während der Weiterbildungsmaßnahme genannt, in der das Instrument VTC, insbesondere die Eingabemaske, bereits vorgestellt wurde. Das Konzept des VTC scheint für diese Gruppe gut zu funktionieren, alle Teilnehmer am VTC berichten, dass ihr Coachingbedarf durch die Telefonate und die Eingaben am Rechner voll abgedeckt wurde.

Die bearbeiteten Themengebiete waren sehr vielfältig und reichten von eher allgemein gefassten Themen wie der Verbesserung des Lebensgefühls am Arbeitsplatz bis hin zu konkreten Themen, die aus der Weiterbildungsmaßnahme aufgenommen und vertieft wurden, z.B. *systemische Fragen.* Am Beispiel der bearbeiteten Themengebiete und dem Coachingverlauf zeigt sich, dass nicht nur zwingend konkret gewählte Themen aus der Weiterbildungsmaßnahme zur Bearbeitung gewählt wurden.

Erfahrungen mit dem VTC
K' 20 (t3): Keine negativen Erlebnisse im VTC
K' 23(t3): Idee, Konzept und Ablauf des VTC als positiv, neuartig und hilfreich empfunden und begeisterte sofort

Tab. 5: Die Einschätzung des VTC durch die Teilnehmer

Vielmehr wurden von den drei Personen, die zu Beginn bereits konkrete Themen gewählt hatten auch andere Impulse aus der Weiterbildungs-maßnahme aufgegriffen oder damit verbundene Themen, zu denen ein höherer persönlicher Bezug bestand, bearbeitet (siehe Tab. 5).

Mit Blick auf den Zweck und die Möglichkeiten von Coaching macht ein solches Vorgehen Sinn. Denn Coaching ist eben nicht die Vermitt-lung von Lösungen, sondern partnerschaftliches Erarbeiten von Lösun-gen für individuelle Verbesserungswünsche, die sich durchaus im Laufe eines Coachings ändern können. Hier zeigt sich auch ein deutlicher Hinweis darauf, dass durch Coaching nicht nur konkrete Probleme ge-löst werden sollen, sondern darüber hinaus Schlüsselkompetenzen auf-gebaut werden, die zur eigenständigen Problemlösung befähigen.

Konkret gewählte Themen vor Beginn des VTC	Während des VTC bear-beitete Themengebiete	Auf das VTC zurückge-führte Erfolge
K' 27 (t2): Thema bereits gewählt: – „Systemisches Coaching" – „Maßnahmenplanung und Zielerreichung" – „Verbesserung des Coachingverhaltens"	**K' 12 (t3):** Mit VTC wer-den Themen bearbeitet wie: – Lebensgefühl am Arbeitsplatz – Einstellung dem Arbeits platz gegenüber – Maßnahmen – Ziele Zusätzliche Themen die mit gewähltem Thema zusammenhängen – Maßnahmenplanung – Systemische Fragen	**K' 21 (t3):** Erfolge mit dem VTC sind individu-ell: – Änderung des Coa chingverhaltens – Erzielen besserer Ergebnisse in der Praxis – Persönliche Entwick lung – Umstellung der Kom munikation mit Klien ten

Tab. 6: Themengebiete und Erfolge in der Anwendung des VTC

Die Forderung nach einer schnelleren Hilfe als durch andere Coaching-Tools hat sich für die Teilnehmer am VTC erfüllt. Speziell die Eigenre-flexion beim Ausfüllen der Eingabemaske, d.h. bei der Beantwortung der vorgegebenen Coachingfragen, und die darauf aufbauenden Gespräche mit dem Coach sowie die bessere Vorbereitung der Coachees auf ihre Sitzungen führten zu einem Erfolg, der ohne VTC nicht erreicht worden wäre.

Alle Befragten sahen den generellen Aufwand und den Nutzen des VTC in einem guten Verhältnis. Sie waren mit ihrem durchschnittlichen Zeitaufwand von ½ bis 2 Stunden pro Woche in der Transferphase zufrieden und betrachten diesen als angemessen.

Erfolgsfaktoren des VTC
K′ 10 (t3): Wechsel zwischen Fragenkatalog (Eingabemaske) und Gesprächen fördert Lernzielkontrolle und Verpflichtung vertieft Reflexion
K′ 13 (t3): Ohne VTC wären keine vergleichbaren Ergebnisse erzielt werden
K′ 26 (t3): VTC stellt die Nutzer zufrieden und erfüllt die Erwartungen
K′ 15 (t3): Eingabemaske ist hilfreicher Bestandteil des VTC welcher das Coaching wirkungsvoller macht, da Reflexion möglich, im Einzelfall höher bewertet als Gespräche (Fall ID 03)

Tab. 7: Betrachtung der Wirkweise des VTC

Damit erfüllt sich die anfängliche Befürchtung nach zu viel Arbeitsaufwand nicht. Kritikpunkt ist lediglich ein erhöhter Zeitaufwand für die Gespräche mit dem Coach und Probleme bei der Terminfindung. Als Ursache wurde durch die Befragten später ein *gelegentlicher Mangel an Eigenmotivation* genannt. Hier zeigt sich einer der entscheidenden Vorteile des VTC. Der Wechsel zwischen der Bearbeitung der Eingabemaske, d.h. durch die Beantwortung der vorgegebenen Coachingfragen durch den Coachee und der darauf aufbauenden Gespräche mit dem Coach führen neben dem oben beschriebenen schnelleren Erfolg im Coaching und einer höheren Lernzielkontrolle durch ihren verpflichtenden Charakter auch zu einer höheren Motivation beim Finden und Einhalten der Gesprächstermine.

Die oben formulierte Hypothese zwei wird damit als bestätigt angesehen: Die Begleitung durch ein Virtuelles Transfercoaching wirkt definitiv positiv unterstützend auf den Lernenden und dessen Lernverhalten.

Die Teilnehmer am VTC wurden auch befragt, wie sie die für sie wichtigen Inhalte der Weiterbildungsmaßnahme bisher (ohne VTC) nachbereitet hatten. Hier zeigte sich, dass eine Umsetzung neuer Lerninhalte in die Praxis bisher als schwierig empfunden wurde, da sie nicht angeleitet und nur durch *punktuelles Selbststudium* begleitet wurde.

Unter der Annahme, dass alle Teilnehmer der Weiterbildungsmaßnahme bisher ohne anschließendes VTC die für sie wichtigen Themen nur punktuell weiterbearbeitet haben, und unter der Voraussetzung, dass alle Personen, die das VTC abgeschlossen haben, die von ihnen definierten Ziele erreicht oder übertroffen haben (siehe Tab. 6), kann Hypothese eins ebenfalls als bestätigt gelten.

Speziell die Eingabe in die Benutzermaske, d.h. die Beantwortung der vorgegebenen Coachingfragen wurde als hilfreiche Unterstützung für die Umsetzung bewertet, weil das Geschriebene nochmals gegengelesen und überdacht wurde und somit zur Selbstreflexion anregte. Eine Person bewertete die durch die Eingaben in die Eingabemaske erreichte Selbstreflexion sogar als stellenweise hilfreicher als die Unterstützung durch den Coach (siehe Tab. 7). Dieser Umstand und die schon beschriebene individuell angepasste und eigenmotivierte Weiterentwicklung der Personen bei der Auswahl, Bearbeitung und Anpassung ihrer Themenwahl lassen vermuten, dass auch Hypothese drei bestätigt werden kann.

Alle untersuchten Personen verbinden ihre Kritik nicht mit dem generellen Aufbau oder dem Konzept des VTC, sondern nahezu ausschließlich mit Aufbau und der Gestaltung der Eingabemaske: Sie wird als *zu komplex, unübersichtlich* bzw. *kompliziert* wahrgenommen (siehe Tab. 8).

Problemfaktor Eingabemaske		
K′ 7 (t3): Benutzerfreundlichkeit durch die Eingabemaske eingeschränkt, weil zu komplex, unübersichtlich und kompliziert aufgebaut zu aufwändig und mühsam in der Bearbeitung, zu viel Text Fragen zu kompliziert	**K′ 17 (t3):** Eingaben in Maske wären inhaltlich auch einem Coach vor Ort so gemacht worden, zum Teil ausführlicher formuliert	**K′ 8 (t3):** Gespräch mit Coach ist angenehmer und wichtiger als Bearbeitung der Eingabemaske, jedoch ist ein Coach vor Ort nicht notwendig

Tab. 8: Die Kritik an der Eingabemaske des VTC

Dieser Umstand hat allerdings keinen Einfluss auf die formulierten Eingaben, d.h. Beantwortungen der vorgegebenen Coachingfragen: Sie wären, so das in der folgenden Tabelle als K′17 zusammengefasste Statement, gegenüber einem Coach inhaltlich ähnlich verfasst worden.

Alle untersuchten Personen waren mit ihren Coaches sehr zufrieden. In diesem Zusammenhang ist wichtig, dass die Coachs, die das VTC durchgeführt haben, ausschließlich Unternehmensangehörigen und Kollegen der Coachees waren und dass deshalb auf ihre Verschwiegenheit größten Werte gelegt wurde.

5. Schlussbetrachtung

Das bei der SCREEN GmbH im Anschluss an eine Weiterbildungsmaßnahme durchgeführte Virtuelle Transfercoaching hat den Wirkungsgrad dieser Maßnahme signifikant gesteigert und ist bei den Teilnehmenden auf eine positive Resonanz gestoßen.

Allerdings konnten aufgrund der sehr kleinen Fallzahl – besonders in der Versuchsgruppe – viele statistische Verfahren zur Überprüfung der Hypothesen von vornherein nicht angewendet werden. Anders hingegen sieht es bei der Betrachtung der Gütekriterien der empirischen Erhebung aus. Durch den hohen Grad der Standardisierung der Datenerhebung sowohl im qualitativen als auch im quantitativen Teil der Untersuchung ist ein hohes Maß an Objektivität gewährleistet. Weiterhin stärkt das Design der Studie als *Quasiexperiment* mit einer Versuchs- und einer Kontrollgruppe die interne Validität der Ergebnisse erheblich. Eventuelle störende Einflüsse würden sich auf beide Gruppen gleichermaßen auswirken und lassen sich somit kontrollieren. Der Forderung nach externer Validität der vorliegenden Ergebnisse wurde dadurch Rechnung getragen, dass diese Ergebnisse durch die Anwendung verschiedener empirischer Untersuchungsdesigns und Methoden zustande gekommen sind. Es ist also wahrscheinlich, dass die beschriebenen Ergebnisse bei der Evaluation weiterer Virtueller Transfercoachings bestätigt werden. Die Reliabilität des quantitativen Untersuchungsanteils ist mit der Testhalbierungsmethode (*Split-Half-Reliabilität*) bestimmt worden (vgl. Diekmann 2009). Das Ergebnis hat gezeigt, dass der quantitativen Erhebung ein hoch reliables Messinstrument zugrunde lag.

Blickt man auf die qualitativen Interviews kann ebenfalls von einer hohen Reliabilität und folglich auch von einer entsprechend hohen Objektivität und Validität ausgegangen werden (vgl. Rustemeyer 1992). Auf Grund der Reliabilität der Untersuchung wird von einer ausreichenden Objektivität ausgegangen.

Literatur

Diekmann, Andreas (2009): Empirische Sozialforschung. Grundlagen, Methoden, Anwendungen. Orig.-Ausg., vollst. überarb. und erw. Neuausg., 20. Aufl. Reinbek bei Hamburg: Rowohlt

ECA (2011): Anforderungen an den Coach. URL: http://european-coaching-association.de (Abruf: 04.02.2011)

Geißler, Harald (2010): Gelerntes nachhaltig anwenden. In: Weiterbildung : Zeitschrift für Grundlagen, Praxis und Trends, Jg. 21, H. 1. S. 24-26

Geißler, Harald (2008): E-Coaching – eine konzeptionelle Grundlegung. In: Geißler, Harald (Hrsg.): E-Coaching. Baltmannsweiler: Schneider Hohengehren. S. 3-23

Mayring, Philipp (2008): Qualitative Inhaltsanalyse. 10. Aufl. Weinheim: Beltz

Rustemeyer, Ruth (1992): Praktisch-Methodische Schritte der Inhaltsanalyse. Münster: Aschendorff

Virtuelles Transfercoaching (VTC)

Ute Ebel, Christiane Thiele

1. Vorstellung des Unternehmens und Einführung

Die Grid International Deutschland GmbH ist ein Beratungsunternehmen. Grid International Deutschland wurde 1974 von Dr. Emil Lux und Manfred Maus gegründet, zwei Unternehmer, die den deutschen Einzelhandel besonders im *Do-it-Yourself-Sektor* wesentlich entwickelt und beeinflusst haben. Als Gründer des Deutschen Grid Instituts haben sie Grid Organisationsentwicklungsprozesse in ihren Unternehmen national und international implementiert. Auf Basis der wissenschaftlichen Arbeiten der Doktoren Robert Blake und Jane Mouton unterstützt das Institut Unternehmen, werteorientiert und ethisch hoch anspruchsvoll zu agieren. Denn die wissenschaftlichen Untersuchungen ergaben, dass Verhalten innerhalb der Organisation den Erfolg einer Organisation maßgeblich beeinflusst. Heute ist Grid International Deutschland eines der größten Grid Unternehmen der Welt. Es ist direkt verantwortlich für Deutschland sowie für Tschechien, Polen, Ungarn, Bulgarien und die Schweiz. Zu den Kunden gehören namhafte Unternehmen aus Einzel- und Großhandel, Industrie und Logistik, Dienstleistung und Finanzberatung.

Im Rahmen der Effizienzsteigerung der unterschiedlichen Grid Präsenzmaßnahmen wählte Grid International Deutschland 2009 das *Virtuelle Transfercoaching* (VTC) von Prof. Dr. Harald Geißler, um mithilfe dieses Instruments den Lernerfolg des einzelnen Seminarteilnehmers zu erhöhen und die Nachhaltigkeit des eingeleiteten Veränderungsprozesses im Verhalten zu steigern.

2. Implementierung

Ziel des Virtuellen Transfercoachings (VTC) ist, sicherzustellen, dass die innerhalb der unterschiedlichen Grid Präsenzmaßnahmen erworbene Verhaltenskompetenz in den Arbeitsalltag effektiv und nachhaltig transferiert wird. Das VTC soll den Seminarteilnehmern dabei helfen, den Wirkungsgrad des im Seminar Gelernten langfristig zu erhöhen; d.h. individuell angestrebte und konkret geplante Maßnahmen tatsächlich umzusetzen und somit die persönliche Kompetenz im Führungsverhalten zu steigern (siehe den Beitrag von Geißler in diesem Band). Das VTC sichert zudem den Unternehmen einen langfristigen und messbaren Nutzen aus der Investition in die Grid Seminare. Die Gefahr, nach der Rückkehr aus dem Seminar in den Arbeitsalltag zurückzukehren und das Gelernte kurzfristig zu vergessen, kann wesentlich verringert werden. Bezogen auf die Zielgruppen wurden zur Implementierung in den Grid Seminarablauf unterschiedliche Maßnahmen unternommen:

- Oberes Management: feste Einbettung des VTC in den Ablauf der individuellen Präsenzmaßnahme des Leadership Grid Programms, bestehend aus vier Lernphasen.
- Mittleres und unteres Management: optionale Nutzung des VTC im Anschluss an die Präsenzmaßnahme.
- Non-Management: optionale Nutzung des VTC im Anschluss an die Präsenzmaßnahme.
- Des Weiteren wurde das VTC optional zur Intensivierung des Lernprozesses bei individuellen Maßnahmen im Bereich des Präsenzcoachings angewendet.

2.1 Einbettung in den Gesamtzusammenhang

Grid Seminarmaßnahmen basieren auf einem gruppendynamischen Lernprozess. Das Konzept der Selbstverantwortung und des Lernens aus eigener Überzeugung ist charakteristisch für das *Grid Modell*. Die Führungskräfte erfahren durch Selbstentdeckung, Selbsterproben und Selbstvergleich, welche Auswirkungen ihr Verhalten auf die Organisation hat und wie sie durch Veränderungen im eigenen Verhalten den

Erfolg des eigenen Teams, der eigenen Abteilung und somit des Unternehmens positiv beeinflussen können (vgl. Blake/Mouton/Adams McCanse 1993, S. 77).

Ebenfalls gemeinsam haben alle Maßnahmen das Erkennen und Spiegeln des persönlichen Führungsverhaltens. Hierbei erhalten die Führungskräfte ein fundiertes *Feedback* auf Basis beobachteten Verhaltens während der Seminarphase und erarbeiten im Anschluss einen persönlichen *Maßnahmenplan* zum Ausbau und effektiveren Einsatz der vorhandenen Fähigkeiten. Dabei ist wichtig, die Stärken gleichermaßen wie die Schwächen der Führungskraft zu berücksichtigen. Neben konkreten Arbeitsfeldern, in denen Optimierungsbedarf erkannt wird, werden vorhandene Stärken und/oder der Ausbau dieser die Führungskraft dabei unterstützen und motivieren, die erarbeiteten Maßnahmen in den Arbeitsfeldern umzusetzen. Dieser intensive Feedbackprozess hilft der Führungskraft klar zu erkennen, wo sie tatsächlich im Vergleich zur idealen Führung nach Grid steht. „Objektivität ist die Voraussetzung für den ersten Schritt in Richtung Veränderung" (vgl. Blake/Mouton/ Adams McCanse 1993, S. 77; Blake/Adams McCanse 1998, S. 43f).

Mithilfe von internetgestützten Coachingprozessen nach Prof. Harald Geißler und Follow-Up-Maßnahmen haben die Führungskräfte im Anschluss an die Seminarphase die Möglichkeit, bei der Umsetzung der persönlichen Maßnahmenpläne Unterstützung zu erhalten und neu aufkommende oder im Vorfeld nicht berücksichtigte Hindernisse zu klären und Lösungen zu finden. Die sehr konkreten Fragestellungen innerhalb des VTC helfen der Führungskraft dabei, diese persönlichen Vorhaben kritisch zu hinterfragen, alle begleitenden Faktoren zu berücksichtigen und mittels kleiner, überschaubarer Teilziele das übergeordnete Ziel tatsächlich zu erreichen. Das VTC basiert auf zwölf Fragen, deren Beantwortung und Diskussion mit einem zertifizierten Coach dem Teilnehmer bei der Verwirklichung ihrer persönlichen Maßnahmen hilft. Fragen, die innerhalb des Coachings beantwortet werden, lauten u.a. wie folgt (siehe www.virtuelles-coaching.com):

- Was ist mein Transferziel, das ich 10-12 Wochen nach dem Training/ Coaching in meiner Praxis erreicht haben möchte? Wie wichtig ist mir – ausgedrückt auf einer Skala von 0 bis 10 – die Erreichung dieses Ziels? (10 = extrem wichtig)
- Welche ganz konkreten Schritte bezüglich der Praxisumsetzung des im Coaching Gelernten nehme ich mir für die nächsten ein, zwei oder drei Wochen vor?
- Zu wie viel Prozent habe ich mein Transferziel erreicht, wenn ich diese Schritte 100%ig vollzogen habe?
- Die an das Coaching anschließende Follow-Up-Maßnahme *Präsenzphase II* bietet den Teilnehmern abschließend die Möglichkeit, ihr Verhalten mittels eines 360° Feedbacks, gewonnen aus dem persönlichen Arbeitsumfeld, der Selbsteinschätzung und mit dem während der *Präsenzphase I* erhaltenen Feedback zu vergleichen und die Maßnahmenpläne gemäß den weiterführenden Erkenntnissen anzupassen und zu konkretisieren.

Dies beschreibt die erste Phase des Grid Organisationsentwicklungskonzeptes. Abbildung 1 beschreibt das gesamte Grid Organisationsentwicklungskonzept:

Abb. 1: Grid Organisationsentwicklung (vgl. Grid International Deutschland)

Das VTC kann bei jeder der fünf Entwicklungsphasen eingesetzt werden. Die individuelle Entwicklungsphase beinhaltet das Erkennen und Entwickeln individueller Fähigkeiten hinsichtlich des eigenen Verhaltens und des Verhaltens der Kollegen innerhalb der Organisation. Hierzu gehört die persönliche Erfahrung einer Grid Maßnahme zur Einführung der Grundprinzipien des werteorientierten Managements. Es werden die Auswirkungen des eigenen Verhaltens auf das Team und das Unternehmen identifiziert.

Abbildung 2 stellt die Elemente der ersten Phase der Grid Organisationsentwicklung dar:

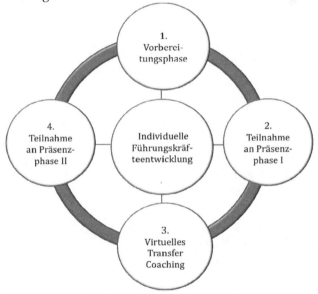

Abb. 2: Phase eins (Individuelle Entwicklung)

Nach einer Vorbereitungsphase erleben die Führungskräfte eine viertägige Präsenzphase, in der sie in intensiven Gruppenarbeiten ihre persönlichen Wertvorstellungen kritisch hinterfragen und erkennen, inwiefern ihr Verhalten diesen Wertvorstellungen entspricht und wo Wertvorstellung und Realität voneinander abweichen. Diese Abweichungen

werden zum Ende des Seminars genau definiert und individuelle Maßnahmen zur Veränderung des Verhaltens erarbeitet.

In der Transferphase findet das VTC Anwendung. Hier lernt die
Führungskraft den eigenen Wirkungsgrad im täglichen Umfeld deutlich
zu steigern und Hindernisse zur Veränderung zu überwinden. Die
zweite Präsenzphase ermöglicht der Führungskraft, dann von den Erfahrungen anderer Seminarteilnehmer zu profitieren. Ein elektronisch gene-
riertes 360° Feedback aus dem direkten Arbeitsumfeld gibt der Führungskraft Aufschluss darüber, wie sich ihr Führungsverhalten zu dem
Zeitpunkt konkret darstellt.

2.2 Ausbildung zum Virtuellen Transfercoach

Zu Beginn der Kooperation mit Prof. Harald Geißler wurde ein Grid
Berater zum Virtuellen Transfercoach ausgebildet. Aufgrund der ver-
stärkten Akzeptanz des VTC und einem dadurch steigenden Bedarf fiel
im Laufe des folgenden Jahres die Entscheidung, zwei weitere Grid Berater zum VTC Coach auszubilden. Alle drei VTC Coaches sind zertifizierte Grid Berater. Zusätzlich verfügen die VTC Coaches über folgende
individuelle Qualifizierungen:

- Expertise in Team- und Cross-Teamentwicklungen
- Expertise im Business Coaching
- Expertise in der interkulturellen Führungskräfteentwicklung

Die meisten Coachees werden aus den individuellen Teilnahmen an der
Präsenzphase 1 gewonnen. Daher übernimmt in der Regel der in der
Präsenzphase 1 verantwortliche Grid Berater das VTC mit den Coachees.

3. Umsetzungserfahrungen und Fazit

Anfangs wurde das VTC ausschließlich für das obere Management im Rahmen des *Leadership Grid® Programms* eingesetzt. Da es im ersten Jahr darum ging zu testen, wie das VTC den Kunden den größten Nutzen bringen wird, wurden die Seminare ausgewählt, in denen verschiedene Unternehmen zusammentreffen. Firmeninterne Seminare wurden zu diesem Zeitpunkt nicht berücksichtigt.

Die Rückmeldungen der Teilnehmer sind durchweg positiv. Wird das strukturierte Vorgehen mittels webbasiertem Fragebogen vor dem ersten Coachinggespräch als *Hemmschuh* wahrgenommen, ist es genau diese strukturierte Vorgehensweise, die die Teilnehmer am Ende des Coachingprozesses als besonders hilfreich empfinden. Obwohl im Seminar für das Ausfüllen dieses Fragebogens extra Zeit eingeräumt wird, ist das Übertragen der Antworten in das webbasierte Tool eine Herausforderung.

Das detaillierte und schriftliche Vorbereiten auf ein Coachinggespräch und die im Gespräch möglichen Ergänzungen der Formulierungen nimmt der Coachee als unterstützend bei der nachhaltigen Umsetzung seiner persönlichen Maßnahmen wahr. Des Weiteren empfindet der Coachee das genaue Fragen und Nachfragen anfangs als ungewohnt, erkennt aber im Laufe der Gespräche, dass das fortwährende Nachfragen ihm dabei hilft, alle notwendigen Faktoren zu berücksichtigen und einen echten Mehrwert für sich zu schaffen.

Nachfolgend einige Äußerungen der Beteiligten im Anschluss an den Coachingprozess:

- VTC ist verbindlich, man wird nicht allein gelassen mit seinen Vorhaben.
- Vertraulichkeit war mir wichtig – sie wurde zugesichert und eingehalten.
- Gutes Zeitfenster, ich konnte nach jeder Phase und nach 3 Monaten messen, was ich tatsächlich getan habe und was ich erreichen konnte. Macht mir Mut weiterzumachen.
- Bisher dachte ich, ich kenne mein Ziel, jetzt wurde mir klar, dass mein Ziel viel zu allgemein formuliert war.

- Der Kontakt mit meinem Coach war sehr hilfreich. Auch durch die Zwischenbilanzen mit den konstruktiven Fragen wurde mir geholfen, mein Ziel zu erreichen.
- Ist der Coachee angemeldet, bleiben über 95% bis zum dritten Gespräch dabei.

Betrachtet man die Zielgruppen *oberes Management* (Teilnehmer des Seminars Leadership Grid®) und *mittleres* bis *unteres Management* (Seminar: Besser führen mit Grid®) erkennt man, dass die Führungskräfte der unteren Ebenen das VTC stärker in Anspruch nehmen als das Topmanagement:

	2009	2010	2011
Zielgruppe BF *(Seminar: Besser führen mit Grid)*	0	105	121
Zielgruppe LGS *(Leadership Grid® Seminar)*	60	48	89
VTC Anwender BF	0	15	19
VTC Anwender LGS	13	18	10
Anteil BF	0%	14,3%	15,7%
Anteil LGS	21,7%	37,5%	11,2%

Tab. 1: Verteilung VTC Leadership Grid und Besser führen mit Grid 2009-2011

Die Teilnehmer, die das VTC in Anspruch nehmen, empfinden es als hilfreich in Bezug auf ihre eigene Zielerreichung. Besonders die Nachwuchsführungskräfte nutzen das VTC häufiger als Führungskräfte mit mehr Führungserfahrung. Hier wird deutlich, dass junge Führungskräfte Bedarf haben, sich in konkreten Führungsfragen beraten zu lassen. Die Führungserfahrung, auf die sie zurückgreifen ist geringer als bei gestandenen Führungskräften. Gestandene Führungskräfte nutzen das

VTC zögerlicher. Zum einen aufgrund bereits vorliegender Coaching-Erfahrung und zum anderen, weil die Führungskräfte in ihrer täglichen Arbeit die Priorität sehen und nicht in der Erreichung individueller Lernziele.

4. Fazit

Zusammenfassend lässt sich sagen, dass das VTC bei den Nutzern durchweg positiv aufgenommen und als unterstützend bei der Zielerreichung wahrgenommen wird. Jedoch ist nicht allen zu Beginn die große Kosten- und Zeiteffizienz bewusst, so dass potentielle Nutzer zögern. Unternehmen sehen einen großen Nutzen in der Anwendung des VTC, fordern sie aber bei den Mitarbeitern nicht nachdrücklich ein.

Daher besteht die große Herausforderung, wie der Nutzen für den einzelnen Teilnehmer zu Beginn klar erkennbar wird. Ein Weg, die Hürde zu verringern, das VTC in Anspruch zu nehmen und die Transferphase professionell begleiten zu lassen, wird noch gesucht.

Literatur

Blake, Robert/Adams McCanse, Anne (1998): Das GRID-Führungsmodell. 6. Aufl. München-Düsseldorf: Econ

Blake, Robert/Mouton, Jane/ Adams McCanse, Anne (1993): Unternehmensentwicklung mit GRID – Der Weg zur effektiven Organisation. Frankfurt/M.: Campus

Der Einsatz Virtuellen Transfercoachings in einem Baumarktunternehmen und in einer Bank

Martina Held, Harald Korsten, Horst-W. Reckert

Wir haben das Virtuelle Transfercoaching (VTC) als selbständige Trainer in unterschiedlichen Kontexten kennengelernt. Die anschließenden Erfahrungen, die wir – teilweise unabhängig voneinander – beim Praxiseinsatz dieses Tools mit unseren Kunden gemacht haben, haben uns zusammengeführt und uns wechselseitig angeregt und bestärkt.

Der Beitrag gliedert sich in drei Teile:

- Harald Korsten hat das VTC bei GLOBUS Fachmärkte GmbH & Co. KG in zwei Seminargruppen eingesetzt. Er berichtet darüber, wie das neue Tool auf die Teilnehmer wirkte und ihr Verhalten positiv beeinflusste.
- Auch Martina Held setzt das VTC bei GLOBUS Fachmärkte ein. Sie berichtet darüber, wie ihre Seminarteilnehmer das VTC persönlich erlebt haben. Dazu wählt sie die Perspektive des anonymisierten Marktleiters Meier.
- Dr. Horst-W. Reckert führte das VTC in einer Volks- und Raiffeisenbank durch. Sein Bericht konzentriert sich auf die Messung der durch den Einsatz von VTC deutlich verbesserten Kompetenzentwicklung seiner Seminarteilnehmer sowie auf eine betriebswirtschaftliche Einschätzung des Return of Investment (ROI).

1. Die Wirkmechanismen des Virtuellen Transfercoachings – Erfahrungen in einem Baumarktunternehmen

1.1 Das Unternehmen, in dem das VTC durchgeführt wurde

Die Erfahrungen, über die in diesem und im Abschnitt 2 berichtet werden, beziehen sich auf die GLOBUS Fachmärkte GmbH & Co. KG, ein Unternehmen, das 84 Baufachmärkte in Deutschland und in Nachbarstaaten betreibt. Kundenzufriedenheitsstudien, vor allem von Kundenmonitor Deutschland, Service Rating oder vom DIY Informationsdienst, weisen das Unternehmen als Testsieger aus, und zwar regelmäßig und seit Jahren. Nach Auffassung des Unternehmens ist dieser Erfolg letztlich zurückzuführen auf ein Aus- und Weiterbildungskonzept, das auf Dienstleistungsbewusstsein und eigenverantwortliches Handeln ausgerichtet ist.

In diesem Entwicklungsprozess fällt den Baumarktleitern die Schlüsselrolle zu. Neben Workshops, Trainings, Coachings und Supervisionen setzen wir seit 2010 auch das Virtuelle Transfercoaching konsequent ein. Mittlerweile wurde die zweite Gruppe von jeweils acht Baumarktleitern trainiert und betreut.

1.2 Was wir antrafen: Das ganz normale Transfer-Desaster in der Weiterbildung

„Nach dem Führungsseminar ist vor dem Führungsseminar", sagten sich viele Baumarktleiter. Sie waren es gewohnt, regelmäßig an Schulungen teilzunehmen. Dort pflegten sie eine Art ‚Kinosessel-Mentalität', maßgeblich verursacht durch das Verhalten der Referenten. Typischer Kommentar in einer Abschlussrunde: *„Das Meiste ist ja bekannt. Aber es ist gut, dass wir das regelmäßig auffrischen"*. Umgesetzt wurde ähnlich wenig wie in anderen Unternehmen, trotz der förderungsorientierten Unternehmenskultur: Recherchen der Personalabteilung ergaben, dass lediglich 10 bis maximal 15% der im Seminar behandelten Verfahrens- und Verhaltensweisen in der Praxis dauerhaft angewendet wurden. Gegen diesen üblichen Verpuffungseffekt setzten wir konsequent auf interaktive Trainings, Einzelcoachings und VTC. Nun erlebten die Teilnehmer, dass eine Schulung nicht mit den üblichen unverbindlichen Absichtserklärungen in der Schlussrunde endet. Oder spätestens mit dem ‚Brief an mich selbst', nach 3-4 Wochen zugesendet vom Lernpartner oder Referenten. Nun wurden sie nach dem Seminar 3 Monate unterstützt bei der Umsetzung ihrer Transferziele, mit recht geringem Aufwand: Auf einer 2-moduligen Internetplattform beantworteten sie schriftlich jeweils sechs Coachingfragen. Die Antworten waren die Basis für 2-3 Coachinggespräche à 30 Minuten, per Telefon und auch online. Der Ertrag war unerwartet groß.

1.3 Unser Vorgehen: Von Zielen und nützlichem Druck

„Und als wir unser Ziel endgültig aus den Augen verloren hatten, verdoppelten wir unsere Anstrengungen" (Mark Twain 1898). Dieses Zitat beschreibt treffend den blinden Aktionismus und verdeutlicht die große Bedeutung von Zielen. Ohne Ziel keine passende Lösung, ohne passende Lösung keine konkreten Maßnahmen. Dieser Grundsatz des effektiven Projektmanagements gilt erst recht für Coaching. So hatten die Teilnehmer am Ende des Seminars die Aufgabe, ihre Transferziele zu formulieren. Zunächst kamen die üblichen Absichtserklärungen wie das Ziel: Coaching-Verhalten umsetzen. Nach einigem Sträuben wandelten sie diese in echte und konkrete Ziele um, mit Hilfe der – allen bekannten, aber häufig nie verwendeten – SMART-Regel:

- Spezifisch: Was genau werde ich bei wem / bei welchen Gelegenheiten umsetzen?
- Messbar: Woran werde ich erkennen, dass ich die Ziele umgesetzt habe?
- Attraktiv: Bringt die Umsetzung echten Gewinn für mich und Andere?
- Realistisch: Ist das gut machbar für mich?
- Terminiert: Bis wann will ich das Gewünschte umgesetzt haben?

Danach wurde das VTC thematisiert, aber ohne Erklärungen. Ich habe mit diesem Vorgehen sehr gute Erfahrungen gemacht. Aufbau, Handhabbarkeit/Benutzerfreundlichkeit und den zu erwartenden Unterstützungseffekt erarbeiteten die Teilnehmer in Kleingruppen selbst, unterstützt durch Screenshot-Ausdrucke der beiden VTC-Internetmodule und einer entsprechenden Aufgabenstellung mit Leitfragen. Dieser coachingorientierte Ansatz ermöglichte ihnen, VTC selbst zu entdecken, sich gegenseitig zu erklären. Entgegen meiner Erwartung brauchte ich anschließend nur wenig richtig zustellen oder hinzuzufügen.

Bereits in diesen Gruppenarbeiten vermuteten die Teilnehmer, dass das systematische Arbeiten am Umsetzungserfolg mit einem Coach einen ‚gesunden Druck' hervorrufe; ob unter vier Augen oder virtuell, spielte für sie keine Rolle. Dieser Druck würde ihnen helfen, den ‚inneren Schweinehund' in Schach zu halten und nicht wieder in den Alltagstrott zu fallen. Auch die schriftliche Dokumentation ihrer Transferanstrengungen werde wohl einen starken Disziplinierungseffekt auf sie haben. Das hat sich bestätigt. Der ‚Druckfaktor' zog sich anschließend wie ein roter Faden durch jedes VTC und wurde am Schluss von jedem Coachee noch mal bestätigt, ähnlich wie in diesem Zitat:

„Gut, dass mir noch jemand auf den Füßen stand bei der Umsetzung. Obwohl ich natürlich weiß, dass ich im virtuellen Coaching für mich arbeite und nicht für Harald Korsten, habe ich doch Druck verspürt. Ich wusste eben, dass da noch einer genau draufschaut auf das, was ich sage und schreibe. Vor den Telefoncoachings stieg der Druck regelmäßig an. Besonders die Aufteilung in terminierte Umsetzungsschritte war für mich wichtig, und ich wollte ja auch gerne ‚Vollzug' melden. Ohne diesen Druck wäre ich nie so weit gekommen und schnell wieder im ‚Alltags-Hamsterrad' gewesen."

1.4 Der Nutzen

Wie lässt sich nun der Nutzen des Virtuellen Transfercoachings aufschlüsseln?

1.4.1 Leistungsnachweis und Evaluation

Am Ende des ersten VTC-Moduls fragte ich die Marktleiter, ob auch die Chefs sowie Verantwortliche der Personalabteilung ihre auf der Internetplattform dokumentierten Ergebnisse sehen dürften. Alle waren einverstanden, wenngleich zunächst auch einige zögerten. Die Frage nach dem *Warum* ließ sie klar erkennen: Wir haben nichts zu verbergen, im Gegenteil: Wir sind stolz auf das, was wir uns vorgenommen und nach 3 Monaten erreicht haben! So entpuppte sich ein weiteres *Druckmittel* schnell auch als wertvoller Leistungsnachweis.

Sofern also die Coachees einverstanden waren, erhielten Auftraggeber und Chefs klare Dokumentationen der Zielerreichung bzw. des Umsetzungsfortschrittes jedes Teilnehmers per Screenshot. Sie erhielten damit nicht nur verpflichtende und überprüfbare Selbsteinschätzungen, sondern auch strukturierte Informationen über den Sinn, Nutzen und Erfolg der Weiterbildungsmaßnahme – ein Aspekt, der von den Auftrag nehmenden Trainern und Coachs gar nicht hoch genug eingeschätzt werden kann!

1.4.2 Umsetzungserfolg

Die Durchschlagskraft des VTC wird deutlich an einem Ziel, das sich 12 von 16 bislang von mir betreute Marktleiter gesetzt hatten: *„Ich werde den Arbeitszeit-Anteil für meine eigentlichen Marktleiter-Aufgaben bis zum (Tag-Monat-Jahr) um mindestens 30% erhöhen"*. Die Marktleiter wollten also mindestens 15 Stunden pro Woche nicht mit Aufgaben verbringen, die ihre Mitarbeiter erledigen konnten. Dieses Ziel sollte durch konkretes Coachingverhalten erreicht werden. Nach 12 Wochen lag der durchschnittliche Zielerreichungsgrad bei 87,7%. Der Vergleich mit den üblichen 10 bis max. 20% nach Führungsseminaren ohne anschließendes VTC (wenn überhaupt klare Transferziele erarbeitet und verfolgt werden) macht die Bedeutung dieser Form klar.

1.5 Fazit

Meine Erfahrungen lassen sich in drei Punkten zusammenfassen:

- Trainer und Coaches sollten auch bei der Einführung des VTC strikt coachingorientiert vorgehen. Wenn Teilnehmer Gelegenheit bekommen, die Nutzung und den Nutzen eigenständig zu erarbeiten, erhöht sich ihre Akzeptanz gegenüber dieser neuen Coachingform und die Motivation zum konzentrierten Mitziehen stark.
- Neu erworbene Verfahrens- und Verhaltenskompetenzen, die über drei Monate bewusst und in einem kontinuierlichen Verbesserungsprozess eingeübt werden, gehen nach unseren Erfahrungen fast immer ‚in Fleisch und Blut' über. Genau in dieser wichtigen Zeitspanne werden Seminarteilnehmer oft nicht weiter unterstützt. Diese entscheidende Lücke füllt VTC.
- VTC sorgt für eine neue Qualität in der Evaluation sowohl hinsichtlich der verpflichtenden Selbsteinschätzung des Umsetzers als auch im klaren Nachweis des Nutzens einer Weiterbildungsmaßnahme gegenüber den Auftraggebern.

2. Wie Seminarteilnehmer das Virtuelle Transfercoaching subjektiv erleben

2.1 Ausgangssituation

Die Personalentwicklung der GLOBUS Fachmärkte GmbH & Co. KG entschied sich gemeinsam mit der Vertriebsleitung für das im Folgenden (Abb. 1) dargestellte fünfstufige Marktleiter-Entwicklungskonzept.

Die Vorgehensweise sichert durch integrierte Coaching- &
Trainingselemente die inividuelle Nachhaltigkeit

Marktleiter Entwicklungskonzept

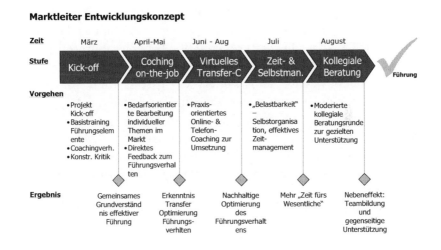

Abb.1: Kompetenzentwicklung im Basistraining

2.2 Wie das Entwicklungsprogramm subjektiv erlebt wurde

Herr Mayer[1], der im Folgenden stellvertretend für das subjektive Erleben der von mir trainierten und begleiteten Seminarteilnehmer stehen
soll, kam an diesem Morgen mit einem unruhigen Gefühl im Bauch in
den Markt. Heute musste er einen Mitarbeiter abmahnen. Er mochte
seine Arbeit als Marktleiter bei Globus sehr, aber diese Seite seiner Füh-
rungstätigkeit fiel ihm schon immer eher schwer. Am liebsten war es
ihm, wenn alle gut und harmonisch zusammen arbeiteten und jeder
seine Pflicht erfüllt. Leider sah die Realität anders aus.

---

[1] Der Name ist verändert worden.

Er erinnerte sich an das Führungstraining für Marktleiter in der vergangenen Woche. Da hatten sie Kritikgespräche anhand von Praxisbeispielen geübt und er hatte wertvolles Feedback von seinen Kollegen und der Trainerin bekommen. Aber was hatte das alles mit seinem aktuellen Problem zu tun? Er klickte nervös auf seinem Computer herum und fand schließlich das Flipchartprotokoll des Trainings. Stirnrunzelnd sah er sich die vier Phasen des Kritikgespräches noch einmal an. Warum nur bereitete ihm das Umsetzen soviel Schwierigkeiten? In diesem Moment kündigte das übliche ‚Pling' den Eingang einer neuen E-Mail an. Eine willkommene Ablenkung vom Grübeln. Er klickte auf Öffnen und las die E-Mail der Führungskräftetrainerin mit seinen Zugangsdaten fürs Virtuelle Transfercoaching. Darin wurde er aufgefordert, das erste Modul des Coachingprogrammes auszufüllen und ihr Terminvorschläge für ein Telefoncoaching zu machen.

Noch etwas unsicher loggte er sich in die Plattform ein und sah sich die Fragen an:

- Was war die wichtigste Erkenntnis?
- Welches Transferziel leiten Sie daraus ab?
- Wie wichtig ist Ihnen dieses Ziel?
- Was kann Sie bei der Umsetzung unterstützen?
- Was könnte sich als eher hinderlich erweisen?
- Was wollen Sie konkret umsetzen?
- Wann wollen Sie den Fortschritt wieder überprüfen?

Das war nicht das, was Herr Mayer erwartet hatte. Er hatte mit einem unterhaltsamen Online-Lernprogramm gerechnet. Für diese Fragen musste er sich richtig Zeit nehmen.

Er schloss seine Bürotür und leitete das Telefon auf die Zentrale um – dafür musste er ungestört sein. Dann arbeitete er sich Schritt für Schritt durch die Fragen. Einigermaßen zufrieden mit dem Ergebnis schickte er der Trainerin zwei Terminvorschläge für das Telefoncoaching und beschloss, die Abmahnung seines Mitarbeiters erstmal zu verschieben, bis er das Telefoncoaching hinter sich hatte. Denn er hatte das Gefühl, das Coaching könnte ihm dabei helfen.

Erleichtert lehnte sich Herr Mayer zurück. Das Gespräch, vor dem er soviel Angst gehabt hatte, war sehr gut gelaufen. Er hatte klare und unmissverständliche Ansagen gemacht. Und dennoch war es ihm gelungen, den wahren Grund für das ständige Zuspätkommen seines Mitarbeiters herauszufinden – mithilfe seines neu gewonnenen Coaching-Knowhows.

Er dachte zurück an das Telefoncoaching vor zwei Tagen. Er war skeptisch gewesen, aber letztendlich hatte sich die Mühe gelohnt. Die Trainerin hatte ihm geholfen, sich auf das Gespräch zielgerichtet vorzubereiten. Und noch mehr. Er hatte durch ihre einfühlsamen Fragen auch erkannt, was ihn bisher davon abgehalten hatte, unangenehme Mitarbeitergespräche zu führen. Die Erkenntnis, dass ihm Harmonie wichtiger war und er die persönliche Beziehung nicht gefährden wollte, war ihm nicht ganz angenehm gewesen. Diese grundsätzlich positive Absicht erwies sich allerdings in der Führungspraxis als Bumerang. Wer nicht klar und konsequent führt, erfährt auch keine Eigenverantwortung von Seiten seiner Mitarbeiter. Das war ihm klar geworden.

Er war stolz auf sich. Er hatte etwas gelernt und es sofort in die Tat umgesetzt und positive Ergebnisse erzielt. Zukünftige Gespräche dieser Art würden ihm leichter fallen, das wusste er jetzt schon.

3. Die nachhaltige Wirksamkeit des Virtuellen Transfercoachings (VTC) in einer Bank

3.1 Überblick

Lösungs- und ressourcenorientiert geht es besser: *Mehr Erfolg im Firmenkundengeschäft* ist der Seminarwunsch der Personalentwicklung (PE) einer mittelgroßen VR-Bank, um die kontinuierliche Entwicklung der Firmenkundenbetreuer fortzuführen. Besonderes Augenmerk möchte die PE auf das Thema Nachhaltigkeit legen. Die Intervalltrainings sollen mit Virtuellem Transfercoaching (VTC) nachbetreut werden. Zwei Gruppen erhalten eine Basisausbildung mit jeweils 2 x 2 Tagen und einer

Vertiefungsveranstaltung von einem Tag. Nach den Gruppenseminaren erfolgt individuelle Begleitung durch virtuelles Transfercoaching mit den Modulen eins und zwei und jeweils zwei 30-minütigen Telefonaten. Das Ergebnis der Auswertung vor und nach dem Seminar und nach den Telefonaten hat einen deutlichen Anstieg der Kompetenzen in der Selbsteinschätzung dokumentiert. Die betriebswirtschaftliche Auswertung ergab eine Ertragsentwicklung von 43.000 € im Vergleich zum Vorjahr in zentralen Kennwerten der Bankbilanz. Demgegenüber stehen die Kosten des Seminars mit ca. 25.000 €. Da die Maßnahme ohne Kontrollgruppe durchzuführen war, können wir den Netto-Effekt nicht angeben. Fallbeispiele gehen von neuen Abschlüssen in sechsstelliger Höhe nach den Telefonaten aus.

3.2 Vorgehen und Design

3.2.1 Akquisition des Virtuellen Transfercoachings

Im Vorgespräch mit dem verantwortlichen Ansprechpartner der Bank wurde der Sinnhaftigkeit einer Nachhaltigkeitsbegleitung zugestimmt. Anlass war ein erst vor kurzem erschienener Artikel in einem Bankmagazin, nach dem die Transferquote erschreckend niedrig ausfiel. Die zusätzliche VTC-Begleitung wurde mit zwei Trainertagen für die Telefonate und mit einem Trainertag umgerechnet für die VTC-Plattform berechnet.

3.2.2 Das Seminardesign und die Zielgruppe

Die Zielgruppe waren 19 Firmenkundenbetreuer, die in zwei Seminargruppen aufgeteilt wurden. Beide Gruppen erhielten ein Basistraining von zwei Tagen und ein Vertiefungstraining von einem Tag nach ca. vier Monaten. Zwischen den beiden Gruppenpräsenzveranstaltungen wurde jeweils ein 30-minütiges Telefonat mit dem Trainer geführt. Die Telefo-

nate wurden durch das Modul 1 vorbereitet. Den Abschluss der Maßnahme bildete das Modul 2 (Vertiefungstraining). Der ‚Drop-out' lag bei
einer Person, die dem Vertiefungstraining wegen Urlaub fern-blieb und
dann auch das zweite Telefonat nicht mehr nutzen wollte.
Für das Basistraining wurde vom Teilnehmer ein Transferziel formuliert und für das Vertiefungstraining ein neues Transfersziel. Folgendes Design wurde durchgeführt:

1. Einschätzung der Kompetenz vor Basistraining
2. Einschätzung nach Basistraining
3. VTC-Modul 1 nach zwei bis drei Tagen
4. Telefoncoaching mit Einschätzung der Kompetenz nach Telefonat

1. Einschätzung der Kompetenz vor Vertiefungstraining
2. Einschätzung nach Vertiefungstraining
3. VTC-Modul 1nach zwei bis drei Tagen
4. Telefoncoaching mit Einschätzung der Kompetenz
5. Modul 2 mit erneuter Kompetenzeinschätzung

3.2.3 Einbindung der Führungskraft

In jeder der beiden Gruppen war die jeweilige Führungskraft im Seminar dabei, wodurch die Akzeptanz des VTC deutlich stieg, zumal beide
Führungskräfte die positive Wirkung des VTC bereits selber erfahren
hatten.

3.2.4 Akzeptanz des VTC durch die Teilnehmer

Zentral für die Teilnehmer ist das Erleben eines persönlichen Nutzens
aus dem Telefonat. Daher ist auch für den durchführenden VTC-Coach
die Kompetenz und der Erfolgsfaktor, das VTC Telefonat gleichermaßen
wertschätzend und zielorientiert zu führen. Das heißt, nach dem *Tote-
Modell* den augenblicklichen Ist-Zustand zu erfragen und dann lösungs-

und ressourcenorientiert die Sollerreichung zu erarbeiten. Durch das positiv erlebte erste Training war die persönliche Akzeptanz, gemessen an der Anzahl der pünktlich durchgeführten Telefonate, sehr hoch. Wertschätzend und zielorientiert heißt nach dem Tote-Modell das augenblickliche *Ist* zu erfragen und dann lösungs- und ressourcen-orientiert die Sollerreichung zu bahnen.

3.3 Evaluation der Kompetenzentwicklung

Das im VTC formulierte Transferziel wurde als Kompetenz mit engem Bezug zu sechs zentralen Erfolgskennwerten formuliert. Diese sechs Erfolgskennwerte waren bezogen auf die Steigerung der Erlöse (Ertragsvolumen, Produktnutzungsquote, Preis steigern bzw. erhöhen) sowie die Reduktion der Kosten (Stückkosten, Risikokosten sowie Eigenkapitalkosten). In dem unten stehenden Diagramm (Abb. 2) ist die Selbsteinschätzung der Kompetenz eingeschätzt auf der Skala eins bis zehn abgetragen, vor und nach dem Training bzw. nach dem VTC zu sehen.

3.3.1 *Die Kompetenzentwicklung im Basistraining*

Zum Messzeitpunkt T1 wurde die Kompetenz vor dem Seminar gemessen. Die im Seminar angestoßene Kompetenzsteigerung stieg nach Teil eins zum Zeitpunkt T2 und nach dem ersten Telefonat zum Zeitpunkt T3 stetig an (siehe Abb. 2).

Qualitative aggregierte Auswertung des Basistrainings zu drei Messzeitpunkten

Basistraining am 10./11. (Gruppe 1) und am 17./18. November (Gruppe 2) 2010

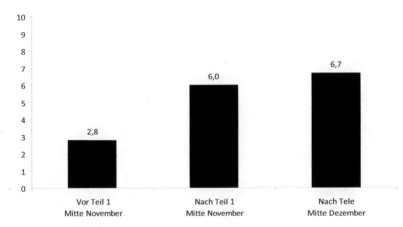

Auf der vertikalen Achse sind die Selbsteinschätzungen auf einer Skala von 1-10 der Teilnehmer bezüglich der Zielerreichung Ihres Verhaltenszieles abgetragen.

Abb. 2: Die Kompetenzentwicklung im Basistraining ('Tele' bedeutet Telefoncoaching auf Grundlage der Antworten aus dem Modul 1)

Der nochmalige Anstieg darf sicherlich zu einem Großteil auf das VTC zurückzuführen sein. Üblicherweise ist nach dem Seminar nach vier Wochen die Transferrate zumindest niedriger als nach dem Training.

Der bereits im ersten Teil des Seminars sich abzeichnende positive Effekt kann als nachhaltiger Effekt angesehen werden. Besonders erfreulich ist, dass drei Monate nach dem Vertiefungstraining die Selbsteinschätzung der Kompetenz sich fast verdreifachte (siehe Abb. 3). Diese Ergebnisse bestätigen die Ergebnisse der Untersuchung von Kreggenfeld/Reckert aus dem Jahre 2008.

Qualitative aggregierte Auswertung des Vertiefungstrainings zu vier Messzeitpunkten

Vertiefungstraining am 2. Februar (Gruppe 1) und 3. Februar 2011 (Gruppe 2)

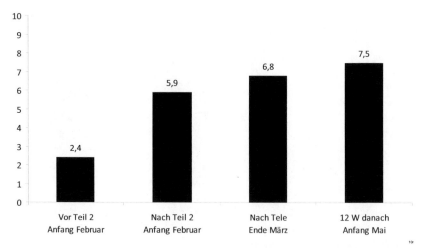

Abb. 3: Die Kompetenzentwicklung im Vertiefungstraining

3.4 Betriebswirtschaftliche Auswertung

Am Beispiel von sechs zentralen Kennwerten der Bankbetriebslehre wurde eine Evaluation der Maßnahme auf sechs zentrale Kennwerte errechnet. Die Differenz vor und nach der Maßnahme wurde den beiden Messzeitpunkten vor einem Jahr ohne die Maßnahme gegenübergestellt. Im Leistungs-, Aktiv- und Passivvolumen, den Kennwerten einer Bankbilanz, die Aussagen über Kredit- und Einlagenentwicklung machen, gab es mit einem Unterschied von ca. 43.000 €. Die Kosten für die Maßnahme betrug ca. 25.000 € Trainerhonorar plus Raumkosten inkl. Verpflegung. Die Ausfallzeiten für die Teilnehmer sind nicht berücksichtigt. Wir können bei der betriebswirtschaftlichen Auswertung von etwa einer Verdoppelung ausgehen.

3.5 Zusammenfassung und Ausblick

Die Auswertung zeigte sowohl auf der Selbsteinschätzung der eigenen Kompetenz als auch bei der betriebswirtschaftlichen Anwendung einen spürbaren Effekt durch das virtuelle Transfercoaching. Bisherige Evaluationen, die von einer Verdreifachung ausgehen, konnten hier bestätigt werden. Die PE dieser Bank möchte für das nächste Jahr eine weitere Maßnahme mit dem VTC buchen, weil speziell die Telefonate als deutlicher Mehrwert eng an der Praxis erlebt wurden.

Das VTC steigert sowohl qualitativ als auch quantitativ den Mehrwert der Maßnahme. Die Implementierung hängt von der Unterstützung durch die Führungskraft ab sowie der Fähigkeit des Trainers, einen Kontakt in der Präsenzphase und Vertrauen aufzubauen sowie einem hohen Mehrwertfaktor als Quotient aus Mehrwert pro Zeit.

Literatur

Böning, Uwe (2005): Coaching: Der Siegeszug eines Personalentwicklungs-Instruments – Eine 15-Jahres-Bilanz. In: Rauen, Christopher (Hrsg.): Handbuch Coaching. 3., überarbeitete und erweiterte Auflage. Göttingen: Hogrefe. S. 21-54

Geißler, Harald (2008; Hrsg.): E-Coaching. Baltmannsweiler: Schneider Hohengehren

Geißler, Harald (2010): Gelerntes nachhaltig anwenden. In: Weiterbildung. Heft 1 / 2010. S. 24-26

Geißler, Harald (2011): Virtuelles Coaching: Wie moderne Medien die Art der Beratung verändern. In: Wirtschaftspsychologie aktuell, Heft 3, 11. Jg. S. 44-46

Kreggenfeld, Udo/Reckert, Horst-Walter (2008): Virtuelles Transfercoaching: Die Transferquote verdreifachen. In: Geißler, Harald (Hrsg.; 2008). E-Coaching. Hohengehren: Schneider. S. 217-224

1.4 Webbasiert-textliche Basiskommunikation mit webbasierten Zusatztools

In der Einleitung zum Kapitel 1.2 wurde betont, dass subsidiäre Beratung mit webbasiert-textlicher Basiskommunikation aufgrund der Ablösung von der Körperlichkeit des gesprochenen Wortes und der so bedingten Vergeistigung der ausschließlich über den Austausch von Textdokumenten vermittelten Kommunikation nicht nur den Gegenpol zur Face-to-Face-Beratung bildet, sondern auch zur fernmündlichen subsidiären Beratung. Der vielleicht wichtigste Vorteil webbasierter Basiskommunikation ist, dass sie die Flüchtigkeit des gesprochenen Wortes durch *Vertextlichung* überwindet und dass diese einher geht mit einer Entschleunigung der Kommunikationsproduktion.

Diese Besonderheiten lassen sich, wie Peter Zezula und Ragnar Beer deutlich machen, für die Beratung von Paaren mit sexuellen Interaktionsproblemen nutzen. Denn diese stabilisieren sich bzw. verstärken sich in ihrem Alltag vor allem durch die Schnelligkeit und Unreflektiertheit, mit der die Interaktionspartner auf Verhaltensweisen ihres Gegenübers reflexhaft reagieren. Mit Blick auf diese Problematik scheint webbasierte Textlichkeit mit ihrem eigentümlichen Zwang zur Entschleunigung der Kommunikation für Paare mit derartigen Problemen eine grundsätzlich heilsame Wirkung auszuüben.

Voraussetzung für eine möglichst umfassende Nutzung dieses wertvollen Potenzials ist jedoch, die Kommunikationsbarrieren zu überwinden, die, wie im Abschnitt 1.2 deutlich wurde, mit webbasierter Textlichkeit als Basismedium subsidiärer Beratung verbunden sind. Die Lösung, die Zezula/Beer in ihrem Beitrag anbieten, besteht darin, die webbasiert-textliche Berater-Klienten-Kommunikation durch webbasiert-textliche Zusatztools anzureichern, die die gemeinsame Arbeit detailliert anleiten bzw. strukturieren und dem Klienten damit die Orientierung und Sicherheit geben, die er braucht, um sich in einen solchen Beratungsprozess einzulassen bzw. ihn nicht überschnell abzubrechen. In diesem Sinne gliedert sich der Beratungsprozess in klar strukturierte Schritte, indem der Klient zunächst anonym diagnostische Fragebögen ausfüllt und anschließend textliches Feedback bekommt, wie typisch oder atypisch seine individuelle Problematik ist. Der zweite Schritt besteht dann darin, dass die Klienten mit Hilfe ausgewählter Coachingfragen ihre Beratungsziele und die Schritte fixieren, die auf dem Weg zu ihrer Lösung zu bewältigen sind. Erst auf dieser Grundlage, d.h. erst nach der Arbeit mit den gerade genannten webbasiert-textlichen Zusatztools beginnt die persönliche webbasiert-textliche Beratungsarbeit zwischen Berater/Coach und Klient.

Theratalk: Ein Online-Portal für Paar und Partnerschaft

Peter Zezula, Ragnar Beer

Theratalk® (siehe http://www.theratalk.de) ist ein wissenschaftliches Projekt am Georg-Elias-Müller-Institut für Psychologie der Georg-August-Universität Göttingen, das sich ausschließlich auf den Bereich *Partnerschaft* konzentriert und hierfür Online-Angebote bereitstellt. Zielgruppe sind alle Personen, die in Partnerschaften leben, auch gleichgeschlechtliche. Außerdem ist das Angebot ebenso für professionelle Helfer im Partnerschaftsbereich ausgelegt, also beispielsweise für Ehe- und Paartherapeuten, Beratungsstellen etc. Dies gilt insbesondere auch für die unten beschriebene Plattform für Online-Behandlungen.

Bislang ist das hier vorgestellte Projekt Theratalk® in Form und Umfang weltweit einzigartig, obwohl es bereits seit über 15 Jahren besteht. Besonders sind die wissenschaftliche Fundierung sowie die Integration langjähriger psychotherapeutischer Erfahrungen, die allen Angeboten zugrunde liegen. Eine weitere Besonderheit ist sicherlich das gestufte Informations- bzw. Interventionsangebot:

Erste Stufe: Information
Interessierten werden kostenlose Materialien aus dem Bereich Partnerschaft angeboten, u. a. Podcasts, Studien und deren Ergebnisse.

Zweite Stufe: Bestandsaufnahme
Eine ganze Reihe kostenloser Partnerschaftstests bietet die Möglichkeit, die eigene Partnerschaft hinsichtlich vieler Aspekte einzuschätzen und neben dieser Diagnostik auch eine vergleichende Einordnung zu erhalten. Auch eine Aussage zur Notwendigkeit weiterer Unterstützung wird gemacht.

Dritte Stufe: Unkomplizierte Unterstützung

Die Idee des Ressourcen-Aktivierungs-Systems (R.A.S.) ist eine unkomplizierte, schnelle und kostengünstige Minimalintervention für abgegrenzte Bereiche ohne direkten Therapeutenkontakt anzubieten. Derzeit finden sich hier die beiden Module *Sexuelle Wünsche* und *Mehr Lust*, die auf die Verbesserung der sexuellen Zufriedenheit abzielen.

Vierte Stufe: Umfangreiche Hilfe

Hier wird eine persönliche, individuelle therapeutische Online-Hilfe mit Therapeutenkontakt angeboten, die auf Probleme aus dem Partnerschaftsbereich ausgerichtet ist. Es umfasst sowohl umfangreiche diagnostische Möglichkeiten als auch eine speziell für diese Behandlungsform entwickelte Kommunikations- und Strukturierungsumgebung, die ausschließlich online eingesetzt wird. Das Angebot richtet sich an Paare wie auch an Einzelpersonen und ist kostenpflichtig.

Die einzelnen Stufen und ihre Komponenten werden im Folgenden näher erläutert.

1. Erste Stufe: Information

Bei Theratalk® finden Interessierte vor allem auf zwei Arten aufbereiteter Informationen über den Partnerschaftsbereich: *(Video-)Podcasts* und *Ergebnisse von Studien.*

Derzeit werden acht Podcasts zu unterschiedlichen Themen rund um die Partnerschaft zum Download angeboten. Dabei werden reine Informationen vermittelt, aber auch Anregungen für die eigene Partnerschaft gegeben. Beispielsweise werden Informationen über den empirisch ermittelten Verlauf der sexuellen Zufriedenheit in einer Partnerschaft und dessen (Un-)Abhängigkeit vom Alter gegeben. Somit können ggf. unrealistische Erwartungen in diesem Bereich relativiert werden. Ein Beispiel für eine Anregung ist die Möglichkeit, die Kommunikation über die eigene Sexualität zu erleichtern, indem ein ebenfalls zum Download bereitgestellter Kartensatz eingesetzt wird.

Im Bereich Studien finden sich empirische Ergebnisse hinsichtlich vielerlei Bereiche, die für ein realistischeres Einschätzen der eigenen Partnerschaft wichtig sind und damit potenziell die Qualität oder Zufriedenheit steigern können. Besonders hervorgehoben sei hier die ausführliche Darstellung der Ergebnisse zum Thema Fremdgehen aus Sicht der Betrogenen wie auch aus Sicht der Untreuen.

2. Zweite Stufe: Bestandsaufnahme – Wissenschaftliche Partnerschaftstests

Die Partnerschaftstests sind auf der Basis langjähriger internationaler wissenschaftlicher Forschung entstanden. Sie stellen vor dem Ressourcen-Aktivierungs-System (R.A.S.) zur Verbesserung der Beziehungs-Qualität und der Eheberatung eine erste Stufe der Angebote zur *Unterstützung* von Paaren dar. Diese Partnerschaftstests kommen zwar nach wie vor auch unterstützend in der Paarberatung zum Einsatz (s. u), können aber auch unabhängig davon für eine Bestandsaufnahme verwendet werden, beispielsweise um für sich selbst eine Rückmeldung über die eigene Partnerschaft zu bekommen. Dies wird erreicht, indem eine geschlechtsspezifische Rückmeldung des Prozentranges der Besucher grafisch aufbereitet ausgegeben wird. Generell wird bei allen Partnerschaftstests, wenn sie mehrfach ausgefüllt werden, ein Verlauf in der Zeit dargestellt, der Auskunft über Entwicklungen im jeweiligen Bereich visualisiert. Die Benutzung dieser Online-Partnerschaftstests ist für jedermann kostenlos und erfolgt anonym. Offensichtlich reicht dieses Feedback an die Benutzer, um eine hohe Attraktivität des Angebotes zu erreichen. Je nachdem, wie lange die Verfahren inzwischen angeboten werden, reicht die Zahl der Datensätze teils bis zu mehreren Hunderttausend. Die derzeit angebotenen Tests sind:

Partnerschaftstest Zufriedenheit: Erfasst wird die Zufriedenheit mit der Partnerschaft in 35 Einzelbereichen (z.B. Interesse aneinander, Ausmaß an Liebe und Zuneigung, Eifersucht) sowie die Gesamtzufriedenheit.

Partnerschaftstest Balance: Es wird eine Aussage gemacht über die Balance zwischen Freiheit und Bindung, Selbst-Fürsorge und Partner-Fürsorge sowie Nähe und Distanz. Umgang mit Grenzen oder eigenen Bedürfnissen sind Beispiel-Bereiche, um die es dabei geht.

Partnerschaftstest Sexuelle Zufriedenheit: Die sexuelle Zufriedenheit insgesamt, aber auch mit der Häufigkeit sexueller Aktivität wird erfasst wie auch der Umgang mit ungleich verteilter Lust in der Partnerschaft.

Partnerschaftstest Kommunikation: Kommunikations-Fragebogen: Kommunikation gilt mit als häufigster Bereich von Partnerschaftsproblemen. Das Verfahren erfasst gezielt die gegenseitige Unterstützung bei Problemgesprächen eines Paares, die sich als zentral für die partnerschaftliche Kommunikationsqualität erwiesen hat. Wichtigster Aspekt ist hierbei, wie die Partner einander Wertschätzung zeigen.

Partnerschaftstest für Betrogene nach einem Seitensprung: Symptome und Gefühle werden erfasst, die mit einem Seitensprung zu tun haben und oft ähnliche Qualität haben, wie sie für posttraumatische Belastungsstörungen beschrieben werden. Beispiele sind sich immer wieder aufdrängende Gedanken und Bilder oder ständig erhöhte Wachsamkeit.

Partnerschaftstest für Untreue nach einem Seitensprung: Es werden Probleme der Untreuen erfasst, die mit einem Seitensprung zu tun haben und in seiner Verarbeitung wichtig sind, wie z. B. Vertrauen des Partners oder Umgang mit der dritten Person.

3. Dritte Stufe: Unkomplizierte Unterstützung – Das Ressourcen-Aktivierungs-System (R.A.S)

Die zentrale Rolle der sexuellen Zufriedenheit für die gesamte Partnerschaftszufriedenheit ist sehr wichtig. Folgerichtig erscheint es besonders vielversprechend, in diesem Bereich an einer Verbesserung der Beziehungsqualität anzusetzen. Nach dem Motto: *„Wenig Aufwand, viel Ertrag"* ist genau dies das Ziel des R.A.S. Gegen einen vergleichsweise geringen Betrag und mit einem zeitlichen Aufwand von je ca. 70 Minuten pro Person erhalten Interessierte konkrete Ansätze für Veränderungen.

Das Ressourcen-Aktivierungs-System besteht aus derzeit zwei Modulen, die auf eine Verbesserung verschiedener Aspekte der sexuellen Zufriedenheit abzielen: Das Modul *Sexuelle Wünsche* hat eine generelle Erhöhung der sexuellen Zufriedenheit zum Ziel. Das Modul *Mehr Lust*, als Erweiterung zum Modul *Sexuelle Wünsche*, hat zum Ziel, speziell solchen Paaren zu helfen, bei denen (mindestens) ein Partner wenig oder gar keine Lust auf sexuelle Aktivitäten hat.

Hintergrund des R.A.S. sind Ansätze aus der Verhaltenstherapie bzw. aus der verhaltenstherapeutischen Paartherapie. Dabei wird die Idee umgesetzt, dass in nahezu jeder Partnerschaft ungenutzte Potentiale für sexuelle Aktivitäten vorhanden sind, die nur zugänglich bzw. bewusst gemacht werden müssen. Erreicht wird dies durch einen systematischen Vergleich potenzieller, sexueller Aktivitäten, dem Wunsch danach sowie der gegenseitigen Bereitschaft hierzu.

Dafür füllen beide Partner für sich alleine im System das Modul *Sexuelle Wünsche* aus und geben Einschätzungen über ca. 200 sexuellen Aktivitäten an, die von erfahrenen Therapeuten sorgfältig ausgewählt wurden. Zu jeder Aktivität beantworten die beiden Partner:

- wie gern sie die Aktivität mögen
- wie viel öfter sie die Aktivität gern hätten
- wie gern sie die Aktivität für den Partner ausführen und
- wie viel häufiger sie bereit wären, die Aktivität für den Partner auszuführen.

Aus diesen Antworten wird dann ermittelt, welche Wünsche des anderen *gefahrlos* zusätzlich erfüllt werden können. Was von einem Partner nicht gewünscht wird oder was der andere nicht erfüllen möchte, wird auch nicht zurückgemeldet.

Empirisch (vgl. Beer/Zezula 2011) zeigt sich, dass im Mittel nur gut ein Drittel der sexuellen Wünsche in den Partnerschaften erfüllt werden. Bei einem weiteren Drittel der verbleibenden Wünsche handelt es sich um Aktivitäten, die jeweils von einem der beiden Partner gewünscht werden und zu denen der andere bereit ist, ohne dass das Paar davon weiß. Mit dem R.A.S wird systematisch versucht, diese unentdeckten Bereitschaften zu finden und über sie zu informieren. Hierdurch ergeben sich konkrete Ansätze für eigene Versuche zur Verhaltensänderung, die zu einer erhöhten sexuellen Zufriedenheit führen.

Man kann das R.A.S. als eine Art *Mini-Intervention* betrachten, die ohne Therapeuten bzw. Berater durchgeführt werden kann, was die Hemmschwelle nochmals senkt. Die Wirksamkeit dieser Intervention zur Steigerung der sexuellen Zufriedenheit – gerade auch im Verhältnis zum minimalen Aufwand – konnte inzwischen auch empirisch belegt werden (vgl. Beer/Breuer 2006).

4. Stufe: Umfangreiche Hilfe – Paartherapie online

Hierbei handelt es sich um das umfangreichste und individuellste Angebot im Projekt Theratalk, das sich explizit an *unglückliche* Paare mit Behandlungswunsch richtet. Wegen des hohen personellen Aufwandes ist dieses Angebot kostenpflichtig.

Das heute verwendete Theratalk-Konzept ist Resultat eines seit 1996 andauernden kontinuierlichen Entwicklungsprozesses. Eine von Anfang an konsequente Ausrichtung auf wissenschaftlich gesicherte Ansätze in der Paartherapie sowie eine kontinuierliche Begleitung durch empirische Untersuchungen sind Charakteristika dieser Entwicklung. Dies war notwendig, da völliges Neuland betreten wurde.

Kritiker bemängeln an Online-Therapie häufig den fehlenden direkten Kontakt mit den Klienten, da hierdurch wichtige Informationen verloren gingen. Zu einem gewissen Grad ist dies sicherlich richtig, andererseits hat dieser nicht-direkte Kontakt durchaus auch seine Vorteile, gerade im Paarbereich (siehe unten). Generell muss bei der Entwicklung störungsspezifischer Behandlungskonzepte beachtet werden, ob die Vorteile der Behandlung im Internet deren Nachteile aufwiegen können. Unter gewissen Umständen sind natürlich auch Kombinationen aus beiden Formen denkbar und sicherlich sinnvoll.

4. 1 Grundlage Verhaltenstherapeutische Kurzzeit-Paartherapie

Grundlage der Eheberatung nach dem Theratalk-Konzept war die verhaltenstherapeutische Kurzzeit-Paartherapie nach Halford/Osgarby/Kelly (1996), die jedoch im Laufe der Zeit deutlich erweitert und angepasst wurde.

Bei der verhaltenstherapeutischen Kurzzeit-Paartherapie handelt es sich um einen sehr stark strukturierten Ansatz. Daher lässt er sich durch Software vergleichsweise gut abbilden. In seiner ursprünglichen Form besteht er aus folgenden Elementen:

- Mit den Partnern wird eine gründliche Diagnostik durchgeführt
- Die Partner erhalten vom Therapeuten eine Rückmeldung zur Diagnostik
- Die Partner besprechen mit dem Therapeuten Ziele für die Partnerschaft.

Mit dieser Intervention konnten in einer australischen Studie beachtliche Erfolge erzielt werden (vgl. Halford/Osgarby/Kelly 1996). Sie wird andererseits aber vielen Paaren nicht gerecht, vor allem dann, wenn den Partnern die Ziele zwar klar sind, sie aber Schwierigkeiten damit haben, sie umzusetzen. Daher wurde bei Theratalk die dritte Komponente erweitert, indem die selbst gewählten Ziele mit den Partnern in Sequenzen kleinerer, gut erreichbarer Teilziele heruntergebrochen werden. Zahlreiche andere Erweiterungen folgten.

4. 2 Erweiterte Möglichkeiten der Paartherapie im World-Wide-Web

Bei Theratalk findet der Kontakt schriftlich statt und verzichtet damit auf Körpersprache und andere nonverbale Information. Durch die Schriftlichkeit ergibt sich zwangsläufig eine Verlangsamung bzw. zeitliche Entzerrung des gesamten Ablaufs. Neben den möglichen Nachteilen (z. B. Langsamkeit bei der Eingabe, keine zeitnahe Reaktion etc.) ergeben sich daraus auch große Vorteile – gerade in bestimmten Phasen der Paartherapie.

4.2.1   Zeitliche Entzerrung

Gerade bei eskalierenden Streitgesprächen berichten Paare immer wieder über eine fehlende Kontrolle über das eigene Verhalten. Das ist kein Wunder, denn das problematische Streitverhalten ist in der Regel so gut geübt (*überlernt*), dass es völlig automatisiert ohne bewusstes Nachdenken abläuft. Außerdem besteht für die Streitenden ein hoher Druck, sehr schnell zu reagieren, weil sonst die Chance zu einer Reaktion vorbei ist. Eine der wichtigsten Aufgaben eines Paartherapeuten bzw. Eheberaters ist das rechtzeitige Unterbrechen dieser automatisierten Vorgänge beim Paar, um immer wieder eine brauchbare Arbeitsatmosphäre herzustellen.

In der Online-Beratung ist dieser Mechanismus fast unmöglich, da durch die Verlangsamung bzw. zeitliche Entzerrung das Streitverhalten einfach nicht wie gewohnt ablaufen kann. Die Partner können immer in Ruhe formulieren, ohne dass ihnen jemand ins Wort fallen kann. So brauchen sie keine Gegenstrategien und so wird Kapazität zum Zuhören frei.

Gerade in Phasen des Ausprobierens von neuen Verhaltensweisen ist es notwendig, die ersten Probeschritte sehr überlegt und reflektiert zu wagen und auch die Reaktionen darauf zu analysieren. Hierzu wird natürlich viel mehr Zeit und Aufmerksamkeit benötigt, als im gewohnten Alltag möglich ist. Nach und nach werden sich die neuen Verhaltensweisen, wenn sie erfolgreich sind, automatisieren und dadurch immer schneller und spontaner - also alltagstauglicher.

4.2.2   Zeitliche und örtliche Unabhängigkeit

Beim Online-Therapiekonzept von Theratalk ist es nicht notwendig, in der Arbeitszeit des Beraters Termine zu finden, zu denen beide Partner kommen können und die berufsbedingt oft in ein enges Zeitfenster am Abend fallen. Auch die Betreuung von Kindern ist kein Hinderungsgrund. Kosten und Zeit für Fahrtwege fallen weg und die häufig als peinlich empfundene Situation, in einer paartherapeutischen Praxis von Anderen gesehen zu werden, kann gar nicht erst entstehen.

4.2.3 Visualisierung

Durch die vielfältigen grafischen Möglichkeiten des worldwide web ist es relativ leicht, Zusammenhänge wie z.b. Hierarchien von Zielen oder zeitliche Verläufe von Testergebnissen, also Entwicklungen zu visualisieren. Ein großer Vorteil ist, dass dabei dynamisch immer der aktuelle Stand der Dinge (Daten) veranschaulicht werden kann.

4.2.4 Nachvollziehbarkeit durch Speicherung

Vieles, was in Beratungs- und Therapiesituationen passiert, gerät sehr schnell wieder in Vergessenheit. Häufig ist es geradezu ein Zeichen von Effizienz, nur das in dem Moment jeweils Wichtigste der Sitzung zu erinnern und umzusetzen. Sehr viel muss aber immer wieder wiederholt werden, beispielsweise weil die aktuelle Situation die Aufmerksamkeit in der Intervention auf andere Themen konzentriert oder aber weil sich ein Lernerfolg eingestellt hat. Aufzeichnungen von Beratungen finden häufig gar nicht statt oder wenn, dann zu Supervisions- oder Lehrzwecken. Teilweise werden auch Bedenken von Klienten gegen eine Aufzeichnung genannt. Somit geht alles, was nicht erinnert wird oder notiert wurde, oft schlicht verloren.

Durch die *Verschriftlichung* bei Theratalk ist die Situation völlig verschieden. Der gesamte Beratungsverlauf ist für Therapeut und Klient abrufbar und durchsuchbar, ohne dass besondere Vorkehrungen getroffen werden müssen. Durch diese absolute Transparenz ergeben sich allerdings auch neue Herausforderungen. Beispielsweise erwarten einige Klienten, dass der Berater ihren Fall quasi auswendig parat hat, denn alles ließe sich ja leicht nachschlagen. Dass dieses mit einem vertretbaren Zeitaufwand nicht möglich ist, muss dem Klienten dann gegebenenfalls erklärt werden.

4.2.5 Relative Anonymität

Da sich Berater und Klienten bei einer schriftlichen Form der Eheberatung nicht sehen oder hören, ergibt sich ein höherer Grad an subjektiv empfundener Anonymität. Dies ist selbst dann der Fall, wenn dem Berater Name und Adresse des Klienten bekannt sind. Die typischen Auswirkungen hat eine Klientin sehr treffend folgendermaßen formuliert:

> *"Spontan meint man vielleicht zunächst, dass man sich bei einer Online-Therapie nicht so leicht kennenlernt und an die wesentlichen Problempunkte kommt, doch genau das Gegenteil ist der Fall. Bestimmte Hemmungen und Vorbehalte fallen eher weg und man äußert sich frei von der Leber weg, was für das Fortkommen der Therapie unbedingt von Vorteil ist. Gerade die Anonymität birgt also die Möglichkeit der Nähe – ein interessantes Paradox."*

Besonders stark ist dieses Wegfallen von Hemmungen zu beobachten, wenn es um Sexualität geht. Während es bei der Eheberatung von Angesicht zu Angesicht eher der Berater ist, der das Thema einfühlsam ansprechen und vertiefen muss, legen die Klienten bei der Online-Eheberatung ihre sexuellen Probleme deutlich bereitwilliger dar.

4. 3 Das Theratalk-Konzept

Als Grundform zur Kommunikation wurde ein Chat entwickelt, der eng an den Zweck der Online-Beratung angepasst ist (siehe Abb. 1):

- Er hat nur sehr wenige Bedienelemente und eine einfache Bedienbarkeit ist gewährleistet.
- Eine Bezugnahme auf frühere Nachrichten ist sehr leicht möglich.
- Alle Nachrichten im Chat werden gespeichert (wie in einem Forum), so dass jederzeit auf den gesamten Ablauf zurückgegriffen werden kann.

Dies macht eine völlige zeitliche Unabhängigkeit möglich. Die beteiligten Personen müssen sich nicht zu einem festen Zeitpunkt zum Chat verabreden, sondern jeder kann den Chat immer dann aufsuchen, wenn es ihm gut passt. Dabei wird mit den Klienten lediglich verabredet, dass es für den Zeitraum der Beratung täglich von montags bis freitags einen Besuch im Chat gibt.

Zur Grundausstattung für jeden Partner in der Online-Eheberatung gehören zwei Chats: Einer mit dem Berater unter vier Augen und ein weiterer mit Partner und Berater gemeinsam. In diesen Chats kann natürlich gleichzeitig gearbeitet werden.

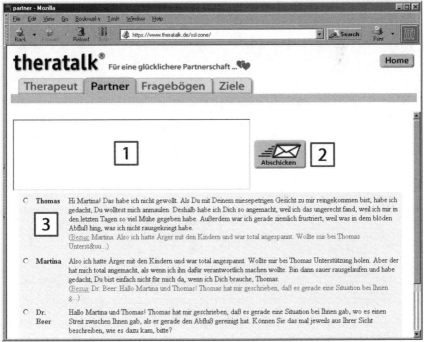

Abb. 1: Chat mit beispielhafter Interaktion zwischen beiden Partnern und Therapeut: 1 Eingabefeld; 2 Absende-Button; 3 Ablauf der Kommunikation mit Bezugsmöglichkeit, aktuellste Nachrichten oben

Die Online-Partnerschaftstests sind fester Bestandteil des Beratungskonzeptes. Die Klienten werden immer wieder zu behandlungsbegleitender

Diagnostik aufgefordert. Sie haben jederzeit Einsicht in ihre Testergeb-
nisse und deren zeitliche Entwicklung.

Den wichtigsten Anteil des an die verhaltenstherapeutische Kurzzeit-Paartherapie angelehnten Konzeptes bildet die Arbeit mit Zielen. Zu
diesem Zweck wurde eine Möglichkeit zur hierarchischen Darstellung
von Zielen geschaffen (siehe Abb. 2). Um an den Zielen dann entsprechend gezielt arbeiten zu können, wird automatisch zu jedem Ziel ein
eigener Chat eröffnet (siehe Abb. 3).

Abb. 2: Hierarchische Ziel-Tabelle, in der die Paare Ziele in Teilziele un
         tergliedern können sowie verschiedene Einschätzungen für das
         jeweilige (Unter-)Ziel

Kommunikationsprobleme treten bei unglücklichen Paaren häufig auf. In einem integrierten Kommunikationstraining wird kein festes Repertoire an Fähigkeiten vermittelt, sondern es werden bei Bedarf gezielt auf das jeweilige Paar abgestimmte Kommunikationsaspekte trainiert.

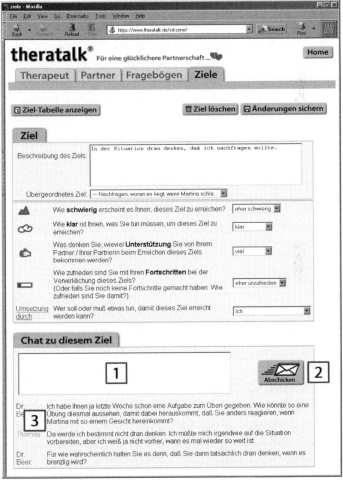

Abb. 3: Chat zu einem Teilziel mit der Möglichkeit, das Teilziel hinsichtlich verschiedener Aspekte einschätzen zu können

Supervision ist obligatorischer Bestandteil einer qualitätsgesicherten Beratung und bei Theratalk eine feste Komponente des Systems.

4.4 Settings

Beim *Standard-Setting* der Online-Eheberatung nach dem Theratalk-Konzept nehmen beide Partner an der Eheberatung teil. Diese dauert zunächst sechs Wochen und kann dann nach Bedarf verlängert werden. Es ist für die Klienten aber auch möglich, zunächst nur für zwei *Kennenlernwochen* teilzunehmen, um besser einschätzen zu können, wie gut ihnen diese Form der Paarberatung zusagt.

Ein häufiges Problem im Zusammenhang mit der Eheberatung besteht darin, dass nur einer der Partner daran teilnehmen möchte, während der andere sich weigert. Im Rahmen des Theratalk-Konzepts ist es auch für einzelne Partner möglich, gezielt an ihrer Partnerschaftszufriedenheit zu arbeiten, naturgemäß mit einigen Einschränkungen.

4.5 Wirksamkeit

Die Wirksamkeit der Online-Eheberatung nach dem Theratalk-Konzept wurde für Paare bereits in einer empirischen Untersuchung überprüft (vgl. Beer/Breuer 2003). Behandelt wurden im Rahmen der Studie insgesamt 42 Paare, von denen 20 von Angesicht zu Angesicht mit verhaltenstherapeutischer Kurzzeit-Paartherapie und 22 online nach dem Theratalk-Konzept behandelt wurden. Dabei konnte *kein bedeutsamer Unterschied* in der Wirksamkeit der beiden Behandlungsformen festgestellt werden, beide wirken also vergleichbar gut. In beiden Gruppen ergab sich eine bedeutsame Zunahme der Partnerschaftszufriedenheit. 95% der online behandelten Paare und 90% der von Angesicht zu Angesicht behandelten Paare konnte geholfen werden. 59% der Männer und 52% der Frauen, die vor der Therapie von Angesicht zu Angesicht im unglücklichen Bereich lagen, lagen hinterher im glücklichen Bereich. 63% der Männer und 55% der Frauen, die vor der Online-Eheberatung im unglücklichen Bereich lagen, lagen hinterher im glücklichen Bereich. Aufgrund der vergleichbaren Wirksamkeit der beiden Therapieformen kann vermutet werden, dass Therapeuten und Berater die Wichtigkeit der persönlichen Präsenz für den Erfolg der Eheberatung systematisch überschätzen. Die Daten sprechen dafür, dass diese nicht unbedingt erforderlich ist, wenn bei der Online-Eheberatung ein ausgereiftes und spezifisch auf Partnerschaftsprobleme zugeschnittenes Konzept zur Anwendung kommt.

Besonders auffällig war in der Studie eine noch bessere Qualität der therapeutischen Beziehung bei den online behandelten Paaren im Vergleich zu den von Angesicht zu Angesicht behandelten Paaren. Dies lag vor allem daran, dass die online behandelten Paare den Therapeuten durch den täglichen Kontakt nach kurzer Zeit eher als einen alltäglichen Begleiter empfanden, an den sie sich schnell gewöhnten, während der wöchentliche Termin von Angesicht zu Angesicht eher als Fremdkörper im gewohnten Tagesablauf empfunden wurde. Als angenehmer Nebeneffekt ist dabei zu sehen, dass die Partner in der Online-Eheberatung sich durch den täglichen Kontakt schnell angewöhnen, täglich einen gewissen Zeitraum für die Beschäftigung mit der Partnerschaft frei zu halten.

5. Datenschutz

Bei einem Web-Angebot in einem hochsensiblen Bereich mit extrem persönlichen, intimen Daten ist Datenschutz eine ganz besondere Verpflichtung. Bei Theratalk ist eine ganze Reihe von Maßnahmen Standard:

- **Anonymität**: Die Identität der Klienten ist auf den Servern nicht gespeichert. Alle notwendigen Zuordnungen von Datensätzen zueinander geschehen über Benutzernummern und selbst in der Online-Beratung werden selbst gewählte Nicknames verwendet (Pseudonymisierung). Alle Daten auf den Servern sind also anonyme Angaben.

- **Strikte Trennung**: Die notwendigen Vertrags- und Zahlungsmodalitäten bei den kostenpflichtigen Angeboten werden auf dem Postweg in Papierform abgewickelt.

- **Keine E-Mail**: E-Mail als Kommunikationsmöglichkeit ist in diesem Kontext nicht verantwortbar und wurde im Projekt Theratalk von Anfang an ausgeschlossen. E-Mail-Adressen werden nicht erfragt oder verwendet.

- **Verschlüsselung des Datenverkehrs**: Theratalk zwingt bei der Eingabe jeglicher Daten zu starker Verschlüsselung.

- **Keine sicherheitskritischen Technologien auf Clientseite**: Die eingesetzten Techniken werden auf das minimal Notwendige beschränkt. Java, Javascript, Flash, Cookies oder andere sicherheitskritische Techniken kommen nicht zum Einsatz.

- **Information**: Auf der Theratalk-Website wird an den entsprechenden Stellen immer wieder auf Datenschutzaspekte und -maßnahmen hingewiesen.

- **Sicherung gegen Einbrüche**: Durch eine sicherheitsoptimierte Gestaltung des Gesamtsystems, kritische Auswahl der verwendeten Komponenten, ständige Überwachung usw. wird das System auf Serverseite sicherheitstechnisch auf einem möglichst hohen Niveau gehalten.

- **Kontinuierliche Pflege**: Theratalk sieht den Datenschutz als einen kontinuierlichen Prozess, der mit hohem Aufwand ständig optimiert wird.

Trotz aller getroffenen Maßnahmen bleibt Aufrechterhaltung und Perfektionierung der Sicherheit des Systems eine dauerhaft, anspruchsvolle und kostenintensive Herausforderung an die Betreiber.

Literatur

Beer, Ragnar/Breuer, Peter (2003): Verhaltenstherapeutische Kurzzeit-Paartherapie von Angesicht zu Angesicht und online: Vergleich der Wirksamkeit zweier Settings. Vortrag, 3. Workshopkongress für Klinische Psychologie und Psychotherapie und 21. Symposium der Fachgruppe Klinische Psychologie und Psychotherapie vom 29.-31.05.2003 in Freiburg. URL: http://wwwuser.gwdg.de/~rbeer/abstract_freiburg_2003.html (Abruf: 1.3.2012)

Beer, Ragnar/Breuer, Peter (2006): Wirksamkeit einer preiswerten und niederschwelligen Internetbasierten Intervention zur Verbesserung von sexueller Zufriedenheit bei Paaren mit ungleich verteilter sexueller Appetenz. Poster, 45. Kongress der Deutschen Gesellschaft für Psychologie vom 17.-21.09.2006 in Nürnberg. URL: http:// wwwuser.gwdg.de/~rbeer/abstract_nuernberg_2006.html (Abruf: 1.3. 2012)

Beer, Ragnar/Zezula, Peter (o.J.): Ressourcen-Aktivierungs-System. URL: http://www.theratalk.de/ressourcenaktivierungs_modul_sexuelle_wuensche.html (Abruf: 21.12.2011)

Halford, Kim W./Osgarby, Sue/Kelly, Adrian (1996): Brief behavioural couples therapy: a preliminary evaluation. Behavioural and Cognitive Psychotherapy, 24(3). pp. 263-273

1.5 Multimediale Basiskommunikation

In den Kapiteln 1.1-1.4 wurde deutlich, dass es bezüglich der Entscheidung, welches Kommunikationsmedium in Coaching bzw. psychosozialer Beratung als Basiskommunikation gewählt wird, zwei Möglichkeiten gibt, nämlich *Fernmündlichkeit* und *webbasierte Schriftlichkeit* bzw. *Textlichkeit*. Diese Alternative kann – wie in Kapitel 1.1-1.4 dargestellt – zu einer Entweder-oder-Entscheidung führen. Wie im Folgenden zu zeigen sein wird, ist aber auch eine Sowohl-als-auch-Entscheidung möglich. Denn es bietet sich an, die Polarität fernmündlicher und webbasiert-textlicher Kommunikation nicht nur durch additiv-strukturelle Koppelungen zu überbrücken, indem fernmündliche Basiskommunikation durch webbasiert-textliche Zusatztools angereichert wird. Vielmehr ist es auch möglich, in der Basiskommunikation des Beratungs- bzw. Coachingprozesses sequenziell unterschiedliche Medien einzusetzen und miteinander zu verbinden. Die Praxis zeigt, dass sich hierbei neben Fernmündlichkeit und webbasiert-textlicher Kommunikation auch Videokommunikation anbieten.

Ebenso wie bei den Formaten, die in Kapitel 1.1-1.4 zur Sprache kamen, stellt sich dabei die Frage, ob der Beratungsprozess so konzipiert sein sollte, dass er möglichst offen ist, d.h. ganz durch einen oder mehrere Interaktionspartner des Beratungsprozesses gesteuert werden kann bzw. muss, oder ob es sinnvoller ist, seine inhaltliche Steuerung vorzuprogrammieren. Die Beiträge von Nadine Ojstersek und Mandy Schiefner-Rohs sowie von Elke Berninger-Schäfer und von Rolf Arnold, Christian Bogner und Thomas Prescher machen deutlich, dass beides möglich und sinnvoll ist. Denn die multimediale Lernberatung, die Nadine Ojstersek und Mandy Schiefner-Rohs vorstellen, ist ein thematisch völlig offener Prozess, der von den Interaktionspartnern höchst unterschiedlich gestaltet werden kann. Im Gegensatz hierzu ist die *Virtuelle Kollegiale Coaching Konferenz*, die Elke Berninger-Schäfer vorstellt, ein Beratungsprozess, der einem genau festgelegten Prozessdesign folgt. Das Konzept der Kollegialen Beratung, das Rolf Arnold, Christian Bogner und Thomas Prescher in einem Projekt der Universität Kaiserslautern entwickelt und empirisch untersucht haben, nimmt im Vergleich hierzu eine sozusagen mittlere Position ein.

Die virtuelle Kollegiale Coaching Konferenz®

Elke Berninger-Schäfer

Die Kollegiale Coaching Konferenz® ist eine Methode des kollegialen Gruppencoachings, die an der Führungsakademie Baden-Württemberg entwickelt wurde und seit über zehn Jahren angewandt wird. In der virtuellen Form liegen Erfahrungen seit drei Jahren vor.

Es handelt sich dabei um eine methodisch und zeitlich strukturierte Form des *Individualcoachings* durch eine Gruppe, die sich hierarchiefrei zusammensetzt.

1. Zielgruppe

Führungskräfte schätzen die Möglichkeit, in einer vertrauensvollen offenen Atmosphäre, komplexe und sensible Themen mit Gesprächspartnern, die sich in einer ähnlichen oder gleichen Funktion befinden, wertschätzend und zielführend zu reflektieren und zu bearbeiten. Die Kollegiale Coaching Konferenz® richtet sich daher einerseits an Führungskräfte, aber auch an Fachkräfte, z.B. Fachexperten, Projektleiter, Lehrer und Personen in beratenden Berufen bzw. in selbstständigen Tätigkeiten.

Bei der Zusammenstellung der Gruppen ist darauf zu achten, dass es keine Abhängigkeitsverhältnisse zwischen den Teilnehmenden gibt (gleiche Hierarchiestufe) bzw. keine allzu große Nähe der Arbeitsbereiche existiert. Es ist möglich, dass die Teilnehmenden beim gleichen Arbeitgeber beschäftigt sind (*inhouse* Gruppen), aber in getrennten Organisationseinheiten arbeiten, um maximale Offenheit und Vertraulichkeit zu gewährleisten. Alle Mitglieder sind gleichberechtigt und nehmen abwechselnd bestimmte Rollen ein. Die Kollegiale Coaching Konferenz® unterscheidet sich damit vom Teamcoaching (echtes Arbeitsteam) und auch vom Gruppencoaching, bei dem ein professioneller Coach mit einer Gruppe arbeitet.

Voraussetzung für die Teilnahme an einer Kollegialen Coaching Konferenz® ist eine Einführungsschulung, die vom Karlsruher Coaching Zentrum angeboten wird. In dieser Schulung lernen die Teilnehmer das der kollegialen Coaching Konferenz® zugrundeliegende Coachingkonzept kennen, sie erfahren den Ablauf und seine Wirkung und üben Methoden ein, die für die Gestaltung des Coachingprozesses wichtig sind. Danach werden Gruppen gebildet, die sich selbst organisieren und autark die Kollegiale Coaching Konferenz® durchführen. Sie bekommen im ersten Jahr einen Tutor zur Seite gestellt, der den Teilnehmern dabei hilft, noch mehr Sicherheit in der Methode zu gewinnen.

Für die virtuell arbeitenden Gruppen wird auf der Plattform der Führungsakademie Baden-Württemberg ein geschlossener und nur für die Gruppe einseh- und nutzbarer Bereich eingerichtet.

2. Entwicklung

Die Kollegiale Coaching Konferenz® basiert auf einem systemisch-lösungsorientierten Coachingverständnis, wie es im Karlsruher Coaching Zentrum umgesetzt und gelehrt wird (Berg/Berninger-Schäfer, 2010). Das Karlsruher Coaching Zentrum ist eine Kooperation zwischen der Führungsakademie Baden Württemberg und dem Karlsruher Institut für Coaching, Personal- und Organisationsentwicklung. Die dort seit 2003 angebotenen Coaching Lehrgänge werden seit 2008 auch als Blended Learning Variante angeboten. Im Zuge der Entwicklung der elektronischen Trainingsmodule wurde auch das Seminar Kollegiale Coaching Konferenz® in ein Blended Learning Modul übertragen und die erste virtuelle Kollegiale Coaching Konferenz® pilothaft durchgeführt und evaluiert. Im gleichen Zeitraum begann die zunehmende Bekanntheit und Verbreitung der Coaching Lehrgänge des Karlsruher Coaching Zentrums auch über die Landesgrenzen von Baden Württemberg hinaus. Die Lehrgangsteilnehmenden konnten nicht mehr einfach in regionale Gruppen zusammengefasst werden, und die virtuelle Form der Kollegialen Coaching Konferenz® bekam dadurch und bekommt zunehmend eine immer größere Bedeutung.

Wenn sich die Gruppen für die virtuelle Form der Kollegialen Coaching Konferenz® entscheiden, ist genauso auf die Einhaltung der definierten ethischen Richtlinien und der Konzepttreue zu achten.

3. Coachingverständnis

Die virtuelle Kollegiale Coaching Konferenz® basiert auf einem systemisch-lösungsorientierten Coachingverständnis und versteht Coaching als eine wertschätzende, die ergebnisorientierte Selbstreflektion fördernde, die Kompetenzen und Ressourcen achtende und bildende Personal- und Organisationsentwicklungsmethode (vgl. Berninger-Schäfer 2011). In diesem Sinne kann der Coach auch als *Lernbegleiter* verstanden werden, der Bildungsprozesse unterstützt und Coaching zur Förderung, Erweiterung bzw. Wiederherstellung von Handlungskompetenzen im beruflichen Umfeld einsetzt (vgl. Geißler 2008).

Zur Umsetzung dieses Konzeptes wird der Coachingprozess im virtuellen Raum in folgenden Schritten gestaltet:

1. Klärung des Coachinganliegens
2. Situationsbeschreibung
3. Zielfindung
4. Lösungssuche
5. Auswahl konkreter Maßnahmen und erste Schritt – Planung
6. Feedback

Alle Teilnehmenden an der virtuellen Kollegialen Coaching Konferenz® nehmen eine wertschätzende, respektvolle und empathische Haltung ein (vgl. Berninger-Schäfer/Hoefling 2009). Sie bedienen sich bestimmter

Methoden, um dem jeweils definierten Klienten dabei zu helfen, die für ihn passenden Ziele und Lösungen zu finden. Sie orientieren sich an den Wertvorstellung des Klienten, an seinen Kontextbedingungen und seinen persönlichen Ressourcen. Sie unterstützen den Klienten dabei, von einem problematischen *Musterzustand* (Problemtrance) in einen *ressourcenorientierten Zustand* (Lösungstrance) zu gelangen, damit der Klient die für ihn stimmigen Ziele und Lösungen findet (vgl. Schmidt 2007). Zur Vertiefung dieses Konzeptes und der daraus resultierenden Vorgehensweise sei auf Berninger-Schäfer (2010) verwiesen. Das Konzept basiert auf klientenzentrierten (vgl. Rogers 1983; Gendlin 1998) und hypnosystemischen Vorstellungen und Vorgehensweisen (vgl. Schmidt 2007; Mücke 2003) und betrachtet Coaching als ergebnisorientierte Selbstreflexion im Sinne von Greif (2008).

Während die theoriegeleitete Prozesssteuerung und das sich daraus ergebende Rollenverständnis die Kollegiale Coaching Konferenz® von anderen Formen kollegialer Beratung unterscheidet (s.u.), wird auf Methoden Wert gelegt, wie sie typischerweise in systemischen Beratungs- und Begleitungskontexten einen hohen Stellenwert einnehmen(vgl. Mayrock 2009; Tietze 2007; Schulz von Thun 2006; Varga von Kibed/ Sparrer 2009; Reichel/Rabenstein 2001; Radatz 2009; Brandau/ Schuers 1995).

4. Leitfaden Kollegiale Coaching Konferenz®

Wenn sich eine Gruppe von sechs bis acht Personen trifft, die mit der Kollegialen Coaching Konferenz® arbeiten möchte, so findet zunächst eine Themensammlung statt. Danach wird geklärt, wessen Coachinganliegen in der aktuellen Sitzung bearbeitet wird. Wenn sich die Gruppen für einen Tag treffen, können drei bis vier Anliegen bearbeitet werden, wenn sich die Gruppen einen halben Tag treffen, werden in der Regel zwei Anliegen geklärt und zur Lösungsfindung gebracht. Die Bearbeitung eines Anliegens dauert in der Präsenzvariante ca. 80 Minuten, in der virtuellen Variante wird ein Zeitraum von zwei bis drei Tagen, längstens eine Woche festgelegt (siehe virtuelle Umsetzung). Wie viele Anliegen in welchem Zeitraum bearbeitet werden, entscheidet die Gruppe.

Vor dem Start jeder einzelnen Coachingeinheit werden Rollen vergeben. Die Rollen wechseln, so dass jeder Teilnehmer die Gelegenheit hat, seine Kompetenzen in jeder der vorgesehenen Rollen zu entfalten und weiterzuentwickeln. Folgende Rollen werden vergeben:

- **Klient**
  Der Klient stellt sein Anliegen vor und lässt sich durch den Prozess der Kollegialen Coaching Konferenz® führen. Dabei behält er als einzige Entscheidungsinstanz die Hoheit über die Bestimmung und Priorisierung der Ziele sowie über die Auswahl der Lösungen.

- **Moderator**
  Der Moderator sorgt für den zeitlichen und methodischen Ablauf der Kollegialen Coaching Konferenz®. Er orientiert die Teilnehmer über die Phasen und steuert den Gesamtprozess. Er interveniert, wenn es zu Abweichungen kommt, und hat das Wohlbefinden aller, insbesondere des Klienten, im Blick. Er führt mit dem Klienten zwei Interviews durch. Das erste dient der Zielfindung, das zweite der Auswahl von Lösungen und Planung erster konkreter Umsetzungsschritte. Zwischen den Interviews werden Gruppenrunden mit den restlichen Mitgliedern der Kollegialen Coaching Konferenz®, den sogenannten Beratern, durchgeführt.

- **Berater**
  Die Berater verfolgen die schriftliche Darstellung, die der Klient zur Verfügung stellt. Die Berater liefern, nachdem der Klient sein Anliegen dargestellt hat, in einer eigenen Beraterrunde die für das nachfolgende Interview wertvollen Reflexionshilfen. Sie stellen nach dem Interview zur Zielfindung eine Fülle von Lösungsmöglichkeiten zur Verfügung. Die Berater greifen nicht in die Interviews ein und verstehen sich als Dienstleister für den Klienten. Sie geben Rückmeldung, äußern Assoziationen und offene Fragestellungen und formulieren Lösungsideen. Sie entscheiden nicht über die Wege, die der Klient für seinen Coachingprozess einschlägt und akzeptieren seine Entscheidungen.

5. Durchführung der virtuellen Kollegialen Coaching Konferenz®

Um den dargestellten Ablauf einer virtuellen Kollegialen Coaching Konferenz® zu gewährleisten, bedarf es einiger Instrumente elektronischer Kommunikation. Hilfreich sind Lern-Managementsysteme, die z.b. über ein Teamboard, eine Dateiablage und über Möglichkeiten synchroner und asynchroner Kommunikation verfügen. Im Karlsruher Coaching Zentrum wird die Lernplattform der Führungsakademie Baden-Württemberg dafür eingesetzt. Für die technische Ausrüstung auf Seiten der Teilnehmer ist in der Regel ein herkömmlicher PC mit einer leistungsfähigen Internetverbindung ausreichend.

Auf der Lernplattform wird ein geschlossenes Forum Kollegiale Coaching Konferenz® eingerichtet, zu dem jeder Gruppenteilnehmer einen Zugang hat. Es folgt eine tutorielle Einweisung in die Nutzung der Plattform. Die Voraussetzung für die Gruppenteilnahme ist die Teilnahme an einer Schulung im Seminarmodul *Kollegiale Coaching Konferenz®*. Dies kann entweder in der zweitägigen Präsenzvariante geschehen oder in der Blended Learning Variante mit einem Präsenztag, vor dem und nach dem jeweils vier Wochen interaktives Lernen mit einem *WBT* (WEB based Trainingsmodul) stattfindet.

Wenn sich eine Gruppe für die virtuelle Kollegiale Coaching Konferenz® zusammenstellt, erfolgen die Vorstellung und das gegenseitige Kennenlernen im Teamboard. In der Dateiablage können Fotos eingestellt werden. Der Moderator eröffnet die Startphase und klärt, vorzugsweise in einem Chat, die Rollenaufteilung, den Zeitplan und die Kommunikationsform für die einzelnen Phasen (siehe Tab. 1). Dies ist nötig, da sich eine Coachingeinheit auch über mehrere Tage erstrecken kann, je nach Bedürfnis des Klienten.

Die Gruppe kann feste Zeiten für Coachingdurchgänge vereinbaren (z.B. einmal im Monat). Unabhängig davon, kann jeder Teilnehmer eine Kollegiale Coaching Konferenz® einberufen, wenn er ein aktuelles Anliegen hat. Er benennt den Moderator, der den Prozess startet.

Phase	Thema	Rollen	Form
Anliegen- und Situationsklärung	Konkretisierung des Anliegens und Beschreibung der für das Thema wichtigen Kontextvariablen	Klient	Schriftlicher Leitfaden, z.B. mit dem Thomann-Schema, Einstellung ins Teamboard
Erste Beraterrunde	Rückmeldung von Assoziationen, wahrgenommenen Ressourcen, offenen Fragen, des subjektiven Eindrucks	Berater, Moderator	Moderierter Chat oder Einträge ins Teamboard
Zielfindung	Reflektion der Rückmeldungen Musterzustandsänderung: vom Problem – in einen Ressourcen-/Lösungszustand, daraus Ableitung von Zielen	Klient, Moderator	Ca 30-minütiger Chat oder Telefonat oder Skype oder Eigenarbeit mit Leitfaden und Eintrag ins Teamboard
Zweite Beraterrunde	Lösungsbrainstorming zu den formulierten Zielen	Berater, Moderator	Moderierter Chat oder Einträge ins Teamboard
Entscheidungsfindung	Der Klient wählt die für seine Ziele hilfreichen Lösungsideen aus und entscheidet sich für konkrete erste Umsetzungsschritte, Rückbindung zum Anliegen	Klient, Moderator	Chat oder Telefonat oder Skype oder Eigenarbeit und Eintrag ins Teamboard
Sharing	Nach Ablegung der Rollen findet eine Rückmeldung zum Prozessverlauf und zum persönlichen Lerngewinn von allen Beteiligten statt	alle	Moderierter Chat oder Einträge ins Teamboard

Tab. 1: Ablauf der virtuellen Kollegialen Coaching Konferenz® im Über
blick

6. Vergleichende Bewertung

Die Vor- und Nachteile der Kollegialen Coaching Konferenz® in ihrer virtuellen Form und in ihrer Präsenzform wurden durch die Rückmeldung von Teilnehmenden und den Ergebnissen einer Evaluationsstudie (vgl. Philipp 2008) zusammengetragen. Die Vorteile der einen Variante sind gleichzeitig die Nachteile der anderen und umgekehrt:

Präsenzform KCK	Virtuelle Form der KCK
Stärkere Gewichtung der Gruppendynamik.	Zeitliche und regionale Unabhängigkeit.
Nonverbale Kommunikation (Stimme, Körperhaltung, Mimik, Lautstärke, Ausdruck) ist erfahrbar und nutzbar.	Zusammensetzung kann themenangepasst gestaltet werden.
	Mehr Zeit, die eigenen Beiträge zu erarbeiten und zu reflektieren.
Alle sind gleichzeitig in einem gemeinsamen Erlebensraum.	Klient beschäftigt sich intensiver, über längeren Zeitraum mit seinem Thema.
Stärkung des Zusammengehörigkeitsgefühls.	
	Erhöhung der Selbstreflextion.
Weniger Störungen von außen während des Treffens.	Vollständige Dokumentation des gesamten Prozesses, der jederzeit einsehbar ist.
	Dadurch hohe Transparenz.
	Die Dokumentationen liefern wertvolles empirisches
	Datenmaterial für wissenschaftliche Untersuchungen.

Tab. 2: Vergleich beider Coachingformen

7. Vergleich mit anderen Formen kollegialer Beratung

Es gibt verschiedene Modelle kollegialer Beratung, kollegialen Coachings und der Intervision (vgl. Tietze 2004; Brinkmann 2002; Daniel 2007; Doppler/Lauterburg 2008; Ewert/Karmann 2008; Franz/Kopp 2003; Herwig-Lempp 2009; Rowold/Rowald 2008; Schley/Schley 2010; Lippmann 2004; Hendrikson 2002; Schlee 2008; Schmid/Veith/Weidner 2010). Eine ausführliche Diskussion der Gemeinsamkeiten und Unterschiede findet sich bei Berg/Berninger-Schäfer (2010). Wesentliche Punkte daraus sind:

Gemeinsamkeiten
- strukturierter Ablauf
- Rollenaufteilung
- Unterstützung eines Klienten durch eine Gruppe bei der Problemlösung

Abgrenzung zu anderen Formen der Kollegialen Beratung
Intervision, kollegiale Fallbesprechung, kollegiale Praxisberatung
- Zielgruppe: erzieherischer, sozialer und psychotherapeutischer Kontext
- Schwerpunkt: Beziehungsgestaltung
- Rollen: Moderator für die gesamte Sitzung, Fallgeber, Gruppe
- Unterschied:
- Direkte Fragen durch Gruppe an Fallgeber
- Diagnose- und Hypothesenbildung durch Gruppe
- Keine Zielbildung
- Alle diskutieren über gelingende Lösung

Reflecting Team
- Ursprung: Reflexion von Therapeuten über einen Klienten im Rahmen einer Therapie
- Rollen: Moderator, Fallbringer, interviewendes Team und Gruppe
- Unterschied:
- Interview direkt durch Team
- Hypothesen, Assoziationen und Lösungen werden gemeinsam diskutiert
- Keine Zielbildung

Kollegiale Beratung nach Tietze

- Methode: Beratungsprozess (nicht Coaching) in 6 Schritten in ca. 35 – 45 Min.
- Rollen: Moderator, Fallerzähler, Berater, 1Sekretär (bei Bedarf),
- 1 Prozessbeobachter
- Unterschied:
- Interview des Fallerzählers durch Moderator
- Direkte Fragen durch die Berater
- Herausarbeitung der Schlüsselfrage durch alle
- Moderator und Gruppe wählen eine Methode aus
- Keine Zielbildung

Kollegiales Teamcoaching

- Begriff: Bezieht sich auf kollegiales Coaching in Gruppen – falscher Begriff
- Rollen: der Moderator ist ein speziell ausgebildeter KTC – Berater
- Akteur, Gruppe, Schreiber, Prozessbeobachter
- Unterschied:
- Gruppe befragt den Akteur direkt
- Die Gruppe erarbeitet die Kernfrage des Akteurs (Schlüsselthema)
- Aufgrund der Kernfrage werden Entwicklungsmöglichkeiten für den
- Akteur durch die Gruppe erarbeitet
- Die Planung von Zielen und Maßnahmen erfolgt zu einem späteren
- Zeitpunkt außerhalb des „Teamcoachings"

Unterschiede bzw. Besonderheiten

- Herkunft und Zielgruppe
- KCK basiert auf einem theoretisch fundierten Coachingkonzept, daher Autonomie und alleinige Entscheidungshoheit des Klienten wird jederzeit gewahrt, die Gruppe darf weder das Schlüsselthema bestimmen noch das Ziel auswählen
- Strikte Trennung zwischen Klient/Interviewer und Beratungsgruppe
- Rollenverständnis
- Kommentare der Gruppe nach der Entscheidungsfindung des Klienten sind nicht mehr möglich
- Es findet immer eine Rückbindung zum Anliegen statt
- Ein Lösungsbrainstorming durch die Gruppe ist erst nach expliziter Ziel formulierung des Klienten möglich
- Die Zielbildung erfolgt aufgrund von Musterzustandsänderungen

Damit wird das Menschenbild systemischer Konzepte umgesetzt, also die Vorstellung darüber, wie sich Veränderung vollziehen kann und welche ethischen Anforderungen an Coaching daraus resultieren.

8. Der Nutzen

Der persönliche Gewinn der Teilnehmenden besteht darin, für konkrete Anliegen, Probleme und Themen in einer geschützten, wertschätzenden Atmosphäre zielorientiert praktikable Problemlösungen zu finden und Umsetzungsschritte festzulegen.

Durch die regelmäßige Teilnahme an Kollegialen Coaching Konferenzen® findet eine Kompetenzerweiterung der eigenen kommunikativen Fähigkeiten und Problemlösetechniken statt. Hierbei setzt eine persönliche Weiterentwicklung ein, die durch den Gruppenprozess mitgetragen wird.

Der *Gruppengewinn* besteht in der Erfahrung, gemeinsam kreativ an Lösungen zu arbeiten, ein Vertrauensverhältnis miteinander aufzubauen und zu pflegen, ein Netzwerk der gegenseitigen Unterstützung zu haben und kompetent mit der entstehenden Gruppendynamik umzugehen. Dies wirkt in den beruflichen Alltag hinein. Insbesondere die virtuelle Form bietet die Möglichkeit, jederzeit kompetente und zielführende Hilfestellung im Umgang mit Themen des beruflichen Alltags abrufen zu können.

Die Kommunikation in einer Kollegialen Coaching Konferenz® ist wertschätzend, respektvoll, empathisch, ressourcen- und lösungsorientiert. Sie stärkt somit die persönliche Führungs- und Fachkompetenz. Dies wirkt sich auch positiv auf die Führungs- und Kommunikationskultur einer Organisation aus. Die Kollegiale Coaching Konferenz® ist daher ein Qualitätsmerkmal guter Führung und einer wertschätzenden Organisationskultur.

Die Kollegiale Coaching Konferenz® ist eine Methode, die sich sehr gut dafür eignet, kollegiales Coaching auch virtuell qualitätssichernd durchzuführen.

Literatur

Berg, Thomas/Berninger-Schäfer, Elke (2010): Kollegiale Coaching Konferenz. Stuttgart: Boorberg

Berninger-Schäfer, Elke (2010): Orientierung im Coaching. Stuttgart: Richard Boorberg

Berninger-Schäfer, Elke/Hoefling, Thomas (2009): Coachinghandbuch der Führungsakademie Baden-Württemberg, Karlsruhe, Manuskript der Führungsakademie Baden Württemberg

Brandau, Hannes/Schüers, Wolfgang (1995): Spiel- und Übungsbuch zur Supervision. Salzburg: Müller

Brinkmann, Ralf. D. (2002): Intervision: Ein Trainings- und Methodenbuch für die kollegiale Beratung. Heidelberg: Sauer

Daniel, Gabriele, (2007): Leitfaden für die Praxis der kollegialen Beratung. Aufbau und Gestaltung von Intervisionsgruppen. Stuttgart: Veröffentlichung des Landesarbeitskreises der Kontaktstellen Frau und Beruf Baden-Württemberg.

Deutscher Bundesverband Coaching (Hrsg.; 2010): Leitlinien und Empfehlungen für die Entwicklung von Coaching als Profession. Kompendium mit den Professionsstandards des DBVC

Doppler, Klaus/Lauterburg, Christoph (2008): Change Management. 12. Aufl. Frankfurt/M.: Campus

Ewert, Heike/Karmann, Michael (2006): Kollegiale Beratung mit Reflecting Teams. In Rohm, Armin (Hrsg.): Change-Tools. Bonn: manager-Seminare

Franz, Hans-Werner/Kopp, Ralf (2003): Kollegiale Fallberatung, Bergisch Gladbach: Edition humanistische Psychologie

Geißler, Harald (2008; Hrsg.): E-Coaching. Baltmannsweiler: Schneider Hohengehren

Gendlin, Eugene (1998): Focusing: Technik der Selbsthilfe bei der Lösung persönlicher Probleme. Salzburg: O. Müller

Greif, Siegfried (2008): Coaching und ergebnisorientierte Selbstreflexion. Göttingen: Hogrefe

Hendrikson, Jeroen (2002): Intervision. Weinheim: Beltz

Herwig-Lempp, Johannes (2009): Ressourcenorientierte Teamarbeit. Systemische Praxis der kollegialen Beratung. Ein Lern- und Übungsbuch. 2. Aufl. Göttingen: Verlag Vandenhoeck & Ruprecht

Lippmann, Eric (2004): Intervision – Kollegiales Coaching professionell gestalten. 2. Aufl. Berlin: Springer

Mayrock, Annette (2009): Hilft „Aktives Zuhören" im Coaching? In Coaching-Magazin 4/2009. Osnabrück: Christopher Rauen

Mücke, Klaus (2003): Probleme sind Lösungen – Systemische Beratung und Psychotherapie. Ein pragmatischer Ansatz – Lehr- und Lernbuch Potsdam: Ökosysteme

Philipp, Isabell (2008): Evaluation der ersten virtuellen Kollegialen Coaching Konferenz. Abschlussarbeit im Rahmen des Coaching Lehrgangs an der Führungsakademie Baden-Württemberg, Karlsruhe. URL: http//:www.fuehrungsakademie.bw21.de/Downloadbereich/Veröffentlichungen und Dokumentationen/Coaching-Zentrum/Beiträge und Dokumentationen aus dem Coaching-Lehrgang (Abruf: 11.02.2012)

Radatz, Sonja (2009): Einführung in das systemische Coaching. 3. Aufl. Heidelberg: C. Auer

Reichel, Rene/Rabenstein, Reinhold (2001). Kreativ beraten. Methoden, Modelle, Strategien für Beratung, Coaching und Supervision. Münster: Ökotopia.

Rogers, Carl (1983): Der neue Mensch, Stuttgart: Klett-Cotta

Rowold, Jens/Rowold, Gerd (2008; Hrsg.): Das Kollegiale Team Coaching®. KSV Kölner Studien 2008

Schlee, Jörg (2008): Kollegiale Beratung und Supervision für pädagogische Berufe. Hilfe zur Selbsthilfe. Ein Arbeitsbuch. Kohlhammer, 2. Aufl. Stuttgart: Kohlhammer

Schley, Wilfried/Schley, Vera (2010): Handbuch Kollegiales Teamcoaching. Innsbruck: Studien Verlag

Schmid, Bernd/Veith Thorsten/Weidner, Ingeborg (2010): Einführung in die Kollegiale Beratung. Heidelberg: C. Auer

Schmidt, Gunther (2007): Liebesaffären zwischen Problem und Lösung. 2. Aufl. Heidelberg: C. Auer

Schulz von Thun, Friedemann (2006): Praxisberatung in Gruppen: Erlebnisaktivierende Methoden mit 20 Fallbeispielen. 6. Aufl. Landsberg: Beltz

Tietze, Kim-Oliver (2007): Kollegiale Beratung – Problemlösungen gemeinsam entwickeln. 2. Aufl. Reinbek bei Hamburg: Rowohlt

Varga von Kibèd, Matthias/Sparrer, Insa (2009): Ganz im Gegenteil. 6. Aufl. Heidelberg: C. Auer

Textuelle und audio-visuelle Lernberatung im Kontext von E-Learning

Nadine Ojstersek, Mandy Schiefner-Rohs

Die Entwicklung digitaler Medien schreitet rasant voran. Für das Lernen und die lernprozessbegleitende Beratung stehen deshalb vielfältige sowohl textuelle als auch audio-visuelle Möglichkeiten zur Verfügung. Vor allem Web 2.0 Technologien werden immer häufiger zur Unterstützung individueller sowie kollaborativer Lern- und Beratungsprozesse genutzt.

1. Lernberatung beim E-Learning

Digitale Medien werden zur orts- und/oder zeitunabhängigen Kommunikation, Kollaboration und Lernberatung genutzt. Durch die Beratung von Lernenden mittels digitaler Medien können damit *individuelle* als auch *kollaborative* Lernprozesse unterstützt werden. Allerdings sitzt der Lernende nicht isoliert am eigenen Computer ohne Kontakt zu Lehrenden und anderen Lernenden.

Durch digitale Werkzeuge wird mittels spezifischer Beratungsmethoden reflexives Lernens ermöglicht. Hierzu zählen beispielsweise das Führen von Lerntagebüchern in Weblogs oder individuelle Lernberatungsgespräche in virtuellen Klassenzimmern. Die Unterstützung des *reflexiven Lernens* stellt laut Klein/Reutter (2005) die zentrale Funktion der Lernberatung dar, weil durch sie die Wahrnehmung von Lernvorgängen, -erfahrungen und Lernschwierigkeiten gefördert werden kann. Es geht vor allem darum, auf persönliche Situationen, Fragen und Probleme so zu reagieren, dass dem Gegenüber geholfen wird, sie zu klären bzw. zu bewältigen. Hierbei wird berücksichtigt, dass jeder Mensch in seinem Leben verschiedene (Lern-)Erfahrungen sammelt, die den Umgang mit gegenwärtigen und neuen Lernsituationen bestimmen. Bei der Lernberatung werden diese Übergänge, Schwellen und Veränderungen, die im Laufe des Lebens zu bewältigen waren und sich auf den aktuellen Lernprozess auswirken, berücksichtigt (vgl. Knoll 2008).

Beim E-Learning bietet die Lernberatung eine Orientierung im Rahmen von häufig stark *modularisiert* und *flexibel* angelegten Lernangeboten, die geprägt sind von *komplexen Strukturen*. Die Lernenden erhalten Unterstützung beim Ausschöpfen des eigenen Lernpotenzials, Treffen adäquater Entscheidungen im Hinblick auf individuelle und kollaborative Lernprozesse sowie beim Lösen von Lernblockaden und Motivationsproblemen. Lernberater begleiten und fördern den Lernprozess von Einzelnen sowie von Gruppen, indem sie die Lernprozesse strukturieren, deren Reflexion fördern sowie Verantwortlichkeiten und Verbindlichkeiten klären.

Die Intensität und Schwerpunkte der *prozessbegleitenden Lernberatung* im Kontext von E-Learning variiert einerseits im Hinblick auf die Bedürfnisse der Lernenden und andererseits in Abhängigkeit vom Beratungs- bzw. Betreuungskonzept des Lernangebotes. Der Gestaltungsrahmen der Lernberatung kann daher von der Unterstützung bei der Modulwahl und beim Zeitmanagement bis hin zur Initiierung und Begleitung von Reflexionsprozessen, Strukturierung von Dialogen oder der Unterstützung beim Praxistransfer und des selbst organisierten Lernens reichen. Klein (2005b) betrachtet die individuellen Lernbiografien als wichtige Impulse, um selbstorganisiertes Lernen und somit die Verantwortungsübernahme des eigenen Lernprozesses zu unterstützen. Durch die Lernberatung wird die Reflexion über Lernhandlungen und Lernverhalten angestoßen. Dem Lernenden wird der Part der Übernahme von Verantwortung transparent gemacht.

Schiersmann (2010) weist auf einen steigenden Bedarf von Lernberatung hin, da Lernende zunehmend vor der beschriebenen Herausforderung stehen, ihren individuellen sowie kollektiven Lernprozess weitestgehend in eigener Verantwortung mittels digitaler Medien zu gestalten. Jedoch können sich die Erwartungen hinsichtlich der Intensität und Ausrichtung der Lernberatung je nach Lernbiografie unterscheiden (vgl. Klein 2005b).

2. Beispiele textueller und audio-visueller Lernberatung

Es gibt zwei wichtige Methoden, die zur Lernberatung eingesetzt und mittels digitaler Medien realisiert werden können: *textuelle Lernberatung* und *audio-visuelle Lernberatung*.

2. 1 Textuelle Lernberatung am Beispiel Lerntagebücher

Lerntagebücher stellen eine Methode der Lernberatung dar (vgl. Klein 2005a), um die subjektive Reflexion des Lernprozesses zu unterstützen (vgl. Klein 2005b). Lerntagebücher eignen sich insbesondere als Begleitinstrumente für längerfristig angelegte Lernvorgänge und zur Unterstützung von Beratungsgesprächen. Durch eine beratende Anleitung werden persönliche Erwartungen, Lernziele und deren Realisierung in Form von Lernfortschritten, individuellen Eindrücken und Erfahrungen im Zusammenhang mit dem Lerngeschehen dokumentiert. Lerntagebücher können als Orte des Austauschs und der Partizipation verstanden werden, die Lernende benötigen, um tatsächlich die Verantwortung für ihren Lernprozess übernehmen zu können (vgl. Knoll 2008). Beim E-Learning verfassen Lernende ihre textuellen Lerntagebuchbeiträge beispielsweise in eigenen *Weblogs*. Die Lernberatung bietet bei Bedarf und Lernproblemen Hilfe an (vgl. Klein 2005b). Mittels der Kommentarfunktion können sich sowohl andere Lernende als auch die Lernberatung zu einem Eintrag äußern. Da es sich um asynchrone Instrumente bzw. Kommunikationsprozesse handelt, scheinen Lerntagebücher gerade für zeitintensive Reflexionsprozesse besonders geeignet. Wie im ersten Abschnitt dieses Beitrags näher ausgeführt, zählt zur Aufgabe der Lernberatung die Unterstützung beim selbst gesteuerten Lernen. Individuelle Lernziele und Lerninteressen sind eine wesentliche Voraussetzung für die Übernahme von Verantwortung für den eigenen Lernprozess, die auf diese Weise bewusst gemacht werden können. Die Lernenden erhalten beispielsweise die Aufgabe, sich selbst ein Lernziel im Kontext des Lernangebotes zu setzen, das sie in einem definierten Zeitraum erreichen möchten. Dieses Lernziel wird von den Lernenden selbst in mehrere Feinziele und Zeitfenster differenziert. Die Lernberatung stimmt die individuellen Lernziele mit den Zielen des Lernangebotes ab, macht inhaltliche und zeitliche Differenzen transparent und stellt gemeinsam mit den Lernenden eine Balance her. Lernfortschritt, Lernschwierigkeiten und -erfolge werden konsequent in einem Weblog reflektiert, wie dieses Beispiel veranschaulicht:

> „Grundsätzlich habe ich das Lernziel 1 erreicht. Ich habe mich mit dem Programm vertraut gemacht, die wichtigsten Funktionen festgehalten und eine Einleitung verfasst. […] Aus meinem Umfeld wurde ich nur bedingt abgelenkt, da ich Verabredungen schon entsprechend auf die Zeit nach der Sitzung gelegt bzw. verlegt hatte. Die Konzentration ließ nach der Hälfte der Sitzung allerdings etwas nach, wenn ich anschließend eine Verabredung hatte. Das einzige Problem bezüglich Ablenkung waren Telefonate, wo ich dann die Balance zwischen Höflichkeit und Durchsetzung des Gewollten halten musste (vgl. henriksellmann.blogspot.com/2006/01/lernziel-1-reflektion-der-ersten-woche.html).

Die Lernberater können auf diese Weise den gesamten Lernprozess begleiten und intervenieren, indem sie entweder die Kommentarfunktion des Weblogs nutzen, um Kontakt aufzunehmen oder ein anderes – dem Anlass und Lernerbedürfnis entsprechendes – Kommunikationswerkzeug wie etwa E-Mail wählen.

Neben der Beobachtung des Lernfortschritts spielt nach Kerres (2011) gerade diese individuelle Rückmeldung eine besondere Rolle, um einen hohen Grad an Verbindlichkeit und Individualität zu erzielen. Ein Vorteil der virtuellen Kommunikation kann in der größeren Anonymität liegen, wodurch die Hemmschwelle geringer wird, persönliche Schwierigkeiten zu reflektieren. Allerdings werden Weblogs häufig nicht anonym geführt. Zudem gehen bei einer rein textuellen Beratung wesentliche (nonverbale) Informationen verloren. Es besteht die Gefahr, dass keine wirklich tiefergehenden Probleme thematisiert werden können. Audio-visuelle Medien scheinen hier besser geeignet zu sein.

2.2 Audio-visuelle Lernberatung am Beispiel Gruppendiskussion

Neben der individuellen Lernberatung findet häufig auch die Interaktion zwischen einem Lernberater und einer Gruppe von Lernenden statt. Durch Gruppendiskussionen, ein Instrument der Lernberatung für die Reflexion kollektiver Lernschritte, können Lernprobleme und Erfolgsfaktoren identifiziert sowie Lernprozesse gemeinsam reflektiert werden. Dieser Austausch in Gruppen regt gegenseitige Beratungsprozesse an sowie das gemeinsame Suchen nach Bewältigungsmöglichkeiten. Beispielsweise können gemeinsame Lernschritte in der Gruppe vereinbart werden (vgl. Knoll 2008), um Verbindlichkeiten zu schaffen sowie die Mitgestaltung und Übernahme von Verantwortung für den eigenen Lernprozess zu fördern. Virtuelle Klassenzimmer (wie beispielsweise Adobe Connect) bieten die Möglichkeit der synchronen und asynchronen Kommunikation und Kollaboration mittels Text, Video und Audio.

Beispielszenario: Im virtuellen Klassenzimmer verabredet sich eine Gruppe von Lernenden und einer Lernberaterin für Dienstagabend um 20 Uhr. Alle Teilnehmenden sind per Webcam und mit Headset zugeschaltet, sodass sich alle Beteiligten sowohl sehen, hören und miteinander sprechen können. Auf diese Weise entsteht eine gewisse Nähe zwischen den Teilnehmenden, die einer Präsenzberatungssituation nahe kommt. Die Lernberaterin übernimmt die Moderation und fragt alle Lernenden, wie ihr Lernprozess seit dem letzten Treffen verlaufen ist, ob Lernerfolge erzielt oder Lernschwierigkeiten aufgetreten sind. Sie tritt mit den Lernenden direkt in einen diskursiven Austausch und bietet weiterführende Hilfestellungen über das Meeting hinaus an.

Durch die audio-visuellen Kommunikationsmöglichkeiten wird eine gewisse Nähe der Beteiligten sowie längere wechselseitige Dialoge ermöglicht, wodurch sich virtuelle Klassenzimmer für Gruppendiskussionen besonders eignen. Die Moderation einer Gruppendiskussion kann entweder durch die Lernberatung oder durch die Lernenden selbst erfolgen. Bei Bedarf werden die Lernenden bei der Organisation, Moderation, beim Inhalt und bei der technischen Realisierung unter-stützt. Nach Klein (2005b) gewinnen selbst organisierte Gruppen an Bedeutung. Den einzelnen Lernenden und Gruppen wird zunehmend mehr Verantwortung für ihren Lernprozess übertragen. Der große Entscheidungsfreiraum bezieht sich sowohl auf die Wahl der Lernziele, Inhalte, Medien als auch auf die Sozialformen zur Aufgabenbearbeitung.

Anhand der Beispiele wurden Möglichkeiten der Gestaltung von Lernangeboten zur Förderung der Selbstverantwortung der Lernenden und zur lernprozessbegleitenden Beratung mit digitalen Medien verdeutlicht. Im nächsten Abschnitt wird näher betrachtet, welche Herausforderungen mit der Nutzung solcher Web 2.0 Technologien im Rahmen der Lernberatung beim E-Learning verbunden sind.

3. Auswirkungen von Web 2.0 auf die Lernberatung

Seit einigen Jahren hat sich die Ausgestaltung von E-Learning gewandelt. Neben dem Einsatz von Lernplattformen (Learning Management Systemen) und Web Based Trainings hat sich der Begriff und das Konzept *E-Learning 2.0* etabliert. Es beschreibt vor allem die Integration von Web 2.0 Werkzeugen und Praktiken in den Lernprozess, so wie bereits am Beispiel der Reflexion von Lernprozessen mittels Weblogs veranschaulicht wurde.

Ursprünglich meint der Zusatz 2.0 eine Weiterentwicklung des Internets vom sog. Web 1.0 in Richtung von veränderter Softwareentwicklung, Nutzungspraktiken und Geschäftsmodellen (vgl. Alby 2007; Schmidt 2008). Die Prinzipien eines solchen *Social Web* können zusammengefasst als *Ko-Orientierung* und kollektive Intelligenz, Partizipation und Dynamisierung, Interaktion und Kommunikation sowie Authentizität beschrieben werden (vgl. Kerres 2006; Magenheim 2010). Im Bereich der Sozialwissenschaften stehen vor allem die veränderten Nutzungsbedingungen und -praktiken im Fokus des Interesses, die sich mit den Konzepten der Interaktivität, Selbstorganisation (vgl. Hornung-Prähauser/Luckmann/Kalz 2008) und Partizipation (vgl. Fisch/Gscheidle 2008) beschreiben lassen. Sie haben nicht nur im Freizeitbereich vielfältige Auswirkungen, sondern auch für das Lehren, Lernen und die Lernberatung.

Einhergehend mit der Integration von Web 2.0 Werkzeugen wie etwa Wikis und Weblogs in Lernprozesse sind verschiedene Grenzverschiebungen (vgl. Kerres 2006): Die Grenze zwischen *öffentlich* und *privat* verschwimmt, ebenso wie die Grenze zwischen *User* und *Autor*. Die dritte Entgrenzung meint die Auslagerung von immer mehr *Daten* und *Angeboten* in das Internet, neu zum Beispiel durch das Aufkommen von clouds. Diese Entgrenzungsprozesse führen dazu, dass immer weniger Lern- und Beratungsangebote in einem geschlossenen Rahmen stattfinden, sondern sich mehr oder weniger frei und informell im Internet in Form von Weblogs, Wikis bzw. Social Communities organisieren.

Im *klassischen* E-Learning dienen digitale Medien in der Lernberatung vor allem der Überbrückung von Mobilitätseinschränkungen sowie der Wahrung von Distanz bzw. der Verringerung von Ver-bindlichkeit (vgl. Reinmann 2008). Das Web 2.0 führt zu Veränderungen dieser Betrachtung und der Ausgestaltung von Lernberatung. Diese werden im Folgenden anhand der dem Web 2.0 inhärenten Momente der Entgrenzung, der Öffentlichkeit und der Partizipation erläutert:

3.1 Lernberatung und Entgrenzung

War im Web 1.0 der Aufbau von Distanz und der Nutzen von Anonymität durch digitale Medien im Fokus, steht im Web 2.0 die Distanzaufgabe und Entgrenzung des Lern- und Beratungsraumes im Vordergrund: Lernangebote, Informationen und Kommunikation sind von jedem sowie jederzeit und von jedem Ort nutzbar. Diese ubiquitären Möglichkeiten fördern eine gewisse *Distanzlosigkeit*. Das dem Web 2.0 inhärente Identitäts-, Beziehungs- und Informationsmanagement (vgl. Schmidt 2008) lebt gerade von der Aufgabe der Anonymität und damit der Authentizität des Akteurs. Diese Verringerung von Barrieren und

Distanz führt zwar zu neuen Lern- und Beratungserfahrungen, kann sich
aber auch auf Reflexionsprozesse hinderlich auswirken, wenn es beispielsweise um den Umgang mit Fehlern geht. Auch die Nähe und Ein-
gebundenheit in den Alltag machen den Erfolg von Web 2.0 aus. Mic-
roblogging-Dienste wie Twitter versorgen die Lernenden unterwegs mit
Kurzmitteilungen etwa via Handy, und Lernaufgaben werden auf dem
Tablet PC während einer Zugfahrt bearbeitet. Lernberatung sollte dementsprechend dort ansetzen, wann und wo Kommunikations- und Lernprozesse bereits tatsächlich stattfinden. In diesem Verständnis sind für
Lernberatungssituationen keine spezifischen Systeme erforderlich, sondern vorhandene Kommunikationswerkzeuge werden genutzt. Dies
kann beispielsweise im Rahmen einer Lernplattform bei E-Learning sein.

3.2 Lernberatung und Öffentlichkeit

Damit einher geht die prinzipielle Öffentlichkeit von Web 2.0. Gerade in
der ‚one-to-many'-Konstellation (vgl. Egloffstein 2011, S. 242), liegen
veränderte Handlungsräume in der Verbindung mit Social Software,
aber auch neue Herausforderungen in Bezug auf Fehlerkultur und Reflexionsfähigkeit des Einzelnen, die im Rahmen von Lernberatung zu
thematisieren sind.

Neben dieser großen Verfügbarkeit kommt hinzu, dass sich das Web
2.0 vor allem als Raum organisiert, in dem die Mitglieder prinzipiell
gleichberechtigt sind. Für Lernberatungsprozesse bedeutet dies, dass sie
nicht mehr nur alleine durch Experten durchgeführt werden, sondern
auch Peer-Prozesse der Lernberatung und gegenseitige Verantwortungsübernahme für den Lernprozess an Bedeutung gewinnen. Die
gegenseitige Unterstützung der Studierenden durch die Bildung von
Gruppen kann einen wertvollen Beitrag für den Lernprozess leisten, da
hier ein (zusätzlicher) Raum entsteht, um sich beispielsweise über Moti-
vationsprobleme auszutauschen. Hierbei müssen kritisch die Grenzen
der Verantwortungsübernahme und Partizipation hinterfragt wer-den
und auch, inwiefern sich die Rolle der Lernberatungsexperten ändert,

um Gruppenprozesse zu initiieren, organisieren, begleiten, struk-turie-ren und zu evaluieren. Soziale Lernplattformen bieten den Lernberatern die erforderlichen technischen Rahmenbedingungen.

Zusammenfassend zeigt sich, dass die Lernberatung von einem ver-änderten Nutzungshandeln im Web 2.0 profitieren kann, allerdings un-terschiedliche (Lern-)Erfahrungen, Nutzungsgewohnheiten und Her-ausforderungen mitbedacht werden müssen. So ist beispielsweise der Kontakt zwischen Experten und Laien einfacher als bisher herstellbar und in Beratungs- und Lernprozesse integrierbar. Lernende erhalten eine Unterstützung in ihrer Lebensumwelt, mit Hilfe mobiler Technolo-gien sogar unabhängig vom Computer und dem Arbeitsraum. Die Tech-nologien des Web 2.0 stellen Instrumente zur „Hilfe zur Selbsthilfe durch angeleitete Selbstreflexion" (Geißler 2007, S. 2) zur Verfügung, beispielsweise durch das Führen eines Weblogs als Reflexionsinstrument (vgl. Schiefner/Ebner 2008), das Elemente des in Abschnitt 2 vorgestell-ten Beispiels aufnimmt und um die Komponente der Öffentlichkeit und Partizipation erweitert. Durch die Förderung von Partizipation und Verantwortungsübernahme beim E-Learning können sich Lernszenarien unabhängig von Lehrpersonen herausbilden, für die auch keine Lern-prozessbegleitung erforderlich ist. Stattdessen liegt die Reflexion und gegenseitige Lernberatung stärker in den Händen der einzelnen Lernen-den. Somit bekommen auch *Peer-2-Peer-Prozesse* sowie *informelle Lern-und Reflexionsanlässe* eine größere Bedeutung. Unabhängig davon, ob die Lernberatung peer-2-peer oder durch Experten realisiert wird, bieten sich zwei unterschiedliche Formen der Nutzung von Web 2.0 Werkzeu-gen an: Einmal die Nutzung von Web 2.0 Werkzeugen frei im Internet (beispielsweise durch das Führen von Weblogs oder Microblogging) oder die Integration in eine Lernplattform. Mit der Integration von Web 2.0 Elementen in Lernplattformen kann ein geschützter Raum sowohl für das Lehren und Lernen, als auch für die begleitende Lernberatung ge-schaffen werden.

4. Implikationen für die Gestaltung von Lernplattformen

Lernplattformen können die Organisation eines Lernangebotes, die Distribution von Lehr-/Lernmaterialien, die Kommunikation und Kooperation zwischen Lehrenden bzw. Lernberater und Lernenden sowie zwischen den Lernenden unterstützen. Bei neuen Entwicklungen von Lernplattformen stehen die dem Web 2.0 inhärenten Momente der Entgrenzung, der Öffentlichkeit und der Partizipation und somit auch soziale Funktionalitäten stärker als bisher im Vordergrund. Lernplattformen wie der OCNG (htp://online-campus.net) bieten einen Ort, der formales und informelles Lernen unterstützt und an dem Einzelne und Gruppen zusammenkommen, um individuell oder gemeinsam Wissen zu generieren und zu teilen. Laut Hölterhof und Kerres (2011) kann hier die Komplexität von sozialen Beziehungen besonders gut abgebildet werden, da die Lernaktivitäten in verschiedenen sozialen Gruppen organisiert werden können. Die Möglichkeit der Selbstorganisation und Einflussnahme von Lernenden im Hinblick auf die Zugehörigkeit zu Gruppen ist groß, denn sie können selber (geschlossene oder offene) Gruppen gründen und verwalten. Mittels verschiedener digitaler Werkzeuge können alle Mitglieder Inhalte (gemeinsam) bearbeiten und austauschen sowie miteinander kommunizieren (z.B. Wikis und Weblogs). Externe Lehr-/Lerninhalte und Kommunikationsbeiträge aus verschiedensten Web 2.0 Werkzeugen können in die Plattform integriert werden. Lehrende wie auch Lernende entscheiden, welche Gruppenform und Mitgliedschaftsart für welchen Lehr-/Lernkontext angemessen ist.

> Beispielszenario: Der Student Klaus ist Mitglied der Gruppe „ONCG Community" (hier sind alle Studierenden, Lehrenden bzw. Lernberater/innen Mitglied) sowie der Gruppe „Wissensmanagement" (Mitglieder sind ausschließlich Studierende und Lehrende des Moduls). Darüber hinaus hat er eine eigene Gruppe „Prüfungsangst" gegründet. Sechs weitere Studierende sind dieser Gruppe beigetreten, um sich über Textnachrichten und im eigenen virtuellen Klassenzimmer zu diesem Thema auszutauschen (Mitglied sind Studierende, die bei Bedarf (temporär) Expert/inn/en in die Gruppe einladen).

Jede Gruppe bzw. jeder Lernende besitzt eine individuelle Startseite, die alle Beiträge und Aktivitäten (der Gruppenmitglieder) zusammenführt und als Zeitleiste organisiert ist (siehe Abb. 1).

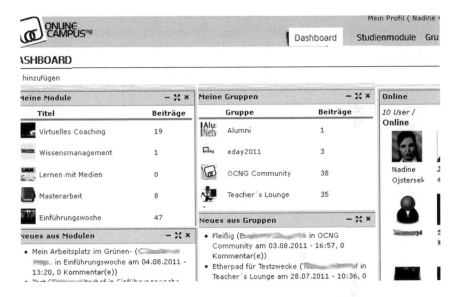

Abb. 1: Startseite einer Sozialen Lernumgebung (www.online-campus.net)

Grundsätzlich garantieren Web 2.0 Werkzeuge bzw. soziale Lernplattformen alleine keinen Lernerfolg. Ein erfolgreicher Lernprozess hängt immer von verschiedenen Rahmenbedingungen ab und beruht letztlich auf der Gestaltung des *gesamten* Lehr-/Lernarrangements (vgl. Kerres 2001), wozu auch die Gestaltung der Lernberatung zählt. Geeignete Umsetzungsbeispiele sind *Lerntagebücher* und *Gruppendiskussionen*.

4. 1 Textuelle Lernberatung am Beispiel Lerntagebücher

Die soziale Lernplattform bietet den Studierenden einen integrierten Weblog zur Reflexion ihres Lernprozesses. Ebenso ist es möglich einen eigenen Weblog außerhalb des Systems zu führen und zu aggregieren. Ist die Reflexion Teil einer Lernaufgabe, wird den Lernenden in der Lernplattform freigestellt, auf welche Weise sie ihr Lerntagebuch führen und das Ergebnis einreichen möchten. Auf diese Weise kann alternativ zu einem textbasierten Weblog auch ein Lerntagebuch als Pod- oder Screencast realisiert werden. Lernende nutzen zum Austausch gegenseitig die Kommentarfunktion der Weblogs (siehe Abb. 2). Die Lernberater behalten die Reflexion der Lernprozesse im Blick und werden bei Bedarf oder wenn Schwierigkeiten sichtbar werden aktiv, indem sie zumeist im ersten Schritt eine Nachricht über das integrierte Mailsystem senden und den Lernenden Lösungsmöglichkeiten aufzeigen bzw. sie bei der Formulierung und Erreichung der individuellen Lernziele unterstützen.

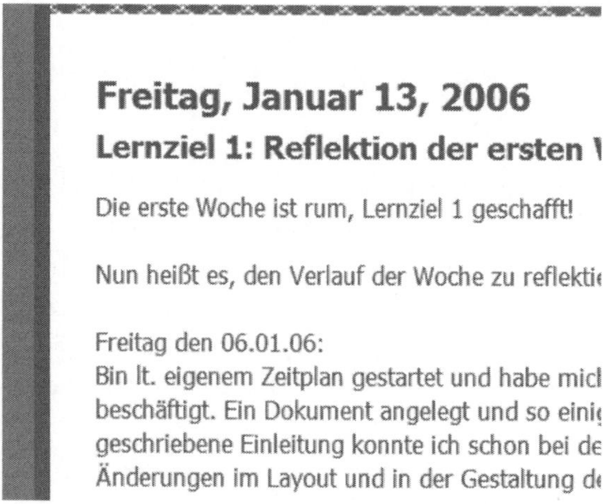

Freitag, Januar 13, 2006

Lernziel 1: Reflektion der ersten 1

Die erste Woche ist rum, Lernziel 1 geschafft!

Nun heißt es, den Verlauf der Woche zu reflekti(

Freitag den 06.01.06:
Bin lt. eigenem Zeitplan gestartet und habe micl
beschäftigt. Ein Dokument angelegt und so eini(
geschriebene Einleitung konnte ich schon bei de
Änderungen im Layout und in der Gestaltung d(

Abb. 2: Reflexion im Weblog

4. 2 Audio-visuelle Lernberatung am Beispiel Gruppendiskussionen

Gruppendiskussionen können audio-visuell in einem (integrierten) Konferenzsystem erfolgen, das textuelle Kommunikation und Kollaboration sowie Video- und Audiokonferenzen ermöglicht. Für jede Gruppen steht ein eigener virtueller Klassenraum zur Verfügung (siehe Abb. 3). Die Initiierung von Gruppenprozessen erfolgt durch verantwortungsteilende, partizipative Aufgaben, die darauf ausgerichtet sind, die Selbstorganisation der Gruppe zu fördern (u.a. die Übernahme der Moderation von Gruppentreffen durch die Lernenden), um Selbststeuerungskompetenzen weiterzuentwickeln.

Abb. 3: Virtuelles Klassenzimmer

Hier kann eine unmittelbare Rückmeldung zum individuellen und kollektiven Lernfortschritt gegeben werden. Darüber hinaus sind informelle

Gruppentreffen und Einzelsprechstunden zwischen Lernenden und der Lernberatung möglich. Prozessbegleitende Lernberatung beim E-Learning braucht zeitliche, technische sowie organisatorische Gestaltungselemente und -freiräume. Diese wurden anhand von Beispielen veranschaulicht. Es wurde aufgezeigt, wie die neuen technischen Möglichkeiten als textuelle und audiovisuelle Gestaltungselemente die *Flexibilisierung* von Lernzeiten und Lernorten unterstützen, neben der Lernberatung durch Experten verstärkt *selbst organisierte Gruppen* und Peer-Beratungsprozesse ermöglichen sowie die (Wieder-)Entdeckung und (Weiter-)Entwicklung von *Selbstorganisationskompetenzen* und somit die *Verantwortungsübernahme* der Lernenden für *individuelle* und *kollektive* Lernprozesse durch Lernberatung fördern können.

Literatur

Alby, Tom (2007): Web 2.0. Hanser Fachbuchverlag. 2. aktual. Aufl. München: Hanser

Egloffstein, Marc (2011): Offenes Peer Tutoring in der Hochschule. Studentische Betreuungstätigkeiten zwischen institutionellen Rahmenvorgaben und Selbstorganisation. In: Köhler Thomas/Neumann Jörg (Hrsg.): Wissensgemeinschaften. Digitale Medien – Öffnung und Offenheit in Forschung und Lehre. Münster: Waxmann. S. 240-249

Fisch, Martin/Gscheidle, Christoph (2008): Mitmachnetz Web 2.0: Rege Beteiligung nur in Communities. Media Perspektiven, 7, 356-364. URL: http://www.media-perspektiven.de/uploads/tx_mppublications /Fisch_II.pdf (21.12.2011)

Geißler, Harald (2007): Blendend gecoacht. Virtuelles Coaching ist das Lerntool für die Arbeitskraft- und Lebensunternehmer von morgen. In changeX. Heft 7 . S. 1-8

Hölterhof, Tobias/Kerres, Michael (2011): Modellierung sozialer Kommunikation in Social Software und Lernplattformen (Vollbeitrag).

Abstract veröffentlicht in Informatik 2011. 41. Jahrestagung der Gesellschaft für Informatik. Berlin: Springer LNI. S. 433

Hornung-Prähauser, Veronika/Luckmann, Michaela/Kalz, Marco (2008): Selbstorganisiertes Lernen im Internet. Innsbruck: StudienVerlag

Kerres, Michael (2001): Multimediale und telemediale Lernumgebungen. Konzeption und Entwicklung. 2. Aufl. München: Oldenbourg

Kerres, Michael (2006): Potenziale von Web 2.0 nutzen. In: Hohenstein, Andreas/Wilbers, Karl (Hrsg.): Handbuch E-Learning. München: DWD

Klein, Rosemarie (2005a): Die handlungsleitenden Prinzipien von Lernberatung – Weiterungen und Konkretisierungen. In: Klein, Rosemarie/Reutter, Gerhard (Hrsg.): Lernberatungskonzeption. Grundlagen und Praxis. Baltmannsweiler: Schneider Hohengehren. S. 29-40

Klein, Rosemarie (2005b): Lernberatung in der Umsetzung: Kernelemente als strukturgebender Rahmen. In: Klein, Rosemarie/Reutter, Gerhard (Hrsg.): Lernberatungskonzeption. Grundlagen und Praxis. Baltmannsweiler: Schneider Hohengehren. S. 41-51

Klein, Rosemarie/Reutter, Gerhard (2005): Begründung für Lernberatung und konzeptionelles Verständnis. In: Klein. Rosemarie/Reutter, Gerhard (Hrsg.): Lernberatungskonzeption. Grundlagen und Praxis. Baltmannsweiler: Schneider Hohengehren. S. 11-28

Knoll, Jörg (2008): Lern- und Bildungsberatung. Buchreihe des Deutschen Instituts für Erwachsenenbildung (DIE). Bielefeld: wbv

Magenheim, Johannes (2010): Web-2.0-Technologien als Themen der informatischen Bildung. In: Eickelmann, Birgit (Hrsg.): Bildung auf dem Weg in die Wissensgesellschaft. Münster: Waxmann. S.115-130

Reinmann, Gabi (2008): E-Coaching unter der Perspektive des persönlichen Wissensmanagements. In: Geißler, Harald (Hrsg.): E-Coaching Baltmannsweiler: Schneider. S. 90-100

Schiefner, Mandy/Ebner, Martin (2008): „Weblogs, more than just a toy?" or „Should I keep an e-Portfolio for my PhD study?". Proceedings from Interactive Computer Auded Learning, ICL, Villach

Schiersmann, Christiane (2010): Beratung im Kontext lebenslangen Lernens. In: Tippelt Rudolf/Hippel, Aiga von (Hrsg.): Handbuch Erwachsenenbildung/Weiterbildung. Wiesbaden: VS. S. 747-767

Schmidt, Jan (2008): Was ist neu am Social Web? Soziologische und kommunikationswissenschaftliche Grundlagen. In: Zerfaß A./ Welker, M./Schmidt, J. (Hrsg.): Kommunikation, Partizipation und Wirkungen im Social Web. Köln: Halem. S. 18-40

Peer-E-Coaching: Gestaltung und Analyse asynchroner kollegialer Fallarbeit

Rolf Arnold, Christian Bogner, Thomas Prescher

1. Reflexive Lernprozesse in wirkungsoffenen Kontexten

Lernen ist aus konstruktivistischer Sicht stets ein durch Differenz und Vielfalt gekennzeichneter Weg, der sich nicht in erster Linie an externen Standards orientiert, sondern immer dann begangen wird, wenn Individuen das aufgreifen und sich aneignen, was ihnen für ihre Lebenspraxis bedeutsam erscheint. Dieses Lern- bzw. Aneignungsverständnis konzentriert sich auf den Prozess, in dem Erwachsene ihre Kompetenzen entwickeln und Selbstreflexivität erwerben. Nach dieser Vorstellung entwickeln sich Kompetenzen durch subjektive Aneignung in lebensweltlichen Erfahrungskontexten. Dieser Prozess folgt der Logik selbstgesteuerter Aneignung durch selbstreferentiell operierende, autopoietisch geschlossene kognitiv-emotionale Systemiken, deren Erfolge nicht *erzeugt*, sondern lediglich *ermöglicht* werden können (vgl. Schüßler/Arnold 2003). Wesentlicher Bestandteil einer systemischen Sichtweise ist die Annahme, dass jeglicher Wandel und jede Veränderung nur in einem Prozess entstehen können, der Notwendiges (Denken, Fühlen, Handeln etc.) belässt, aber Wandlungsfähiges stört, um Angebote eines neuen Denkens, Fühlens und Handelns in den Erfahrungsraum des Subjektes zu rücken (vgl. Tabelle 1).

Entgegen dem oben beschrieben Verständnis ist institutionelles Lernen jedoch häufig ein Lernen, das sich an theoretischem bzw. objektiviertem Wissen orientiert. Im Sinne eines humanistischen Menschenbilds ist Erwachsenenlernen jedoch immer auch Identitäts- und Trans-

formationslernen. Ein solches Lernen berücksichtigt den Erfahrungs-
horizont der beteiligten Personen, da Kompetenzen und Identitäten, die
über Erfahrungen entstanden und *gewachsen* sind, auch lediglich über
Erfahrung erweitert, transformiert oder neu entwickelt werden können.

Transformative Erlebenspädagogik

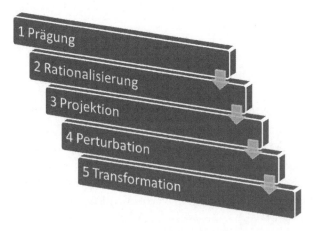

Tab. 1:   Stufen einer transformativen Erlebenspädagogik (vgl. Arnold
        2009, S. 97)

Angehende Lehrpersonen sollten dementsprechend schon während ihrer Ausbildung eigene Erfahrungen in die Ausbildung produktiv einbringen können. Deren späteres professionelles Verhalten im Lehrberuf
ist nämlich häufig unmittelbar davon abhängig, in welchem Ausmaß sie
in bestimmten Problemsituationen selbstständig entscheiden und handeln können. Nur ein pädagogisches Handeln, das auf vorgefertigte
starre Handlungsrezepte verzichtet, kann wirklich als situationsangemessen bezeichnet werden, und aus wissenschaftlicher Sicht spricht vieles dafür, dass gerade dieser Verzicht pädagogische Professionalität
ausmacht (vgl. Brumlik 2007; Rotthaus 2004; Willke 2005).

In der Unterrichtspraxis kommt es dementsprechend darauf an, wie gut es den Lernenden als zukünftigen Lehrenden gelingt, die Ebene der Beobachtung des eigenen Verhaltens und des Verhaltens der anderen erschließen zu können. Eine solche Lehrperson ist darum bemüht, sowohl die eigenen Standpunkte, Sichtweisen und Möglichkeiten derer, für deren Entwicklung sie mitverantwortlich ist, systematisch zu erforschen als auch dem, was ihr dabei sichtbar wird, mit Achtsamkeit zu folgen.

Schön (1983) hat sich intensiv mit professionellem Handeln beschäftigt und kritisiert eine professionelle Praxis nach dem Modell der ‚technischen Vernunft' (Technical Rationality). Diesem Modell liegt eine Denkweise zugrunde, nach der die Wissensproduktion prinzipiell vom jeweiligen (Anwendungs-)Kontext abgelöst bzw. dem praktischen Handeln vorangestellt ist. Insbesondere im Lehrberuf mit seinen komplexen persönlichen und sozialen Anforderungen können individuelle Handlungskompetenzen jedoch erst durch wiederkehrende Reflexion der eigenen Emotionen, Motivationen, Kognitionen, Handlungen und Einstellungen in der Interaktion mit anderen verfeinert werden.

Es leuchtet ein, dass diese Grundhaltung gegenüber professionellem Handeln zwar zunächst Sicherheit vermittelt und besonders für repetitive Tätigkeiten von Nutzen ist. In hochgradig wirkungsoffenen und komplexen beruflichen Kontexten, wie z.B. im Lehrerberuf, scheint eine Kultur der ‚technischen Vernunft' mit ihrer Orientierung an kalkulierbaren Abläufen, Problemen, Methoden und Handlungsergebnissen jedoch wenig erfolgsversprechend zu sein. Schön (1983, S. 14) nennt fünf Indikatoren für entsprechende berufliche Situationen:

- Complexity: Das berufliche Handlungsfeld ist aus didaktischer und sozialer Sicht hochgradig komplex.
- Uncertainty: Pädagogisches Handeln ist aus konstruktivistischer Sicht hochgradig wirkungsoffen und wirkungsunsicher.
- Instability: Aufgrund kulturellen, technischen, sozialen und individuellen Wandels kann professionelles pädagogisches Handeln niemals von gleichen Bedingungen in unterschiedlichen Kontexten oder zu verschiedenen Zeitpunkten ausgehen.

- Uniqueness: Lösungsansätze, die in Situation A den gewünschten Erfolg brachten, können sich in Situation B als völlig ungeeignet erweisen.

- Value Conflicts: Gerade pädagogisches Handeln orientiert sich in der Regel an Normen und Werten, die verschiedene Personen unterschiedlich bewerten oder die sich bereits selbst widersprechen (im Sinne eines Dilemmas).

Gerade Menschen, die in Lehr-Lern-Prozessen andere begleiten, sind deshalb auf reflexive Lernprozesse angewiesen. Sie benötigen Gelegenheiten, in denen sie *irritierende* oder *relativierende* Erfahrungen sammeln und besprechen können, um ihre emotionale Selbstreflexivität absichtsvoll und gezielt entwickeln zu können. Emotionale Selbstreflexivität als notwendiges Ziel expliziten Emotionslernens beinhaltet nun, dass Menschen die Gelegenheit erhalten, durch systematische Selbstbetrachtung, begleitende Unterstützung sowie Feedbacks ihre eigenen Emotionsmuster zu erkennen und in ihrer verhaltensbestimmenden Wirkung wahrnehmen zu lernen.

2. Coaching als zweidimensionales Veränderungslernen

Unmittelbar im Unterrichtsgeschehen bleibt häufig nicht genug Raum und Zeit, um alle emotionalen Facetten der Beteiligten zu erkennen, geschweige denn zu thematisieren. Forgas (1992, S. 29f) weist darauf hin, dass spezielle Beobachtungstrainings paradoxerweise sogar die Genauigkeit unserer Wahrnehmung reduzieren können. Durch das Wissen und das Bewusstsein über individuelle Verhaltensunterschiede können wir als Beobachter dazu neigen, die Unterschiede zwischen den Menschen zu übertreiben. Darüber hinaus beeinflusst unsere aktuelle Stimmung ganz maßgeblich die Wahrnehmung. So konnte in verschiedenen Studien nachgewiesen werden, dass sich eine positive Grundstimmung nicht nur positiv auf die Bewertung des Verhaltens anderer Menschen, sondern auch auf die Bewertung des eigenen Verhaltens auswirkt.

Eine weitere Quelle der eigenen situativen Wahrnehmungsungenauig-
keit sind Stereotype. Während wir einerseits durch Stereotypisierung in
der Lage sind, das Verhalten einzelner Individuen allein aufgrund ihrer
Zugehörigkeit zu bestimmten Gruppe vorherzusagen, versagen wir
gleichzeitig dabei, wenn wir dem aus dem Stereotyp abweichenden
Verhalten einzelner Personen gerecht werden wollen. Häufig gehen Ste-
reotypisierungen mit Vorurteilen einher. Diese Vorurteile können auch
positiver Natur sein. So kann eine Lehrperson allein aufgrund des ge-
pflegten Erscheinungsbilds einer bestimmten Schülerin geneigt sein zu
glauben, dass diese Person keine ernstzunehmenden Probleme im privaten Umfeld habe. Auf diese Weise besteht die Gefahr, dass die Lehrperson ihre Wahrnehmung systematisch einschränkt. Eine effektive
Selbstreflexion unter Begleitung durch eine Beratungsperson oder Beratungsgruppe könnte deshalb nicht nur zu neuen Einsichten führen,
sondern auch markante Diskrepanzerlebnisse zur Folge haben. Higgins
(1981, S. 126) macht jedoch darauf aufmerksam, dass die Reflexion über
das eigene Handeln für gelingende soziale Beziehungen allein nicht aus-
reicht. Vielmehr müssen wir immer wieder unsere (Wahrnehmungs-)
Perspektive auf unser Gegenüber richten und dessen Verhalten vorweg-
nehmen. Higgins (1981) bezeichnet diesen Prozess als „Role-Taking" (S.
119ff) und geht davon aus, dass wir uns nicht nur am konkreten Verhalten einer einzelnen Person, sondern außerdem an sozialen Gruppen
orientieren. Die Besonderheit des Menschen ist deshalb seine Ausrichtung auf andere, seine Fähigkeit zur Kooperation, Kommunikation und
Selbstreflexivität. Jeder von uns erwirbt im Verlauf seiner Sozialisation
bestimmte Verhaltenstendenzen, die sich auf die Interaktion und Kommunikation mit unseren Mitmenschen auswirken. Unser *persönliches
Repertoire* (vgl. Marmet 1999) entspricht deshalb in der Regel weitgehend
dem, was wir in bestimmten Situationen erfahren oder gelernt haben.
Dadurch, dass wir uns diese Zusammenhänge bewusst machen, besitzen
wir jedoch die Freiheit, uns nunmehr in ähnlichen Situationen anders
bzw. professionell zu verhalten. Dies beinhaltet die Fähigkeit, Unge-
wohntes zu akzeptieren und die Welt *mit den Augen des Anderen* zu se-

hen. Ein wesentliches weiteres Ziel ist also die Entwicklung und Förderung empathischer Fähigkeiten. Wie die Ansätze der Transaktionsanalyse aufzeigen, lernen Kinder in subtilen Prozessen, solche Gefühle zu fühlen, die in ihrem sozial-emotionalen Milieu akzeptiert werden, während sie andere unerwünschte Gefühlszustände verlernen oder sich erst gar nicht aneignen. Aus diesem Grunde laufen diese Menschen Gefahr, sich emotional nicht mehr situationsangemessen zu verhalten, sondern rufen in der jeweiligen Situation das sozial erwünschte Gefühl auf Basis bestimmter *Ich-Zustände* ab (vgl. Stewart/Joines 2008). Eric Berne (1964) spricht in diesem Zusammenhang auch von *Maschengefühlen* und geht davon aus, dass jeder Mensch in seiner Entwicklung emotionale Maschen aufbaut, um diese in allen möglichen passenden und unpassenden Situationen abzurufen. Wer auf Basis von Selbstreflexion in der Lage ist, seine *Maschengefühle* zu durchschauen und sich bewusst zu machen, kann sich die Frage nach der Angemessenheit des in ihm aufkommenden Gefühls professionell stellen.

Es kann jedoch auch sein, dass wir ein ureigenes Interesse am systematischen *blinden Fleck* haben. Beispielsweise kann eine Lehrkraft das Label *schwieriger Schüler* davon befreien, professionelle Unterstützungsleistungen anzubieten oder das eigene Handeln allgemein kritisch zu hinterfragen. Vermutlich würde eine solche Lehrkraft Unterrichts- bzw. Instruktionsprozesse in den Vordergrund stellen und die eigene Wahrnehmung entsprechend anpassen. Insofern ließe sich das von außen als unprofessionell und unpädagogisch bezeichnete Verhalten der Lehrperson logisch nachvollziehen: Unvorhergesehenes Verhalten einzelner Schüler wird tendenziell als Störung des Prozesses einer *Wissensvermittlung* aufgefasst, die es zu unterbinden gilt.

Welche Schlussfolgerungen können wir nun für unser Wahrnehmungs- und Reflexionsverhalten in komplexen sozialen Interaktionssituationen ziehen? Forgas (1992) schlägt vor, neben der Selbstreflexion stärker den Prozess der Interaktion in den Blick zu nehmen. Hierbei „sucht [man] nicht mehr nach dem ‚genauen' Beurteiler, sondern wendet sich vermehrt dem Prozeß zu, in dessen Verlauf aus vielen Einzelinfor-

mationen Eindrücke und Urteile gebildet werden" (Forgas 1992, S. 34f).
Aus diesem Grund erscheint die Methode der kollegialen Fallarbeit sehr
gut geeignet, um den Verlauf von Interaktionsprozessen, kritische Ein-
zelereignisse und emotionale Einflüsse angemessen reflektieren zu können.

Coaching als zweidimensionales Verände-rungslernen	virtualisierbar	begrenzt virtuali-sierbar
Vom perturbierenden Reflexionslernen		
Anregung (Reflexion)	Durch das Einbringen von Erklärungen (Theorien, Kon-zepten) sowie das Erschüttern eingefahrener Sicht- und Fühl-weisen durch perturbierendes Fragen kann ein Reflexionsler-nen initiiert und begleitet wer-den, welchem sich mehr und mehr neue Perspektiven er-schließen.	... durch die Be-reitstellung mög-lichst individuali-sierter Formen der Distribution und des Dialogs	
Erleben (Systemik)	Diese neuen Perspektiven müs-sen (oft zunächst in geschützten Räumen) erprobt und erlebt werden *dürfen*, um sich in ihnen zu spüren und ihre innere und äußere Tragfähigkeit erleben zu können. Dabei gilt der systemi-sche Leitsatz: *„Was im Inneren nicht ist, darf auch im Äußeren nicht sein!"*		... durch Zusammen-kunft in strukturähn-lichen Kon-texten
Zum tiefenwirksamen Veränderungslernen		

Tab. 2: Coaching als zweidimensionales Veränderungslernen (vgl.
Arnold 2008a, S. 39)

Entsprechend der vorangegangenen Überlegungen bedarf erfolgreiches
Coaching im Sinne der Förderung und Begleitung eines tiefenwirksamen
Veränderungslernens deshalb beider Komponenten: der Anregung (Re-
flexion) und des – veränderten – Erlebens (Systemik), siehe Tabelle 2.
Für den vorliegenden Modellversuch wurden daher Studierende des

Lehramtsstudiums der TU Kaiserslautern mit Referendaren eines Studienseminars gebeten, innerhalb einer Lehrveranstaltung sich seitens der Referendare *echte* Fälle zur Verfügung zu stellen und seitens der Studierenden diese mit Hilfe systemischer Beratungsansätze zu begleiten. Der Klient (Referendar) kann demzufolge sein verändertes Verhalten in Realsituationen erproben, während die Besprechung, der Austausch und die Reflexion onlinebasiert mit Hilfe der Studierenden erfolgen.

3. Internetbasierte kollegiale Fallarbeit im bildungswissenschaftlichen Bachelor-Studium

Diese systemisch-konstruktivistische Perspektive prägt die Sichtweise einer pädagogischen Professionalität, die im Rahmen der bildungswissenschaftlichen Veranstaltung *Pädagogische Interaktion* vorgestellt werden soll, und legt in der Gestaltung der Reflexionsprozesse einen Schwerpunkt auf die Wahrnehmungs- und Interaktionsprozesse sowie emotionalen Aspekte. Die teilnehmenden Studierenden eignen sich das erforderliche Grundwissen individuell im Rahmen onlinebasierter ausführlicher Lektürearbeit, kollaborativer Diskussion sowie Präsenzworkshops als Skilltrainings an und besprechen anschließend authentische Praxissituationen auf Basis von Fallanalysen in ihren Lern- und Arbeitsgruppen.

Seit dem Sommersemester 2011 haben die Studierenden die Möglichkeit, an einem Kooperationsprojekt mit einem staatlichen Studienseminar für das Lehramt an Realschulen (Rheinland-Pfalz) teilzunehmen. Im Rahmen dieses Projekts wurde die Methode der kollegialen Fallarbeit, die ein ortsunabhängiges onlinebasiertes Coaching ermöglicht, erstmals erprobt. Bei der kollegialen Fallarbeit schildern die am Studienseminar teilnehmenden Lehramtsanwärter selbst erlebte reale Situationen aus dem Unterrichts- bzw. Schulkontext in schriftlicher Form (ca. 400-500 Wörter) und stellen diese in der gemeinsam mit den Studierenden genutzten Lernplattform des Virtuellen Campus Rheinland-Pfalz (VCRP) ein.

Der Coachingprozess orientiert sich stark am Ablauf der kollegialen Beratung (vgl. Linderkamp 2011) mit dem wesentlichen Unterschied, dass sich die ratsuchende Person und die beratende Studierendengruppe ausschließlich in asynchroner Form durch entsprechende Beiträge im Onlineforum begegnen. Wesentliche Aufgabe der Studierenden ist es, der fallgebenden Person durch geeignete Fragen und Hypothesen zu einer weitgehend selbstständigen und kritischen Reflexion der geschilderten Situation zu verhelfen.

Zur Vorbereitung auf diese Aufgabe müssen die teilnehmenden Studierenden verpflichtend an einem vierstündigen Kompaktworkshop teilnehmen. Sämtliche Inhalte, Aufgaben und Ergebnisse können von allen Beteiligten in der Lernplattform ‚Blackboard' des Virtuellen Campus Rheinland-Pfalz (VCRP) abgerufen werden. Auch die teilnehmenden angehenden Lehrkräfte werden in einer ca. zweistündigen Kompaktphase vor Ort im Studienseminar auf die Anforderungen der kollegialen Fallarbeit und ihre Aufgaben vorbereitet. In beiden Workshops werden Filmsequenzen mit Lehrenden in Lehr-Lern-Situationen vorgeführt und gemeinsam zur Kriterienentwicklung für ein angemessenes Lehrerverhalten analysiert, vor allem, um den Seminarteilnehmern den Unterschied zwischen der Analyse und der Bewertung der Situation zu verdeutlichen (vgl. Cantet/Bégaudeau 2009). Ohne klares Verständnis über den Nutzen einer (möglichst) urteilsfreien Analyse und der anschließenden Synthese ist der Erfolg einer kollegialen Beratung stark gefährdet. In diesem Fall würde der gewünschte (Selbst-) Reflexionsprozess nicht in Gang kommen, was schließlich zu einer rein oberflächlichen Durchdringung der dargestellten Situation führen würde.

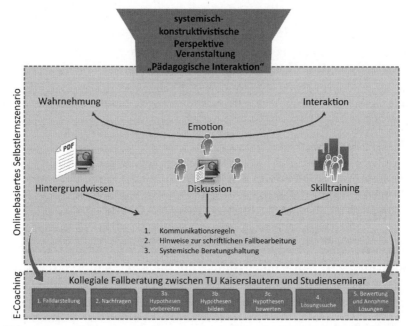

Abb. 1: Internetbasierte kollegiale Fallarbeit im bildungswissenschaftlichen Bachelorstudiengang

4. Pädagogische Ziele und Ablauf der kollegialen Fallarbeit

Alle Teilnehmer der Veranstaltung *Pädagogische Interaktion* werden aufgrund der inhaltlichen Schwerpunkte der Veranstaltung gebeten, insbesondere solche Situationen zu schildern und zu diskutieren, die sich auf
die Wahrnehmung bzw. den Umgang mit Emotionen im schulischen
Kontext beziehen, damit die kollegiale Fallarbeit von den Lehramtsanwärtern als effektive Hilfe zur Emotionsarbeit wahrgenommen wird.
Sieland (2006) beschreibt Emotionsarbeit als

> „eine Arbeit an und mit den eigenen Gefühlen, um diese zu gestalten, zu unterdrü-
> cken oder hervorzurufen, so dass sie für die professionellen Interaktionsziele wirk-
> sam sind und zu einem langfristig günstigen Verhältnis von positiven und negativen
> Konsequenzen für die Interaktionspartner führen." (Sieland 2006, S. 2)

Mögliche Anlässe für eine Beratung im Rahmen der kollegialen Fallarbeit sind unter anderem:

- Störungen während des Unterrichtsgeschehens
- Konflikte mit bestimmten Personen (Schüler, Vorgesetzte, Kollegen, Eltern)
- Beispiele mit hoher *emotionaler Dissonanz*: Situationen, in denen man sich unwohl fühlt (z.b. verärgert oder enttäuscht) und dennoch keine negativen Reaktionen zeigt.

Ziel der Beratung ist es deshalb, die Lehrpersonen dabei zu unterstützen, ihre emotionalen und sozialen Kompetenzen weiterzuentwickeln. Dazu gehören folgende Teilfähigkeiten:

- Die Fähigkeit, Emotionen bei sich und bei anderen bewusst wahrzunehmen und zu verstehen.
- Die Fähigkeit, eigene Emotionen durch angemessenes Verhalten vor anderen zeigen zu können.
- Die Fähigkeit, eigene emotionale Impulse nach innen wie nach außen zu regulieren.
- Die Fähigkeit, durch geeignetes Verhalten die emotionalen und sozialen Kompetenzen anderer zu fördern bzw. positiv zu beeinflussen (z.B. im Sinne einer Konfliktbewältigung).

Zur Verwirklichung und Erreichung dieser Ziele sind für das didaktische Szenario der kollegialen Fallarbeit fünf Schritte vorgesehen. Bei diesem Ansatz „werden die beiden konstituierenden Phasen von Fallberatung in Gruppen – Fallvorstellung und Fallbesprechung – weiter zerlegt und differenziert" (Tietze 2009 S. 71). In Vorbereitung werden im Onlinekurs sowie den begleitenden Workshops unterstützende Kommunikationsregeln sowie Hinweise zur Formulierung einer *wertvollen* schriftlichen Fallberatung erarbeitet. Die integrierten Skilltrainings sind darauf abgestimmt, die Entwicklung einer systemischen Beratungshaltung zu unterstützen, bevor die Studierenden in die eigentliche Beratungssequenz starten.

Schritt 1 (Falldarstellung):
Der Prozess der kollegialen Fallarbeit beginnt damit, dass die angehende
Lehrperson eine Situation (Umfang ca. 400-500 Wörter) schildert und im
Onlineforum anonym einstellt. Eine moderierende Person aus der Bera-
tungsgruppe stellt nach einer kurzen Eigenpräsentation die erste Frage zum
Fall. Dieser konkrete Fall kann nun von keiner anderen Lerngruppe aus der
Lehrveranstaltung mehr beraten werden.

Schritt 2 (Nachfragen):
Die Gruppenmitglieder stellen sich ebenso kurz vor und richten nun jeweils
einzeln gezielte Fragen an die ratsuchende Person. Der betreuende Kurslei-
ter weist die Gruppe darauf hin, wenn in dieser Analysephase bereits Interpretationen oder Lösungsvorschläge abgegeben werden.

Schritt 3a (Hypothesen vorbereiten):
Die Beratungsgruppe hat nun aufgrund der Asynchronität des E-Coachings
die Möglichkeit, sich gezielt mit den relevanten theoretischen Grundlagen
der Veranstaltung *Pädagogische Interaktion* vertraut zu machen. Die Gruppe
soll schließlich festlegen, welche Theorien, Konzepte oder Modelle sie als
Grundlage für die Aufstellung der Hypothesen heranziehen möchte.

Schritt 3b (Hypothesen bilden):
Jedes Gruppenmitglied äußert nun seine eigenen Vermutungen und gibt jeweils auch eine kurze Begründung für seine Hypothese an. Anschließend
fasst der durch die Gruppe bestimmte Moderator der Gruppe die wichtigsten Hypothesen zusammen.

Schritt 3c (Bewerten der Hypothesen):
Anschließend werden die Hypothesen von der Lehrperson bewertet und in
zwei Kategorien eingeordnet: eher zutreffende / eher nicht zutreffende
Hypothesen.

Schritt 4 (Lösungssuche):
Jedes Gruppenmitglied äußert seine eigenen Lösungsvorschläge und be-
schreibt außerdem jeweils die erwartete Wirkung bzw. den erwarteten Ef-
fekt. Der Moderator generiert daraus anschließend in Abstimmung mit der
Gruppe mehrere Vorschläge, die sich unmittelbar auf das Handeln der
Lehrperson beziehen.

Schritt 5 (Bewertung und Annahme der Lösungsvorschläge):
Der Klient hat nun die Möglichkeit, die Lösungsvorschläge zu bewerten und zu kommentieren. Alle Lösungsvorschläge werden außerdem von der ratsuchenden Person nach Prioritäten sortiert. Die Moderatorin bzw. der Moderator fügt die erarbeiteten Teilergebnisse in einem Dokument zusammen und stellt sie der ratsuchenden Person zur Verfügung (Einstellen als Dokument im Onlinekurs).

5. Empirische Untersuchung

Im Rahmen einer begleitend durchgeführten empirischen Auswertung konnten 87 Falldarstellungen näher untersucht werden, die zwischen Mai 2010 und Juli 2011 sowohl von Studierenden als auch von Lehramtsanwärtern erstellt wurden. In die Auswertung flossen 53 Fallbeschreibungen von Studierenden der TU Kaiserslautern und 34 Falldarstellungen von Referendaren des Studienseminars ein. Die Fallbeschreibungen der Studierenden und die der Anwärter unterscheiden sich zwar, sind inhaltlich jedoch ausreichend ähnlich. In beiden Gruppen wurden pädagogisch relevante Problemstellungen unter Berücksichtigung relevanter emotionaler Aspekte ausführlich beschrieben. Die Darstellungen weichen nur insofern voneinander ab, als viele der Studierenden die Situationen aus der Schülerperspektive schildern, während alle Darstellungen der Studienseminarteilnehmer aus der Perspektive einer Lehrkraft formuliert sind.

Dieser Unterschied stellt jedoch für das angewandte Auswertungsverfahren kein grundlegendes Problem dar, da mit Hilfe einer Clusteranalyse fallübergreifende grundlegende Muster der textbasierten Darstellung authentischer Fälle ermittelt werden sollen. Außerdem konnte durch die Zusammenführung der verschiedenen Fallbeschreibungen die Zuverlässigkeit der Auswertungsergebnisse deutlich erhöht werden. Die Auswertung der insgesamt 87 Falldarstellungen verlief in drei Schritten:

1. Im ersten Schritt wurden die textbasierten Falldarstellungen auf Rechtschreibfehler überprüft und von Formatierungen und unnötigen Steuerzei-

chen befreit, um dadurch das Risiko einer Verzerrung der Auswertungsergebnisse zu minimieren. Die resultierenden Text- bzw. Word-Dateien
konnten dann mit Hilfe der Software *LIWC* (Linguistic Inquiry and Word
Count) ausgewertet werden. LIWC zerlegt hierzu jede Fallbeschreibung in
einzelne Wörter und ordnet diese 80 fest definierten Wortkategorien zu (z.B.
Personalpronomen oder *Thema Schule*). Die resultierenden Kennwerte sind
relative Häufigkeiten im Vergleich zum Gesamtumfang des vom Programm
erkannten Textes, wodurch die Ergebnisse fallübergreifend vergleichbar
sind.

2. Alle 87 Fälle mit den relativen Häufigkeiten zu den 80 Wortkategorien wurden anschließend einer Clusteranalyse unterzogen. Für das Clustering
wurde der *Expectation-Maximization* (kurz: EM) -Algorithmus verwendet,
der im Vergleich zum häufig eingesetzten *K-Means-Verfahren* eine weichere
Cluster-Zuordnung erlaubt, da das Modell in mehreren Durchläufen auf
Basis von Zugehörigkeits-Wahrscheinlichkeiten optimiert wird. „[T]he EM
algorithm is a good choice to consider for many estimation problems"
(Moon 1996, S. 59). Da der EM-Algorithmus in SPSS nicht als Cluster-Ana-
lyse-Verfahren verfügbar ist, wurde diese Analyse mit Hilfe der Data-Mi-
ning-Software *Weka* (Waikato Environment for Knowledge Analysis)
durchgeführt.

3. Auf Basis der nach der Cluster-Analyse resultierenden drei Cluster wurden
mit Hilfe einer Varianzanalyse in SPSS (einfaktorielle ANOVA) die Mittel-
wertunterschiede in den 80 Kategorien zwischen den Clustern auf Signifi-
kanz hin überprüft. Durch dieses Vorgehen konnten die 17 signifikantesten
Wortkategorien zuverlässig ermittelt werden. Nur diese Wortkategorien
dienten zur qualitativen Beschreibung bzw. Interpretation der drei Cluster.
Dabei zeigte sich, dass sich die Cluster vor allem hinsichtlich des Gebrauchs
an Personalpronomen bzw. des sozialen Bezugs und des Bezugs zum Be-
rufsfeld *Schule* unterscheiden. Die Cluster wurden dementsprechend benannt als *Orientierung an der Gruppe* (Cluster A), *Orientierung am Individuum*
(Cluster B) und *Orientierung am Sachverhalt* (Cluster C).

6. Diskussion

Während das hohe Interesse der Studierenden an den Fallbeschreibungen die Erwartungen übertraf, war die Beteiligung auf Seiten der Leh-

ramtsanwärter und Anwärter des Studienseminars nicht so stark. Dies führte im Ergebnis dazu, dass 15 der 34 Fallberatungen von der ratsuchenden Person frühzeitig eingestellt wurden. Es liegen zwar noch keine objektiven Daten (z.b. in Form einer Nachbefragung) vor, die Seminarverantwortlichen berichteten jedoch nach Beendigung des ersten Durchlaufs, dass nicht alle Lehramtsanwärter die Beteiligung an der kollegialen Fallarbeit als gewinnbringend eingeschätzt haben.

Die im Rahmen der textbasierten Analyse ermittelten Typen (Cluster) haben möglicherweise ganz unterschiedliche Erwartungen an die kollegiale Beratung. Die Abbruch-Quote war mit ca. zwei Dritteln in der Gruppe C (*Orientierung am Sachverhalt*) am höchsten: Vermutlich betrachten Personen in dieser Gruppe das soziale Geschehen in der Schule eher als eine fachlich-didaktische Herausforderung und interessieren sich etwas weniger für Fragen zur pädagogischen Interaktion. Das folgende Textbeispiel aus einer Fallschilderung soll dazu den eher distanzierenden Stil der Beschreibung verdeutlichen und damit herausstellen, dass eventuell der innere Bezug der handelnden angehenden Lehrkraft zur Tätigkeit und dem Unterrichtsgeschehen eher auf einer sachlichfunktionalen Ebene gegeben ist. Diese dadurch zum Ausdruck kommende fehlende emotionale Nähe bzw. Interesse kann für eine fehlende Annahme der zwischenmenschlichen beruflichen Herausforderungen stehen und damit ein Hinderungsgrund für die persönliche Kompetenzentwicklung durch ein Peer-Coaching sein. Nagy/Husemann (2010 S. 61ff) beschreiben diesen Bereich mit den Parametern einer *Interessenorientierung und der Interessendifferenzierung* aufgrund beruflicher Präferenzen wie zum Beispiel praktisch/technisch, intellektuell forschend, künstlerisch/sprachlich, sozial, unternehmerisch oder ordnend und verwaltend. Unter dem hier vorliegenden Typ C können sicher verschiedene Präferenztypen zusammengefasst werden.

„Eine Schülerin beschäftigt sich zunächst im Unterricht damit, die Rückseite ihres Blockes zu bemalen, während alle anderen Schülerinnen und Schüler Fragen zu einem Text beantworten. Als ich die Schülerin daraufhin angesprochen und ermahnt habe, hat diese dann zunächst an den Fragen weitergearbeitet. Kurze Zeit später nahm sie dann, noch während dieser Arbeitsphase, ein leeres Blatt sowie eine Tintenpatrone und drückte diese auf dem Blatt aus. Mit dem

leeren Röhrchen blies sie dann die Tinte auf dem Blatt spazieren. Ich bin zu der Schülerin hingegangen, habe sie nach dem Sinn dieser Tätigkeit gefragt und aufgefordert, das Blatt mit der Tinte in den Mülleimer zu werfen und an den Fragen weiterzuarbeiten."

Die niedrigste Abbruchquote ließ sich demgegenüber in Gruppe A *(Orientierung an der Gruppe)* beobachten: Personen aus dieser Gruppe scheinen etwas stärker an der sozialen Interaktion interessiert zu sein, die eben auch Bestandteil der Beratung und der gesamten Veranstaltung ist. In dieser Gruppe führten alle Anwärter die Beratung zu Ende.

„Ich habe in meinem eigenverantwortlichen Unterricht einen unglaublich motivierten Wahlpflichtfachkurs aus 14 Schülerinnen und Schülern. Der Unterricht ist geprägt von einer offenen und freundlichen Atmosphäre, die sich in einer guten Kooperation der Schülerinnen und Schüler untereinander zeigt. Ich unterrichte sehr gern in dieser Klasse und habe auch das Gefühl, von den Jugendlichen akzeptiert zu werden- Unterrichtsstörungen spielen überhaupt keine Rolle. Es gibt eine Schülerin, G., die sich jedoch seit Ende der Osterferien sehr stark zurückzieht. Auch wenn sie vorher auch schon recht still war, konnte sie wenige, aber sehr gute Beiträge mit einbringen. Aus dem Unterrichtsgeschehen hat sie sich komplett zurückgezogen und sitzt alleine."

In Gruppe B *(Orientierung am Individuum)* brach ungefähr die Hälfte der ratsuchenden Personen die Beratung ab. Vermutlich sind die Fälle aus dieser Gruppe aufgrund des deutlich stärkeren individuellen Bezugs zu komplex und anspruchsvoll bzw. für die Kollegiale Beratung nicht so gut geeignet und wurden deshalb in der Hälfte der Fälle nicht zu Ende geführt. Es besteht auch die Möglichkeit, dass aufgrund des hohen Ich-Bezuges eine ausgeprägte Erwartungshaltung gegenüber der Umwelt besteht, die der Umwelt die Verantwortung für das Gelingen von Situationen zuschreibt. Als Element der sozialen Verantwortung kann auch vermutet werden, dass die „Erfüllung berechtigter Erwartungen anderer [als] Befolgung der sozialen Spielregeln" (Bierhoff 2002, S. 186) abgelehnt wird.

„Im Naturwissenschaftsunterricht einer Klasse 6 befindet sich ein verhaltensauffälliger Schüler, bei welchem das Asperger-Syndrom diagnostiziert ist. Generell zeigt der Schüler sich unaufmerksam und lenkt seine Mitschüler vom Unterricht ab. Auch die begleitende Sozialpädagogin ist nur stellenweise in der Lage, das Verhalten des Schülers dahingehend zu steuern, dass ein ,normaler' Unterricht möglich ist. Zum konkreten Fall. In einer der letzten Stunde

kam es während eines Experimentes zu einer Konfliktsituation mit dem betreffenden Schüler, indem dieser während des Experimentes die Sicherheitsregeln grob verletzte und die allgemeine Sicherheit der anderen Schüler gefährdete. Darüber hinaus war die Sozialpädagogin an diesem Tag krank gewesen, so dass ich alleine mit der Klasse und dem Schüler war."

Ein weiterer Grund für die hohen Abbruchquoten war vermutlich auch die zeitgleiche Belastung durch Lehrproben, was dazu führte, dass sich die Anwärter nicht mit der erforderlichen Kontinuität im Beratungsprozess einbringen konnten. Diese Situation führte zusammen mit der Tatsache, dass die Beratung anonym durchgeführt wurde, dazu, dass insgesamt mehrere Ratsuchende die Beratung kommentarlos abgebrochen haben.

Zukünftig wird eine automatische E-Mail-Benachrichtigung zu berücksichtigen sein, welche alle Teilnehmer an der kollegialen Fallberatung sofort über eingehende Beiträge informieren kann. Für den Gesamterfolg der kollegialen Beratung ist es gleichermaßen schwierig wie auch wichtig, dass eine Einbettung in das gesamte Ausbildungskonzept des Studienseminars erfolgt. Wenn diese Einbettung nicht gelingt, ist es denkbar, dass einzelne Lehrkräfte die kollegiale Fallarbeit als reine Zusatzbelastung ansehen und sich dementsprechend nicht mit dem gewünschten Engagement einbringen.

Zuletzt ist noch zu betonen, dass der Beratungserfolg auch stark von der fachlichen und kommunikativen Kompetenz der beratenden Studierenden abhängig ist. Es erscheint deshalb sinnvoll, die Teilnehmer an den Beratungsgruppen stärker nach bereits vorhandenen Kompetenzen zu selektieren bzw. noch besser vorzubereiten. Ein entsprechender Ansatz kann hier in einer tutoriellen Begleitung durch Studierende aus höheren Semestern erfolgen, was erstmalig im Wintersemester 2011/2012 erprobt werden soll. Insgesamt dient damit das Vorhaben der Untersuchung der ‚inneren Seite' eines nachhaltigen Kompetenzentwicklungsmanagements von Lehrkräften in Schulen, bei dem die kognitive und emotionale Dimension des Verhaltens oder Nicht-Verhaltens der Akteure in den Blick rückt.

Eine strategische Organisations- bzw. Personalentwicklung kann eine engagierte Beteiligung an der Umsetzung von Schulentwicklung nur erwarten, wenn sie als nachhaltige Kompetenzentwicklung und Lernkulturwandel die *Köpfe und Herzen* der Akteure erreicht. Das Aufgreifen von individuellen Deutungs- und Emotionsmustern stellt somit den Schlüssel eines organisationalen sowie lernkulturellen Wandels dar (vgl. Arnold 2007, S. 127ff). Die Sprache, die Lehrende benutzen, um ihre Erfahrungen und Alltagsprobleme zu reflektieren, geben dazu Aufschluss, welche Kooperationschancen auf der Ebene des Individuums und der Organisation Schule mit ihrer Kultur bestehen: positive/ negative Emotionen, Sachorientierung und/oder Wörter mit *wir*. (vgl. Abe 2009, S. 528). Konzepte der Schulentwicklung können nur so gut sein, wie es ihnen gelingt, die Sprachgewohnheiten der Beteiligten aufzugreifen und diese in individuelle sowie systemische Lern- und Entwicklungskonzepte zu transferieren.

Dementsprechend erweisen sich Change-Management-Ansätze, die an den biographisch erworbenen und subjektiv *bewährten* Annahmen der Akteure ansetzen, als wirksam, da sie dem in der systemischen Forschung vielfach bestätigten Sachverhalt Rechnung tragen, dass im Außen (in der Organisation) nur das entstehen kann, was auch im Inneren (in den Bildern und Alltagstheorien der Akteure) bereits – zumindest als keimhafte Erfahrung – angelegt ist (vgl. Arnold 2008b).

7. Fazit

Die Kombination der verschiedenen Computerprogramme und Verfahren erwies sich in der Praxis als sehr gut geeignet, um große Mengen textbasierter Falldarstellungen schnell, effektiv und zuverlässig zu klassifizieren und daraus Rückschlüsse zu ziehen. Die dargestellte Vorgehensweise eignet sich dazu, die zu diesem Zweck sonst häufig eingesetzte Methode der qualitativen Inhaltsanalyse zu ersetzen, die in der Regel sehr zeitaufwändig ist. Sie kann aber auch als ergänzendes Verfahren zur Ermittlung von Kernkategorien verwendet werden. Die nach der im Beitrag beschriebenen Methode erzeugten Cluster wurden auf der Basis der zugrunde liegenden Wortkategorien ermittelt. Es ist jederzeit möglich, weitere Wortkategorien in die Analyse aufzunehmen, um dadurch das Verfahren weiter zu verfeinern. Es ist jedoch erforderlich, die durch die textbasierte Analyse ermittelten Cluster zusätzlich zu validieren (z.B. durch Ratings).

Außerdem sind die auf Basis der computerbasierten Textanalyse ermittelten Häufigkeiten nicht dazu geeignet, um qualitative Urteile über einzelne Artefakte (in diesem Fall einzelne Fallbeschreibungen) oder gar ganze Beratungsprozesse zu fällen. Sollte eine qualitative Beurteilung erforderlich sein, kann das oben beschriebene Verfahren aber geeignet sein, um einzelne Fälle bzw. schriftliche Fragmente aus dem Beratungsprozess anhand vorher zugeordneter Klassen zu selektieren. In der Praxis des E-Coachings können somit grundlegende Muster in der schriftsprachlichen Darstellung effektiv ermittelt werden. Das Wissen über diese Muster bzw. Typologien kann dazu genutzt werden, um passgenaue Interventions- und Beratungsangebote zu entwickeln, um eine große Anzahl schriftlicher Beiträge zu klassifizieren und dadurch effizient auf bestimmte Personen bzw. deren Darstellungen zu reagieren und um die qualitative Beurteilung ausführlicher schriftlicher Beiträge vorzubereiten.

Literatur

Abe, Jo Ann A. (2009): Words that predict outstanding performance. In: Journal of Research in Personality, Vol. 43. pp. 528-531.

Arnold, Rolf (2009): Seit wann haben Sie das? Grundlinien eines Emotionalen Konstruktivismus. Heidelberg: C. Auer

Arnold, Rolf (2008a): Zur mittelbaren Unmittelbarkeit begleiteter Veränderung – virtuelles Coaching und Ermöglichungsdidaktik. In: Geißler, Harald (Hrsg.): E-Coaching. Baltmannsweiler: Schneider Hohengehren. S. 32-44

Arnold, Rolf (2008b): Lernkulturwandel – Veränderungen der Bedingungen von Lehren und Lernen. In: Schulleitung heute, 5, 2. Jg., S. 2-4

Arnold, Rolf (2007): Ich lerne, also bin ich. Eine systemisch-konstruktivistische Didaktik. Heidelberg: C. Auer

Berne, Eric (1964): Games People Play. New York: Grove Press

Bierhoff, Hans Werner (2002): Einführung in die Sozialpsychologie. Weinheim: Beltz

Brumlik, Micha (Hrsg.; 2007): Vom Missbrauch der Disziplin. Antworten der Wissenschaft auf Bernhard Bueb. 4. Aufl. Weinheim: Beltz

Cantet, Laurent; Bégaudeau, François (2009): Die Klasse. Concorde Video

Forgas, Joseph P. (1992): Soziale Interaktion und Kommunikation. Eine Einführung in die Sozialpsychologie. Weinheim: Psychologie Verlags Union

Higgins, E. Tory (1981): Role taking and social judgment: alternative developmental perspectives and processes. In: Flavell, John H./Ross, Lee (Ed.): Social cognitive development: frontiers and possible futures. Cambridge: CUP Archive. pp. 119-153

Linderkamp, Rita (2011): Kollegiale Beratungsformen. Bielefeld: W. Bertelsmann

Marmet, Otto (1999): Ich und du und so weiter. Kleine Einführung in die Sozialpsychologie (9. Aufl.). Weinheim: Beltz PVU

Moon, Todd K. (1996): The Expectation Maximization Algorithm. In: IEEE Signal Processing Magazine. Vol. 13, Issue 6. pp. 47-60

Nagy, Gabriel/Husemann, Nicole (2010): Berufliche Interessen vor und nach dem Übergang in die gymnasiale Oberstufe. Invarianz der Interessenstruktur und Profilunterschiede zwischen Gymnasialzweigen. In: Bos, Wilfried/Klieme, Eckhard/Köller, Olaf (Hrsg.): Schulische Lerngelegenheiten und Kompetenzentwicklung: Festschrift für Jürgen Baumert. Münster: Waxmann. S. 59-84

Rotthaus, Wilhelm (2004): Wozu erziehen? 5. Aufl. Heidelberg: C. Auer

Schön, Donald A. (1983): The Reflective Practitioner. New York: Basic Books

Schüßler, Ingeborg; Arnold, Rolf (2003): Ermöglichungsdidaktik. Erwachsenenpädagogische Grundlagen und Erfahrungen. Baltmannsweiler: Schneider Hohengehren

Sieland, Bernhardt (2006): Emotionsarbeit als Kernkompetenz für Lehrer, Schulpsychologen und Schüler. In: Leistung – Lust und Last. In: Mittag, Elfriede/ Sticker, Elisabeth /Kuhlmann, Klaus (Hrsg.): Impulse für eine Schule zwischen Aufbruch und Widerstand. Kongressbericht der 17. Bundeskonferenz für Schulpsychologie 2006 in Köln. Bonn: Deutscher Psychologen Verlag. S. 492-497

Stewart, Ian/Joines, Vann (2008): Die Transaktionsanalyse. 8. Aufl. (W. Rautenberg, Übers.). Freiburg im Breisgau: Herder

Tietze, Kim-Oliver (2009): Wirkprozesse und personenbezogene Wirkungen von kollegialer Beratung: Theoretische Entwürfe und empirische Forschung. Wiesbaden: VS

Willke, Helmut (2005): Unmöglichkeit der Intervention. Kaiserslautern: ZFUW

Teil 2: Beratung und Coaching mit modernen Medien – Formatübergreifende Analysen und Reflexionen

Die im ersten Teil dieses Sammelbandes im Einzelnen vorgestellten und diskutierten Formate subsidiärer Beratung mit modernen Medien werden im zweiten Teil unter verschiedenen Aspekten und Fragestellungen formatübergreifend in vier Beiträgen reflektiert und analysiert.

In dem ersten Beitrag wirft Peter Dreyer einen Blick auf den japanischen Markt und fragt nach den kulturspezifischen Besonderheiten, die die Akzeptanz von Coaching und Beratung mit und ohne moderne Medien momentan und mit Bezug auf die Zukunft bestimmen. Er kommt dabei zu der Einschätzung, dass die Grundidee subsidiärer Beratung ein Kind unserer westlichen Kultur ist, die von der japanischen Kultur nicht leicht angenommen wird. Das zeigt sich daran, dass Coaching in Japan sehr viel weniger als in Europa und den USA Präsenzcoaching ist, sondern vor allem Telefoncoaching und teilweise sogar SMS-Coaching. Auf den ersten Blick mag dabei der Eindruck entstehen, dass die japanische Kultur eine Präferenz für Expertenberatung hat. Aber dieser Eindruck täuscht. Denn auch die Gegenüberstellung von Experten- und Prozessberatung ist durch tiefgreifende bzw. folgenreiche Vorannahmen westlichen Denkens und insbesondere westlicher Subjekt-Vorstellungen geprägt. Für die japanische Beratungskultur hingegen ist die Vermittlung bzw. Meditation von Weisheit auf der Grundlage gegenseitiger Gesichtswahrung und sozialer Eingebundenheiten von zentraler Bedeutung. Peter Dreyer geht deshalb davon aus, dass Japan sich in Zukunft von der kulturell westlich geprägten Coachingpraxis, die bisher Präsenzcoaching bevorzugt, tendenziell noch weiter abwenden wird.

Nach der Zukunft von Coaching – allerdings mit Bezug auf den deutschsprachigen Markt – fragen auch Peter-Paul Gross und Michael Stephan in ihrem Aufsatz. Sie stützen sich dabei auf eine von ihnen durchgeführte umfangreiche empirische Untersuchung, die Anlass zu der Einschätzung gibt, dass Coaching in deutschen Unternehmen noch lange nicht sein Zenit erreicht hat. Großes Marktpotenzial sehen sie dabei vor allem in Unternehmen, die Coaching wegen der hohen Kosten bisher zurückhaltender eingesetzt haben. Für diese Zielgruppe könnten die relativ kostengünstigen und inhaltlich bzw. bedarfsbezogen besser steuerbaren webbasierten Coachingformate interessant sein, und zwar vor allem diejenigen, die mit webbasierten Zusatztools arbeiten, die das Kosten-Nutzen-Verhältnis noch weiter verbessern.

Dieser positiven Markteinschätzung schließen sich Marina Hergenreider, Julia Hünniger und Richard Reindl an und nehmen sie zum Anlass für eine grundlagentheoretische Analyse der Besonderheiten webbasiert-textlicher Kommunikation. Sie konzentrieren sich dabei insbesondere auf Modelle, die die Wirksamkeit dieser Kommunikationsformate rekonstruieren bzw. analysieren.

Ein ebenfalls grundlagentheoretisches Interesse liegt schließlich auch dem Beitrag von Harald Geißler, Charlotte Kurzmann und Maren Metz zugrunde. Sie haben die Gemeinsamkeiten und Unterschiede der verschiedenen Formate subsidiärer Beratung mit und ohne Nutzung der modernen Medien empirisch untersucht und kommen zu der Erkenntnis, dass es trotz aller Unterschiede eine übergreifende Gemeinsamkeit gibt, die mit dem Begriff der subsidiären Beratung belegt werden kann.

Dienstleistung aus der Distanz: E-Coaching in Japan

Peter Dreyer

E-Coaching wird heutzutage in ganz unterschiedlichen Formen angeboten: als Telefon-Coaching, Coaching per E-Mail, Video-Coaching oder
als SMS-Coaching.

E-Coaching in Form von Telefon-Coaching ist in Japan sehr verbreitet: es lässt räumliche und zeitliche Distanz zu und passt dadurch gut zu
japanischen Werten wie Beziehung und Harmonie.

Die Beschreibung eines japanischen Coachings per E-Mail zeigt die
besondere Passung von E-Coaching zur japanischen Kultur auf.

1. „Ohne wahre Toleranz gibt es kein wirkliches moralisches Han-
deln"

Dies schrieb Albert Einstein im letzten Jahrhundert. Was hat das aber
mit Coaching zu tun? In Japan sehr viel.

Stellen Sie sich vor, Sie finden morgens in Ihrem Posteingang eine E-
Mail, in der Folgendes steht:

Die Frage des Tages:
„Wie oft verwenden Sie das Wort warum?"

Der Tipp des Tages:
„Die Frage nach konkreten Ursachen verhindert effizientes Coaching."

Stellen Sie sich vor, einer Ihrer Mitarbeiter hat seinen Bericht noch nicht geschrieben,
obwohl der Abgabetermin schon längst vorbei ist. Wenn Sie ihn nun fragen: *„Warum
haben Sie Ihren Bericht nicht rechtzeitig fertig gestellt?"*, dann gleicht dieses Vorgehen eher

einem Kreuzverhör als einem konstruktiven Coaching. Die Frage nach dem *warum* führt nicht zu einem Gespräch, in welchem die tatsächlichen Ursachen des Problems erkannt und gelöst werden können. Sie könnten Ihren Mitarbeiter stattdessen fragen: *„Was ist aus Ihrer Sicht der Grund für die Verzögerung bei der Fertigstellung des Berichts?"* Diese Art der Frage kann er leichter annehmen und somit beantworten. Durch den Wechsel von einem *warum* zu einem *was* können Sie aus einem kritischen Kreuzverhör eine kreative lösungsorientierte Frage machen.

Sprichwort des Tages:
„Wir müssen Unterschiede zwischen Individuen oder Gruppen nicht nur tolerieren, wir sollten sie sogar begrüßen und als Bereicherung unseres Alltages erleben. Denn nur das ist wahre Toleranz. Ohne wahre Toleranz gibt es kein wirkliches moralisches Handeln." (Albert Einstein, zitiert nach Frankenberry 2008, S. 175; vom Autor übersetzt)

Was Sie hier lesen, ist ein E-Mail-Coaching, welches *Coach 21*, eines der größten und bekanntesten Coaching-Unternehmen in Japan, anbietet. (siehe www.coachu.com)

Das Coaching per E-Mails von *Coach 21* sind immer ähnlich aufgebaut:

- Das Coaching-„Programm" umfasst eine Dauer von 30 Tagen.
- Der Coaching-Partner erhält jeden Tag eine E-Mail.
- Diese ist so kurz, dass sie innerhalb einer Minute gelesen werden kann.
- Die E-Mail ist immer identisch aufgebaut:
  o die Frage des Tages zu einem Thema, auf das der Coaching-Partner an diesem Tag besonders achten soll,
  o der Tipp des Tages für den Umgang mit diesem Thema,
  o ein Sprichwort, welches das Thema in einen tieferen Hintergrund einbettet.
- Das Programm regt den Coaching-Partner dazu an, den Erfolg veränderter eigener Aktivitäten zu beachten.
- Zwischen 2005 und 2008 haben nach Aussage von *Coach 21* mehr als 3.000 Kunden an dem Coaching per E-Mail-Programm teilgenommen (siehe www.coachu.com).

Coach 21 setzt einen starken Fokus seiner Tätigkeit auf E-Coaching. Dies ist umso interessanter, weil *Coach 21* die japanische Coaching-Szene stark prägt und geprägt hat. Mamoru Itoh, der Gründer von *Coach 21*, war der erste Japaner, der Coaching nach amerikanischem Vorbild nach Japan geholt hat. Coaching nach westlichem Vorbild gibt es erst seit Mitte der 90er-Jahre in Japan. Im Laufe der Rezession zwischen 1991 und 2002 suchten japanische Firmen nach neuen Management-Konzepten und Kreativitätstechniken für ihre Führungskräfte. Itoh, der japanische Unternehmer, stieß im Internet auf die Homepage von *Coach U*, einem amerikanischen Coaching-Netzwerk, welches von Thomas Leonhard, dem Gründer der *International Coaching Federation*, ins Leben gerufen wurde. Er schrieb eine E-Mail nach Amerika und vier Monate später führte der amerikanische Coach David Goldsmith das erste Training zum Thema Coaching-Skills in Japan durch.

Heute ist *Coach 21* eines der namhaftesten Coaching-Ausbildungsinstitute Japans. Das Institut fungierte als Lizenznehmer der *Coaching University*, das *Coach Training Program* (CTP) des Unternehmens wurde im Jahre 2000 als erste japanische Coaching-Ausbildung als *Accredited Coach Training Program* (ACTP) durch die *International Coach Federation* (ICF) zertifiziert.

Coach 21 ist zusätzlich Anbieter von Coaching, Training und Beratung. Das Motto der Firma lautet:

> *"We create Your Platform for Communications. Coach 21 provides coaching solutions, stimulates in-house communications and promotes the development of a coaching culture that leads to an optimum working environment and invaluable human resources."* (siehe *www.coachu.com*)

Das Unternehmen entwickelt, verwendet und vertreibt IT- und Web-basierte Lernmaterialien und Programme zum Thema Coaching, z.B. IT-gestützte Fragebögen/360-Grad-Feedbacks, Programme zur Übermittlung größerer Datenmengen sowie ein Programm zur Organisation und Verwaltung von Coaching-Sitzungen. Zusätzlich unternimmt *Coach 21* viele Anstrengungen, Coaching in Japan bekannt zu machen, z.B. über Artikel oder Buchveröffentlichungen, um die Coaching-Szene in Japan mit zu organisieren und zu professionalisieren. 1999 war *Coach 21* als Sponsor am Aufbau der *Japan Coach Association* beteiligt.

Seit den letzten Jahren gibt es in Japan immer mehr Coaching-Ausbildungen, in denen E-Learning eine wichtige Rolle spielt. Neben *Coach 21*
bieten Firmen wie Coach A, Fujitsu Learning Media Ltd. oder NEC
Learning Ltd. E-Learning basierte Coaching-Ausbildungen an, die sich
in erster Linie an Führungskräfte wenden. Die von dem Unternehmen
Coach A, angebotene Ausbildung schließt mit einem Zertifikat der Japan
Coach Association (JCA) ab.

E-Coaching wird in Japan nicht nur für Einzelpersonen, sondern
auch für Unternehmen angeboten. In diesen erhalten Teilnehmer jeden
Morgen und jeden Abend eine E-Mail und beantworten diese, wobei
dann alle Beteiligten die Antworten der Kollegen lesen können.

E-Coaching spielt damit in Japan eine wichtige Rolle – auch weil es
sehr gut zur japanischen Kultur passt.

2. „Mach das, was in der Situation üblich ist – und nicht das, was Du willst!"

Japaner orientieren sich in ihrem Handeln an ihrem Umfeld und an Regeln. Die eigenen Gefühle spielen hierbei nur eine untergeordnete Rolle.
Dieses Verhaltensideal lässt sich gut bei einer Tee-Zeremonie beobachten, bei der alles ritualisiert ist: Die Einrichtung des Raumes, das Ge-
schirr, der Tee, die Süßigkeiten, die Reihenfolge der Handlungen, die
Abfolge der Bewegungen, der Kontakt zwischen den Anwesenden, ihre
hierarchische Positionierung zueinander, das Betrachten der Keramik
sowie das Loben des Geschmacks.

Japaner finden Erfüllung im Loslassen des eigenen Selbst und im
Abschalten des rationalen Denkens – was sich in Reinform im Zen-
Buddhismus wiederfinden lässt (vgl. Wetering 2009; Epstein 2000). Die
japanische Kultur ist konfuzianistisch geprägt (vgl. Hofstede 2001), das
Verhalten vieler Japaner orientiert sich entsprechend an Werten wie Be-
ziehung, Hierarchie und Harmonie (vgl. u.a. Coulmas 2009).

2.1 Beziehungsorientierung

Selbstverwirklichung bedeutet in Japan, die eigene Rolle in der Beziehung mit anderen korrekt auszufüllen. Der Erfolg des eigenen Handelns misst sich immer daran, inwieweit es anderen Menschen zu Gute kommt. Die eigenen Gefühle spielen hierbei nur eine ganz untergeordnete Rolle (vgl. Eshun 1993). Dieses Phänomen zeigt sich nicht nur im Rahmen der Kulturforschung (vgl. Hofstede 2001) sondern auch in klassischen japanischen Psychotherapien wie der *Morita-Therapie* (vgl. Reynolds 1994), wo die Patienten lernen, nicht auf ihre eigenen Gefühle zu hören, sondern sich stattdessen Gedanken machen, wem sie einen Nutzen bringen und wer für sie etwas Gutes getan hat (vgl. Bin 1995).

Beziehungen entstehen über Geburt oder über gegenseitige Verpflichtungen (vgl. Doi 2002). Wo es diese nicht gibt, gelten keine Regeln und es gibt keine Rücksichtnahme. Das Phänomen dürften diejenigen kennen, die in der U-Bahn in Osaka schon einmal von den angeblich so freundlichen Japanern einen Ellenbogen in die Rippen bekommen haben.

In Beziehung treten kann man dadurch, dass man sich von einer dritten Person vorstellen lässt, der der interessierende Gesprächspartner verpflichtet ist. Auf diese Weise kann man einen Teil der Verpflichtung auf sich übertragen. Im Folgenden baut man über Rituale eigene Verpflichtungen auf: Über Geschenke, Einladungen und gegenseitige Unterstützung. Diese ritualisierten Beziehungen halten die japanische Gesellschaft in ihrem Kern zusammen (vgl. Eshun 1993; Coulmas 2009; Petzold/Ringel/Thomas 2005). Persönliche Beziehungen im westlichen Sinne, in denen auch über Gefühle gesprochen wird, entstehen wenn überhaupt dann erst nach Jahren.

Das Leben in Rollen und der Aufbau von Beziehungen spielt auch in der Arbeitswelt eine wichtige Rolle. Kinder von *Toyota-Mitarbeitern* gehen in einen *Toyota-Kindergarten*, der ihnen Werte vermittelt, die auf weiterführenden *Toyota-nahen* Schulen und Universitäten vertieft werden. Studenten treten früh in Unternehmen ein und durchlaufen dort viele verschiedene Abteilungen, um Beziehungen zu knüpfen und sich

so in kleinen Schritten in die Arbeit hinein zu entwickeln. Beziehungs-
partner teilen sehr viel unausgesprochenes Wissen, was zur Folge hat,
dass viele Dinge weder gefragt noch benannt werden müssen, weil jeder
über sie Bescheid weiß (vgl. *High-Context-Kulturen* nach Edward Twit-
chell Hall; vgl. auch Hall/Hall 1990). Suzuki schildert ein Beispiel hierfür: Wenn man in Kyoto gefragt wird, ob man etwas Reis mit Tee haben
möchte, bedeutet dies, dass das Gespräch beendet ist. Wer das nicht versteht, gehört nicht dazu – und sollte schon gar nicht anfangen, Fragen zu
stellen (vgl. Dreyer/Suzuki 2010).

Für das Coaching mit Japanern ergeben sich hieraus ganz grundsätzlich folgende Implikationen:

1. Coaching ist die Frage nach der Stimmigkeit einer Beziehung und einer Situation – Coaching ist keine Reflexion über das Selbst im westlichen Sinne (vgl. zur Frage des Selbstkonzeptes in Asien und sich daraus ergebende Implikationen für Coaching; Greif 2008).

2. Im Mittelpunkt des Coachings steht der Umgang des Coaching-Partners mit seinem Umfeld: seinem Vorgesetzten, seinen Kollegen, seinen
   Mitarbeitern. Nicht seine individuellen Ziele sind wichtig, sondern
   das, was er für sein Umfeld tut.

3. Gecoacht wird die Rolle, weniger die Persönlichkeit des Coaching-
   Partners.

4. Gesprochen wird über die Stimmung in der Gruppe, weniger über
   individuelle Gefühle oder Einschätzungen.

5. Fragetechniken im westlichen Sinne können nur eingeschränkt angewendet werden: Wer eine Situation mit ihren Regeln kennt, muss
   keine Fragen stellen – Wer Fragen stellt, zeigt, dass er nicht dazuge-
   hört. Folglich muss sich der Coach mit den Regeln der japanischen
   Kultur sehr gut auskennen.

6. Das Coaching vermittelt dem Kunden Regeln, wie er mit seinem Umfeld umgehen kann.

7. Coaching-Prozesse dauern sehr lange: Bevor über Inhalte gesprochen
   werden kann, findet ein sehr ausführlicher Beziehungsaufbau statt.
   Der Coaching-Partner wird sich – wenn überhaupt – erst spät hinsichtlich seiner persönlichen Gefühle öffnen.

8. Die Kundengewinnung erfolgt i.d.R. über Dritte – direkte Ansprache
   oder *Cold Calls* sind tabu.

2.2 Hierarchieorientierung

Japaner leben überwiegend in vertikalen Beziehungen. Mann und Frau, Eltern und Kind, Alt und Jung sowie Kunde und Verkäufer – es gibt immer ein Oben und Unten und es gibt immer eine Regel, die sagt, wessen Aussage wichtig und richtig ist. Visitenkarten zeigen den hierarchischen Status von Gesprächspartnern an. Die Positionierung zueinander wird über Verbeugungen, Gesten oder die Verwendung bestimmter Formulierungen sichtbar (vgl. Coulmas 2009; Kuhnert 2004). Das Verhalten und die Meinung des Einzelnen richten sich stark nach den Wünschen hierarchisch höher positionierter Personen aus. Japanische Mitarbeiter würden ihrem Vorgesetzten nie öffentlich widersprechen, weil sie seine Meinung nicht bewerten, sondern sie übernehmen. Eigenständiges und selbstmotiviertes Arbeiten findet immer in Bezug zur eigenen Rolle statt (vgl. Kevenhörster/Pascha/Shire 2010; Kuhnert 2004; Rowland 2010).

Für das Coaching mit Japanern ergeben sich hieraus nochmals allgemeine Punkte:

1. Der Coach setzt Impulse über allgemeine *weise* Aussagen.
2. Es herrscht mitunter die Einstellung: *Mir wird ein Coaching gegeben* – der Coach wird als erfahrener Mentor und hierarchisch höherer Ratgeber wahrgenommen.
3. Der Coach bescheinigt seine Kompetenz und somit seinen Status über Zertifikate – die in Japan sehr wichtig sind.

2.3 Harmonieorientierung

Harmonie entsteht in Japan

- aus dem Einhalten von Regeln und Etikette,
- in hierarchischen Beziehungen,
- aus dem Suchen eines Konsens sowie
- aus dem Wahren des Gesichts.

Die Suche nach einem Konsens erfolgt in Japan in Abstimmungsgesprächen in vielen kleinen Schritten. Ein Beispiel hierfür ist das *Ringi-sho-System*, in welchem die Umsetzung von Zielen in einem Unternehmen von unten nach oben geplant wird. Leitende Manager geben ein Pflichtenheft nach ganz unten in die Organisation, dessen Umsetzung in jedem Team der untersten Ebene ausführlich besprochen wird. Erst wenn alle Teams der untersten Ebene das Dokument unterschrieben haben, wird es auf die nächsthöhere Ebene gegeben. Auch dort wird es in verschiedenen Leitungsteams abgestimmt und unterschrieben, bis es nach oben weitergereicht wird. Durch die detaillierte Abstimmung über das Finden eines Konsenses tragen alle Beteiligten am Ende die Entscheidung mit (vgl. Kevenhörster/Pascha/ Shire 2010).

Das Wahren des Gesichts bedeutet, niemand in der Öffentlichkeit bloß zu stellen: über Aufzeigen von Schwächen oder Fehlern oder über das Signalisieren von Missstimmung. Genauso wenig wie Gefühle gezeigt werden, wird nach ihnen gefragt. Gesichtswahrung erfolgt über indirekte und sehr vorsichtige Aussagen, über das Nichtansprechen kritischer Themen, über permanentes Entschuldigen und über ständiges Sich-Kleinmachen. Ein Beispiel für das Achten auf die Wahrung des Gesichtes ist der Brauch, Geschenke nie in Anwesenheit des Schenkenden zu öffnen – er könnte ja merken, dass sich der Beschenkte nicht freut und dadurch sein Gesicht verlieren (vgl. Rowland 2010). Lernen erfolgt in Japan im Frontalunterricht, Diskussionen sind unüblich. Dies schützt die Lernenden – damit sie durch ihr Unwissen auch hier nicht ihr Gesicht verlieren (vgl. Petzold/Ringel/Thomas 2005).

Japaner lieben Stabilität – Überraschungen und Spontanität bergen die Gefahr, Situationen mit Gesichtsverlust zu provozieren. Nicht umsonst sagt man in Japan: *„Wenn Du eine Frage stellst, solltest Du vorher die Antwort kennen"*. Ein wesentlicher Aspekt im Rahmen der Gesichtswahrung ist das japanische *Trennen der Welten* (vgl. Dreyer 2007). In Japan wird der Informationsaustausch von der Entscheidungsfindung getrennt, positive Gefühle und Aggressionen werden nie gemeinsam ausgelebt. Dies bedeutet: Meetings dienen dem Informationsaustausch, Entscheidungen werden anschließend im Team hinter verschlossenen

Türen getroffen. Freude wird abends beim sozialen Miteinander gezeigt, Aggressionen werden im Sport, bei religiösen Festen oder mitunter beim Sex ausgelebt. Dieses *Trennen der Welten* ist in dieser Ausschließlichkeit im Westen kaum denkbar und wird leicht als nicht authentisch empfunden. Für das Coaching in Japan bedeutet dies wieder allgemein gesehen:

1. Gefühle werden verborgen – wahrgenommene Emotionen sollten wenn, dann nur sehr vorsichtig interpretiert werden. Lächeln und positive Gesprächsinhalte schaffen eine positive Atmosphäre.
2. Das Vorgehen sollte strukturiert und einschätzbar sein und somit zu keinen Überraschungen führen.
3. Damit der Coaching-Partner sein Gesicht nicht verliert, wird am besten über Dritte oder über Filme gesprochen.
4. Fragen werden nur sehr indirekt gestellt, kritische Aspekte gar nicht erwähnt.
5. Veränderungen sollten in kleinen Schritten und auch für das Umfeld behutsam erfolgen.

Coaching in Japan folgt eigenen Regeln (vgl. Jumpertz 2007; Tanaka 2009). Eine Coaching-Definition aus dem arabischen Raum lässt sich sehr gut auf Japan übertragen:

„Coaching ist ein Prozess, in welchem dem Kunden Wissen, Instrumente und Fertigkeiten vermittelt werden, die es ihm ermöglichen, ein Ziel zu erreichen. Der Coach ist hierbei ein Schrittmacher, der seinen Kunden jeden Tag nach Umsetzungsbeispielen fragt.“ (vgl. Palmer/Arnold 2009)

Coaching ist somit ein Prozess der Wissensvermittlung, bei dem der Coach eine aktiv steuernde Aufgabe übernimmt. Der Coach ist ein Lehrer, kein neutraler Prozessbegleiter. Der *Coaching-Partner* lernt kommunikative Regeln im Umgang mit anderen, seine eigenen Empfindungen spielen hierbei nur eine sehr untergeordnete Rolle – man könnte fast von *Persönlichkeitsentwicklung ohne Persönlichkeit* sprechen (vgl. Dreyer 2007).

Folglich ist es in Japan unüblich,

- Gefühle offen zu zeigen
- Fragen zum persönlichen Empfinden zu stellen
- Dinge direkt anzusprechen – vor allem kritische Aspekte
- auf die eigene persönliche Entwicklung zu achten
- eigenverantwortlich zu arbeiten – und zu entscheiden

Coaching in Japan unterscheidet sich deutlich von Coaching im Westen (vgl. Jumpertz 2007) – und dies ermöglicht besondere Coaching-Formate.

3. E-Coaching passt perfekt in die japanische Kultur

Viele oben geschilderte Eigenheiten japanischen Coachings finden sich in dem beschriebenen Coaching per E-Mail wieder:

1. Es wird eine Kommunikations-Methode vermittelt:
2. Coaching wird in Japan als Kommunikationstechnologie gesehen: Menschen lernen Kommunikationsmethoden, um besser mit ihrem Umfeld in Einklang leben zu können. Diese Denkweise knüpft nahtlos an eine Tradition an, in der die Psychologie im westlichen Sinne in Japan lange Zeit als Literaturwissenschaft betrachtet wurde.
3. Der Coach erzählt, der Coaching-Partner hört zu: Der Coaching-Partner antwortet nicht – und spricht so auch nicht über seine Gefühle.
4. Der Coach und sein Coaching-Partner sind räumlich und zeitlich getrennt: Aufgrund des fehlenden persönlichen Kontakts ist die Gefahr geringer, dass ein Beteiligter sein Gesicht verliert.
5. Es wird das Wissen eines weisen Menschen vermittelt: Hier zeigt sich die Wichtigkeit hierarchischer Beziehungen. Im Coaching erfährt der Coaching-Partner einen Hinweis einer berühmten Person – die allerdings nicht der Coach ist. Auch dies ermöglicht es dem Kunden, gegenüber dem Coach sein Gesicht zu wahren.
6. Der Ablauf des Coachings ist immer gleich: Es gibt keine Überraschungen, viel Routine, keine Ablenkung durch ständige Veränderung im Format.

7. Das Coaching erfolgt in vielen kleinen Schritten im Arbeitsalltag des Coaching-Partners: Die Coaching-Sitzungen sind sehr kurz, finden aber jeden Tag statt. Dies passt gut zum Konzept des *Learning-on-the-Job*.

8. Das Tempo des Prozesses wird von *extern getrieben* – weniger durch den Coaching-Partner selbst: Coaching-Partner aus kollektivistisch geprägten Kulturen treiben ihre persönliche Entwicklung nicht aus einer inneren Motivation heraus voran – der Antrieb kommt von außen, über das Umfeld oder über Entwicklungspläne (vgl. Palmer/Arnold 2009).

9. Im Coaching per E-Mail gibt der Coaching-Partner nur sich selbst eine Antwort

Auf diese Weise kann der Kunde seine Gedanken und Gefühle äußern, ohne einen Gesichtsverlust zu riskieren.

Zwei Aspekte des Coachings per E-Mails scheinen damit auf den ersten Blick nicht direkt zur japanischen Kultur zu passen – und zeigen dadurch den westlichen Einfluss auf die Maßnahme:

1. Das im dargestellten Coaching per E-Mail zitierte Sprichwort des Tages stammt von Albert Einstein. Es wird kein japanischer Lehrer oder asiatischer Philosoph zitiert, sondern eine Person aus der westlichen Welt. Auf diese Weise fließt behutsam westliches Gedankengut in japanisches Denken ein.

2. Der Coaching-Partner wird zur Reflexion über das Erfahrene aufgefordert.

Dies ist ungewöhnlich in einer Kultur, in welcher Wissen in erster Linie über Frontalunterricht vermittelt wird und die Tradition des Zen-Buddhismus gerade im Loslassen von allem Rationalen die Erleuchtung sieht.

Somit ist Coaching per E-Mail eine Mischform aus japanischen Werten und westlichem Denken. Die Anpassung westlichen Coachings an die japanische Kultur ist typisch für Begegnungen Japans mit westlichen Errungenschaften. Japan hat immer wieder in seiner Geschichte gezeigt, dass es westliches Gedankengut aufnehmen und an japanische Verhältnisse anpassen kann, so zum Beispiel im Rahmen der erzwungenen Öffnung des Landes in der Meiji-Zeit Mitte des 19. Jahrhunderts (vgl. Pohl 2008).

Begünstigt wird die Offenheit für E-Coaching zusätzlich durch den selbstverständlichen Umgang mit Technik im japanischen Alltag. Neben Putzrobotern und sprechenden elektronischen Kochbüchern ist auch der Einsatz elektronischen Coachings eine Selbstverständlichkeit. E-Coaching passt daher gut in die japanische Kultur. Entsprechend oft wird es in Japan praktiziert, wie japanische Coaching-Studien zeigen.

4. Coaching in Japan ist E-Coaching

Die *Japan Coach Association* führte in den Jahren 2000 bis 2008 regelmäßig Umfragen zur Entwicklung von Coaching in Japan durch (vgl. JCA, 2000-2008). Seit 2008 wurden keine Ergebnisse von Coaching-Umfragen mehr veröffentlicht.

In den Studien ging es um

- Fragen des Alters und des Geschlechts der Coaches,
- wichtige Themen im Coaching,
- die Dauer von Coaching-Sitzungen sowie
- andere zwischen den Untersuchungszeitpunkten wechselnde coaching-relevante Aspekte.

Die Studien in den Jahren 2000 bis 2005 waren thematisch vergleichbar aufgebaut. Die Studien in den Folgejahren unterschieden sich deutlich davon. Zwischen 2000 und 2005 wurden die Teilnehmer nach Coaching-Formaten gefragt. Es wurde unterschieden zwischen Coaching im persönlichen Gespräch, in Telefonaten, per E-Mail oder in anderer Form (JCA, 2000-2005).

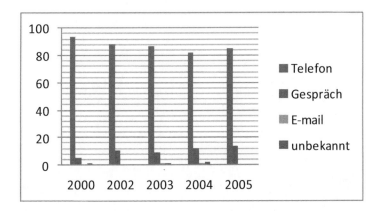

Abb. 1: Coaching-Formate in Japan, Angaben in Prozent (JCA, 2000-2005)

Die Ergebnisse (vgl. Abb. 1) zeigen, dass über die betrachteten Jahre hinweg konstant um die 90 Prozent aller Coachings per Telefon durchgeführt wurden. Coachings in Gesprächen als zweithäufigstes Coaching-Format machten hingegen nur zwischen sieben und siebzehn Prozent aller Coachings aus.

Vor dem Hintergrund der oben geschilderten Eigenheiten der japanischen Kultur verwundert das Ergebnis nicht, weil Telefon-Coaching eine größere Distanz zwischen Coach und Coaching-Partner zulässt. Kritische Punkte können eher ohne Gesichtsverlust angesprochen werden und die Beziehung beschränkt sich nur auf einen eingeschränkten berechenbaren Kommunikationskanal. Dieses Ergebnis ist aber aus zweierlei Gründen nur eingeschränkt interpretierbar (vgl. Tab. 1). Zum einen wurden im Jahr 2001 sowie zwischen 2006 und 2008 die Teilnehmer nicht explizit nach Coaching-Formaten gefragt. Zum anderen haben dann, wenn gefragt wurde, nicht alle Befragten die Frage beantwortet.

Jahr	Anzahl der Befragten insgesamt	Prozentzahl der Teilnehmer, die die Frage nach dem Coaching-Format beantworten
2000	202 Coaches	57%
2001	262 Coaches	Frage nicht gestellt
2002	242 Coaches	54%
2003	343 Coaches	55%
2004	234 Coaches und 198 Coaching-Partner	54%
2005	454 Coaches	43%
2006	1203 Manager und 453 Personalentwickler	Frage nicht gestellt
2007	85 Teilnehmer	Frage nicht gestellt
2008	500 Teilnehmer	Frage nicht gestellt

Tab. 1: Teilnehmer an den Coaching-Umfragen der Japan Coach Association (2000 bis 2008)

Ein weiteres interessantes Ergebnis der Studie von 2005 ist, das die Coaching-Sitzungen relativ kurz sind: über 70% der Sitzungen dauern zwischen 30 und 45 Minuten, nur 2,5% über 1 Stunde (vgl. Abb. 2).

Da eine große Zahl der Coachings telefonisch stattfindet, kann die Maßnahme aufgrund der örtlichen Flexibilität in mehreren kurzen Sitzungen stattfinden – was wiederum ein Lernen in mehreren kleinen Schritten ermöglicht.

Die Ergebnisse bestätigen damit die oben dargestellten Eigenheiten von Coaching in Japan vor dem Hintergrund der dort herrschenden kulturellen Werte.

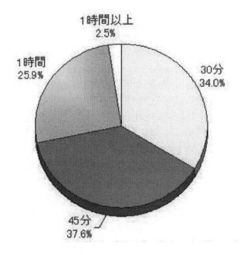

1時間以上
2.5%

1時間
25.9%

30分
34.0%

45分
37.6%

Abb. 2: Dauer von Coaching-Sitzungen (nach JCA, 2005)

5. Coaching in Japan – wie geht es weiter?

Die zukünftige Entwicklung von Coaching in Japan lässt sich nicht genau einschätzen. Es gibt jedoch Anzeichen dafür, dass Coaching im westlichen Sinne etwas im Rückgang ist:

- Es gibt spürbar weniger Veröffentlichungen zu Coaching in Zeitungen und Zeitschriften.
- Die Japan Coach Association scheint seit 2008 keine systematischen Studien zum Thema Coaching mehr zu veröffentlichen.
- Einige japanische Firmen sehen Coaching nicht als wichtiges Instrument der Führungskräfteentwicklung an.

Einzig in japanischen Firmen mit ausländischer Beteiligung oder in ausländischen Firmen in Japan scheint Coaching ein verbreiteteres Instrument der Führungskräfteentwicklung zu sein.

6. Fazit

Aus dem Dargestellten folgert:

1. Im Coaching sollte der Coach den kulturellen Werten gerecht werden, die seinen Coaching-Partner geprägt haben.
2. Coaching-Ziele und Inhalte können vor dem Hintergrund kultureller Werte sehr unterschiedlich sein.
3. In Kulturen, in denen Harmonie und Gesichtswahrung sehr wichtig sind, kann E-Coaching aufgrund der größeren Distanz zwischen Coach und Coaching-Partner ein favorisiertes Coaching-Format sein.
4. Telefon-Coaching lässt sich aufgrund der hohen örtlichen Flexibilität und zeitlichen Flexibilität gut in Coaching-Prozessen einsetzen, in denen häufige kurze Sitzungen ein Lernen in vielen kleinen Schritten ermöglicht.
5. Über Coaching per E-Mail lassen sich in stark regelgeleiteten Kulturen Impulse zur Entwicklung von Menschen geben.

Literatur

Bin, Kimura (1995): Zwischen Mensch und Mensch. Strukturen japanischer Subjektivität. Darmstadt: Wissenschaftliche Buchgesellschaft

CoachU (2011): URL: http://www.coachuchapters.com/communities_up _close_ 1.html (Abruf: 20.12.2011)

Coach Training Program (2011): URL: http://www.coach.co.jp/ (Zugriff 20.12.2011)

Coulmas, Florian (2009): Die Kultur Japans. Tradition und Moderne. München: C.H. Beck

Doi, Takeo (2002): Freiheit in Geborgenheit. Zur Struktur japanischer Psyche. Frankfurt/M.: Suhrkamp

Dreyer, Peter/Suzuki, Tohru (2010): Computerbased Coaching – Coaching im 21. Jahrhundert. SKYPE-Diskussion auf den Ekeberger Coaching Tagen, 12.07.2010

Dreyer, Peter (2007): Persönlichkeitsentwicklung ohne Persönlichkeit? Coaching in Japan. Vortrag auf den Petersberger Trainertagen, 23./24. März 2007. Königswinter

Epstein, Mark (2000): Gedanken ohne Denker. Das Wechselspiel von Buddhismus und Psychotherapie. Frankfurt am Main: Wolfgang Krüger. (Im Original erschienen 1995: Thoughts Without a Thinker)

Eshun, Hamaguchi (1993): Ein Modell zur Selbstinterpretation der Japaner - >Intersubjekt< und >Zwischensein<. In: Heise, Jens (Hrsg.): Die kühle Seele. Selbstinterpretation der japanischen Kultur. Frankfurt/M.: Fischer. S. 138-147.

Frankenberry, Nancy K. (2008): The Faith of Scientists in their own words. New Jersey: Princeton University Press

Greif, Siegfried (2008): Coaching und ergebnisorientierte Selbstreflexion: Theorie, Forschung und Praxis des Einzel- und Gruppencoachings. Göttingen: Hogrefe

Hall, Edward T./Hall, Mildred Reed (1990): Understanding Cultural Differences: Germans, French and Americans. Boston: Intercultural Press.

Hofstede, Geert (2001): Lokales Denken, globales Handeln. Interkulturelle Zusammenarbeit und globales Management. München: Deutscher Taschenbuch

Japan Coach Association (2000-2008): Coaching Studie. Nihon Cōchi kyōkai 2000-2008 nendo cōchingu choosa.

Jumpertz, Sylvia (2007): Von beredtem Schweigen und schwachen Signalen. Coaching mit Japanern. managerSeminare,112, (7). S. 22-26

Kevenhörster, Paul/Pascha, Werner/Shire, Karen (2010): Japan. Wirtschaft – Gesellschaft – Politik. Wiesbaden: VS

Kuhnert, Iris (2004): Business with the Japanese. Offenbach: Gabal

Lafayette DeMente, Boye (1994): Japanese etiquette & ethics in business. Lincolnwood Chicago: NTC Business Books

Palmer, Tom/Arnold, Val J. (2009): Coaching in Middle East. In: Passmore, Jonathan (Hrsg.): Diversity in Coaching. Working with gender, culture, race and age. London: Kogan Page. pp. 110-126.

Petzold, Iris/Ringel, Nadja/Thomas, Alexander (2005): Beruflich in Japan. Trainingsprogramm für Manager, Fach- und Führungskräfte. Göttingen: Vandenhoeck & Ruprecht

Pohl, Manfred (2008): Geschichte Japans. München: C.H. Beck Reihe.

Reynolds, David K. (1994). Die stillen Therapien. Japanische Wege zu persönlichem Wachstum. Essen: Synthesis. (Im Original erschienen 1980: The Quiet Therapies)

Rowland, Diana (2010): Japan-Knigge für Manager. 4. actual. und erw. Aufl. (9. August 2010) Frankfurt/M.: Campus

Tanaka, Takashi (2009): Coaching in Japan. In: J. Passmore. Diversity in Coaching. Working with gender, culture, race and age. London: Kogan Page. pp. 147-161

Wetering, Janwillem van de (2009): Der leere Spiegel/Reine Leere. Erfahrungen eines Zen-Schülers. Köln: Anaconda

Die Entwicklung des deutschen Coaching-Marktes und das Marktpotential von Coaching mit neuen Medien – eine ökonomische Analyse

Peter-Paul Gross, Michael Stephan

1. Coaching boomt!

Die Entwicklung des deutschen Coaching-Marktes ist beeindruckend. Längst wurden Kritiker abgestraft, die im Coaching nur eine vorübergehende Mode sehen wollten. Coaching ist aktuell das populärste Instrument im Markt für Personalentwicklungsmaßnahmen. Die Einschätzung, dass die Initiierung von Coaching-Maßnahmen sowie die Auswahl von Coachs in Zukunft zu den wichtigsten Aufgaben von Personalmanagern gehören würde, prognostizierten bereits 2008 76% von 201 befragten Managern und Personalentwicklern in einer Kooperationsstudie des *Harvard Business Manager* Magazins und der Unternehmensberatung *Kienbaum* (vgl. Leitl 2008, S. 43). Eine repräsentative Umfrage zum Thema *Trainingsmethoden 2010* des Magazins *managerSeminare* unter 360 Weiterbildern attestiert Coaching ebenfalls maximale Nachfragewerte. Rangierte Coaching 2008 noch auf Rang fünf der Top-Personalentwicklungsinstrumente, so bescheinigt das Ergebnis der Evaluation für 2010 Coaching den ersten Platz (vgl. Martens 2010, S. 6). Diese Platzierung unterstreicht mit Nachdruck den Trend hin zu Coaching, der sich seit Jahren in der Personalentwicklung abzeichnet. Gerade die hohe Popularität von Coaching als Personalentwicklungsmaßnahme und die damit einhergehende steigende Anzahl von Anbietern hat dazu geführt, dass im Differenzierungswettbewerb um Kunden, inkrementelle Prozessinnovationen stattfinden. Ein vielversprechendes Beispiel für eine Prozessinnovation stellt der Einsatz von neuen Medien im Coaching dar (vgl. zum E-Coaching z.B. Geißler 2008).

Betrachtet man den deutschsprachigen Markt für Personalentwicklung, so ist das Begriffsverständnis von Coaching sehr vielfältig. Fengler zählte bereits 2001 bei einem Eingrenzungsversuch unter Ausschluss des Sports allein 16 Definitionen auf (vgl. Fengler 2001, S. 38). Aus ökonomischer Sicht gestaltet sich die Begriffsdefinition etwas einfacher. Danach ist Coaching „eine besondere Form einer personenbezogenen und wissensintensiven Dienstleistung" (Stephan/Gross/Hildebrand 2010, S. 85). Wissensintensive Dienstleistungen (vgl. z.B. Strambach 1999, S. 7ff) sind besonders Humankapital- und Knowhow-intensiv. Sie sind in einem hohen Maße immateriell und intangibel. Für ihre Erstellung ist ein intensiver Austauschprozess zwischen dem Anbieter (hier der Coach) und dem Konsumenten (hier der Coachee) notwendig. Darüber hinaus gestaltet sich die Standardisierung der Dienstleistung als sehr schwierig und nur teilweise sinnvoll.

Eine ökonomisch relevante als auch in der Coaching-Praxis gängige Differenzierung stellt die Unterscheidung zwischen *Life- und Business-Coaching* dar. Während bei *Life-Coaching* primär private Anliegen und Anlässe im Mittelpunkt stehen, werden beim *Business-Coaching* primär berufliche Anliegen und Anlässe thematisiert. Auf Basis dieser Unterscheidung beschäftigt sich die folgende Analyse des deutschsprachigen Coaching-Marktes ausschließlich mit dem Marktsegment für Business-Coaching, welches u.a. auch E-Coaching-Angebote umfasst. Business-Coaching wird als Dienstleistung von Unternehmen nachgefragt bzw. eingekauft und den Mitarbeitern und Führungskräften als Personalentwicklungsmaßnahme angeboten. Der hier angewendete Blickwinkel auf den Coaching-Markt ist daher ein primär ökonomischer, in dem Coaching als Instrument der betrieblichen Personalentwicklung für berufliche Anliegen und Anlässe zum Einsatz kommt.

Der vorliegende Beitrag portraitiert und analysiert die bisherige und aktuelle Entwicklung des deutschen Coaching-Marktes. Darauf aufbauend werden weitere Entwicklungsperspektiven und Marktchancen für

Coaching und im Besonderen für Coaching mit neuen Medien aufgezeigt. Als empirische Grundlage dienen dabei Daten, die im Rahmen der *Marburger Coaching-Studien* 2009 und 2011 erhoben wurden. Aus wirtschaftswissenschaftlicher Sicht gibt es zum Coaching-Markt bisher weit weniger Untersuchungen und Analysen als zu anderen wissensintensiven Dienstleistungen, z.B. für Management-Consulting oder andere Personalentwicklungsdienstleistungen wie Training und Weiterbildung. Die *Marburger Coaching-Studien* stellen einen Beitrag zur Schließung dieser Forschungslücke in der wirtschaftswissenschaftlichen Beratungsforschung dar und bieten mit den erhobenen Daten eine Grundlage für weitere Forschung in diesem Themenfeld.

2. Die Marburger Coaching-Studien – Stichprobe und Gang der Untersuchung

Da das Themengebiet Coaching aus ökonomischer Sicht ein noch recht *unbeackertes* Forschungsfeld darstellt, wurde zur Datenerhebung ein ‚Mixed-Methods'-Ansatz verwendet (vgl. Kelle 2008, 282ff; Kühl/Strodtholz/Taffertshofer 2005, S. 19ff). Dieses Forschungsdesign hat sich bei explorativen Zielsetzungen bewährt.

Der quantitativen Datenerhebung vorgeschaltet waren explorative teilstandardisierte Experteninterviews mit jeweils zehn Coachs und zehn Personalmanagern bzw. Entscheider in Unternehmen, welche Coaching einsetzen. Diese Interviews hatten zum Ziel, im Zuge einer qualitativen Delphi-Befragung zur *Ideenaggregation,* relevante Themenfelder und Trends aus Sicht von Coachs und deren Kunden einzugrenzen. Nachdem in einer ersten Interviewrunde relevante Themenfelder fokussiert werden konnten, wurden in einer zweiten Interviewrunde diese Themenfelder konkretisiert und Fragestellungen für eine quantitative Überprüfung entwickelt.

Die quantitative Datenerhebung erfolgte mit Hilfe von Online-Fragebögen in zwei aufeinanderfolgenden Studien. Nachdem in der ersten *Marburger Coaching-Studie* 2009 offene und halboffene Fragestellungen im Vordergrund standen, wurden nach der qualitativen Auswertung dieser Fragen Merkmale und Kategorien gebildet, die in der zweiten *Marburger Coaching-Studie* 2011 durch geschlossene Fragen verifiziert werden sollten (und konnten).

Beiden Erhebungen war ein Pretest vorgeschaltet. Die beiden schriftlichen Befragungen wurden in Form von Online-Erhebungen im Zeitraum von Dezember 2008 bis März 2009 und von Mai bis September 2011 durchgeführt. Beide Teilerhebungen basieren auf einer offenen Grundgesamtheit, da weder bei der Zielgruppe der Coachs noch bei der Zielgruppe der Unternehmen, welche Coaching einsetzen, die Grundgesamtheit präzise zu ermitteln war.

Da sowohl auf der Marktseite der Coachs wie auch auf der Seite der Coaching-Nachfrager die Grundgesamtheiten nicht mit Bestimmtheit ermittelt werden konnten, wurde mit dem Ziel maximaler Repräsentativität in beiden Erhebungen eine möglichst große Stichprobe gezogen. Auf der Angebotsseite wurden zu diesem Zweck sämtliche professionelle Coach-Datenbanken, -Plattformen und -Kontaktforen sowie Coaching-Verbände im deutschsprachigen Raum für die Ansprache genutzt. Darüber hinaus erfolgte auch eine direkte Kontaktaufnahme mit Coachs, beispielsweise eine über soziale Netzwerke. Schließlich konnte im Zuge der zweiten *Marburger Coaching-Studie* in einem substanziellen Umfang auf die Kontaktdaten derjenigen Teilnehmer der ersten Studie zurückgegriffen werden, die ihre E-Mailadressen für die Ergebniszusendung angegeben hatten. Nach Abschluss des Erhebungszeitraums der 2011-Studie lagen auf der Coaching-Angebotsseite N=1.282 Datensätze vor (2009: N=1.090).

Bei der Stichprobenauswahl seitens der Unternehmen wurde darauf Wert gelegt, dass die Studie einen möglichst repräsentativen Überblick über all jene unternehmerischen Akteure gibt, welche sich bewusst mit Personalentwicklungsmaßnahmen beschäftigen und bereits Erfahrung beim Einsatz von Coaching gesammelt haben. Als Ansprechpartner in den betreffenden Unternehmen wurden diejenigen Personen befragt, die für das Management und die Organisation der Coaching-Maßnahmen verantwortlich sind (sog. *Gatekeeper*, im weiteren Kunden genannt). Die

Gesamtpopulation der Unternehmen (Kunden) wurde somit auf die Teilpopulation jener Akteure eingegrenzt, welche sich gezielt mit dem Thema Personalentwicklung und Coaching beschäftigen. Ähnlich wie bei der Auswahl der Coachs wurde versucht, innerhalb der Zielgruppe eine möglichst breite und zufallsgesteuerte Auswahl der Stichprobenelemente zu treffen, indem verschiedene Verbände sowie Personalmanager-Datenbanken, -Plattformen, -Kontaktforen und Business-Netzwerke für die Ansprache genutzt wurden. Im Zuge der zweiten Studie konnten, analog zur Ansprache auf der Angebotsseite, auch Teilnehmer der ersten Erhebung angeschrieben werden. Nach Abschluss der Erhebung lagen im Jahr 2011 N=237 Datensätze für die Nachfrageseite vor (2009: N=243). Für den exakten Zuschnitt der Stichproben auf die Zielgruppe derjenigen Kunden mit Coaching-Erfahrung und damit zugunsten der Aussagekraft der Ergebnisse wurden geringere Stichprobengrößen in Kauf genommen.

3. Die Entwicklung des Coaching-Marktes in Deutschland

Aus der Sportpsychologie kommend wurde Coaching zum Ende der 1980er, Anfang der 1990er Jahre als Beratungsmaßnahme für Top-Führungskräfte sowohl in Deutschland wie auch in den USA eingeführt (vgl. Looss 1991, S. 39; Fischer-Epe 2008, S. 16). Abbildung 1 visualisiert in kumulierter Form die Zeitpunkte, zu denen Kunden zum ersten Mal von Coaching gehört haben.

Abb. 1: Zeitpunkte zu denen Kunden zum ersten Mal von Coaching
         gehört haben

Spätestens seit den 1990er Jahren hat sich, gestützt durch zahlreiche empirische Studien (vgl. Hogan/Cuphy/Hogan 1994) zur Performance von
Führungskräften, die Erkenntnis durchgesetzt, dass das Scheitern bzw.
der Misserfolg von Managern meist nicht auf den Mangel an fachlichen
Kompetenzen, sondern vielmehr auf die zwischenmenschlichen Fähigkeiten und die Führungskompetenz von Managern zurückzuführen ist
(vgl. Charan/Colvin 1999; Dotlich/Cairo 2003). Um Führungsqualitäten
zu entwickeln, sich auf Beförderungen vorzubereiten oder mit dem organisationalen Wandel besser zu Recht zu kommen, begannen Unternehmen für ihre Führungskräfte (und teilweise auch die Führungskräfte
selbst) Beraterverträge mit externen Coachs abzuschließen (vgl. Greco
2001; Niemes 2002). Abbildung 2 zeigt in kumulierter Form die Zeitpunkte, seit denen die befragten Kunden in Deutschland Coaching nachfragen und einsetzen. Die Angaben der Kunden bestätigen, dass Coaching seit seiner Einführung als Entwicklungsmaßnahme für Top-Führungskräfte in den 1990er Jahren stetig weiter nachgefragt wurde und

aktuell immer mehr nachgefragt wird. Extrapoliert man den sich andeutenden Entwicklungstrend, so ist auch für die kommenden Jahre mit einer weiterhin steigenden Nachfrage nach Coaching-Dienstleistungen und insbesondere mit einer Ausdifferenzierung der Formate, wie E-Coaching, zu rechnen.

Abb. 2: Kumulierte Coaching-Nachfrage

Obwohl Coaching zu Beginn seiner Einführung als Personalentwicklungsinstrument Top-Managern vorbehalten war, hat sich die Nachfrage nach Coaching recht *zügig* auch auf nachgelagerte Hierarchieebenen ausgedehnt. Sowohl Kunden wie auch Coachs haben in den *Marburger Coaching-Studien* bestätigt, dass Coaching heute auf allen hierarchischen Ebenen in Unternehmen eingesetzt wird. Deutlich erkennbar liegt eine Schwerpunktzielgruppe für Coaching im gehobenen und mittleren Management. Dies ist insofern nicht weiter verwunderlich, als dass diese Akteure als ‚Prellblock' im Spannungsfeld zwischen den Zielen der Organisation, welche durch das Top Management vorgegeben werden, und den Bedürfnissen und Kapazitäten der Mitarbeiter in der Organisation agieren muss. Die physischen und psychischen Arbeitsbelastungen dieser Zielgruppe können daher als besonders hoch eingestuft werden. Auf Grund der knappen zeitlichen Ressourcen und der hohen Flexibilitätsanforderungen von Mitarbeitern im gehobenen und mittleren Management stellen gerade innovative Formate wie Coaching mit neuen Medien ein attraktives Angebot für diese Kernzielgruppe dar.

Neben der Ausdehnung des Einsatzes von Coaching auf unterschiedlichen Hierarchieebenen verdeutlichen die Ergebnisse der *Marburger Coaching-Studien* darüber hinaus, dass Coaching mittlerweile ausnahmslos in allen Branchen des verarbeitenden Gewerbes und der Dienstleistungswirtschaft eingesetzt wird.

Die nach wie vor steigende Nachfrage nach Coaching-Dienstleistungen spiegelt sich auch in den Auftragszahlen der Coachs in den letzten Jahren wider. Lagen die Auftragszahlen für Coaching im Jahr 2006 noch bei durchschnittlich 17,1 Aufträgen im Jahr, so ist diese Auftragszahl in den vergangenen Jahren stetig gestiegen. 2010 waren es bereits durchschnittlich 24,4 Coaching-Aufträge (n=513), die jeder Coach bearbeitete.

Im gleichen Maß wie sich die Auftragszahlen von Coachs entwickelten, stiegen auch die Vergütungssätze für Coaching-Leistungen. Der durchschnittliche Bruttostundensatz für ein Coaching lag nach Angaben von Coachs (n=625) im Jahr 2010 bei 177,88 Euro. Für den gleichen Zeitpunkt gaben Kunden (n=48) an, im Durchschnitt 233,21 Euro brutto für eine Coaching-Stunde bezahlt zu haben. Diese Differenz in den Angaben wirft natürlich Fragen auf und ist zumindest in Teilen durch die unterschiedlich große Zahl der Probanden zu erklären, die Angaben zu den Stundensätzen machten.

Ergänzend zu diesen Angaben ist zu vermerken, dass die durchschnittlichen Umsatzanteile, die Coachs durch Coaching erwirtschaften, in den vergangen zehn Jahren zwar von 32% auf 42% gestiegen sind, jedoch im gleichen Zeitraum gerade einmal 9% bis 12% der Coachs angeben, allein und zu 100% von Coaching zu leben. Die meisten Coachs bieten auch andere Personalentwicklungsdienstleistungen, wie Training oder Weiterbildungsmaßnahmen an.

4. Informationsökonomische Bezüge zur potentiellen Nachfrage nach Coaching mit neuen Medien

Eine der großen Herausforderungen beim Einsatz von Coaching besteht im möglichst effizienten Einsatz dieses Personalentwicklungsinstruments. Dazu gehört neben einer präzisen Bedarfsermittlung die Auswahl und Gewährleistung eines ‚Fit' zwischen Coach und Coachee sowie die möglichst weitgehende Steuerung der Themen, welche inhaltlich im Coaching bearbeitet werden sollen. Darüber hinaus besteht die Notwendigkeit, den Einsatz von Coaching in das bestehende langfristige Personalentwicklungssystem und im weiteren Sinne in das Personalmanagementsystem zu integrieren und mit anderen Entwicklungsmaßnahmen abzustimmen.

Erschwerend wirken sich in diesem Zusammenhang die Produkteigenschaften von Coaching aus, die sich aus informationsökonomischer Perspektive[1] beschreiben lassen. Demnach weist die wissensintensive Dienstleistung Coaching sowohl die Eigenschaften von Erfahrungs- als auch Vertrauensgütern auf. Erfahrungsgüter zeichnen sich dadurch aus, dass der Nutzen und die Qualität der Leistung erst nach dem Kauf bzw. der wiederholten Inanspruchnahme abgeschätzt werden können. Bei Vertrauensgütern ist diese Einschätzung selbst nach wiederholter Konsumtion nicht immer eindeutig möglich (Gross/Stephan 2011, S. 224; Stephan/Gross/Hildebrandt 2010, S. 124ff).

Diese Produkteigenschaften von Coaching haben zur Folge, dass zwischen Unternehmen, welche als potentielle Kunden in der Regel durch einen Personalmanager oder -entwickler repräsentiert werden, der beim Einsatz von Coaching die Funktion eines *Gatekeepers* übernimmt und den potentiellen Coaching-Dienstleistern, die ihre Leistun-

---

[1] Die Informationsökonomik beschäftigt sich mit den Verhaltensweisen und Maßnahmen von Akteuren in Märkten, die durch eine unvollkommene Verteilung von Informationen gekennzeichnet sind. Im Zentrum stehen dabei insbesondere diejenigen Verhaltensweisen und Maßnahmen, die darauf gerichtet sind, die aus den vorliegenden Informationsasymmetrien resultierenden Unsicherheiten zu reduzieren bzw. zu beseitigen.

gen am Markt zur Verfügung stellen, Informationsasymmetrien bestehen. Die Informationsasymmetrien lassen sich in zwei Phasen untertelen.

Die *erste Phase* besteht vor dem Vertragsabschluss zwischen einem externen Coach und dem Gatekeeper der Organisation. In dieser Phase liegen die wesentlichen Informationslücken beim Gatekeeper bezüglich der *wahren* Motivation des Coachs sowie seiner *wahren* Leistungsfähigkeit. Die Herausforderung für den Gatekeeper besteht darin, für seinen Coachee und dessen Anliegen und Themen den vermeintlich besten Coach zu einem adäquaten Preis zu finden.[2] Die Ergebnisse der *Marburger Coaching-Studien* zeigen auf, dass sich offensichtlich in dieser Phase ein Trend auf Seiten der Nachfrager in Form des Einsatzes von sogenannten Coaching-Pools abzeichnet. Coaching-Pools sind unternehmensinterne Datenbanken, in welchen neben biographischen Daten über Coachs und Informationen zu deren Qualifikation und Spezialisierung auch die konkreten Ergebnisse der durchgeführten Coaching-Maßnahmen, Honorarspannen sowie Feedback der Coachees (Evaluationsergebnisse) enthalten sind. Für die Aufnahme in den Coaching-Pool eines Unternehmens müssen die meisten Coachs strukturierte Auswahlverfahren absolvieren. Diese umfassen neben umfangreichen formalen Qualifikationskriterien häufig Prüfungsprozeduren wie Assessment Center und *Pilot-Coachings*. Durch diese umfangreichen Auswahlverfahren sollen Informationsasymmetrien vor Vertragsabschluss zwischen Coach und Unternehmen abgebaut werden (vgl. Gross/Stephan 2010, S. 226).

Die *zweite Phase* kann als Leistungsphase nach Vertragsabschluss bezeichnet werden. In dieser Phase bestehen ebenfalls Informationsasymmetrien bezüglich des Verhaltens des Coachs während der Leistungserbringung, denn die Gatekeeper sind vom tatsächlichen Coaching-Prozess ausgeschlossen. Die Leistungserbringung findet im Coaching zwischen dem Coach als Leistungserbringer und dem Coachee als Leis-

---

[2]   Dieser Zusammenhang wird ausführlich in der Prinzipal-Agenten-Theorie beschrieben. Siehe dazu z.B. Jensen/Meckling (1976), S. 305ff oder Stephan/Gross/ Hildebrandt (2010), S. 88ff.

tungsempfänger statt. Aus Sicht der Organisation besteht beim Einsatz von externen Coachs die Gefahr, dass diese sich bei der Leistungserbringung nicht moralisch im Sinne der Ziele der Organisation für das Coaching verhalten. Die Ergebnisse der zweiten *Marburger Coaching-Studie* 2011 zeigen sehr deutlich, dass die Phase der Leistungserbringung durch Coaching-Programme in Unternehmen offensichtlich immer gezielter auf bestimmte Anlässe und Zielgruppen hin ausgerichtet wird. So ist der Einsatz von Coaching beispielsweise häufiger Bestandteil von Nachwuchsführungskräfteentwicklungsprogrammen oder Teil der Betreuungsleistung für Manager, die längere Zeit im Ausland arbeiten werden. Differenziert konnten in einer statistischen Analyse verschiedene Anlässe für den Einsatz von Coaching auf verschiedenen Hierarchieebenen von Organisationsmitgliedern festgestellt werden. Es lässt sich festhalten, dass in vielen Unternehmen an Routinen in Form von Prozessstandardisierungen für den Einsatz von Coaching gearbeitet wird. Zu diesen Routinen gehört beispielsweise eine strukturierte Bedarfsermittlung nach Coaching-Dienstleistungen sowie das Schaffen von räumlichen und zeitlichen Kapazitäten für den Coaching-Einsatz. Unabhängig von den gut standardisierbaren Rahmenbedingungen bleibt der Coaching-Prozess aus Sicht des Coaching-Verantwortlichen und Gatekeepers jedoch eine Art *Black Box*. Die Steuerbarkeit von Coaching findet also aus Sicht der Organisation ihre Grenze an der Vertraulichkeit, die als wesentlicher Erfolgsfaktor für den Einsatz von Coaching gilt (vgl. z.B. Greif 2008, S. 128).

Vor diesem Hintergrund stellt das Coaching mit neuen Medien eine Prozessinnovation dar. Der Einsatz von Coaching mit neuen Medien ist auf vielfältige Art und Weise möglich. Neben der Variante, ein klassisches Coaching virtuell durchzuführen, wird Coaching mit neuen Medien häufig als flankierende Maßnahme zu kognitiv-verhaltensorientierten Trainingsdienstleistungen angeboten. Die Idee ist, durch komplementäre Telefon-Coachings die Nachhaltigkeit von Trainingsmaßnahmen zu erhöhen (vgl. Geißler 2010, S. 3ff).

Wird Coaching in dieser Form eingesetzt, sind die in der Regel am Telefon durchgeführten Coachings zeitlich deutlich beschränkt. Es bestehen klare Vorgaben bezüglich des Ablaufs und der Inhalte in diesem Coaching-Format. Das ist Grund dafür, dass für Coaching in dieser Form die inhaltliche Steuerbarkeit sowie die Standardisierungsmöglichkeiten deutlich über denen klassischer Coaching-Formate liegen. Der Einsatz von virtuellem Coaching als Komplementärangebot zum Lerntransfer von kognitiv-verhaltensorientiertem Training ermöglicht Organisationen also eine erhöhte Steuerbarkeit von Coaching-Inhalten bei gleichzeitiger Gewährleistung von Vertraulichkeit durch den gesamten Coaching-Prozess. So eingesetzt, fallen die Informationsasymmetrien, welche zu Ungunsten der Organisation bezüglich der Inhalte in Coaching-Prozessen bestehen, deutlich geringer aus, als dies in den klassischen Coaching-Formaten der Fall ist. Es bleibt allerdings festzuhalten, dass die erhöhte Steuerbarkeit und Standardisierung von Coaching als Kontrollfunktion für den Lerntransfer zu Lasten der Themenvielfalt und Bearbeitungstiefe im Coaching-Prozess erreicht wird.

5. Einstellung zu Coaching-Dienstleistungen auf Seiten der Nachfrage

Für die weitere Entwicklung des Coaching-Marktes und die Nachfrage nach neuen Coaching-Formaten wie *E-Coaching* ist es ausschlaggebend, wie sich die Nachfrage nach Coaching-Dienstleistungen in Unternehmen verändern wird, denn der Coaching-Markt entwickelt sich nachfragegetrieben. In der zweiten *Marburger Coaching-Studie* 2011 wurde aus diesem Grund ein Stimmungsbild über die Einstellung zu Coaching in Organisationen erhoben. Neben einer allgemeinen fünffach skalierten Abfrage über die Einstellung zum Coaching wurden die Kunden ergänzend in Form einer offenen Frage gebeten, ihre Einschätzungen zu begründen. Die Auswertung dieser offenen Frage wurde durch eine qualitative Inhaltsanalyse nach Kuckartz et al. 2008 vorgenommen.

   Das Ergebnis der skalierten Abfrage zeigt, dass in drei Vierteln der befragten Unternehmen der Kunden, welche diese Frage beantwortet haben (n=103), eine positive (52%) bis sehr positive (21%) Einstellung gegenüber Coaching vorherrscht. 17% markierten eine neutrale und 10%

eine negative Einstellung. Positiv ist ebenfalls zu vermerken, dass es keine einzige ‚sehr negative' Nennung gab. Im Folgenden erfolgt die Zusammenfassung der qualitativen Auswertung der offenen Frage.

5.1 Gründe für eine negative Einstellung zu Coaching (10%)

Die Gründe für eine negative Einstellung gegenüber Coaching in Organisationen sind vielfältig. Gerade in ingenieursgeprägten Unternehmenskulturen scheint das *Bild vom leistungsstarken Manager,* der Probleme löst, selbst aber keine hat, weit verbreitet. Coaching wird vereinzelt als *Psychotherapie* fehlgedeutet. Es fehlt an *(positiven) Erfahrungen* beim Einsatz von Coaching. Als *zu unklar* werden der *Nutzen,* die *Transparenz von Zielen* sowie die Ergebnisse von Coaching bezeichnet. Auch *Kostengründe* spielen eine Rolle beim Verzicht auf Coaching. Eine negative Haltung gegenüber Coaching scheint ebenfalls dann in Organisationen vermehrt vorzuliegen, wenn das Thema Personal und Personalentwicklung ohnehin schon einen *schwachen Stand* hat. Nach Einschätzung eines Befragten wird beim Thema Leadership und Organisationsentwicklung das Thema Coaching einfach *unterschätzt.* Es lässt sich festhalten, dass, wenn Coaching in Organisationen in einer reinen Defizitorientierung eingesetzt wird (*„nur Underperformer erhalten Coaching"*), das Image von Coaching häufig negativ belegt ist und die aktive Nachfrage durch Coachees nach Coaching-Dienstleistungen selten stattfindet.

5.2 Gründe für eine neutrale Einstellung gegenüber Coaching

In Organisationen, in denen eine eher neutrale Einstellung gegenüber Coaching markiert wurde, scheint die Meinung zu Coaching geteilt zu sein. So werden sowohl negative Haltungen genannt *„nur Looser brauchen ein Coaching",* in der gleichen Organisation scheint es aber auch die Meinung zu geben, dass Coaching ein Qualitätskriterium für den eigenen Führungsanspruch darstellt. Als schwierig wurde mehrfach ein

„sehr uneinheitliches Coaching-Verständnis" genannt. Einige der neutral eingestellten Unternehmen scheinen sich in ihrer Coaching-Haltung im Wandel zu befinden, welcher sich weg von der reinen Defizitorientierung *(Fehlerkorrektur)* hin zu einer Potentialorientierung *(Entwicklung)* vollzieht. Es scheint dabei auch Unterschiede in den Einstellungen zwischen den Generationen zu geben. So äußern ältere Manager häufiger *Vorbehalte* gegenüber Coaching, während jüngere Manager Coaching durchaus *aufgeschlossen* gegenüber stehen. Als hinderlich für den Coaching-Einsatz wurden die *mangelhafte Bewertbarkeit* der Ergebnisse sowie *überzogene Erwartungen*, die sich in weniger positiven Evaluationsergebnissen äußern, genannt. Mehrfach wurde auch *fehlende Erfahrung* als Einflussgröße auf die Coaching-Einstellung vermerkt.

5.3 Gründe für eine positive Einstellung zu Coaching (52%)

In Unternehmen, in denen die Einstellung zum Coaching positiv ausfällt, scheint Coaching *als PE-Maßnahme etabliert* zu sein. Es gibt eine *„positive Nachfrage durch die Mitarbeiter"* nach Coaching-Dienstleistungen. Ein Finanzdienstleister nennt *„Coaching als Grundlage für den Geschäftserfolg"*. Als Vorteil wurde Coaching mehrfach ein *„hoher Transfer in den Arbeitsalltag"* attestiert. Eine *„offene Kommunikation über Coaching"* scheint sich ebenfalls positiv auf die Einstellung zu dieser Dienstleistung auszuwirken. Durch Coaching sei eine *„Reduktion von Betriebsblindheit sowie eine nachhaltige Erweiterung der Handlungskompetenz"* erreichbar. *„Gute Rückmeldungen aus der Evaluation"* fördern eine *„steigende Nachfrage nach Coaching im mittleren und unteren Management"*. *„Mitarbeiter schätzen die Exklusivität und Passgenauigkeit eines Coachings."* Coaching *„fördert das Potential der Führungskräfte"*. Eine positive Einstellung gegenüber Coaching scheint leichter erreicht werden zu können, wenn die Geschäftsführung von sich aus den Einsatz von Coaching anregt. *„Mitarbeiter nehmen Coaching als eine gezielte Investition des Unternehmens in ihre persönliche Entwicklung war (Wertschätzung!)"* (Branchenvertreterin Verwaltung/Öffentlicher Dienst). Ein Dienstleister beschreibt:

> *„Nach Durchführung eines Management-Audits hat sich die Einstellung zum Coaching grundsätzlich verbessert, da im Coaching eine gute Möglichkeit gesehen wird, die dort aufgezeigten Entwicklungsfelder am individuellsten und auch effektivsten bearbeiten zu können."*

Ähnlich positiv äußert sich eine Beraterin aus dem Risikomanagement/Internal Audit:

> *„Seit einiger Zeit haben wir erkannt, dass die Erfolgsquote bei Projekten steigt, wenn man Coaching im Rahmen von Veränderungsmanagement einsetzt."*

Für die Auswahl von Coachs und damit als Voraussetzung wurde mehrfach erwähnt, dass der verantwortliche Gatekeeper selbst ebenfalls eine Coaching-Ausbildung absolviert haben sollte, um einerseits eine qualifizierte Auswahl von Coachs treffen und andererseits Coachees adäquat vorbereiten zu können.

5.4 Gründe für eine sehr positive Einstellung gegenüber Coaching (21%)

In Unternehmen, in denen die Einstellung Coaching gegenüber sehr positiv ist, sind mit Coaching sehr gute Erfahrungen gemacht worden. Ein Branchenvertreter aus dem Bereich Bildung/Forschung sieht Coaching als *„wichtigstes Instrument in einer immer unübersichtlicheren Arbeitswelt".* Coaching gilt als eine *„sehr effiziente und effektive PE-Maßnahme",* welche *„teilweise alternativlos"* sei. Neben einem *„guten Coaching-Pool", „guten Erfahrungen und Ergebnissen"* scheint auch ein *„gutes internes Marketing"* für Coaching eine Rolle bei der Akzeptanz dieser Dienstleistung zu spielen. Ergänzend wurde die Präventionsorientierung im Coaching hervorgehoben. *„Coaching wird nicht erst in problematischen Situationen empfohlen, sondern auch als präventive Maßnahme genutzt"* (Dienstleister). Den Vorteil von Coaching beschreibt ein anderer Dienstleister folgendermaßen:

„Es wird das Potential von Menschen aktiviert, selbst eine Lösung für ein Problem zu finden und diese Lösung umzusetzen. Ich habe selbst erfahren, dass dies möglich ist und dass ich mich durch Coaching zu mehr Reife entfaltet habe."

Es bleibt zu vermerken, dass Coaching in den Unternehmen, in welchen eine sehr positive Einstellung markiert wurde, neben der Defizit- und Potentialorientierung auch präventionsorientiert eingesetzt wird.

6. Fazit zur zukünftigen Entwicklung des Coaching-Marktes und dem Einsatz neuer Medien im Coaching

Für die Entwicklung des Coaching-Marktes und das Erschließen neuer Marktpotentiale für innovative und neue Coaching-Formate wie Coaching mit neuen Medien aus Sicht der Coachs sind besonders die Angaben von Unternehmen zu berücksichtigen, in denen eine negative und neutrale Einstellung gegenüber Coaching vorherrscht. In diesen Unternehmen könnte durch einen Wechsel der Einstellung tatsächlich noch weiteres Marktpotential in Form einer steigenden Coaching-Nachfrage entstehen.

Festzuhalten ist zunächst, dass in den Unternehmen mit einer positiven bis sehr positiven Einstellung zu Coaching, das Image dieser Dienstleistung durch internes Marketing gefördert wird. Ergänzend dazu scheint der Einsatz von Coaching zudem durch Machtpromotoren wie beispielsweise die Geschäftsführung unterstützt zu werden. Diese Faktoren lassen sich auf organisationaler Ebene als Schlüsselvoraussetzungen identifizieren, um die Coaching-Nachfrage zu befeuern. Ebenfalls positiv scheint sich der gleichzeitige Einsatz von Coaching auf allen drei Anlasebenen defizit-, präventions- und potentialorientiert auf die Coaching-Einstellung und damit auf die Nachfrage auszuwirken (vgl. Backhausen/Thommen 2006, S. 206; Stephan/Gross/Hildebrandt 2010, S. 42).

Die Gründe für eine nachfragehemmende oder gar blockierende Einstellung zum Coaching lassen sich bei den Unternehmen mit einer negativen Grundhaltung in folgende drei Kernpunkte zusammenfassen:

- Gesichtsverlust des Coachees vor Kollegen: Ein leistungsstarker Manager hat keine Probleme und benötigt deshalb auch kein Coaching;
- Coaching für „Underperformer": Coaching wird auf die Defizitorientierung reduziert.
- Kostengründe: Coaching ist schlicht zu teuer.

Die Ergebnisse der ersten *Marburger Coaching-Studie* haben aufgezeigt, dass sich diese hemmenden Faktoren durch den Aufbau eines Coaching-Management-Systems im Unternehmen beseitigen lassen. Es gehört zu den strategisch-gestalterischen Aufgaben des Personalmanagements, eine ‚Coaching-Policy' festzulegen und diese im Zuge einer gezielten internen Aufklärungsarbeit auch transparent zu machen. Ein zentraler Eckpunkt einer solchen ‚Coaching-Policy' sind die Zielsetzungen und Anlässe für Coaching-Maßnahmen: Die reine Defizitorientierung sollte in jedem Fall um eine Präventions- und Potentialorientierung ergänzt werden. Vorbehalte wegen Gesichtsverlust infolge des Scheins mangelnder Performance oder persönlicher Probleme lassen sich so auflösen. Der Aufbau eines Coaching-Managementsystems erfordert ferner die Etablierung klarer und effizienter Strukturen in Coaching-Prozessen und kann damit auch zur Kostenbegrenzung beitragen.

Ein jüngster Trend, der sich im deutschen Coaching-Markt abzeichnet, ist die gezielte und adäquate Wahl des Medieneinsatzes in Coaching-Prozessen. Insbesondere durch den Einsatz neuer Medien lassen sich die beschriebenen Barrieren beim Einsatz von Coaching weiter vermindern. So lassen sich durch den Einsatz neuer Medien im Coaching (Stichwort *Virtuelles Coaching*) einerseits die direkten Kosten des Coachings, beispielsweise durch Anreise, Übernachtung etc. des Coachs, erheblich vermindern. Neben den direkten Kosteneinsparungen ergebenen sich ferner auch indirekte Einsparungen infolge einer zeitlich flexibleren Buchbarkeit und Eintaktung des Coachings. Andererseits lässt sich durch den Einsatz von Neuen Medien auch die Vertraulichkeit gewährleisten. Während ein direktes Zusammentreffen des Coachs mit dem Coachee insbesondere im Unternehmenskontext kaum zu verbergen ist, kann virtuelles Coaching hier Abhilfe leisten.

Unabhängig von der vorherrschenden Einstellung zum Coaching wurden die Kunden in der zweiten *Marburger Coaching-Studie* abschließend um eine Einschätzung zur Nachhaltigkeit der Entwicklung von Coaching gebeten. Von den Kunden, die diese Frage beantworteten (n=79), hielten 96% Coaching dabei für ein *„nachhaltiges Instrument der Personalentwicklung"*. Lediglich 4% der Kunden schätzen Coaching als *„nur eine vorübergehende Mode"* ein.

Inwieweit die Kunden mit ihren Einschätzungen richtig liegen, bleibt abzuwarten. Aktuell ist der Differenzierungswettbewerb, der sich durch das Entwickeln immer neuer Formen von *Coaching-Leistungen* auszeichnet, wie beispielsweise auch der Einsatz neuer Medien im Coaching, im deutschen Coaching-Markt in vollem Gange. Es konnte aufgezeigt werden, dass gerade der Einsatz von neuen Medien im Coaching dazu beitragen kann, Barrieren beim Einsatz von Coaching in Organisationen zu überwinden. Entsprechend positiv fällt die Einschätzung über das weitere Marktpotential für Coaching mit neuen Medien aus. Darüber hinaus bleibt es spannend und abzuwarten, ob bzw. wann der Coaching-Markt insgesamt an seine Sättigungsgrenze stößt. Bisher ist diese noch nicht abzusehen.

Literatur

Backhausen, Wilhelm/Thommen, Jean-Paul (2006; Hrsg.): Coaching. Durch systemisches Denken zu innovativer Personalentwicklung, 3. Aufl., Wiesbaden: Gabler

Charan, Ram/Colvin, Geoffrey (1999): Why CEOs fail. In: Fortune, 139 Jg. pp. 68-75

Dotlich, David L./Cairo, Peter C. (1999): Why CEOs fail, Jossey-Bass, San-Francisco 1999

Fengler, Jörg (2001): Coaching: Definition, Prinzipien, Qualifikationen, illustriert anhand einer Fall-Vignette. In: Zeitschrift für angewandte

Sozialpsychologie – Gruppendynamik und Organisationsberatung, 32. Jg, Heft 1. S. 37-60

Fischer-Epe, Maren (2008): Coaching: Miteinander Ziele erreichen, 5. Aufl. Reinbek bei Hamburg: Rowohlt

Geißler, Harald. (2008): E-Coaching, Baltmannsweiler: Schneider Hohengehren.

Geißler, Harald. (2010): Erhöhung der Nachhaltigkeit von Trainings durch nachbetreuende internetbasierte Einzelcoachings. In: Praxishilfen (GdW-PH), 7.20.20, 81. S.1-15

Greco, JoAnn (2001): Hey, Coach! In: Journal of Business Strategy, 22 Jg. S. 28-31

Greif, Siegfried (2008): Coaching und ergebnisorientierte Selbstreflexion. Göttingen: Hogrefe.

Gross, Peter-Paul/Stephan, Michael (2011): Coaching – Der Boom und seine Nebenwirkungen. In: zfo, 80. Jg., S. 221-228

Hogan, Robert/Curphy, Gordon J./Hogan, Joyce (1994): What we know about leadership effectiveness and personality, In: American Psychologist, 49 Jg. pp. 493-504.

Kelle, Udo (2008): Die Integration qualitativer und quantitativer Methoden in der empirischen Sozialforschung, 2. Aufl., Wiesbaden 2008.

Kühl, Stefan/Strodtholz, Petra/Taffertshofer, Andreas (Hrsg.; 2005): Quantitative Methoden der Organisationsforschung, Wiesbaden 2008.

Leitl, Michael (2008a): Coaching – Zwang zur Professionalisierung. In: Harvard Business Manager, März 2008. S. 38-44

Looss, Wolfgang (1991): Coaching für Manager – Problembewältigung unter vier Augen, Landsberg am Lech 1991

Martens, Andree (2010): Trainingsmethoden 2010. In: managerSeminare, Oktober 2010, Heft 151, S. 6

Niemes, Jim (2002): Discovering the values of executive coaching as a business transformal tool. In: Journal of Organizational Excellence, 21. Jg. pp. 61-69

Stephan, Michael/Gross, Peter-Paul/Hildebrandt, Norbert (2010): Management von Coaching: Organisation und Marketing innovativer Personalentwicklungsdienstleistungen. Kohlhammer: Stuttgart

Strambach, Simone (1999): Wissensintensive unternehmensorientierte Dienstleistungen im Innovationssystem von Baden-Württemberg – am Beispiel der Technischen Dienste, Arbeitsbericht Nr. 133, Stuttgart

Schriftlichkeit in virtuellen Beratungssettings

Richard Reindl, Marina Hergenreider, Julia Hünniger

1. Beratung boomt – offline wie online

Textbasierte dialogische Kommunikation in Form von onlinegestützten Beratungssettings nimmt im psychosozialen Beratungsraum unter dem Begriff *Online-Beratung* eine dynamische Entwicklung. Der Erfolg virtueller Settings in der Beratung speist sich dabei aus mehreren Quellen: Eine davon ist der informationstechnologische Fortschritt, welcher Speicherplätze beinahe endlos ausdehnt und der schnellen virtuellen Kommunikation durch hohe Datenübertragungsgeschwindigkeiten den Weg bereitet. Eine davon ist der informationstechnologische Fortschritt, insbesondere die Speicherplätze sowie Datenüberragungsgeschwindigkeiten, der sich beinahe endlos ausdehnenden und der der *schnellen* virtuellen Kommunikation den Weg bereitet. Eine andere Quelle bildet der gesellschaftliche Wandel, der sich in den vergangenen zwei Jahrzehnten aus Geschwindigkeit, Lebenstempo und (wirtschaftlichem) Wachstum (vgl. Opaschowski 1999) zusammensetzt und eine funktionale Differenzierung der Gesellschaft sowie eine Individualisierung und Pluralisierung der Lebenswelten (vgl. Beck 1986) nach sich zieht. In der Folge erzeugt dieser gesellschaftliche Wandel einen enormen Beratungsbedarf in allen privaten und öffentlichen Lebensbereichen. Diese Entwicklungen führen zwangsläufig zur Notwendigkeit einer schnellen Informationssuche und -verarbeitung und gleichzeitig zu einem wahrgenommenen Verlust an *Orientierungskompetenzen* des Einzelnen. Sämtliche Gesellschaftsbereiche werden durchflutet von Beratungs- und Coachingangeboten: Wir leben heute in einer *beratenen Gesellschaft* (vgl. Schützeichel/Brüsemeister 2004). Dass dieser Beratungs- und Coachingbedarf sich vermehrt auch online entwickelt, ist nur logische Konsequenz der beschriebenen Entwicklungen.

Einer der wohl beträchtlichsten Unterschiede zwischen der Offline-Beratung und der Online-Beratung – analog des E-Coachings und des traditionellen Coachings liegt in der Kommunikationsform. Während bei der Offline-Beratung in der Regel Berater und Ratsuchender sich direkt begegnen, also *kopräsent* sind, findet in der Online-Beratung diese *Begegnung* computervermittelt statt. Auch vollzieht sich das klassische Beratungsgespräch beinahe ausschließlich mündlich, während bei der Online-Beratung fast ausnahmslos die textbasierte Kommunikation vorherrscht.

Die Frage ist nun, ob und wie sich die Form der Kommunikation auf die Beratung auswirkt und welche Besonderheiten in der schriftbasierten Online-Beratung zutage treten. Hier sind die besonderen Effekte der Schriftlichkeit und ihre Entfaltung in der Online-Beratung thematisiert. Dennoch gilt nach wie vor das persönliche Beratungsgespräch als Referenzmodell für Beratungskommunikation. Insofern scheint in der Beratungspraxis die textbasierte Online-Beratung immer noch ein *Surrogat* für die eigentliche Form der Beratung, die Face-to-Face-Beratung, zu sein (vgl. Reindl 2009). Dennoch mehren sich die Zeichen angesichts eines technikinduzierten virtuellen *Beratungsbooms*, dass sich auch andere schriftbasierte Formen der Beratungskommunikation etablieren.

Der folgende Beitrag beleuchtet die Wirkfaktoren von Schriftlichkeit, die damit verbundenen methodischen Formen von Beratung und Coaching und versucht, die Eigenständigkeit und Wirkungsweise der textbasierten Online-Beratung aufzuzeigen sowie die Chancen und Grenzen der schriftbasierten virtuellen Beratung auszuloten.

2. Merkmale computervermittelter Beratungskommunikation

Beratung bzw. Coaching im Internet ist nie direkte, sondern stets vermittelte Kommunikation, wobei der Computer oder ein internetfähiges

Endgerät des Nutzers oder des Beraters hier als Mittler fungiert. Dabei kann die Kommunikation synchron, also zeitgleich (z. B. Chat) oder asynchron bzw. zeitversetzt (z. B. E-Mail) stattfinden. Anders als bei der herkömmlichen „Individual(tele)kommunikation wenden sich Internet-Nutzer computervermittelt nicht nur an einzelne Personen aus dem bereits bestehenden sozialen Netzwerk, sondern kontaktieren auch bislang unbekannte Personen" (Döring 2003, S. 127). Für Beratung und Coaching beinhaltet diese Kommunikationsform bestimmte Optionen, aber auch Restriktionen, die es zu berücksichtigen gilt (vgl. Eichenberg 2004, S. 395).

Mit der Nutzung textbasierter, (a)synchroner Kommunikation sind Auswirkungen auf den Beratungsprozess verbunden, die u. a. aus der Reduktion der verfügbaren Sinneskanäle resultieren: Können auf der einen Seite Missverständnisse nicht ausgeschlossen werden, da sprachbegleitende Körperzeichen (Mimik, Gestik etc.) fehlen, wird andererseits die Reduktion der Reizüberflutung gleichzeitig als hilfreich empfunden (vgl. Hintenberger 2006, S. 3). Die fehlende gleichzeitige Anwesenheit am selben Ort bzw. die räumliche Entfernung und die Möglichkeit, seine Identität (noch) nicht preiszugeben (Anonymität bzw. Pseudonymität) stellen bei der Online-Kommunikation die Grundlage für einen enthemmenden Effekt dar, der auch verstärkte Offenheit und Ehrlichkeit bei den Teilnehmern hervorruft und für die Beratung nutzbar gemacht werden kann (vgl. Siekmeier 2006, S 126). Mit dieser *Nähe durch Distanz* kann einhergehen, dass schwierige und als peinlich empfundene Themen im Kontrast zur klassischen Face-to-Face-Beratung schneller und offener thematisiert werden (vgl. Eichenberg 2004, S. 395). Allerdings besteht auch die Gefahr, dass die Gesprächspartner im Online-Setting zu einem legeren Umgangston neigen (vgl. Christl 2000) oder gar schnell beleidigend werden können, was als so genanntes ‚flaming' bezeichnet wird (vgl. Döring 2003, S. 155).

Das Fehlen von optisch oder akustisch wahrnehmbaren sozialen Hinweisen in der Online-Kommunikation ermöglicht es, selbst ein Bild vom Kommunikationspartner zu generieren. In der Beratung kann dies zu einer Idealisierung des Beraters durch den Klienten führen.

„Das abstrakte Gegenüber, die unkonturierte Phantasie, die sich beim Klienten beim Schreiben am PC als ‚Portrait' ihres E-Mail-Adressaten einstellen wird, hat Züge einer Projektion. Diese Art Projektion beinhaltet eine ‚innere' Beraterperson. Diese ist von all den o.g. Prozessen und Hemmnissen von Sympathie-Antipathie-Abgleich und ‚Fremdheitsreibungen' ungetrübt entstanden und aus einer Notsituation geboren. Es liegt daher nahe, dass [sic] sie der jeweiligen inneren Figur des Klienten, die dieser von einem idealisierten Helfer oder Berater, i.S. eines ‚Wunschberaters', hat, entspricht" (Schultze 2007, S. 5).

Aus dem Fehlen aller nonverbalen Signale in der Online-Kommunikation ergibt sich sowohl für den Berater als auch für den Ratsuchenden ein großer Interpretationsspielraum, da eine Vorstrukturierung der Kommunikation durch Körperzeichen nicht gegeben ist. Dies birgt zwar Risiken, vor allem aber Chancen: Denn die Aufmerksamkeit verschiebt sich weg von den Körperzeichen hin zum Inhalt der Botschaft. Computervermittelte Kommunikation erfordert in erhöhtem Maße, „Gefühle in Worte zu kleiden, um sie nicht nur ausdrücklich zu machen, sondern um sie überhaupt erst zu vermitteln" (Eichenberg 2004, S. 395).

Der computervermittelte Austausch in seiner asynchronen Form gestaltet eine Online-Beratung unabhängig von Sprechstunden und Öffnungszeiten, so dass sie jederzeit in Anspruch genommen werden kann. Darüber hinaus macht die Ortsungebundenheit der virtuellen Beratung spezielle Beratungsangebote auch für Ratsuchende zugänglich, die nicht in der Nähe einer Beratungsstelle wohnen und sonst keine Möglichkeit der Inanspruchnahme einer spezialisierten Beratung hätten (z. B. Schuldnerberatung, ländlicher Raum).

Zu dieser Niedrigschwelligkeit in der Erreichbarkeit gesellt sich ein weiteres Merkmal, das mit den bereits genannten Merkmalen der Anonymität bzw. der fehlenden Kopräsenz gekoppelt ist: Rat- und Hilfesuchende sind in weit stärkerem Maß als bei der Face-to-Face-Beratung in der Lage, den virtuellen Beratungsprozess zu steuern: Sie entscheiden über Geschwindigkeit und Ende der Beratung, indem sie die Antwortfrequenz steuern und letztlich jederzeit und ohne Konsequenzen die Beratung bzw. den Coachingprozess beenden können. Die Speicherbarkeit des schriftlichen Beratungsgesprächs ermöglicht darüber hinaus ein mehrfaches Lesen einer Beratungsantwort bzw. ein

Nachlesen des zeitlichen Beratungsverlaufs. Dies kann im positiven Fall – beim Erkennen von Lösungsfortschritten – ermutigen und Selbstvertrauen schaffen. Auch erlaubt die Speicherbarkeit den Vergleich verschiedener Beratungsantworten, wenn Problemanfragen an mehrere Beratungsstellen gerichtet wurden. Einerseits kann dadurch ebenfalls Bestärkung erfahren werden, andererseits besteht die Gefahr, sich die *bequemste* Antwort zu suchen. Generell bedeutet dies jedenfalls für die virtuellen Berater, sich verstärkt in einer *Benchmark-Situation* zu befinden. Dies kann aber auch entlastend sein, da sich die *Güte/Qualität* der Beratung auf mehrere Schultern verteilt.

Die mediale Vermittlung der Kommunikation in der Online-Beratung beinhaltet den Umstieg von einer üblicherweise mündlich geführten Beratungskommunikation in eine Schriftversion. Damit wird die grundlegende Unterscheidung von gesprochener und geschriebener Sprache mit ihren jeweiligen Implikationen in den Blick gerückt.

3. Schriftlichkeit versus Mündlichkeit

Die beiden Realisierungsmöglichkeiten menschlicher Sprache, Mündlichkeit/Oralität und Schriftlichkeit/Literalität, beinhalten nach Koch und Oesterreicher (1985) hinsichtlich der Kommunikationsbedingungen unterschiedliche Merkmale: Während die gesprochene Sprache eher mit den Merkmalen Vertrautheit, Emotionalität, physische Nähe, Spontaneität, und Dialogizität verbunden ist, kommen der geschriebenen Sprache tendenziell stärker die Merkmale Fremdheit, physische Distanz, Reflektiertheit und Monologizität zu (vgl. Koch/ Oesterreicher 1985, S. 27). Zudem ist ein ausgesprochenes Wort nicht zurücknehmbar, sondern nur korrigierbar bzw. modifizierbar, während einem geschriebenen Text nicht anzusehen ist, auf welche Art und wie oft dieser korrigiert worden ist.

Die konzeptionelle Ausprägung der Sprache in mündlich bzw. schriftlich mit ihren jeweiligen Eigenschaften geht nach Koch und Oesterreicher (1985) ihrer medialen Realisierung vor, so dass unter-

schiedliche Mischformen konzeptioneller Mündlichkeit bzw. Schriftlichkeit entstehen können. Entsprechend ist diese Unterscheidung nicht als
bipolare Dichotomie zu verstehen, sondern es handelt sich vielmehr um
ein „Kontinuum von Konzeptionsmöglichkeiten mit zahlreichen Abstu-
fungen" (Koch/Oesterreicher 1985, S. 17). Beispielsweise stehen familiäre
Gespräche näher am Mündlichkeitspol als Bewerbungsgespräche oder
ein privat verfasster Brief näher als ein Gesetzestext (vgl. Dürscheid
2003, S. 2).

Vor diesem Hintergrund handelt es sich bei der virtuellen Beratungskommunikation in vielen Fällen (bspw. Chat) zwar um realisierte
mediale Schriftlichkeit (Literalität), welche aber aufgrund des Ge-
sprächsverlaufs und der verwendeten netzspezifischen Sprachvaria-
tionen (Akronyme, Emoticons etc.) gleichzeitig Merkmale konzeptioneller Mündlichkeit (Oralität) aufweist (vgl. Misoch 2006, S. 167). Entsprechend kann die besondere Art der Kommunikation im Internet weitgehend als *Oraliteralität* (=verschriftete Mündlichkeit) bezeichnet werden.

Diese zunächst theoretische Unterscheidung hat praktische Konsequenzen: In der virtuellen Beratungskommunikation sind damit die
Vorteile der computervermittelten Kommunikation (Orts- und Zeitun-
gebundenheit, Anonymität und Projektion, etc.) mit den Merkmalen
konzeptioneller Mündlichkeit verknüpfbar, so dass Vertrautheit, Nähe
und emotionale Beteiligung beispielsweise als Voraussetzungen für einen persönlichen Veränderungsprozess erreichbar sind. Zudem können
die Merkmale oraliteralischer Elemente für Beratungs- und Coachingprozesse nutzbar gemacht werden. So schlägt Hintenberger (2010)
vor, Oraliteralität als Interventionsstrategie in der Mail-Beratung mit
Jugendlichen einzusetzen, denn neben der „intuitiven und assoziativen
Übertragung einer mündlichen Redesituation in verschriftete Sprache,
können mündlich konzipierte Stilelemente auch ganz bewusst eingesetzt
werden, um die besondere Qualität dieses Modus zur Geltung zu bringen" (Hintenberger 2010, S. 5). Insofern ermöglicht der Einsatz von Oraliteralität, Vertrauen und emotionale Nähe zwischen Berater und Ratsu-
chendem, bzw. Coach und Coachee auch mittels Schriftform entstehen
zu lassen. Damit werden auch die Nachteile der computervermittelten

Kommunikation kompensierbar: Der körperlichen Abwesenheit (Distanz) lässt sich mit konzeptioneller Mündlichkeit der Sprache begegnen und darüber Nähe schaffen. Für Berater, komplementär Coaches setzt der Umgang mit den verschiedenen Elementen konzeptioneller Mündlichkeit bzw. Schriftlichkeit eine hohe *Lese- und Schreibkompetenz* voraus. Dass diese nicht automatisch mit einer herkömmlichen Beratungsausbildung gegeben ist, erfahren Praktizierende, die in die Online-Beratung, bzw. E-Counseling wechseln, oft genug.

Die Verschriftlichung von Merkmalen mündlicher Sprache stellt ein Charakteristikum der virtuellen Kommunikation für Beratung und Coaching dar. In der Übertragung para- und nonverbaler Kommunikationsbestandteile der mündlichen Sprache in eine textbasierte Beratungskommunikation liegt eine besondere Herausforderung für Berater wie Ratsuchende. „Die Besonderheit, nonverbale Elemente zu verschriftlichen, liegt vor allem darin, ihnen dadurch die Grundlage ihres unbewussten Entstehens zu entziehen" (vgl. Hintenberger 2009, S. 70). Die ein Face-to-Face-Beratungsgespräch vorstrukturierenden – meist unbewusst eingesetzten – Körperzeichen wie Mimik, Gestik, Geräusche, Lautstärke etc. werden durch die Bildung von Zeichencodes verschriftlicht: So drücken verschiedene *Emoticons* unterschiedliche Gefühle aus, Wörter in Großbuchstaben werden als besonders laut wahrgenommen, so genannte Aktionswörter (**staun**, **taschentuchreich**) verschriften Mimik und Gestik. Die so entstandene und entstehende Netzsprache kompensiert auf diese Weise einen Teil der durch die Kanalreduktion eingeschränkten Sinnesmodalitäten.

4. Wirkfaktoren der Schriftlichkeit in der Beratung

Schriftlichkeit im Rahmen von Beratung verfügt bereits über eine längere Tradition und ist keine Erfindung des informationstechnologischen Zeitalters. Texte, insbesondere auch literarische Texte, werden in Beratungs- bzw. Therapiesettings eingesetzt als begleitende zusätzliche Anregungen, als Selbstexplorations- oder Selbstreflektionshilfen, oder aber um die Mitwirkung des Ratsuchenden bzw. Patienten zu erhöhen oder zu erhalten. Bis auf wenige Ausnahmen allerdings (z. B. Brieftherapie) galten bislang Texte immer als zusätzliche, ergänzende Mittel der eigentlichen mündlich im direkten Kontakt agierenden Beratung. Bei der internetbasierten Beratung bleibt nur der Text als der Träger der Beratungsinteraktion, so dass Schriftlichkeit das zentrale Merkmal von Online-Beratung bzw. E-Coaching wird.

Eine zusätzliche Qualität bekommt die Schriftlichkeit in der Beratung zudem durch die technischen Möglichkeiten der Interaktivität. Die Antwortgeschwindigkeit in der Online-Beratung ist z. B. beim Chat fast identisch mit dem mündlich geführten Beratungsgespräch.

Um Wirkfaktoren der Schriftlichkeit in der Online-Beratung zu beschreiben, lohnt es sich, auf einige Beratungs- bzw. Therapieansätze zurückzugreifen, die dezidiert mit Schriftlichkeit agieren bzw. bei denen Textualität eine wichtige Rolle spielt. Neben der tiefenpsychologisch orientierten Schreibtherapie ist dies der narrative Ansatz von Epston und White sowie der lösungsorientierte Ansatz von de Shazer (vgl. Weinhardt 2009, S. 84). Ein aus der Beratungspraxis entwickeltes Modell von Knatz und Dodier (2003) (Vier-Folien-Modell) rundet diese Betrachtung ab. Allen vier Ansätzen ist gemeinsam, dass sie die Schriftlichkeit nicht als Mangel an medialer Reichhaltigkeit in der Beratung betrachten, sondern ihr einen genuinen Effekt für den Beratungsprozess bzw. den Beratungserfolg zuschreiben.

Kern der tiefenpsychologisch orientierten Schreibtherapie ist zumeist die Beschäftigung mit der eigenen Biographie. Im Aufschreiben von Gefühlen und Spannungen entsteht eine Distanzierung zu innerpsychischen Konflikten und seelischen Belastungen, welche eine kathartische Wirkung erzielen kann. Als früher Bestandteil der Psychoanalyse dient das Schreiben der Selbstanalyse und dem Zugang zum eigenen Unbewussten (vgl. von Werder 1986, S. 11). Unbewusste Motive, Verdrängungen und Ängste werden so ins Bewusstsein gehoben und dadurch bearbeitbar. Das Lesen des eigenen Textes konfrontiert als Gegenüber und ermöglicht Distanz zur eigenen Biographie, zum eigenen Erleben, so dass schmerzhafte oder verdrängte Anteile reproduziert und dadurch verarbeitbar werden (vgl. Weinhardt 2009, S. 87). Es fördert das *Verstehenlernen* des eigenen Selbst, wenn man es anderen (z. B. der Beratungsperson oder dem Coach) aufschreiben und erklären bzw. verständlich machen muss. Nicht nur die nonverbalen Kommunikationssignale geraten durch die Verschriftung in den Fokus des Bewusstseins (vgl. Hintenberger 2009, S. 70), sondern auch unbewusste, verdrängte Anteile des eigenen Selbst. Sie werden damit in Gestalt eines unabhängig vom Selbst existierenden beschriebenen Papiers/Bildschirms einer Reflexion zugänglich. Das Aufdecken der eigenen unbewussten Motive und Ängste im Schreiben und Lesen des Textes fördert das eigene Verstehen und kann mit verdrängten Aspekten der eigenen Biographie versöhnen.

Nicht der Zugang zum Unbewussten steht in den Überlegungen von Epston und White (2006) im Vordergrund, sondern die Wirkung der Externalisierung. Sie gehen – gestützt durch mannigfache eigene Erfahrungen – davon aus, dass das Medium Schrift selbst einen inhaltlichen Einfluss auf die Beratung hat. Ihrer Ansicht nach begründet die Schriftlichkeit einer Beratung eine eigene *Wirkmächtigkeit*. Diese leiten sie zum einen aus dem im Schriftstück selbst angelegten Symbolwert her und zum anderen aus der Wiedererlangung von Kontrolle über vermeintlich unbeeinflussbar gehaltene Symptome (vgl. Weinhardt 2009, S. 88ff). Im Unterschied zur Flüchtigkeit der Lautsprache benutzen sie für die Beratung gezielt die Schriftsprache, um Texte zu erzeugen, die nachhaltiger wirken, indem sie Erfolge verheißen und Ermutigungen hervorrufen. Analog dem Symbolcharakter eines ärztlichen Rezepts, das für sich bereits Besserung verspricht oder einer Urkunde, die besondere Leistungen bestätigt und Anerkennung verheißt, versenden sie Beratungsbriefe quasi als „Signifikanten des Glaubens an Besserung der Lage" (Weinhardt 2009, S. 90).

Die andere Begründung zur Wirkmächtigkeit der Schriftsprache stammt aus der konstruktivistisch narrativen Therapie, nach der jeder Mensch seine Erlebnisse und Erfahrungen entsprechend den Bedeutungen, die sie für ihn haben, erzählt.

„Davon ausgehend, dass Menschen ihre Erfahrungen ordnen und ihnen eine Bedeutung verleihen, indem sie Erfahrung in Geschichten fassen, und dass sie mit der Ausführung dieser Geschichten die von ihnen gewählten Aspekte gelebter Erfahrung ausdrücken, kann angenommen werden, dass es diese Geschichten sind, die das Leben und die Beziehungen formen." (vgl. Epston/White 2006, S. 27)

Im Falle belastender Erfahrungen wird versucht, diesem Problem erzählend bzw. aufschreibend einen Namen zu geben entsprechend der Erkenntnis, dass nicht die Personen oder die Beziehung das Problem sind, sondern das Problem selber das Problem ist. Gelingt es, das Problem zu objektivieren bzw. sogar zu personalisieren, kann es vom Symptomträger Patient/Klient abgelöst werden, so dass es weniger einschränkend oder belastend wird. Diese als Externalisierung bezeichnete Vorgehensweise wird bei Epston und White (2006) mit der dem Symbolwert der Schriftlichkeit innewohnenden Wirkmächtigkeit verknüpft, so dass sich die Sichtweisen der Klienten/Patienten über ihre Problemsituation nachhaltig verändern und die Chancen für Verhaltensänderungen erhöht werden (vgl. Epston/White 2006, S. 55ff). Die schriftliche Bestätigung, auf dem Weg der Besserung zu sein, z. B. in Form eines Beratungsbriefes, verstärkt dabei den Externalisierungseffekt.

Jeden Beratungsdialog gleichsam als Text zu lesen, spiegelt das Verständnis des lösungsorientierten Ansatzes von de Shazer (1994). Ähnlich dem narrativen Ansatz von Epston und White geht es nicht um die Feststellung objektiver Sachverhalte zu dem, was das Problem ist, sondern in konstruktivistischer Sicht um die „Generierung eines Sprachspiels" (de Shazer 1994, S. 89ff; nach: Weinhardt 2009, S. 94f), bei der Ausnahmen von der Problemsituation gesucht und konstruiert werden. Die Fokussierung auf mögliche Lösungen wird erreicht durch spezifische Fragetechniken, die darauf zielen, spontane, bewusste oder auch hypothetische Ausnahmen zu generieren und über diesen Weg zu den Beratungszielen zu gelangen. Als Kurzzeitintervention angelegt, entspricht dieser Ansatz in besonderer Weise der generell eher schnellen Beratung/Counseling via Internet. Auch lassen sich Vorschläge zur Situationsumdeutung (Reframing) sowie *Hausaufgaben* darüber gut transportieren (vgl. Stumpp/Oltmann 1999, S. 45). Lösungsorientierung und internetgestützte textbasierte Beratung gehen insofern auch gut konform, als für beide die Orientierung an den Ressourcen der Ratsuchenden –

und damit letztlich auch die Steuerung des Beratungsprozesses durch die Ratsuchenden entscheidend ist. Für die lösungsorientierte Beratung liegt per se die Lösung im Ratsuchenden (vgl. Knatz/Dodier 2003, S. 136), dessen Zugänge zu gelingenden Problemlösungen offen zu legen sind, während die internetgestützte Beratung, bzw. E-Counseling aufgrund des niedrigschwelligen Settings kaum andere Optionen hat, als auf das Selbstveränderungspotential des Ratsuchenden zu setzen.

Knatz und Dodier haben aus der Online-Beratungspraxis ein Vier-Folien-Modell entwickelt (2003, S. 142ff). Angelehnt an narrative Traditionen der lösungsorientierten Beratung formulieren sie die Konsequenzen für die E-Mail-Beratung in praktischer Absicht aus. Dabei verweisen sie zunächst auf die grundlegende Differenz von Produktion und Rezeption geschriebener Texte. Zufolge derer unterscheidet sich der Kontext der Schreibsituation, also der Produktion (emotionale Befindlichkeit des Schreibers, Absichten, Lebenserfahrungen etc.) vom Kontext der Rezeption, also der Lesesituation (emotionale Befindlichkeit des Lesers, Absichten, Geschichte etc.). Die mehr oder weniger große Kongruenz der Kontexte, hermeneutisch als Vorverständnis gekennzeichnet, bildet die Basis für das Verstehen der Intentionen des Schreibers und muss in einem hermeneutischen Prozess erweitert werden. Tatsächlich beginnt eine rein virtuelle Kommunikation mit einigen Lücken im Verständnis und ist zu Beginn von Mehrdeutigkeit behaftet. Allein durch das Aufrechterhalten des Dialoges entsteht ein Berater-Klient-Verständnis, welches sich sukzessive in eine „zone of reflexion" (Suler 1999, S. 8) intensiviert. „Wir interpretieren, um uns mit allen möglichen Phänomenen ‚bekannt' zu machen, ihnen Fremdheit zu nehmen, sie uns anzueignen, eine Verbindung zu ihnen herzustellen; schließlich auch zum Zweck, sich in ihnen wiederzufinden, sich zu erkennen" (Heintel/Ukowitz 2011, S. 42). Diese Art von Fremd- und Selbstverstehen ist ein konstitutives Element schriftbasierter dialogischer Online-Beratung. Es liegt nahe, dass Ratsuchende in Beratungsforen durch die Lektüre ihrer Beiträge und der Postings anderer eine Art Selbstberatung erfahren, wie sie etwa auch in der *Bibliotherapie* beim Lesen von Selbsthilfebüchern auftritt. Nicht nur aktiv Schreibende, auch Lurker (Mitleser) profitieren von der Partizipation an Diskussionen und Beratungsprozessen, bei denen es sowohl um Informationsaustausch, als auch um emotionale Unterstützung geht (vgl. Brunner/Engelhardt/Heider 2009, S. 82).

Für den hermeneutischen Verstehensprozess bieten Knatz und Dodier ein strukturiertes Vorgehen an, das sie in vier Lese- und Reflexionsfolien einteilen: Die erste Folie wird als der eigene Resonanzboden bezeichnet. Wird der Text zum ersten Mal gelesen, löst dies beim Leser innere Bilder, Eindrücke, Erinnerungen aus, die erste Hinweise für eine Diagnose geben können. In einem zweiten Schritt sollte daher der vorliegende Text auf den psychosozialen Hintergrund geprüft und die vorliegenden Fakten zum Anliegen und zum Ratsuchenden zusammengetragen werden. Erst auf der dritten Folie wird das eigentliche Thema des Ratsuchenden in Form von Wünschen und Fragen an den Berater diagnostiziert. Zuletzt erfolgt unter der vierten Folie die Intervention als strukturierter erster Antwortkontakt an den Ratsuchenden (vgl. Knatz/Dodier 2003, S. 143f).

Es lassen sich also mehrere Faktoren identifizieren, die den Wirkmechanismus von Schriftlichkeit in Beratungssettings erklären: Während die Schreibtherapie darauf abstellt, dass Schriftlichkeit einen Zugang zum Unbewussten schafft und dadurch eine klärende, kathartische Wirkung erzielt, decken Epston und White die Wirkmächtigkeit von Texten auf als Korrelat wiedererlangter Lebensautonomie zur Erschließung neuer Verhaltensoptionen. Die Textaffinität der Dekonstruktion von Problemen und der Konstruktion von Lösungen steht im Fokus des lösungsorientierten Ansatzes von de Shazer, während Knatz und Dodier Schriftlichkeit – in Form der E-Mail-Beratung – als Reaktion auf Präferenzen von Ratsuchenden betrachten und dazu nutzen, Be-ratungsprozesse in reflektierter Form zur Verfügung zu stellen, die sowohl die zeitliche Differenz zwischen Anfrage und Antwort als auch intendiertem und realen Adressaten berücksichtigen (vgl. Weinhardt 2009, S. 103ff).

Sowohl psychosoziale Online-Beratung als auch E-Coaching scheinen von der Schriftlichkeit profitieren zu können: Bei der psychosozialen Online-Beratung führt die textbasierte Kommunikation dazu, dass vor allem schwierige oder schambesetzte Themen schneller und direkter angesprochen werden. Im E-Coaching werden neben stärker kognitiv erfassbaren Themen wie Karrierefragen und Klärungs- bzw. Entscheidungsprozessen vor allem auch emotionale Inhalte wie „zwischenmenschliche Probleme, Konflikte am Arbeitsplatz, Mobbing, Kommunikation und Zusammenarbeit sowie Beziehungsprobleme" thematisiert (vgl. Schneider-Ströer 2011, S. 7).

5. Lese- und Schreibkompetenz

Anders als in der mündlich geführten Beratungs- und Coachingkommunikation sind bei der textbasierten Variante der Online-Beratung bzw. des E-Coachings besondere Lese- und Schreibkompetenzen erforderlich, um einen Beratungs- bzw. Coachingprozess erfolgreich zu gestalten. Am Vier-Folien-Konzept von Knatz und Dodier ist ablesbar, dass virtuelle Kommunikation in Beratungs- oder Coachingsituationen ein aufwändiges Lesen erfordert. Anfragen werden in der Regel mehrfach gelesen, mit verschiedenen Methoden und Fragen analysiert und in mehreren hermeneutischen Schleifen näherungsweise verstanden, das Anliegen aus den Textzeichen rekonstruiert (vgl. Knatz/Dodier 2003, S. 62ff). Dabei bleibt die beraterische Rekonstruktion des situativen Erlebens des Ratsuchenden von der objektiven Wahrheit ebenso entfernt, wie die – konstruierte – textuelle Anfrage des Ratsuchenden selbst (vgl. ebd. S. 122). Sich über die eigenen Konstruktions- bzw. Rekonstruktionsbedingungen (Vorurteile, emotionale Betroffenheit etc.) im Klaren zu sein, ist eine wichtige Voraussetzung für das Verfassen einer schriftlichen Beratungsantwort, deren selbstverständlicher Hintergrund ebenfalls Kenntnisse über die Wirkfaktoren schriftlicher virtueller Beratungskommunikation ausmachen. *Netzaffine Sprachzeichen* (Verschriftlichung mündlicher Kommunikationsbestandteile) zu beherrschen, gehört zudem zum Fundament einer für virtuelle Beratungssettings erforderlichen Schreibkompetenz. Hier liegt sicherlich die stärkste Begrenzung des Einsatzes von virtuellen Beratungssettings: Ratsuchende wie Berater benötigen ein gutes Textverständnis, das sie befähigt, zwischen den Zeilen zu lesen. Ebenso müssen sie über eine hohe schriftliche Ausdrucksfähigkeit verfügen, wenn sie kognitive wie emotionale Themen und Sachverhalte transportieren wollen.

Da Schreiben im Gegensatz zum Sprechen eine entwicklungspsychologisch nachgeordnete kulturell zu erwerbende Fähigkeit ist, muss diese Lese- und Schreibkompetenz zusätzlich zur Beratungskompetenz erworben werden. Allerdings existieren derzeit nur wenige strukturierte Aus- und Weiterbildungen in textbasierter virtueller Beratung, die von den meist gemeinnützig agierenden Trägern der Online-Beratung unabhängig sind.[1]

6. Blended-Counseling als hybrides Beratungssetting – ein Ausblick

Eine ähnliche Entwicklung wie bei E-Learning-Angeboten lässt sich mittlerweile auch für den Bereich der virtuellen Beratungssettings beobachten: Stand zu Beginn des virtuellen Lernens die Abgrenzung vom Präsenzlernen im Vordergrund im Sinne einer Entweder-Oder-Strategie, erfolgte in einem zweiten Schritt ein Verständnis, welches aus der Verbindung von Präsenzlernen und virtuellen Lernarrangements stimmige und nachteilausgleichende Konzepte entstehen ließ. In der Online-Beratung findet sich die systematische Verbindung von Face-to-Face-Beratung und virtuellem Setting (Blended-Counseling) derzeit noch vor allem in der Kontakt- und Einstiegsphase eines Beratungsprozesses. Folgt man dem Beratungsprozessmodell nach König/Volmer (1996), lassen sich vier Phasen unterscheiden: Die Orientierungsphase, in der der Kontakt angebahnt, eine Arbeitsbeziehung aufgebaut und der Beratungskontrakt geschlossen wird, die Klärungsphase, bei der die Problemdefinition und Zielsetzung im Vordergrund steht, sowie die eigentliche Veränderungsphase mit Erfolgskontrollen sowie die Abschlussphase

---

[1] Ein bislang einzigartiges Angebot auf Hochschulebene findet sich an der Georg-Simon-Ohm-Hochschule in Nürnberg, das Studierenden der Fakultät Sozialwissenschaften eine zertifizierte Zusatzqualifikation in Online-Beratung anbietet, die den Ausbildungsstandards der Deutschen Gesellschaft für Online-Beratung entspricht.

zur Sicherung der Nachhaltigkeit der Veränderung (vgl. König/Volmer 1996). Neben der Onlinevariante des Kontaktaufbaus – als Herantasten an ein Beratungssetting bzw. zum Abbau von Hemmschwellen, überhaupt eine Beratung in Anspruch zu nehmen – sind auch andere Phasen des Beratungsprozesses online gestaltbar: Gerade in der Klärungsphase kann ein virtuelles Setting die Vorteile der Schriftlichkeit zum Tragen bringen und in Korrespondenz zur sogenannten Filtertheorie eine schnellere und stärkere Zielfokussierung herbeiführen. Schriftlichkeit kann darüber hinaus in der Veränderungsphase im Sinne von Epston/White seine Wirkmächtigkeit entfalten, wenn Zwischenergebnisse formuliert werden und ein Rückbezug auf sie möglich wird. In klinisch-therapeutischen Settings wird Online-Beratung in der Abschlussphase zur Sicherung des Therapiefortschritts erfolgreich eingesetzt (vgl. Bauer/Kordy 2008). Eine weitere Form, Offline- und Online-Beratung zu verbinden, stellt die Möglichkeit dar, beide Kommunikationsformen parallel einzusetzen bzw. flexibel miteinander zu verbinden: Im Laufe einer Präsenzberatung können Online-Elemente, z. B. schriftlich fixierte Gedanken und Gefühle, Zwischenresümees etc., den Beratungsprozess intensivieren, zielorientierter gestalten und dadurch eventuell sogar abkürzen (vgl. Döring, 2010).

Im Gegensatz zur Online-Beratung wird im E-Coaching häufig noch die Kontraktphase im persönlichen Gespräch wahrgenommen, während andere Phasen durchaus online gestaltet sind (vgl. Schneider-Ströer 2011, S. 5f). Insbesondere Virtuelles Coaching als spezifische Form des E-Coachings (vgl. Geißler 2008) setzt auf die systematische Verknüpfung von Mündlichkeit bzw. Fernmündlichkeit und Schriftlichkeit. Schriftlichkeit wird dabei einerseits eingesetzt als Orientierungshilfe vor dem eigentlichen, (fern-)mündlichen Coachingprozess und hat vor allem die Funktion, mündliche Coachingabschnitte zu strukturieren und abzuschließen. Schriftlichkeit dient hier vor allem der Ergebnissicherung und erzielt in Anlehnung an Epston und White (2006) durch den im Schriftstück selbst angelegten Symbolwert Wirkmächtigkeit. In einem anderen Setting des Virtuellen Coachings dient die Schriftlichkeit gezielt der

Nachbetreuung verhaltensorientierter Trainings, so dass zwischen den Coachinggesprächen ein schriftbasiertes Selbstcoaching erzeugt wird. Gerade die größere zeitliche und örtliche Flexibilität der Online-Beratung bzw. des E-Coachings ist es, die diese virtuellen Formen generell attraktiv macht. Hinzu kommt die höhere Autonomie der Coachees bzw. Ratsuchenden bei der Gestaltung der Häufigkeit und Intensität der Kontakte. Entsprechend darf es nicht verwundern, wenn Online-Beratung wie E-Coaching eine zukunftsprägende Rolle in der Beratungslandschaft zugeschrieben wird – gerade in der Form des Blended-Counseling bzw. Blended-Coaching (vgl. Nestmann 2008, S. 13; vgl. Schneider-Ströer 2011, S. 11).

Literatur

Bauer, Stephanie/Kordy, Hans (2008): Computervermittelte Kommunikation in der psychosozialen Versorgung. In: Bauer, Stephanie/Kordy, Hans (Hrsg.): E-Mental Health, Heidelberg: Springer. S. 3-12

Beck, Ulrich (1986): Risikogesellschaft. Frankfurt/M.: Suhrkamp.

Brunner, Alexander/Engelhardt, Emily/Heider, Triz (2009): Foren-Beratung. In: Kühne Stefan, Hintenberger Gerhard (Hrsg.): Handbuch Online-Beratung. Psychosoziale Beratung im Internet, Göttingen: Vandenhoeck & Ruprecht. S. 79-90

Christl, Frank (2000): Psychologische Beratung im Internet – ein Erfahrungsbericht. In: Batinic, Bernad (Hrsg.): Internet für Psychologen, Göttingen: Hogrefe. S. 549-565

Döring, Nicola (2003): Sozialpsychologie des Internets. Die Bedeutung des Internets für Kommunikationsprozesse, Identitäten, soziale Beziehungen und Gruppen. Göttingen: Hogrefe

Döring, Nicola (2010): Sozialkontakte online: Identitäten, Beziehungen, Gemeinschaften. In: Schweiger, Wolfgang/Beck, Klaus (Hrsg.): Handbuch Online-Kommunikation, Wiesbaden: VS. S. 159-183

Dürscheid, Christa (2003): Medienkommunikation im Kontinuum von Mündlichkeit und Schriftlichkeit. Theoretische und empirische Probleme. In: Zeitschrift für Angewandte Linguistik, Nr. 38, S. 37-56

Eichenberg, Christiane (2004): Spezifika der therapeutischen Beziehung im Online-Setting. In: Psychotherapie im Dialog, 5. Jg., H. 4, S. 393-396

Epston David/White Michael (2006): Die Zähmung der Monster. Der narrative Ansatz in der Familientherapie, Heidelberg: C. Auer

Geißler, Harald (Hrsg.; 2008): E-Coaching, Baltmannsweiler: Schneider Hohengehren

Heintel Peter/Ukowitz, Martina (2011): Vielfalt ermöglichen. Eine reflexive Annäherung an Rolle und Funktion einer Rahmentheorie im Coaching. In: Birgmeier, Bernd (Hrsg.): Coachingwissen. Denn sie wissen nicht, was sie tun? Wiesbaden: VS. S. 33-45

Hintenberger, Gerhard (2006): *taschentuchreich* – Überlegungen zur Methodik der Chatberatung. In: e-beratungsjournal.net [online], 2. Jg., H. 2, verfügbar unter: http://www.e-beratungsjournal.net/ausgabe_0206/hintenberger.pdf (Abruf: 20.10.2011)

Hintenberger, Gerhard (2009): Der Chat als neues Beratungsmedium. In Kühne Stefan /Hintenberger Gerhard (Hrsg.): Handbuch Online-Beratung. Psychosoziale Beratung im Internet, Göttingen: Vandenhoeck & Ruprecht. S. 69–78

Hintenberger, Gerhard (2010): Oraliteralität als Interventionsstrategie in der Mail-Beratung mit Jugendlichen. In: e-beratungsjournal.net [online], 6. Jg., H. 2. URL: http://www.e-beratungsjournal.net/ausgabe_0210/hintenberger.pdf (Abruf: 20.10.2011)

Knatz, Birgit/Dodier, Bernard (2003): Hilfe aus dem Netz. Theorie und Praxis der Beratung per E-Mail, Stuttgart: Klett-Cotta

Koch, Peter/Oesterreicher, Wulf (1985): „Sprache der Nähe – Sprache der Distanz. Mündlichkeit und Schriftlichkeit im Spannungsfeld von Sprachtheorie und Sprachgeschichte". In: Romanistisches Jahrbuch 36. Berlin/New York: Walter de Gruyter. S. 15-43

König Eckard/Volmer Gerda (1996): Systemische Organisationsberatung. Grundlagen und Methoden, Weinheim: Deutscher Studienverlag

Misoch, Sabina (2006): Online-Kommunikation, Konstanz: Reihe UTB

Nestmann, Frank (2008): Die Zukunft der Beratung in der sozialen Arbeit. In: Beratung aktuell. Fachzeitschrift für Theorie und Praxis der Beratung, Heft 2. S. 1-25

Opaschowski, Horst W. (1999): Generation@. Die Medienrevolution entlässt ihre Kinder: Leben im Informationszeitalter, Hamburg: Kurt Mair Verlag

Reindl, Richard (2009): Online-Beratung – zur digitalen Ausdifferenzierung von Beratung. In: Journal für Psychologie 17/2009, Ausgabe 1. URL: http://www.journal-fuer-psychologie.de/jfp-1-2009-04.html (Abruf: 15.02.2012)

Schneider-Ströer, Jutta (2011): Schriftbasiertes E-Coaching: Einsatzfelder, Rahmenbedingungen und Grenzen – Eine Befragung im deutschsprachigen Raum. In: e-beratungsjournal.net [online], 7. Jg., H. 1. URL: http://www.e-beratungsjournal.net/ausgabe_0111/schneider.pdf (Abruf: 20.10.2011)

Schultze, Nils Günter (2007): Erfolgsfaktoren des virtuellen Settings in der psychologischen Internet-Beratung. In: e-beratungsjournal.net [online], 3. Jg., H. 1. URL: http://www.e-beratungsjournal.net/ausgabe_0107/schultze.pdf (Abruf: 20.10.2011)

Schultze, Nils Günter (2004): "Ich wäre nie zu einem Psychologen gegangen...". Fachliche und Effizienzvorteile psychologischer Internetberatung. Zentralblatt für Jugendrecht, 91. Jg., H. 11. S. 405-410

Schützeichel, Rainer/Brüsemeister, Thomas (Hrsg.; 2004): Die beratene Gesellschaft – Zur gesellschaftlichen Bedeutung von Beratung. Wiesbaden: VS

Siekmeier, Thessen (2006): Online-Beratung für Senioren. Psychosoziale Beratung im Internet als ergänzendes Angebot der Altenhilfe. Marburg: Tectum

Stumpp Gabriele/Oltmann Imke (1999): Krisenberatung – die virtuelle Couch, In: Sozialmagazin, 24. Jg., H. 7/8. S. 40-46

Suler, John (1999): The basic psychological features of e-mail communication. Retrieved December 14, 2005. URL: http://www.selfhelpmagazine.com/articles/internet/features.html

Weinhardt, Marc (2009): E-Mail-Beratung: Eine explorative Studie zu einer neuen Hilfeform in der sozialen Arbeit, Wiesbaden: VS

Werder, Ludwig von (1986): ...triffst Du nur das Zauberwort. Eine Einführung in die Schreib- und Poesietherapie und in die Arbeit literarischer Werkstätten, München. Psychologie-Verlags-Union, Urban u. Schwarzenberg

Coaching und Beratung mit und ohne moderne Medien – ein empirischer Vergleich

Harald Geißler, Charlotte Kurzmann, Maren Metz

1. Einleitung

In dem vorliegenden Beitrag geht es um den empirischen Vergleich von vier Beratungsformaten (siehe Tab. 1), nämlich berufsbezogenem Coaching face-to-face, berufsbezogenem Telefoncoaching mit programmgeleitetem Internet-Support, Psychotherapie face-to-face und psychosozialer Online-Beratung als asynchronem Schriftwechsel im Kontext einer virtuell-anonymen Selbsthilfegemeinschaft.

	Beratung ohne Nutzung der modernen Medien	Beratung mit Nutzung der modernen Medien
Berufsbezogenes Coaching	Business Coachings face-to-face	Telefoncoachings mit programmgeleitetem Internet-Support
Psychosoziale Beratung	Psychotherapie face-to-face	Asynchrone psychosoziale Online-Beratung im Kontext einer virtuell-anonymen Selbsthilfegemeinschaft

Tab. 1: Die untersuchten vier Beratungsformate

Unsere Anfangshypothese war, dass Unterschiede zu finden sind zum einen zwischen Face-to-Face-Formaten und Beratungen mit modernen Medien und zum anderen zwischen berufsbezogenen und psychosozialen Beratungen. Diese Erwartung formatspezifischer Differenzen wurde nicht bestätigt. Stattdessen stießen wir auf eine Vielzahl von Gemein-

samkeiten, die uns zu der Schlussfolgerung veranlassten, dass die untersuchten Formate Beispiele einer übergeordneten Kommunikationsgattung sind, die wir *subsidiäre Beratung'* nennen.

2. Auswahl des Untersuchungsmaterials

Unser Untersuchungsmaterial bestand aus:

- drei Business Coachings face-to-face,
- zwei berufsbezogenen Telefoncoachings mit programmgeleitetem Internet-
  Support (siehe dazu den Beitrag von Geißler in diesem Band),
- einer psychosozialen Online-Beratung als asynchronem schriftlichem Beratungsdialog im Kontext einer virtuell-anonymen Selbsthilfegemeinschaft
  (kids-hotline.de)
- und einer Psychotherapiesitzung face-to-face.

Da konzeptionell unklar ist, was Coaching bzw. *Business-Coaching* genau
meint, haben wir ein Feldexperiment durchgeführt, um bei der Auswahl
der Business Coachings eine möglichst hohe *Repräsentativität* zu gewährleisten: Wir haben Business-Coaches gebeten, vor laufender Ka-
mera einen Schauspieler zu coachen, der in einer Art Stegreifrollenspiel
eine vom Coach vorgegebene Coachingthematik spielte. Das so erstellte
Video wurde auf Wunsch bzw. mit Genehmigung des Coachs im Internet (www.coaching-gutachten.de) veröffentlicht. Unsere Vorannahme
war dabei, dass dieses Angebot nur Coaches wahrnehmen, die sich sicher sind, dass der Markt die Videoaufnahme nicht nur als ein reprä-
sentatives, sondern darüber hinaus auch als ein gelungenes Beispiel für
Coaching wahrnimmt und dass sie auf diese Weise Marktvorteile bekommen. Wir haben entschieden, die ersten drei Videos, die im Rahmen
dieses Feldexperiments entstanden sind und in der aufgezeigten Weise
ihre Repräsentativität nachgewiesen haben, für unsere Analyse zu nutzen. Dabei war nicht zuletzt auch die Repräsentativität der Coa-
chingthemen ausschlaggebend.

So geht es im ersten Coaching um einen Klienten, der Probleme mit seinem Vater hat, der ein mittelständisches Unternehmen in einer Weise leitet, mit der der Sohn sich nicht identifizieren kann. Diese Problematik verschärft sich, weil der Vater in Kürze aus Altersgründen die Leitung des Unternehmens an den Sohn abgeben will und erwartet, dass er es so weiterführt wie bisher. Das zweite Coaching zeigt eine Führungskraft, die sich aufgrund unterschiedlicher Mentalitäten nicht mit dem Leiter der Nachbarabteilung versteht, mit der der Klient immer wieder eng zusammenarbeiten muss. Im dritten Coaching schließlich geht es um einen Klienten, der eine höhere Führungsposition inne hat und von seinem Umfeld – für ihn zunächst völlig unverständlich – als zu aggressiv wahrgenommen wird.

Ein ganz ähnlicher Repräsentativitätsnachweis wie bei den Business-Coachings liegt bei der *Psychotherapiesitzung* vor, die wir für unsere Untersuchung ausgewählt haben. Es handelt sich um eine ins Deutsche übersetzte Aufnahme, die im Deutschen Fernsehen im Rahmen der Sendereihe *In Treatment* (siehe www.3sat.de/intreatment) ausgestrahlt wurde und von Psychotherapeuten allgemein als sehr realitätsgerecht bewertet wird. Sowohl der Psychotherapeut wie auch der Klient sind hier Schauspieler. Nicht nur die Art und Weise, wie Therapeut und Klient miteinander umgehen, sondern auch die Klientenproblematik kann als repräsentativ eingeschätzt werden. Im Gegensatz zu den Business-Coachings bezieht sie sich nicht auf berufliche Fragestellungen, sondern auf tiefgreifende emotionale Probleme, die zu einem Autounfall geführt haben.

Im Gegensatz zu der Psychotherapiesitzung handelt es sich bei dem von uns analysierten asynchron-schriftlichen Beratungsdialog der Internetplattform *kids-hotline.de* um eine Echtberatung, die deshalb auch anonym bleiben muss. *kids-hotline.de* ist eine Plattform, die sich an Kinder und Jugendliche mit Problemen wendet und auf den Prinzipien einer virtuell-anonymen Selbsthilfegemeinschaft beruht, die – unter Beobachtung und gegebenenfalls auch Anleitung von im Hintergrund wirkenden Professionals – sich selbst organisiert. Aus diesem Grunde war der Berater der für unsere Untersuchung ausgewählten Beratung im

Gegensatz zu allen anderen Beratungsdialogen kein Professional. Das mag Erstaunen auslösen angesichts der Problematik des Ratsuchenden, der vor Kurzem seinen Vater durch Selbstmord verloren hatte und nun selbst suizidgefährdet war. Aufgrund der Repräsentativität vor allem der Behandlung dieser Problematik wählte einer der im Hintergrund wirkenden Professionals für uns diesen Beratungsdialog aus und machte ihn uns nach vorheriger Anonymisierung zugänglich.

Die geringsten Probleme bezüglich der Repräsentativität schließlich lagen bei den untersuchten Telefoncoachings mit programmgeleitetem Internet-Support vor. Denn bei diesem Format handelt es sich um eine Innovation des Autors. Thematisch ging es in dem ‚Virtuellen Transfercoaching (VTC)' um eine Mitarbeiterin, die ein Führungskräfteseminar besucht hatte und nun Unterstützung haben wollte bei der Aufgabe, das dort Gelernte möglichst wirkungsvoll an ihrem Arbeitsplatz umzusetzen. Das Ziel des Klienten im ‚Virtuellen Führungscoaching (VFC)' war, Ideen und Umsetzungsunterstützung zu bekommen, um sein Führungsverhalten zu verbessern und mehr Aufgaben an seine Mitarbeiter zu delegieren. Beide Telefonate und wurden aufgezeichnet und anonymisiert analysiert.

3. Methodisches Vorgehen: Vermittlung qualitativer und quantitativer Verfahrensmerkmale

Für die Analyse von Beratungsprozessen bieten sich unterschiedliche methodologische Zugänge an. Sie lassen sich dem *deduktiv* vorgehenden *quantitativen* oder dem *induktiv* vorgehenden *qualitativen* Paradigma zuordnen (z.b. Kelle 2008). Die Grundidee des quantitativen Paradigmas ist, deduktiv aus Theorien, die den Untersuchungsgegenstand konzeptionell reflektieren, Analysekategorien abzuleiten. Diese werden an das Untersuchungsmaterial, also zum Beispiel an Beratungsgespräche, herangetragen, um Daten zu generieren, die statisch bearbeitet werden (vgl. Bales 1950; Flanders 1970; Greif/Schmidt/Thamm 2010).

Das, was diesen Ansatz für unsere Untersuchung interessant macht, ist, mit Hilfe eines Kategoriensystems mögliche Gemeinsamkeiten und Unterschiede der von uns ausgewählten Beratungsdialoge zu erfassen und in Zahlen auszudrücken. Die größte Schwäche dieses Paradigmas jedoch ist die *problematische Validität* der Analysekategorien. Denn sie werden deduktiv an das zu untersuchende empirische Material herangetragen, und es besteht keine Möglichkeit, sie im Zuge ihrer empirischen Anwendung weiterzuentwickeln.

Diese Kritik lenkt den Blick auf das Alternativparadigma der *induktiv* vorgehenden *qualitativen* Verfahren. Für unsere Fragestellung besonders interessant ist dabei die pragmalinguistisch ausgerichtete *Gesprächs- bzw. Konversationsanalyse* (z.B. Deppermann 2008), deren Anliegen ist, die tiefer liegenden *Sinn- und Bedeutungsstrukturen* des untersuchten Kommunikationsmaterials *interpretativ zu rekonstruieren*. Dem so bedingte Vorteil einer hohen Validität der Untersuchungsergebnisse stehen allerdings zwei Schwächen gegenüber, nämlich *die Begrenzheit ihres Geltungsbereichs*, der auf den untersuchten Einzelfall beschränkt ist, sowie ungelöste Probleme der *Reliabilität*.

Die jeweiligen Vorteile und Schwächen dieser beiden Paradigmen führen zum Konzept der *Methodentriangulation*, d.h. motivieren die Idee, qualitative und quantitative Verfahrensweisen so miteinander zu verbinden, dass die jeweiligen Stärken erhalten, gleichzeitig aber ihre Schwächen reduziert werden. So wird zum Beispiel in der Inhaltsanalyse (Mayring 2008) versucht, Kategorien qualitativ zu rekonstruieren, um sie dann anschließend für die Generierung und statistische Bearbeitung quantitativer Daten zu nutzen.

Dieser Anregung sind wir gefolgt und haben unsere Arbeit in drei Phasen gegliedert:

- In der Start- bzw. Explorationsphase haben wir das vorliegenden Kommunikationsmaterial sinnexplizierend interpretiert und dabei versucht, valide Analysekategorien zu rekonstruieren;
- in der Konsolidierungsphase gelang es, diese zu stabilisieren und zu einem Kategoriensystem zu verdichten,

- das wir in der Differenzierungsphase dann für die Durchführung statistischer Analyseverfahren genutzt haben.

4 Untersuchungsergebnisse

Das wichtigste Ergebnis unserer Untersuchung ist, dass es gelang, induktiv ein Kategoriensystem zu rekonstruieren, mit dem alle sieben untersuchten Beratungspraxen valide erfasst werden können. Hieraus schlussfolgern wir, dass ihnen eine bestimmte Gemeinsamkeit zugrunde liegt, nämlich dass sie Beispiele einer identischen Kommunikationsgattung sind, die wir ,subsidiäre Beratung' nennen.

Der Begriff der *Kommunikationsgattung*, der im konversationsanalytischen Diskurs bzw. im Zuge der Diversifizierung von Konversationsanalyse in Gattungsanalysen wichtig geworden ist (Flick 2007, S. 431ff), bezieht sich auf kommunikative Vorgänge, „die sich gesellschaftlich verfestigt haben" (Knoblauch/Luckmann 2000, S. 538). Bisher untersuchte Kommunikationsgattungen sind vor allem Klatsch (Bergmann 1987) und elektronische Kommunikationsformen bzw. Kommunikation in den Massenmedien (Bergmann/Meier 2000).

In Abgrenzung gegenüber anderen Kommunikationsgattungen, wie zum Beispiel

- Klatsch und Tratsch,
- Information und Massenkommunikation,
- Small Talk und gesellige Unterhaltung,
- Erziehung und Führung,
- Qualifizierung und Training,
- Werbung für Sympathie, Ideen und Entscheidungen,
- Vernehmung und Verhör,
- Trost und unterstützende Zusprache,
- Klärungsdiskurs,
- Durchsetzungsorientiertes Streiten

lässt sich ‚subsidiäre Beratung' auf der Grundlage unserer Untersuchungsergebnisse als eine Kommunikationsgattung darstellen, die sich durch folgende qualitative und quantitative Merkmale auszeichnet, nämlich

- durch die Gleichwertigkeit illokutionärer und propositionaler Sprechhandlungsanteile (4.1),
- durch umfangreiche Metakommunikation (4.2),
- durch die Differenzierung der illokutionären Sprechhandlungsanteile in illokutionär-rahmensetzende und illokutionär-problemlösungsbezogenene Anteile (4.3),
- durch die Präferenz bestimmter illokutionär-rahmensetzender Sprechhandlungen (4.4),
- durch eine hohe Facilität des Kommunikationsverhaltens der Beratenden und eine hohe Instruktionalität des Kommunikationsverhaltens der Klienten (4.5) und
- durch eine große Heterogenität der illokutionär-problemlösungsbezogenen Sprechhandlungsanteile (4.6).

4.1 Illokutionäre und propositionale Sprechhandlungsanteile

Ein erstes Merkmal, das für subsidiäre Beratung charakteristisch ist und diese von anderen Kommunikationsgattungen abgrenzt, ist die Gleichwertigkeit illokutionärer und propositionaler Sprechhandlungsaspekte. Grundlage dieser Aussage ist die kommunikationstheoretische Erkenntnis, dass kommunikative Äußerungen eine zweigliedrige Grundstruktur haben. In diesem Sinne unterscheiden Watzlawick einen *Inhalts-* und einen *Beziehungsaspekt* (Watzlawick/Jackson/Beavin 1969, S. 53ff) und die pragmalinguistische Sprechakttheorie (z.B. Austin 1972; Searle 1971) einen *illokutionären* und einen *propositionalen* Kommunikationsanteil. Letzterer bezieht sich auf die Thematisierung von Inhalten, während Ersterer die Beziehung des Sprechers zum einen zu dem thematisierten Inhalt und zum anderen zum Angesprochenen reguliert. Für den Beispielsatz „Ich freue mich, dass du morgen kommst" bedeutet das: Der illokutionäre Teil lässt sich mit den Worten umschreiben: „Ich freue mich darüber, dass ..."; und der propositionale Teil lautet: „du kommst morgen".

Mit Bezug auf diese pragmalingustische Unterscheidung zeigt sich, dass die illokutionären und propositionalen Anteile in allen Beratungsdialogen aufs Ganze gesehen ungefähr *gleich wichtig* sind. Der Grund hierfür ist, dass subsidäre Beratung einerseits der Lösung von Problemen bzw. inhaltlichen Herausforderungen dient. Das erklärt die hohe Bedeutung der propositionalen Sprechhandlungsanteile. Dieser Anspruch verbindet sich andererseits mit einer bestimmten Problemlösungsmethode, nämlich Hilfe zur Selbsthilfe zu geben. Dieser zweite Anspruch lenkt den Blick auf die illokutionären Sprechhandlungsanteile.

Mit dieser doppelten Akzentsetzung unterscheidet sich ‚subsidiäre Beratung'

- zum einen von den Kommunikationsgattungen ‚Klatsch und Tratsch', ‚Trost und unterstützende Zusprache' und ‚Small Talk und gesellige Unterhaltung', bei denen der Beziehungsaspekt bzw. die illokutionären Kommunikationsanteile sehr viel wichtiger sind als die propositionalen Anteile,
- und zum anderen von den Kommunikationsgattungen ‚Information und Massenkommunikation', ‚Klärungsdiskurs' und ‚Vernehmung und Verhör', bei denen die Ermittlung, Vermittlung, Reflexion oder Problematisierung von Inhalten im Vordergrund stehen.

Blickt auf die untersuchten Beratungsdialoge, wird erkennbar, dass sie nicht vollständig durch das oben beschriebene Merkmal bestimmt sind, sondern

- dass vor allem zu Beginn und am Ende der Interaktionen die ‚subsidiäre Beratung' oft durch die Kommunikationsgattung ‚Small Talk und gesellige Unterhaltung' überlagert wird
- und dass in die drei Business Coachings Rollenspiele eingelagert sind, in denen die Kommunikationsgattungen ‚Durchsetzung von Meinungen und Interessen' und ‚Werbung für Sympathie, Ideen und Entscheidungen' dominieren.

Mit den oben beschriebenen Merkmalen rückt ‚subsidiäre Beratung' in eine gewisse Nähe zu den Kommunikationsgattungen, für die ebenfalls charakteristisch ist, dass der illokutionäre und propositionale Anteil ungefähr gleich wichtig sind, nämlich ‚Werbung für Sympathie, Ideen und Entscheidungen', ‚Anleitung und Führung', ‚Qualifizierung und Training' und ‚Durchsetzungsorientiertes Streiten'. Es stellt sich deshalb die Frage, wie sich ‚subsidiäre Beratung' von ihnen unterscheidet.

4.2 Die Bedeutung von Metakommunikation

Diese Frage führt zu dem zweiten Merkmal, das für ‚subsidiäre Beratung' grundlegend ist. Es ist der hohe Anteil von Metakommunikation. Denn wie Tab. 2 verdeutlicht, zeichnen sich alle untersuchten Beratungsdialoge dadurch aus,

- dass die Interaktionspartner ihre Kommunikation umfangreich durch Metakommunikation steuern
- und dass diese Metakommunikation dergestalt asymmetrisch ist, dass die metakommunikativen Sinneinheiten auf Seiten des Beraters höher sind als auf Seiten des Klienten.

	BC1	BC2	BC3	VTC	VFC	Kids-Hotline	In Treat-ment
Metakomm. des Beraters	50,57	52,41	34,78	49,04	48,87	23,91	46,51
Metakomm. des Klienten	31,94	24,21	26,16	42,57	33,9	16,98	31,01

Tab. 2: Prozentualer Anteil metakommunikativer Sinneinheiten

Der zentrale Grund für diese Auffälligkeit ist, dass ‚subsidiäre Beratung' offenbar eine hochgradig erklärungsbedürftige Kommunikationsgattung ist. Denn es geht in dem Beratungsprozess thematisch nicht nur um die Inhalte, die Anlass für die Beratung sind, sondern der Prozess muss in einer bestimmten Weise von beiden Kommunikationsparteien gemeinsam, d.h. metakommunikativ beobachtet und gesteuert werden. Diese Aufgabe fällt vor allem dem Berater zu.

Dieses Merkmal trifft für alle untersuchten Beratungsdialoge zu. Etwas geringer sind lediglich die Werte nur für die Kids-Beratung, und zwar vermutlich deshalb, weil hier der Berater ein Non-Professional war. Diese Auffälligkeit reicht jedoch nicht aus, um unsere Anfangshypothese zu bestätigen, dass sich berufsbezogenes Coaching von psychosozialer Beratung unterscheidet und dass es – sozusagen quer hierzu – auch deutlich Unterschiede zwischen Präsenzformaten und Beratungen mit modernen Medien gibt. Denn das Beraterverhalten der untersuchten Psychotherapiesitzung (In Treatment) zeichnet sich durch eine recht hohe Metakommunikation aus. Zu einem ganz ähnlichen Ergebnis kommt man auch, wenn man die Kids-hotline-Beratung in Beziehung setzt zu den beiden anderen Beratungen mit modernen Medien, d.h. dem VTC und dem VFC.

4.3 Differenzierte Struktur der illokutionären Sprechhandlungsanteile

Ein drittes Merkmal ‚subsidiärer Beratung' ist, dass die hohe Bedeutung sowohl illokutionärer wie auch propositionaler Sprechhandlungsanteile und ihre so bedingte enge Verzahnung eine Differenzierung der illokutionären Sprechhandlungsanteile in *illokutionär-rahmensetzende* und *illokutionär-problemlösungsbezogene* Sprechhandlungsanteile notwendig macht.

Bei der Auseinandersetzung mit den untersuchten sieben Beratungsdialogen zeigt sich, dass die Kommunikation der Beratenden und Ratsuchenden sich zum einen mit Hilfe einer Sprechhandlungsklassifikation angemessen analysieren lässt, die konzeptionell an die These von Schulz von Thun (1981) anschließt, dass jede Äußerung vier Aspekte hat. Diese vier Aspekte konkretisieren sich in der Kommunikationsgattung der ‚subsidiären Beratung' in folgenden neun Kategorien (vgl. Geißler 2011, S. 172):

- Sprechhandlungen, mit denen der Sprecher anzeigt, dass es ihm im Wesentlichen um die Vermittlung bzw. Thematisierung eines bestimmten *Inhalts* geht. Für ‚subsidiäre Beratungen' sind folgende fünf inhaltsbetonte Sprechhandlungsmöglichkeiten konstitutiv, nämlich
    - Vermittlung von fallspezifischem Wissen, also z.B. Erfahrungswissen,
    - Vermittlung von allgemein gültigem Wissen,
    - bewertende und/oder differenzierende Stellungnahmen zu vorherigen Aussagen,
    - Spiegelungen, d.h. inhaltlich strukturierte Zusammenfassungen
    - und inhaltlich begründetes Feedback an den Gesprächspartner.
- Sprechhandlungen, die die Funktion des *Appells* haben. Mit Bezug auf ‚subsidiäre Beratung' sind hier zwei zu nennen, nämlich
    - Fragen zu stellen oder Reflexionsimpulse zu geben
    - und Handlungsaufforderungen, d.h. den anderen aufzufordern, eine bestimmte nicht-sprachliche Handlung zu vollziehen oder zu unterlassen.
- Sprechhandlungen der *Selbstoffenbarung*, d.h. der Mitteilung persönlicher Gefühle, Wünsche oder Gedanken.
- Sprechhandlungen, die explizit der *Beziehungsgestaltung* und hier besonders der Signalisierung persönlicher Wertschätzung dienen.

Mit diesem qualitativen Profil illokutionär-rahmensetzender Sprechhandlungsanteile grenzt sich die Kommunikationsgattung der ‚subsidiären Beratung' gegenüber anderen Kommunikationsgattungen ab, und zwar dadurch, dass bestimmte Illokutionen nicht vorkommen bzw. irrelevant sind wie z.B.

- ‚Befehlen bzw. Gebieten' als konstitutive Illokution der Kommunikationsgattungen ‚Vernehmung und Verhör', ‚Erziehung und Führung' und ‚durchsetzungsorientierten Streitens'
- oder ‚Anklagen bzw. Beschuldigen' gegebenenfalls auch in Verbindung mit Zeichen der persönlichen Distanzierung bzw. Abneigung als konstitutive Illokutionen der Kommunikationsgattung ‚durchsetzungsorientierten Streitens'.

Aufgrund der Fokussierung ‚subsidiärer Beratung' auf die Bearbeitung und Lösung von Klientenproblemen verbinden sich die oben genannten neun illokutionär-rahmensetzenden Sprechhandlungen mit folgenden elf *illokutionär-problemlösungsbezogenen* Sprechhandlungen:

- Sprechhandlungen, die sich auf die Motivation beziehen, sich mit der vorliegenden Coachingthematik bzw. -problematik auseinandersetzen zu wollen.
- Sprechhandlungen, bei denen es um die Fokussierung derjenigen Einzelphänomene bzw. -fakten geht, die wichtig sind, um die vorliegende Coachingthematik bzw. -problematik verstehen zu können. Die Sprechhandlungen lassen sich unterteilen in solche,
    - die der Fokussierung einzelner kognitiver Inhalte dienen,
    - die auf die Intensivierung oder Modifikation der kognitiven Fokussierung zielen
    - oder die der Fokussierung von Gefühlen dienen.
- Sprechhandlungen, die sich auf die Analyse dessen beziehen, was fokussiert worden ist. Diese Analyse kann sich vollziehen als
    - Ermittlung von Gemeinsamkeiten und Unterschieden
    - Nachzeichnen von Prozessen
    - Analyse von Ursachen
    - und Rekonstruktion von Bedeutung und Sinn.
- Sprechhandlungen, die sich auf die Bewertung der Analyseergebnisse beziehen. Hierbei bieten sich zwei Möglichkeiten an, nämlich
    - nicht-vergleichende Bewertungen
    - und vergleichende Bewertungen.
- Sprechhandlungen, die sich auf Handlungs- bzw. Entscheidungskonsequenzen beziehen, die sich aus der entwickelten Analyse und Bewertung ergeben.

4.4 Profil der illokutionär-rahmensetzenden Sprechhandlungen

Betrachtet man die illokutionär-rahmensetzenden Sprechhandlungen im nicht-metakommunikativen Bereich der untersuchten Beratungsdialoge genauer, werden folgende Auffälligkeiten erkennbar (siehe dazu auch Tab. 3 und 4):

- Die *Beratenden* bevorzugen vor allem zwei der insgesamt neun rekonstruierten Illokutionsmöglichkeiten, nämlich *Fragen* und *Spiegelungen*. Beide zusammen machen mehr als die Hälfte aller Sprechhandlungen aus, die die Beratenden in ihrer nicht-metakommunikativen Kommunikation vollziehen.

- Im Gegensatz hierzu bevorzugen die *Klienten* vor allem die *Vermittlung von fallspezifischem Wissen* (vor allem Erfahrungswissen) und *Selbstoffenbarungen*. Rechnet man beide zusammen, decken sie mehr als drei Viertel der gesamten nicht-metakommunikativen Sprechhandlungen der Ratsuchenden ab.

	BC 1	BC 2	BC 3	VTC	VFC	Kids-Hotline	In Treatment
Beziehungsgestaltung/ Wertschätzung	01,15	00,00	01,10	09,44	01,46	00,00	00,00
Vermittlung fallspezifischen Wissens	01,15	02,55	05,55	00,00	04,40	05,72	15,22
Vermittlung allg.gültigen Wissens	02,31	00,00	00,00	00,00	11,72	00,00	08,69
disputierende Stellungnahme	01,15	00,00	01,10	00,00	02,92	02,83	06,53
Spiegelung	49,41	44,36	18,90	33,97	23,90	19,82	02,17
Feedback	04,59	02,55	00,00	20,74	05,86	08,57	04,36
Fragen, Reflexionsimpuls	33,33	48,61	63,34	33,97	43,91	31,43	52,17
Handlungsaufforderung	04,59	02,55	01,10	01,88	02,92	02,83	02,17
Selbstoffenbarung	02,31	01,27	08,90	00,00	02,92	28,58	08,69
Gesamte Nicht-Metakommunikation	100,00	100,00	100,00	100,00	100,00	100,00	100,00

Tab. 3: Illokutionär-rahmensetzende Sprechhandlungen der Beratenden im nicht-metakommunikativen Bereich

	BC 1	BC 2	BC 3	VTC	VFC	Kids-Hotline	In Treatment
Beziehungsgestaltung/Wertschätzung	00,00	00,00	00,49	01,82	01,29	00,00	00,00
Vermittlung fallspezifischen Wissens	37,69	52,08	38,35	49,09	34,61	61,36	68,53
Vermittlung allg. gültigen Wissens	00,76	02,08	00,49	00,00	02,56	00,00	00,92
disputierende Stellungnahme	02,31	04,86	01,94	18,18	06,41	02,28	03,70
Spiegelung	00,76	00,00	00,49	00,00	00,00	00,00	00,00
Feedback	00,00	00,00	00,00	00,00	00,00	00,00	00,00
Fragen, Reflexionsimpuls	00,00	00,00	01,46	00,00	00,00	02,28	05,55
Handlungsaufforderung	01,53	00,00	00,00	00,00	00,00	00,00	00,00
Selbstoffenbarung	56,94	40,97	65,79	30,91	55,13	34,09	21,31
Gesamte Nicht-Metakommunikation	100,00	100,00	100,00	100,00	100,00	100,00	100,00

Tab. 4: Illokutionär-rahmensetzende Sprechhandlungen der Klienten im nicht-metakommunikativen Bereich

Neben diesen Gemeinsamkeiten fallen folgende Unterschiede auf:

▪ Im Business Coaching 3 nimmt der Coach mit 18,90% relativ wenige Spiegelungen vor, während der Anteil der Fragen mit 63,34% relativ hoch ist.
▪ Im VTC sind das Feedback des Beraters mit 20,74% und der Anteil disputierender Stellungnahmen des Klienten mit 18,18% auffällig hoch.
▪ Im VFC vermittelt der Berater recht viel allgemein gültiges Wissen (11,72%).
▪ In der Kids-Beratung ist der Anteil der Spiegelungen des - nonprofessionellen - Beraters mit 19,82% etwas niedrig, während der Anteil seiner Selbstoffenbarungen mit 28,58% außerordentlich hoch ist.
▪ Und in der Psychotherapiesitzung vermittelt der Psychotherapeut relativ viel fallspezifisches Wissen (15,22%) und nimmt extrem wenige Spiegelungen (02,17%) vor.

So auffällig diese Unterschiede sind, sie stützen nicht die anfängliche Vermutung, dass Unterschiede zu erwarten sind einerseits zwischen berufsbezogenem Coaching und psychosozialer Beratung und andererseits zwischen Präsenzberatung und Beratung mit modernen Medien.

4.5 Hohe Facilität des Kommunikationsverhaltens der Beratenden und hohe Instruktionalität des Kommunikationsverhaltens der Klienten

Das fünfte Merkmal ‚subsidiärer Beratung' ist, dass sie sich auf Seiten der Beratenden durch einen relativ hohen Anteil facilitativer Kommunikation auszeichnet, mit denen sie die Klienten zu eigenständigen Problemlösungsaktivitäten anregen. Dieses Kommunikationsverhalten korrespondiert auf Seiten der Klienten mit einer spiegelbildlich hohen Instruktionalität, dem Berater die eigenen Problemlösungsprozesse und - ergebnisse zu präsentieren.

Voraussetzung für diese Erkenntnis ist, dass es für die illokutionär-problemlösungsbezogenen Sprechhandlungsanteile jeweils zwei Varianten gibt, nämlich jeweils eine instruktionalistische und eine facilitative Ausprägung (vgl. Arnold/Schüßler 2003). Sie lassen sich sprechakttheoretisch folgendermaßen darstellen:

	Instruktionalistische Sprechhandlungen, d.h. der Sprecher teilt dem Angesprochene mit, ...	*Facilitative Sprechhandlungen*, d.h. der Sprecher veranlasst den Angesprochenen, ...
Motivation	... in welcher Arbeitshaltung er ist	... in eine bestimmte Arbeitshaltung zu kommen
Fokussierung	... was er gedanklich (wie) fokussiert	... gedanklich etwas zu fokussieren
	... was er gedanklich (wie) konkreter, detaillierter oder umfassender fokussiert	... gedanklich etwas konkreter, detaillierter oder umfassender zu fokussieren
	... was er (wie) fühlt	... zu etwas hinzufühlen

Analyse	… welchen Unterschied er (wie) reflektiert bzw. was er (wie) in Beziehung setzt	… etwas zu unterscheiden oder Verschiedenes in Beziehung zu setzen
	… welchen Geschehensablauf er (wie) reflektiert	… einen Geschehensablauf zu reflektieren
	… welche Kausalitäten er (wie) reflektiert	… Kausalitäten zu reflektieren
	… welche(n) Relevanzen-Bedeutungen, Sinn er (wie) reflektiert	… Relevanzen, Bedeutungen, Sinn zu reflektiert
Bewertung	… was er nicht-skalengestützt bzw. nicht-vergleichend (wie) bewertet	… etwas nicht-skalengestützt bzw. nicht-vergleichend zu bewerten
	… was er skalengestützt bzw. vergleichend (wie) bewertet	… etwas skalengestützt bzw. vergleichend zu bewerten
Handlung	… welchen Handlungsimpuls, -vorsatz, bzw. -entschluss er hat	… etwas zu tun bzw. einen Handlungsvorsatz, bzw. -entschluss zu entwickeln

Tab. 5: Instruktionalistische und facilitative Sprechhandlungen

Vergleicht man die instruktionalistischen und facilitativen Sprechhandlungen sowohl der Beratenden wie auch der Klienten, werden anhand der Tab. 6 und 7 folgende *Gemeinsamkeiten* der untersuchten Beratungsdialoge erkennbar:

- Das Kommunikationsverhalten der Klienten ist fast ausschließlich durch instruktionalistisches Kommunikationsverhalten gekennzeichnet.
- Das Kommunikationsverhalten der Beratenden ist deutlich facilitativer als dasjenige der Klienten.
- Im Bereich der Nicht-Metakommunikation ist das facilitative Kommunikationsverhalten der Beratenden sehr viel stärker als das instruktionalistische Kommunkationsverhalten ausgeprägt.

		BC1	BC2	BC3	VTC	VFC	Kids-Hotline	In Treatment
Meta-kommu-nikation	Instruktiona-listisch	22,73	33,13	5,07	13,46	37,59	19,56	31,40
	facilitativ	27,84	19,28	29,71	15,38	11,28	04,35	15,11
Nicht-Meta-Kommu-nikation	Instruktiona-listisch	04,55	03,61	04,35	14,42	17,29	34,78	23,26
	facilitativ	44,89	43,98	60,87	36,54	33,83	41,3	30,23
Gesamt		100	100	100	100	100	100	100
N		176	166	138	104	133	46	86

Tab. 6: Instruktionalistische und facilitative Sprechhandlungen der Berater in Prozent

		BC1	BC2	BC3	VTC	VFC	Kids-Hotline	In Treatment
Meta-kom-munikation	Instruktio nalistisch	27,74	20,00	17,92	41,58	33,05	16,98	19,62
	facilitativ	04,19	04,21	07,89	00,99	00,85	00,00	11,39
Nicht-Meta-Kommu nikation	Instruktio nalistisch	65,44	74,21	72,40	54,46	66,1	79,25	65,82
	facilitativ	02,62	01,58	01,43	00,00	00,00	01,89	03,16
Gesamt		100	100	100	100	100	100	100
N		191	190	279	101	118	53	158

Tab. 7: Instruktionalistische und facilitative Sprechhandlungen der Klienten in Prozent

4.6 Heterogenität der illokutionär-problemlösungsbezogenen Sprechhandlungsanteile

Unsere anfängliche Erwartung, bei der Untersuchung formatspezifische Unterschiede zu finden, führte uns schließlich dazu, im nicht-meta-kommunikativen Bereich der Beratungen die facilitativen Sprechhandlungen der Beratenden mit den instruktionalistischen Sprechhandlungen der Klienten in Beziehung zu setzen. Als Auffälligkeit konnte dabei festgestellt werden,

- dass die Anregungen der Berater, kognitive Einzelphänomene zu fokussieren, bei den drei Business Coachings (13,64%, 19,88% und 23,18%) und der Online-Beratung Kids (13,05%) relativ hoch und beim Virtuellen Transfercoaching (0,00%) und Führungscoaching (05,26%) relativ gering ist,
- dass nur in der Kids-hotline-Beratung die Anregungen des Berater, Gefühle zu fokussieren (10,87%), relativ hoch sind,
- dass die Anregungen der Berater, Ursachen zu reflektieren, beim BC3 (10,14%) und VFC (12,03%) deutlich umfangreicher sind als bei den anderen Beratungen (01,14%, 01,20%, 02,88%, 04,35% und 03,49%),
- dass die Fokussierung kognitiver Einzelphänomene durch die Klienten sehr unterschiedlich ist, d.h. zwischen 26,31% der Klienten-Kommunikationsbeiträge im BC 3 und 0% im VTC schwankt,
- dass in den beiden psychosozialen Beratungen (Kids: 45,28% und In Treatment: 39,86%) die Klienten extrem intensiv Prozesse thematisieren
- und dass in den beiden Virtuellen Coachings (VTC: 09,90% und VFC: 11,01%) die Klienten deutlich häufiger als in den anderen Beratungen Handlungsentschlüsse fällen.

Diese Unterschiede korrespondieren nicht mit den vier Beratungsformaten, denen die untersuchten sieben Beratungsdialoge zugeordnet werden konnten (siehe dazu auch Tab. 8 und 9).

	BC 1	BC 2	BC 3	VTC	VFC	Kids-Hotline	In Treatment
Problemlösungsmotivation	00,00	00,00	00,00	00,00	00,00	00,00	00,00
Fokussierung kogn. Einzelphänomene	13,64	19,88	23,18	00,00	05,26	13,05	01,60
Modifizierung der kogn. Fokussierung	07,39	09,63	05,79	08,66	03,76	02,17	06,98
Emotionale Fokussierung	01,71	04,22	05,07	00,00	00,00	10,87	04,65

Gemeinsamkeiten/ Unterschiede betrachten	02,27	03,61	03,62	07,69	04,52	00,00	00,00
Prozesse betrachten	10,23	01,80	04,35	09,62	00,75	06,52	09,30
Ursachen reflektieren	01,14	01,20	10,14	02,88	12,03	04,35	03,49
Bedeutung und Sinn sehen	02,84	00,00	00,72	02,88	03,01	02,17	01,16
Nicht-vergleichend bewerten	02,84	02,41	02,17	00,96	00,00	00,00	06,96
Vergleichend bewerten	00,00	02,41	03,62	00,96	03,01	02,17	00,00
Handlungskonsequenzen	00,00	0,12	01,68	02,88	01,50	02,17	00,00

Tab. 8: Facilitative Sprechhandlungen der Beratenden im nicht-meta kommunikativen Bereich

	BC 1	BC 2	BC 3	VTC	VFC	Kids-Hotline	In Treatment
Problemlösungs-motivation	01,05	00,53	00,00	00,00	00,85	00,00	00,00
Fokussierung kogn. Einzelphänomene	08,90	26,31	11,47	01,98	10,16	07,55	05,69
Modifizierung der kogn. Fokussierung	04,71	14,74	01,8	03,96	01,70	01,89	03,17
Emotionale Fokussierung	01,04	06,32	05,02	00,00	01,69	13,21	05,06
Gemeinsamkeiten/Unterschiede betrachten	13,61	04,74	04,3	08,91	05,09	01,89	03,16
Prozesse betrachten	06,81	00,89	17,21	19,8	05,93	45,28	39,86
Ursachen reflektieren	06,80	10,00	13,26	02,97	15,25	05,66	00,63
Bedeutung und Sinn sehen	05,76	02,11	04,30	04,95	04,24	01,89	01,27
Nicht-vergleichend bewerten	08,37	07,90	07,88	00,99	07,62	03,77	06,96
Vergleichend bewerten	00,00	00,00	02,15	00,99	02,54	00,00	00,00
Handlungskonsequenzen	06,80	01,05	03,94	09,90	11,01	00,00	00,00

Tab. 9: Instruktionalisitische Sprechhandlungen der Klienten im nicht-metakommunikativen Bereich

5 Zusammenfassung und Ausblick

In unserer Studie haben wir mit Hilfe einer Untersuchungsmethode, die qualitative und quantitative Verfahrensmerkmale in einer spezifischen Weise verbindet, sieben Beratungsdialoge analysiert, die vier unterschiedlichen Beratungsformaten zugeordnet wurden. Während vier Beratungen face-to-face und drei mit modernen Medien durchgeführt wurden, konnten zwei als psychosoziale und fünf als berufsbezogene Beratungen kategorisiert werden. Unsere Ausgangshypothese war, dass der empirische Vergleich der sieben Beratungsdialoge formatspezifische Gemeinsamkeiten und Unterschiede zeigt, d.h. dass sich auffällige Unterschiede finden lassen zum einen zwischen Präsenzberatungen und Beratungen, die mit Einsatz der modernen Medien durchgeführt wurden, und zum anderen zwischen berufsbezogenen und psychosozialen Beratungen. Diese Hypothese ließ sich nicht bestätigen. Stattdessen wurden qualitative und quantitative Gemeinsamkeiten erkennbar, deren Merkmale zur Begründung der Kommunikationsgattung ‚subsidiärer Beratung' führten.

Aufgrund der sehr geringen Größe der Untersuchungsstichprobe können diese Untersuchungsergebnisse allerdings nicht mehr als erste Hinweise sein. Mit Blick auf Folgeuntersuchungen sollte bei der Zusammenstellung der – deutlich größeren – Untersuchungsstichprobe vor allem darauf geachtet werden,

- dass Psychotherapiesitzungen unterschiedlicher Schulen erfasst werden,
- dass die untersuchten Coachingsitzungen zeitlich zu Beginn, im Mittelbereich und am Ende des gesamten Coachingprozesses liegen
- und dass die Pluralität der berufsbezogenen und psychosozialen Beratung mit modernen Medien breiter erfasst wird.

Literatur

Arnold, Rolf/Schüßler, Ingeborg (Hrsg.) (2003): Ermöglichungsdidaktik. Baltmannsweiler: Schneider Hohengehren

Austin, John L. (1972): Zur Theorie der Sprechakte. Dizingen: Reclam.

Bales, Robert F. (1950): Interaction process analysis. Chicago/London: University of Chicago Press

Bergmann, Jörg R. (1987): Klatsch. Zur Sozialform der diskreten Indiskretion. New York, Berlin: Gruyter

Bergmann, Jörg R./Meier, Christian (2000): Elektronische Prozessdaten und ihre Analyse. In: Flick, Uwe/Kardorff, Ernst von/ Steinke, Ines (Hrsg.): Qualitative Forschung – ein Handbuch. Reinbek bei Hamburg: Rowohlt. S. 429-437.

Deppermann, Arnulf (2008): Gespräche analysieren. 4. Aufl. Wiesbaden: VS

Flanders, Ned A. (1970): Analysing teaching behaviour. Reading: Massachusetts, Addisson-Wesley.

Flick, Uwe (2007): Qualitative Sozialforschung. Reinbek bei Hamburg: Rowohlt

Geißler, Harald (2011): Empirische Rekonstruktion von Coachingprozessen. In: Graf, Eva-Maria/Aksu, Yasmin/Pick, Ina/Rettinger, Sabine (Hrsg.): Beratung, Coaching, Supervision. Multidisziplinäre Perspektiven vernetzt. Wiesbaden: VS. S. 169-187

Greif, Siegfried/Schmidt, Frank/Thamm, André (2010): The rating of eight coaching success factors – observation manual – unveröffentlichtes Manuskript

Kelle, Udo (2007): Die Integration qualitativer und quantitativer Methoden in der empirischen Sozialforschung. Wiesbaden: VS

Knoblauch, Hubert/Luckmann, Thomas (2000): Gattungsanalyse. In: Flick, Uwe/Kardorff, Ernst von/Steinke, Ines (Hrsg.; 2008): Qualitative Forschung – ein Handbuch. Reinbek bei Hamburg: Rowohlt. S. 548-546

Mayring, Philipp (2008): Qualitative Inhaltsanalyse. Weinheim: Beltz

Schulz von Thun, Friedemann (1981): Miteinander reden. Bd. 1. Reinbek bei Hamburg: Rowohlt

Searle, John R. (1971): Sprechakte. Ein Sprachphilosophischer Essay. Frankfurt/M.: Suhrkamp

Watzlawick, Paul/Beavin, Janet H./Jackson, Don D. (1969): Menschliche Kommunikation. Bern: Huber

Autorenverzeichnis

Dr. Herbert **Asselmeyer** ist Hochschullehrer für Organisationspädagogik an der Universität Hildesheim (Institut für Sozial- und Organisationspädagogik) sowie Direktor des Weiterbildungsbereiches organization studies (Führung & Organisationsentwicklung). Seine Lehr- und Forschungsschwerpunkte sind Organisationsentwicklung und -beratung in Lernenden Organisationen, Führung und Steuerung von Organisationen, Schulmanagement, Lehr-Lern-Forschung, Netzwerkbildung und Regionalisierung. Kontakt: herbert@asselmeyer.de

Dr. Rolf **Arnold** ist Professor für Pädagogik an der Technischen Universität Kaiserslautern und wissenschaftlicher Direktor des Distance Independant Studies Center (DISC) der TU Kaiserslautern sowie Sprecher des Virtuellen Campus Rheinland-Pfalz (VCRP). Seine Forschungsschwerpunkte liegen in den Gebieten der Erwachsenenbildung, schulischen Berufsbildung, betrieblichen Aus- und Weiterbildung, Lehr-Lernsystementwicklung (z.B. Fernstudien), der Interkulturellen Berufspädagogik sowie dem Emotionalen Lernen. Kontakt: arnold@sowi.uni-kl.de

Dr. Ragnar **Beer** ist Diplom-Psychologe und approbiert als Psychologischer Psychotherapeut mit der Fachrichtung Verhaltenstherapie. Er promovierte über Wirkmechanismen in der Paartherapie und leitet die Therapie-Entwicklung sowie die projektbegleitende Forschung im Projekt Theratalk. Kontakt: rbeer@uni-goettingen.de

Ruth **Belzner** ist Diplompsychologin und Master of Social Management. Seit Oktober 1996 leitet sie die TelefonSeelsorge Würzburg. Von 1987 bis 1996 war sie als Beraterin für Frauenarbeit und Erwachsenenbildung des Madang District der Evangelisch-Lutherischen Kirche von Papua Neuguinea tätig. Sie ist Vorsitzende der Evangelischen Konferenz für TelefonSeelsorge und Offene Tür in Deutschland. Kontakt: belzner@telefonseelsorge-wuerzburg.de

Dr. Elke **Berninger-Schäfer** ist Diplom-Psychologin, Senior Coach DBVC, Lehrcoach, Psychotherapeutin und Supervisorin. Sie ist die Inhaberin des Karlsruher Instituts für Coaching, Personal- und Organisationsentwicklung mit den Schwerpunkten Coaching, Führung und Gesundheitsmanagement. Sie leitet die

Coachinglehrgänge des Coaching Zentrums der Führungsakademie Baden-Württemberg und den Fachausschuss Forschung des Deutschen Bundesverbandes Coaching. Kontakt: info@berninger-schaefer.de

Diplom-Pädagoge Christian **Bogner** ist wissenschaftlicher Mitarbeiter am Fachgebiet Pädagogik der Technischen Universität Kaiserslautern. Er gestaltet flexibilisierte, partizipative und selbstgesteuerte Lernangebote sowie E-Coaching und führt in diesen Feldern intensive Begleitforschungen durch. Kontakt: christian.bogner@sowi.uni-kl.de

Dr. phil. Barbara **Bräutigam** ist Professorin für Psychologie und Jugendarbeit an der Hochschule Neubrandenburg. Sie ist Dipl.-Psychologin und psychologische Psychotherapeutin. Ihre Forschungsschwerpunkte sind systemische Familien- und integrative Kinder- und Jugendlichentherapie. Kontakt: braeutigam@hs-nb.de

Dr. Klaus **Bredl** ist Professor für Digitale Medien am Institut für Medien und Bildungstechnologie an der Universität Augsburg. Seine Forschungsschwerpunkte sind Wissenskommunikation und Beratung mit Online-Medien sowie Immersive Bildung. Kontakt: bredl@phil.uni-augsburg.de

Juliane **Delkeskamp** hat den M.A. und ist Pädagogin mit dem Schwerpunkt Didaktik und Sprachwissenschaftlerin. Unter dem Label INNOVATIONEN LEBEN ist sie freiberuflich tätig als Coach für Gruppen und Einzelpersonen sowie als Trainerin für kollegiale Beratungsformen in Unternehmen. Seit 2008 ist sie für die Entwicklung und Produktion von Lehr- und Lernmaterialien für die Bereiche Konfliktbearbeitung und Beratung zuständig. Für die wissenschaftliche Arbeitsstelle Organization Studies der Universität Hildesheim ist sie tätig als Coach sowie als Lehrbeauftragte im Bereich Didaktik und Kommunikation. Kontakt: delkeskamp@innovationen-leben.de

Dr. Peter **Dreyer** ist Senior Consultant, Business-Coach und Asien-Experte bei Böning-Consult in Frankfurt am Main. Er lebte mehrere Jahre in Japan und berät heute Kunden im Bereich Internationale Managemententwicklung / Interkulturelle Zusammenarbeit. Vorher studierte er Psychologie, Japanologie und BWL, forschte in Deutschland und Japan zu interkultureller Kommunikation und war anschließend für mehrere japanische und deutsche Firmen tätig. Kontakt: peter.dreyer@boening-consult.com

Ute **Ebel**, gelernte Versicherungskauffrau und zertifizierte Grid Beraterin, hat vor ihrem Start bei Grid International Deutschland 1993 in unterschiedlichen Führungspositionen in HR und Vertrieb namhafter deutscher Handels- und Industrieunternehmen gearbeitet. Sie ist Expertin in den Bereichen Organisations- und Teamentwicklung. Ute Ebel ist zertifizierte KODE und KODEX Trainerin sowie Expertin für kreatives Denken nach Edward deBono und seit 2009 zertifizierter Virtueller Transfer Coach. Kontakt: ute.ebel@grid-eu.com

Dr. Harald **Geißler** ist Professor für Allgemeine Pädagogik unter besonderer Berücksichtigung der Berufs- und Betriebspädagogik an der Helmut-Schmidt-Universität/Universität der Bundeswehr Hamburg. Er leitet dort am Management Development Center das Competence Center Coaching mit den beiden Schwerpunkten Coaching-Gutachten und Virtuelles Coaching. Im Zusammenhang mit seinen Forschungsschwerpunkten Organisationslernen und Coaching betreibt er die Internetplattformen www.coaching-gutachten.de und www.virtuelles-coaching.com. Kontakt: harald.geissler@hsu-hh.de

Christiane **Grabow** ist systemischer Führungskräfte-Coach und bildet Coaches aus. Auf der Basis eines pädagogisch-psychologischen Studiums und vielen Jahren Erfahrung in Ausbildung, Lehre, Training und Coaching hat sie das Coaching-Tool LPScocoon® entwickelt zur Visualisierung und Simulation von Veränderungsprozessen. Sie setzt das Tool physisch sowie virtuell als 3D-Software ein. Kontakt: cg@world-wide-coach.de

Peter-Paul **Gross**, Dipl. Kfm. und Sprechwissenschaftler (DGSS), ist wissenschaftlicher Mitarbeiter und Doktorand am Lehrstuhl für Technologie- und Innovationsmanagement. In seiner Dissertation beschäftigt er sich mit Coaching zur Stärkung der Innovations- und Wandlungsfähigkeit von Organisationen. Peter-Paul Gross ist Träger des Deutschen Coaching-Preises 2010 in der Kategorie Wissenschaft, verliehen vom DBVC e.V. Kontakt: peter-paul.gross@wiwi.uni-marburg.de

Martina **Held** ist Marketingfachwirtin, Business Coach und Trainerin für innovative Prozesse. Seit 2005 ist sie ganzheitlicher Coach und Trainerin für Unternehmenskultur und Führungskompetenz auch im internationalen Umfeld. Ihre Arbeitsschwerpunkte sind: Unternehmensentwicklung durch integrierte Coaching- und Trainingskonzepte, Teamentwicklung, Persönlichkeitsentwicklung und Executive Coaching. Kontakt: held@on-dg.de

Marina **Hergenreider** hat ihren M.Sc. in Public Health und ist Dipl.-Soz.-Pädagogin. Sie ist seit 2008 zertifizierte Online-Beraterin und wissenschaftliche Mitarbeiterin an der Georg-Simon-Ohm-Hochschule in Nürnberg. Ihre Forschungsschwerpunkte sind E-Learning, Online-Self-Assessments und Online-Beratung. Sie koordiniert ein Studienberatungsportal für Studieninteressierte und Studierende. Kontakt: marina.hergenreider@ohm-hochschule.de

Daniel **Herz** ist Diplom-Sozialpädagoge/Sozialarbeiter (FH) und cand. M.A. Beratung. Er ist Mitarbeiter in der Psychosozialen Beratungsstelle des Studentenwerkes Greifswald, freiberuflicher Berater und Lehrbeauftragter für Sozialinformatik und Neue Medien im Studiengang Soziale Arbeit an der Hochschule Neubrandenburg. Sein Forschungsschwerpunkt ist Online-Beratung. Kontakt: herz@sozberatung.de

Julia **Hünniger** (M. A.) studierte Erziehungswissenschaft mit dem Schwerpunkt Medienpädagogik und Interkulturelle Wirtschaftskommunikation an der Universität Jena und dem Dublin Institute of Technology. Sie ist wissenschaftliche Mitarbeiterin am Institut für Medien- und Bildungstechnologie (imb), Professur für Digitale Medien und arbeitet ehrenamtlich als Beraterin für die Online-Beratungsstelle www.kids-hotline.de. Kontakt: julia.huenniger@phil.uni-augsburg.de

Dr. Jürgen **Kauschke** studierte Pädagogik und Soziale Verhaltenswissenschaften und war Offizier und Führungstrainer bei der Bundeswehr. Nach mehrjähriger Tätigkeit als Trainer, Berater und Coach ist er zurzeit als Teamleiter für das internationale Training eines Automobilherstellers tätig. Seine Forschungsinteressen sind moderne Methoden im Führungstraining und Förderung der Nachhaltigkeit von Weiterbildungsveranstaltungen. Kontakt: Juergen.Kauschke@ reflexive-fuehrung.com

Charlotte **Kurzmann** ist Diplom-Psychologin und Diplom-Verwaltungswirtin. Sie ist Mitarbeiterin an der Helmut-Schmidt-Universität am Lehrstuhl für Allgemeine Pädagogik unter besonderer Berücksichtigung der Berufs- und Betriebspädagogik. Ihre Forschungsschwerpunkte liegen in der pädagogischen Psychologie, insbesondere der Motivationspsychologie sowie im Bereich des Coachings. Kontakt: kurzmann@hsu-hh.de

Brigitte **Koch**, Diplom-Psychologin und Supervisorin (DGSv), ist selbständig als Führungskräftetrainerin, Businessmoderatorin, Coach und Supervisorin. Sie begleitet seit über 20 Jahren Lern- und Veränderungsprozesse in international tätigen Unternehmen und in verschiedenen Non-Profit-Bereichen. Kontakt: Koch@consulta-managementberatung.de

Harald **Korsten** ist Geschäftsführer der motiv Gesellschaft für Innovation, bestehend aus einem Verbund international renommierter Managementtrainer und Coaches. Seine Arbeitsschwerpunkte sind Innovationsfähigkeit/Change Management, Führungskompetenz und Executive Coaching. Kontakt: hkorsten@ motiv-gfi.de

Birgit **Knatz** ist Supervisorin (DGSv) und Online-Coach (DGOB). Sie ist Leiterin der TelefonSeelsorge Hagen-Mark und Geschäftsführerin des Instituts für Online-Beratung. Sie ist die Initiatorin des Arbeitsbereiches TelefonSeelsorge im Internet. Ihre Arbeitsschwerpunkte sind die Aus- und Weiterbildung sowie die Supervision in der Online-Beratung. Kontakt über http://www.birgit-knatz.de

Trutz U. **Lenzinger** ist Offizier der Bundeswehr und Student im Masterstudiengang Bildungs- und Erziehungswissenschaften an der Helmut-Schmidt-Universität/Universität der Bundeswehr Hamburg. Außerdem arbeitet er als selbstständiger Coach u.a. auch mit dem Virtuellen Coaching (VC) und im Bereich Beratung, speziell für Befragungen und Evaluation. Kontakt: lenzinger@hsu-hh.de

Dr. Maren **Metz** ist Kommunikationspsychologin und Coach. Sie ist wissenschaftliche Mitarbeitern an der Helmut-Schmidt-Universität/Universität der Bundeswehr Hamburg am Lehrstuhl für Allgemeine Pädagogik unter besonderer Berücksichtigung der Berufs- und Betriebspädagogik. Ihre Forschungsschwerpunkte sind (virtuelles) Coaching, moderne Lernstrategien und digitale Methoden in der Personalentwicklung. Kontakt: maren.metz@hsu-hh.de

Dr. Nadine **Ojstersek** ist wissenschaftliche Mitarbeitern am Lehrstuhl für Mediendidaktik und Wissensmanagement an der Universität Duisburg-Essen. Ihre Forschungsschwerpunkte sind Online-Tutoring und Lernen in virtuellen Welten. Kontakt: nadine.ojstersek@uni-due.de

Dr. Thomas **Prescher** ist Diplompädagoge und Coach. Er ist wissenschaftlicher Mitarbeiter am Fachgebiet Pädagogik der TU Kaiserslautern. Seine Forschungsschwerpunkte sind ökologische Lebens- und Organisationsführung. Kontakt: thomas.prescher@sowi.uni-kl.de

Dr. Horst-W. **Reckert** ist Diplom-Psychologe und Bankkaufmann. Er arbeitet als Coach, Trainer und Berater und leitet in Tübingen eine Coaching-Praxis für Führungskräfte und Privatpersonen zu den Themen Konflikte, Stress und Ängste. Darüber hinaus arbeitet er als Berater in seiner Unternehmensberatung (Dr-Reckert-Consulting) in dem Bereich der Führungskräfte- sowie der Vertriebsentwicklung. Im Schwerpunkt arbeitet er mit lösungs- und ressourcenorientierten Methoden und dem Virtuellen Transfercoaching (VTC). Kontakt: kontakt@drc-net.de und info@pia-burnout.com

Dr. Richard **Reindl** ist Sozialwissenschaftler, Theologe und Pädagoge. Er lehrt als Professor für Soziale Arbeit mit den Schwerpunkten Sozialinformatik, Sozialmanagement und Sozialwirtschaft an der Georg-Simon-Ohm-Hochschule in Nürnberg und leitet die Studienwerkstatt Online-Beratung an der Fakultät Sozialwissenschaften. Seine Forschungs- und Entwicklungsschwerpunkte sind Online-Beratung und digitale Medien in der Sozialen Arbeit. Kontakt: richard.reindl@ohm-hochschule.de

Christian S. **Rodust** ist Marineoffizier und studiert derzeit Bildungs- und Erziehungswissenschaften mit den Schwerpunkten Erwachsenenbildung, Psychologie und Personalmanagement im Masterstudiengang an der Helmut-Schmidt-Universität/Universität der Bundeswehr Hamburg. Sein Forschungsschwerpunkt ist das Coaching, insbesondere das Virtuelle Transfercoaching. Kontakt: c.rodust@ hsu-hh.de

Kirsten **Schellack** hat Psychologie und Sozialarbeit studiert und verfügt über eine Projektmanagementzusatzausbildung. Seit 2005 leitet sie die Online-Beratung in der Zentrale des Deutschen Caritasverbands. Kontakt: Kirsten.Schellack@caritas.de

Mandy **Schiefner-Rohs** ist PostDoc am Lehrstuhl für Mediendidaktik und Wissensmanagement der Universität Duisburg-Essen. Ihre Forschungsschwerpunkte liegen im Bereich Medienkompetenz, Web 2.0, Medien in der Hochschullehre sowie Bildungsforschung. Kontakt: mandy.rohs@uni-due.de

Dr. Michael **Stephan** ist Universitätsprofessor und Inhaber des wirtschaftswissenschaftlichen Lehrstuhls für Technologie und Innovationsmanagement an der Philipps-Universität Marburg. Einer seiner Forschungsschwerpunkte sind die wissensintensiven Dienstleistungen (insbes. Coaching). Michael Stephan ist einer der ersten Wirtschaftswissenschaftler, der sich mit dem Thema Coaching in ökonomischer Perspektive auseinandersetzt. Gemeinsam mit Peter-Paul Gross ist er Autor und Herausgeber der Bücher „Management von Coaching" (Kohlhammer, 2010) sowie „Organisation und Marketing von Coaching" (VS, 2011). Kontakt: michael.stephan@wiwi.uni-marburg.de

Christiane **Thiele**, Diplom-Kauffrau (FH) und zertifizierte Grid Beraterin, ist Expertin für individuelle und Team Entwicklungen in international operierenden Organisationen. Nach dem Studium der Betriebswirtschaftslehre mit dem Schwerpunkt Europäische Unternehmensführung war sie einige Jahre für einen globalen Consumer Goods Hersteller in unterschiedlichen Positionen in den Bereichen Vertrieb und Marketing tätig, bevor sie 2009 zu Grid International Deutschland wechselte. Christiane Thiele ist zertifizierter Virtueller Transfer Coach seit 2010. Kontakt: christiane.thiele@grid-eu.com

Dr. Peter **Zezula** ist Diplom-Psychologe und arbeitet als wissenschaftlicher Mitarbeiter am Georg-Elias-Müller-Institut für Psychologie der Georg-August-Universität Göttingen. Er promovierte über die Gestaltung von Benutzeroberflächen bei der Mensch-Computer-Interaktion und leitet die Software-Entwicklung im Projekt Theratalk. Kontakt: pzezula@uni-goettingen.de